Cahiers libres

Sous la direction de
Laurent Bonelli et Willy Pelletier

L'État démantelé

Enquête sur une révolution silencieuse

Avant-propos de Serge Halimi

La Découverte/*Le Monde diplomatique*

Si vous désirez être tenu régulièrement informé de nos parutions, il vous suffit de vous abonner gratuitement à notre lettre d'information bimensuelle par courriel, à partir de notre site

www.editionsladecouverte.fr

où vous retrouverez l'ensemble de notre catalogue.

ISBN 978-2-7071-6019-5

Sommaire

Avant-propos 7

Introduction 13

I Promoteurs et promotions de l'État modeste 27

II Le nouveau management public 83

III Réorganisations de l'État 151

IV Paupérisation de l'État et privatisations : des usagers aux clients 237

Chronologie (1967-2009) 309

Table 319

Avant-propos

Serge Halimi*

Le 15 septembre 2008, avec la banqueroute de Lehman Brothers, le système financier s'est écroulé. Seul l'État pouvait le sauver, et il l'a fait. Depuis, selon l'économiste américain Paul Krugman, « les choses s'aggravent plus lentement [1] ». Acquis au prix fort, le ralentissement (relatif) de l'aggravation ne saurait faire oublier la réitération d'une évidence ancrée dans l'histoire moderne : celle que le capitalisme autorégulé ne fonctionne pas. Seul l'accroissement des dépenses publiques a permis à l'économie de ne pas s'affaisser davantage. Il a contenu les effets d'un krach né d'un excès de dette privée.

L'État est devenu l'investisseur, l'acheteur, l'emprunteur de dernier recours. Massivement et presque partout, il est intervenu, pour éviter la panne générale. Il a sauvé les banques, puis l'immobilier, puis l'automobile. Les déficits publics ont allègrement crevé le plafond de 3 % du produit intérieur brut (PIB), autrefois jugé sacrilège. Aux États-Unis, en Grèce, en Espagne et au Royaume-Uni, le seuil des 10 % fut franchi ; celui de 8 % en France ; de 6,5 % en Allemagne. Et cette dette n'a pas été créée pour ensevelir le capitalisme, pour « euthanasier les rentiers », mais pour les sauver. Or, qui organisa de telles interventions, sur tous les fronts ? Non pas des socialistes, pas même des keynésiens, mais des libéraux, des hommes de droite. « Quand les blés sont sous la grêle, fou qui fait le délicat », dit le poète.

---

* Directeur du *Monde diplomatique*.

1 Paul Krugman, « Green shoots and Glimmers », *New York Times*, 16 avril 2009.

La grêle, c'est ce moment où les entreprises hésitent à investir, même avec des taux d'intérêt proches de zéro, parce qu'elles n'entrevoient aucune perspective de développement ; où les ménages réduisent leur consommation ; où même les Américains se remettent à épargner parce qu'ils ne sauraient s'endetter davantage pour parer aux dépenses d'une maladie, assurer leur retraite, payer toujours plus cher les études de leurs enfants.

Ce genre d'histoire en rappelle une autre : la crise de 1929 avait déjà rendu nécessaires un certain nombre d'interventions publiques, de réglementations économiques et financières, de grands travaux, de planifications, et même de nationalisations. Cela dura une cinquantaine d'années. En 1933, par exemple, la loi Glass Steagall rendit incompatibles les métiers de banque de dépôt et de banque d'investissement, une séparation abolie en 1999 par un président Clinton d'autant plus ivre de déréglementation financière que son parti était soutenu par l'argent des banques. La crise actuelle trouve son origine dans cette décision américaine de 1999. Au lieu de prêter à leurs déposants sur la base d'actifs bien réels, les banques comme les institutions financières ont multiplié les produits dérivés, les investissements risqués, les coups de Bourse. Jusqu'au jour où l'exubérance du marché a remplacé la discipline de la main invisible, où le risque parut s'évanouir derrière l'écran des bulles spéculatives, où les agences de notation furent prises en main par les secteurs industriels qu'elles devaient noter. Jusqu'au jour où les dépôts, mais aussi la retraite, de millions d'épargnants se trouvèrent menacés.

Toutefois, bien avant l'abolition de la loi Glass Steagall, dès 1971 (qui marque la fin de la convertibilité du dollar en or) et pendant une trentaine d'années, le contrôle des prix, l'échelle mobile des salaires, une politique monétaire décidée par les États, nombre de réglementations nées du New Deal avaient été remis en cause par un puissant mouvement intellectuel, lequel se trouva progressivement relayé par toutes les grandes forces politiques, démocrates, sociaux démocrates et socialistes compris [2].

On parle souvent de Ronald Reagan et de Margaret Thatcher mais, aux États-Unis, ce fut le démocrate Jimmy Carter qui lança le bal des déréglementations. En France, la grande réforme des marchés financiers eut le socialiste Pierre Bérégovoy et son directeur de cabinet au ministère des Finances Jean-Charles Naouri (plus tard président du groupe Casino) pour parrains. Le discours dominant devint alors presque partout celui de l'autorégulation du marché, de la gestion du risque.

2 Lire Serge Halimi, *Le Grand Bond en arrière. Comment l'ordre libéral s'est imposé au monde*, Fayard, Paris, 2006 (réédition).

Les résultats, on les connaît. Il ne faut toutefois jamais croire que les faits parlent d'eux-mêmes... Car en matière économique et financière, sujet difficile et qu'on s'emploie à rendre incompréhensible pour tous ceux qu'on veut décourager d'agir, les faits dépendent d'une grille d'analyse, d'un travail politique. Or les libéraux s'emploient en ce moment à convaincre une partie des citoyens que la crise de l'endettement privé provoquée par les banques serait en réalité une crise de la dette publique induite par la gloutonnerie des États, le vieillissement de la population (retraites), la trop grande générosité des programmes sociaux. Quant à la « bulle financière », elle aurait été enfantée par la contrainte imposée aux banques d'accorder des crédits immobiliers à des emprunteurs de moins en moins fiables — autant dire : des pauvres qui voulurent devenir châtelains...

Un tel matraquage idéologique sert de tir d'artillerie pour préparer le terrain des grandes « réformes » à venir. Le plus gros de la crise financière passé — ou plus précisément transféré du privé au public —, le projet libéral va reprendre avec d'autant plus de violence que l'État s'est endetté au-delà des ressources dont il peut disposer ou qu'il accepte de lever. En l'absence d'une gauche digne de ce nom (c'est-à-dire capable de proposer autre chose que la perpétuation adoucie de l'ordre économique existant), les marchés se réinstallent spontanément dans la cabine de pilotage.

En d'autres termes, ce qui s'est produit depuis septembre 2008 marquait peut-être un simple intermède. Déjà, certains libéraux ironisent : nous serions en train de répéter les années 1970, celles de la « crise fiscale de l'État », par crainte de revivre les années 1930 du chômage de masse ; le bouclier social est trop lourd et les caisses trop vides. Ils ironisent et ils se rassurent, car les années 1970 se sont conclues à leur avantage. Endettement, déficits, inflation, mise en cause de programmes de redistribution des revenus jugés trop dispendieux, ils avaient alors fait leur miel de chacun de ces embarras. Entrevue en septembre 2008, leur défaite idéologique est-elle donc aussi acquise qu'on l'a imaginé à l'époque ? L'endettement public, rendu inévitable par la panne économique, ne sert-il pas déjà de prétexte au démantèlement de ce qui subsiste de protection sociale ?

Auquel cas, on pourrait connaître le scénario suivant. Les caisses étaient vides : on ne remplaçait pas un fonctionnaire sur deux. Et puis, la crise financière a sévi. On a alors aidé les banques, on s'est endetté pour les sauver (sans contrepartie) et pour secourir leurs créanciers ; on a lancé de nouveaux emprunts ; on n'a jamais remis en cause les boucliers fiscaux érigés autour des revenus les plus élevés. Depuis, les caisses sont *vraiment* vides. Alors on ne remplace pas quatre fonctionnaires sur cinq comme en Grèce, ou neuf sur dix comme en Espagne. On réduit leurs salaires. On cède des actifs publics. On rogne sur le remboursement des dépenses médicales et sur le droit à la retraite, une retraite que les gouvernements envisagent de retarder à soixante-cinq ans en Grèce, à soixante-sept ans en Espagne, à soixante-neuf ans en Allemagne...

En cours d'application, ce scénario peut compter sur un acteur plein d'aplomb : la finance. Depuis que, grâce à des injections plantureuses d'argent public, les banques ont retrouvé leurs couleurs, elles ont en effet émergé de la crise plus concentrées, plus puissantes qu'avant, assez effrontées pour prendre les États (qui les ont sauvées) en otage en prétextant de s'inquiéter de leur solvabilité future. Astucieusement mis entre parenthèses tant qu'il fallait débourser des montants dépassant l'entendement pour sauver Goldman Sachs, la Deutsche Bank ou BNP Paribas, le spectre de la faillite a resurgi. Le poids croissant de l'endettement sert de justification supplémentaire, presque obsédante, au démantèlement de la protection sociale, des services publics, à la « découpe » des administrations, à l'invasion des logiques de rentabilité commerciale dans des activités qui en étaient jusque-là préservées. Des libéraux donnés pour comateux au moment de la faillite de Lehman Brothers et d'AIG ont trouvé dans l'annonce répétée que « les caisses sont vides » l'instrument de leur résurrection politique. « Le système public ne reculera que pris en tenaille entre des déficits devenus insupportables et des ressources en voie de rétractation », annonçait Alain Minc en novembre... 1984. Il y a plus d'un quart de siècle.

Or les caisses demeureront d'autant plus vides qu'on s'emploie à ne rien y laisser ni traîner ni venir. La coalition au pouvoir à Berlin a promis 24 milliards d'euros supplémentaires d'allégements d'impôts, alors que le déficit allemand atteignait déjà près de 6,5 % du PIB en 2010 (plus de deux fois le taux maximum autorisé par le pacte de stabilité et de croissance de l'Union européenne). Les conservateurs britanniques se sont engagés à diminuer l'impôt sur les sociétés. En France, depuis l'élection de M. Nicolas Sarkozy, la droite a successivement supprimé l'imposition des heures supplémentaires, dressé un « bouclier fiscal » autour des revenus du capital, réduit les droits de succession et éliminé la taxe professionnelle acquittée par les entreprises. Rien qu'en divisant par trois le montant de la TVA reversée par les cafetiers et restaurateurs, le gouvernement français a sacrifié 2,4 milliards d'euros de recettes en 2009. C'est cinq fois la somme que rapportera au Trésor le non-remplacement d'un fonctionnaire sur deux partant à la retraite. Toutefois, sous prétexte d'« équité », MM. Fillon et Sarkozy ont récupéré 150 millions d'euros grâce à la fiscalisation des indemnités journalières versées aux victimes d'un accident du travail. Bien qu'ils montrent d'excellentes dispositions en la matière, il leur reste un peu de chemin à faire avant d'égaler le cynisme social de Reagan. L'ancien président américain avait rendu beaucoup plus doux les impôts des plus riches. Et puis, parce qu'il fallait réduire les déficits (qu'il venait de creuser), il demanda aux cantines scolaires de comptabiliser le ketchup comme un légume...

Pour les hauts revenus, l'opération d'ensemble est miraculeuse : on réduit leur contribution, ce qui crée une impasse fiscale qu'on les presse de combler (qui d'autre en aurait les moyens ?) en achetant la dette publique. Ils y consentent en échange d'un taux d'intérêt d'autant plus lucratif que celle-ci est élevée... La « politique des caisses vides » est d'abord une politique de classe [3].

Jadis, les conservateurs se montraient soucieux de comptes en équilibre, au point d'admettre parfois de relever les impôts. Depuis près de trente ans, au contraire, les déficits publics sont devenus leur création consciente, destinée à paralyser les velléités d'intervention de la collectivité. Une pratique laxiste, qui ampute les recettes, se double d'un discours catastrophiste permettant de refouler les dépenses de l'État-providence. « Comment pourra-t-on jamais ramener l'État à de justes proportions ? interrogeait l'économiste Milton Friedman au soir de sa vie. Je pense qu'il n'y a qu'une façon : celle dont les parents contrôlent les dépenses excessives de leurs enfants en diminuant leur argent de poche. Pour un gouvernement, cela signifie réduire les impôts [4]. »

Et tout cela, jusqu'à quand ? On doit d'autant plus se poser la question qu'en l'absence d'une remise en cause fondamentale des politiques économiques et sociales des trente années écoulées, ce sont les mêmes qui demeurent aux commandes de l'État. Et que, dès lors, ce sont aussi les mêmes lobbies qui contrôlent les instances chargées de réglementer leurs secteurs respectifs, de « moraliser le capitalisme » : on risque le retour à une vérité historique bien connue. Quand l'État est la chasse gardée des classes dominantes, quand le pantouflage entre un ministère économique et une grande société privée devient la règle, la régulation ne constitue pas forcément la panacée. Elle peut tout aussi bien être confiée à des régulateurs qui estiment que les régulations ont pour principale utilité de protéger l'intérêt des entreprises qu'ils régulent.

Il suffit pour cela d'offrir à ces intérêts une couverture publique. L'historien Grant McConnell a rappelé dans le *Wall Street Journal* que la

---

3 Lire Sébastien GUEX, « La politique des caisses vides », *Actes de la recherche en sciences sociales*, n° 146-147, mars 2003.

4 Milton FRIEDMAN, « Tax cuts=smaller government », *The Wall Street Journal Europe*, 20 janvier 2003.

première agence de réglementation fédérale aux États-Unis, l'Interstate Commerce Commission, fut chargée en 1887 de réglementer les tarifs de fret du chemin de fer. Au même moment, un avocat des compagnies de chemin de fer devenait ministre de la Justice. Un jour, celles-ci lui demandèrent de supprimer la réglementation du fret. Il leur répliqua : « L'agence vous est ou peut vous devenir très utile. Elle satisfait la demande populaire d'une réglementation des chemins de fer alors que cette réglementation est purement virtuelle. Par ailleurs, plus l'agence prendra de l'âge, plus elle sera encline à adopter le point de vue de l'industrie. La sagesse n'est donc pas de la détruire mais d'y avoir recours [5]. » Nombre de présidents, de Premiers ministres, de parlements ressemblent un peu à cette agence...

Les libéraux ne cessent de se demander tantôt s'il leur faut avoir recours à l'État pour imposer leurs « réformes » de marché à une société qui les refuse, tantôt si, cet État, ils ne devraient pas plutôt s'en répartir les dépouilles. Il faut espérer que d'autres dilemmes, plus exaltants que celui-ci, surgiront bientôt dans le débat politique.

5 Grant McConnell, *Private Power & American Democracy*, Alfred A. Knopf, New York, 1966, p. 284-285.

Introduction

Les « mille » démantèlements de l'État

Laurent Bonelli et Willy Pelletier

Pour ceux qui pensent qu'un État moderne est un État modeste, la crise financière européenne du printemps 2010 pourrait constituer une sacrée aubaine. Un peu partout en Europe, les gouvernements prévoient de limiter le remplacement des fonctionnaires (un sur cinq en Italie, un sur dix en Espagne), de geler leurs salaires et promettent des coupes drastiques dans les crédits publics, qu'il s'agisse des programmes sociaux ou d'investissement. Le 12 juin 2010, le Premier ministre français, François Fillon, annonçait à son tour une diminution des dépenses de fonctionnement courant de l'État de 45 milliards d'euros avant 2013.

Et, pourtant, les bouleversements en cours de l'État ne datent pas de cette crise. Entre 2007 et 2010, 100 000 postes de fonctionnaires ont été supprimés en France et l'on ne compte plus les restructurations des services publics et des entreprises publiques. L'ampleur et le rythme de celles-ci donnent l'impression d'une déferlante, brouillent toute vision d'ensemble et provoquent le désarroi de syndicalistes, d'intellectuels, d'élus ou de citoyens qui y sont confrontés. Les réformes se succèdent apparemment en ordre dispersé ; la technicité les rend opaques ; leurs effets ne sont perçus qu'après coup, lorsque, les décrets d'application passés, arrivent leur mise en pratique et les transformations qu'elles provoquent.

La tâche est considérable pour dissiper ce brouillard. Elle suppose de faire tenir ensemble quantité d'informations et de dynamiques qui ne peuvent être rassemblées que par un travail intellectuel collectif, dont cet ouvrage se voudrait l'ébauche. Il faut à la fois rendre compte des changements spécifiques à l'œuvre dans différents domaines de l'action publique (de la justice à l'agriculture, en passant par l'école, la santé, la culture ou l'armée), des groupes qui les promeuvent, les mettent en forme, les « appliquent » et des résistances qu'ils rencontrent ; des logiques transversales observables d'un secteur à l'autre (par exemple la constitution de « managers publics » à l'autorité renforcée) ; et des discours de rationalisation et de justification qui recouvrent l'ensemble, sous forme d'une nouvelle théodicée de l'État (« moins d'État, mais mieux d'État ») mâtinée de standards d'organisations internationales (prescriptions de la Commission européenne ou de l'OCDE, plus ou moins retraduites) et d'exemples étrangers promus comme modèles (au premier rang desquels la Grande-Bretagne).

L'entreprise s'annonce d'autant moins aisée que ce mouvement ne se résume pas à un affrontement entre État et marché, qui aurait tourné à l'avantage du second. Poser le problème en ces termes n'a d'ailleurs sociologiquement aucun sens. En premier lieu, parce que « l'État » n'est d'abord qu'une « désignation sténographique » des « relations entre positions de pouvoirs »[1] occupées par des groupes d'agents qui, dans l'État et au nom de l'État, luttent pour imposer une définition de « l'État » propre à les servir. Il ne s'agit pas là d'un préalable de méthode : ne plus prendre l'État comme un bloc et différencier les diverses fractions des personnels d'État qui le réforment pour augmenter leurs « forces au jeu », aide à comprendre comment les restructurations traduisent de nouvelles hiérarchies entre élites politiques, administratives et économiques. Le champ du pouvoir ne se réduit pas aux rapports de forces dans la seule noblesse d'État[2]. La répartition des puissances parmi les élites d'espèces différentes, leurs relations, et les circulations possibles d'une catégorie à une autre (du public au privé, du national à l'international), orientent les stratégies de réforme autant que les dynamiques de compétition interne dans l'État.

C'est ainsi que la « modernisation » des services publics se comprend mieux sitôt rapportée aux trajectoires et aux positions des équipes ministérielles qui la promeuvent. Elle procède, pour beaucoup, des transformations dans le recrutement des hauts personnels d'État. Jusqu'à la fin des années 1970, les « grands commis » venus de Sciences-Po, de l'École

---

1 Voir Pierre Bourdieu, *Réponses*, Seuil, Paris, 1992, p. 86-87 ; et Pierre Bourdieu, *La Noblesse d'État*, Minuit, Paris, 1989, p. 533-559.

2 C'est peut-être, ici, l'un des désaccords de méthode entre ce livre et l'ouvrage très riche de Philippe Bezes, *Réinventer l'État. Les réformes de l'administration française (1962-2008)*, PUF, Paris, 2009. Pour une critique heuristique de l'« isolement de l'État », voir Bernard Lacroix, « Ordre politique et ordre social », *in* Jean Leca et Madeleine Grawitz (dir.), *Traité de science politique*, tome 1, PUF, Paris, 1985.

nationale d'administration (ENA) gaullienne, puis des grands corps (Inspection des Finances, Conseil d'État, Cour des comptes, etc.), étaient formés à croire en un « intérêt général » qui légitimait leur propre autorité. Le périmètre d'action étendu de l'État autorisait l'étendue des interventions des élites d'État et renforçait leur position dans les relations (éventuellement conflictuelles) qu'elles entretenaient avec les autres espèces d'élites. Tout a changé dès que les « juniors de la classe dominante » composant les cabinets ministériels ont tous ou presque été formés aux lois de l'entreprise à Sciences-Po et l'ENA, une fois ces écoles devenues des *Business Schools* [3]. Lorsque, de plus en plus, ils sont passés par l'ESSEC ou HEC avant l'ENA, si bien que se trouve redéfini le *cursus honorum* des aspirants aux positions de pouvoir (voir *chapitre 2*). Ces dernières années, fut aussi abolie la distance entre haute administration d'État et managers des grandes entreprises [4]. Passer par un cabinet ministériel offre des carrières de haut niveau en grande entreprise, cependant que ces postes de direction dans le privé autorisent à revenir plus « hautement » dans l'État... et à répéter l'opération, chaque fois à un degré supérieur, en augmentant son crédit et son portefeuille de relations. Après ces parcours et ces va-et-vient, il semble alors très « naturel » d'appréhender, comme modèle d'efficacité, le management privé.

D'où le titre de cet ouvrage. Étymologiquement, « démanteler » consiste à démolir les murailles, les fortifications d'une ville ou d'une place forte. Parler du « démantèlement de l'État » revient à décrire les mille processus par lesquels des domaines complets d'activité, historiquement soustraits aux logiques marchandes, sont progressivement reversés dans le jeu concurrentiel du marché — et comment les modes d'évaluation propres à ce dernier tendent à être imposés comme normes universelles. L'État est en cours de démantèlement lorsque, pierre à pierre, les protections qui entouraient les missions de « service public » sont démontées.

Il ne s'agit donc pas d'une disparition de l'État, mais de sa refabrication continue sous l'effet de la concurrence entre groupes pour maîtriser le pouvoir attaché aux hautes fonctions d'État. Bien entendu, il existe un soubassement idéologique à ces restructurations. Ceux qui les

---

3 Voir Alain Garrigou, *Les Élites de la République*, La Découverte, Paris, 2002.

4 Voir François-Xavier Dudouet et Éric Grémont, « Les grands patrons français et la crise financière », *Savoir/Agir*, n° 10, décembre 2009. Philippe Bezes observe « qu'entre 1982 et 1998 [...] la proportion des membres des treize grands corps dans le secteur privé a été multipliée par trois » et, « s'agissant du pantouflage dans le secteur privé, il a été multiplié par six pour l'Inspection générale des Finances » (Philippe Bezes, *Réinventer l'État...*, *op. cit.*, p. 385).

promeuvent les légitiment souvent au nom de ce néolibéralisme, formulé par l'économiste Friedrich Hayek et ses partisans, comme cadre théorique et ligne d'action (voir *chapitre 1*). Le travail développé dans les années 1980 par des intellectuels, des hauts fonctionnaires et des industriels venus de la « deuxième gauche » a facilité la diffusion de cette nouvelle *doxa* parmi l'ensemble des élites politiques (voir *chapitre 3*) ; tandis que le développement d'institutions européennes sur le modèle proposé par les néolibéraux autorisait à exciper du caractère contraignant et nécessaire de réformes alors envisagées comme fatalités plutôt que comme politiques (voir *chapitre 5*).

Mais ces transformations auraient été rendues plus compliquées si elles n'en avaient rencontré d'autres : la transformation du Parti socialiste en parti de cadres [5] ; l'expansion d'un journalisme économique qui diffuse en direction des cadres la croyance dans les vertus du marché (voir *chapitre 4*) ; la désyndicalisation liée aux difficultés pour fabriquer de l'intérêt commun entre salariés, maintenant que les nouvelles formes d'organisation du travail les mettent toujours davantage en concurrence [6], etc.

Le démantèlement de l'État donne à ce dernier des formes neuves, dont la plus récente est sans doute celle d'un « État manager », réduit dans sa surface et renforcé dans ses structures de commandement.

Compressions du périmètre de l'État

La compression du format des services publics, brandie comme un étendard par nombre de gouvernants, est la manifestation la plus immédiatement accessible de ces transformations. Le « new public management », initié en Grande-Bretagne (voir *chapitres 8 et 9*), s'exprime en France de manière particulièrement radicale dans la révision générale des politiques publiques (RGPP), lancée en Conseil des ministres le 20 juin 2007, qui accélère (et met en cohérence) les entreprises antérieures enserrant l'activité publique dans des impératifs budgétaires, fixés *a priori*. Six mois plus tard seulement, 96 mesures programment fusions, regroupements et suppressions de services d'État (voir *chapitre 15*). Dès octobre 2007, les hauts fonctionnaires de la Chancellerie, nonobstant leurs réticences, modernisent à marche forcée la carte judiciaire et

5 Voir Rémi Lefebvre et Frédéric Sawicki, *La Société des socialistes. Le PS aujourd'hui*, Éditions du Croquant, Bellecombe-en-Bauges, 2006.

6 Voir Stéphane Beaud et Michel Pialoux, *Retour sur la condition ouvrière*, Fayard, Paris, 1999.

projettent que, au 1er janvier 2011, 178 tribunaux d'instance et 23 tribunaux de grande instance seront supprimés au nom de l'« efficacité ». L'Éducation nationale ferme les collèges de moins de 200 élèves, jugés trop coûteux. Conformément aux souhaits de son ancien ministre, Claude Allègre, elle « dégraisse le mammouth », et élimine plus de 15 000 postes d'enseignants par an [7] (voir *chapitre 13*).

Aucun ministère, d'ailleurs, ne prend le risque de demeurer hors jeu. Chaque cabinet ministériel, en concurrence avec tous les autres et empressé de plaire, s'emploie au contraire à disposer d'un coup d'avance en matière de « rendus d'emplois », impératif catégorique d'un État proclamé « en faillite » par le Premier ministre François Fillon en septembre 2007. Au ministère de l'Intérieur, préfectures et sous-préfectures subissent une cure d'amaigrissement. Les concours de police nationale prévus en septembre 2009 ont été annulés et 8 000 postes budgétaires seront supprimés d'ici quatre ans. Ministère voisin mais rival, la Défense avait précédé le mouvement : fermetures de casernes et liquidation de 46 000 emplois avant 2014. Le ministère de la Santé ferme les maternités des hôpitaux publics, considérées comme trop onéreuses à moins de 300 accouchements par an, et impose un seuil de 1 500 actes annuels pour les services de chirurgie. Des dizaines de consulats disparaissent au ministère des Affaires étrangères et celui de la Culture restructure les Archives nationales. Les Finances « rationalisent » à tous niveaux leurs services et les personnels du ministère de l'Agriculture, de l'Alimentation et de la Pêche expérimentent la « mobilité des fonctionnaires » (voir *chapitre 16*).

La compression des services publics s'accompagne de transferts d'activités publiques vers le privé. Les « partenariats public-privé » fleurissent dans la culture (voir *chapitre 22*). L'école sous-traite désormais une part de ses missions (voir *chapitre 14*) et l'armée, une partie de sa logistique (voir *chapitre 21*). Ces privatisations s'opèrent dans la dénégation, par étapes ou par contournements. Elles épousent les anticipations de rentabilité financière immédiate des acquéreurs, lorsque s'accordent à eux des cabinets ministériels soucieux de diminuer les coûts publics en diminuant les emplois payés par l'État. Elles épousent, aussi, l'histoire des secteurs soumis à privatisation, avec leurs luttes passées et le statut spécifique de leurs salariés. Les tempos différents des réformes de France Telecom et de La Poste l'illustrent (voir *chapitres 19 et 20*). À La Poste, comme d'ailleurs

---

7 Avec, conjointement, l'allégement du nombre d'heures de cours dispensés aux élèves, l'accroissement de la taille des classes, le non-remplacement des professeurs absents et l'incitation à ne pas inscrire les enfants en maternelle avant trois ans.

dans les chemins de fer (voir *chapitre 18*), les transferts d'activité vers le privé furent plus lents, plus insensibles, et réalisés par morcellement (filialisation et délégation au privé) suivant les types de missions. Des mécanismes proches déterminent les trajectoires de GDF et d'EDF.

Le « retrait de l'État » passe également par le transfert de charges vers les collectivités territoriales. La décentralisation de 1982 et son acte II, impulsé dès 2002 par Jean-Pierre Raffarin (qu'il qualifiait de « mère de toutes les réformes »), ont donné aux élus locaux nombre de compétences nouvelles. Formation professionnelle, transports, gestion des locaux et des personnels techniciens, ouvriers et de service (TOS) des lycées et collèges, action sociale relèvent désormais largement des conseils généraux et régionaux. Sans bien souvent que les moyens qui ont été alloués par l'État ne couvrent l'ensemble de ces missions (voir *chapitre 17*).

Caporalisations de l'action publique

Ce rétrécissement multiforme de la surface de l'État s'accompagne, parallèlement, d'un mouvement moins visible de *caporalisation* de l'action publique, c'est-à-dire de renforcement des hiérarchies et du contrôle pesant sur les agents du service public. Imposer politiquement des nouvelles priorités aux institutions, c'est-à-dire à ceux qui y travaillent, n'a rien de facile. On peut nommer des hommes de confiance à la tête des administrations — les gouvernements ne s'en privent pas — mais sans garantie de l'effectivité des mesures prises. Car les agents chargés de les mettre en œuvre les retraduisent, les aménagent, les adaptent aux routines professionnelles existantes [8]. Certaines élites sectorielles font même de la résistance. Professeurs de médecine, universitaires, magistrats ou ingénieurs arguent ainsi qu'ils connaissent peut-être mieux que leur ministre ou son cabinet les priorités de leur champ d'activité. Il en va de même pour une partie des inspecteurs généraux. Issus des administrations dans la tourmente et, par fonction, avocats des réformes, ils y introduisent néanmoins des nuances, des médiations qui atténuent la radicalité des projets initiaux.

Une situation inadmissible pour les hauts fonctionnaires du ministère des Finances, qui depuis des années tentent d'imposer une nouvelle définition de l'intérêt général réduite au maintien des « équilibres financiers », face aux revendications de ceux qu'ils nomment avec mépris les

8 Voir notamment Vincent Dubois, *La Vie au guichet. Relation administrative et traitement de la misère*, Economica, Paris, 2003.

ministères « dépensiers »[9]. Jusqu'ici, leur zèle était partiellement contrarié par les règles de fonctionnement de l'administration qui protégeaient certaines plages d'autonomie. Ils ont donc accueilli avec enthousiasme les projets politiques de reprise en main des bureaucraties d'État. Pour les professionnels de la politique qui occupent aujourd'hui les étages supérieurs de l'État, « tenir » leurs propres places consiste en effet à « tenir » les hommes.

Récemment, ont accédé aux plus hautes positions d'autorité dans l'État de purs produits des filières d'ascension politique (exclusivement promus par et dans l'activité politique). Cette nouvelle élite travaille à dévaluer les autorités anciennes, celles qui procédaient d'autres filières de consécration : l'école, certaines compétences professionnellement reconnues (médecins, juges, professeurs, hauts fonctionnaires), devenues par trop autonomes vis-à-vis des professionnels de la politique. Et cette lutte prend les formes les plus variées : désignations politiques à des postes clés en ignorant les commissions de déontologie (comme pour François Pérol) ; nomination d'un patron du privé cumulant sa fonction ancienne avec la direction d'une entreprise publique, au mépris des traditions de promotion interne (Henri Proglio) ; renvoi, à grand renfort de publicité, des préfets en cas de troubles lors des tournées du président de la République en province ; suppression du classement de sortie dans les grandes écoles, notamment à l'ENA ; encouragements à la fusion des grands corps et autres dispositions pour les affaiblir (la RGPP invite à la fusion des ingénieurs des Mines et des télécommunications). À chaque fois se trouve réaffirmée l'autorité brute du pôle politique des dirigeants d'État, contre l'autorité ancienne des hauts fonctionnaires « techniques » ou « administratifs » les plus élevés.

La caporalisation « gestionnaire » de l'action publique doit ainsi une part de sa formulation (et son efficacité) à la rencontre « à toutes fins utiles » des hauts fonctionnaires des Finances et des professionnels de la politique qui aujourd'hui dominent l'État. Elle se traduit par un resserrement des « chaînes de commandement » observable dans les secteurs les plus divers. À l'hôpital, par exemple. À la tête des nouvelles Agences régionales de santé, responsables de toute la question sanitaire au niveau des régions, se trouve maintenant un véritable « préfet sanitaire », désigné en Conseil des ministres. Quant aux directeurs d'hôpitaux, ils ont désormais le pouvoir de fixer les objectifs et de gérer directement le personnel. La

---

9 Sur les politiques volontaristes d'assèchement des recettes de l'État comme levier de réforme, voir Sébastien GUEX, « La politique des caisses vides. État, finances publiques et mondialisation », *loc. cit.*

logique de cogestion antérieure, qui associait les médecins aux décisions, semble désormais révolue (voir *chapitre 9*).

Le mouvement est étonnamment semblable dans l'enseignement supérieur. La loi Liberté et responsabilité des universités (LRU) qui instaure l'« autonomie » affaiblit tout pouvoir collégial. Elle confère aux présidents d'université, qui y sont pour l'essentiel favorables, des pouvoirs considérables face à leurs pairs universitaires. Ils peuvent notamment recruter des fonctionnaires ou des contractuels, ou casser les décisions collectives des commissions et des conseils de l'université (voir *chapitre 11*).

Une même dynamique est à l'œuvre dans la Justice. Au Parquet, d'abord, avec la loi du 9 mars 2004, qui place les procureurs sous l'autorité hiérarchique de leur ministre, conférant à ce dernier un pouvoir d'intervention et d'orientation de la procédure dans chaque affaire. Chez les juges du Siège, ensuite, dont il s'agit de limiter l'indépendance par la « mobilité ». S'ils ne peuvent être mutés géographiquement, ils peuvent se voir affectés à des fonctions diverses en fonction des impératifs de gestion du tribunal. Et, pour couronner l'édifice, depuis 2009 les magistrats sont minoritaires au sein du Conseil supérieur de la magistrature (CSM), chargé de leur nomination et de leur discipline, face à des personnalités extérieures, désignées par l'Élysée et par les présidents de l'Assemblée nationale et du Sénat (voir *chapitre 10*).

Le renforcement du contrôle passe ainsi par la reprise en main de secteurs qui jouissaient d'une relative autonomie. C'est ainsi que le paritarisme ancien qui réglait l'ancien mode de gestion des chômeurs, se trouve objectivement « liquidé » depuis la fusion entre l'Agence nationale pour l'emploi (ANPE) et les Assedic dans le nouvel ensemble Pôle Emploi, en janvier 2009, dont le délégué général — actuellement Christian Charpy, en poste au cabinet du Premier ministre de 2003 à 2005 puis directeur de l'ANPE — est nommé directement par le gouvernement (voir *chapitre 12*). Une sorte d'« étatisation » homologue est observable avec la gestion des fonds du 1 % logement, qui échappe aujourd'hui largement aux « partenaires sociaux » pour passer sous tutelle de l'administration.

Les candidats à ces nouveaux postes de managers publics ne manquent pas. Pour y accéder, sont déterminants les liens personnels avec le Prince ou ses conseillers — qui par là se constituent une clientèle d'obligés. Ces nominations ne sont pas seulement des rétributions symboliques : primes, salaires indexés sur les « objectifs » viennent compléter ou remplacer les grilles indiciaires de la fonction publique.

Sous des formes et des temporalités variables, ce double mouvement de réforme des services publics et des entreprises publiques (compression, privatisations, délégation et transfert de compétences d'une part, étatisation et renforcement du contrôle de l'autre) affecte à un titre ou un autre l'ensemble des services publics. Au nom de la « performance », érigée en nouveau fétiche de l'action publique.

La volonté de contrôler les administrations n'est pas nouvelle. Le Parlement, la Cour des comptes, l'Inspection des Finances s'y emploient depuis longtemps. Mais ce n'est que récemment que des « indicateurs de performance » ont pris le pas sur toute autre considération. En l'espèce, la Loi organique relative aux lois de finances (LOLF), votée en 2001, impose un pilotage stratégique des administrations, avec des objectifs à atteindre et des indicateurs à renseigner. Les fonctionnaires en charge de l'action publique doivent présenter un « projet annuel de performance » (PAP) dont ils sont responsables [10]. Toute activité est réduite à une logique comptable, proche des bilans financiers des entreprises, bien que, dans les faits, les gestionnaires publics apprennent à s'en accommoder (voir par exemple dans la police, au *chapitre 8*).

La fin d'un modèle ?

Mais il faut revenir à l'histoire pour saisir dans toute son ampleur ce que cette modernisation managériale transforme. En Europe occidentale, sur plusieurs siècles, le développement de l'administration et les légitimations conjointes de son activité avaient eu pour effet de distinguer la raison d'État et les « raisons » du monarque. On est ainsi passé d'une gestion privée et personnelle des affaires publiques (la maison du Roi) à celle collective et impersonnelle des administrations. La construction de l'État moderne s'appuya sur l'émergence d'une vision du service public comme activité « désintéressée », orientée vers des fins universelles [11]. C'est précisément cette représentation des fonctions de l'État qui est actuellement au centre des tirs. Avec les redéfinitions des métiers (aux impôts, pour les conseillers des agences pour l'emploi, parmi les enseignants ou ailleurs) se défait le rapport à des professions hier vécues comme « service rendu ». Bien des fonctionnaires vivent désormais leur fonction douloureusement, dans une situation de porte-à-faux qui enveloppe toute leur activité professionnelle. Le sens de sa tâche (et de soi-même l'accomplissant) entre en contradiction avec les nouveaux critères d'évaluation. Quotidiennement, le métier devient mission impossible dans les relations aux usagers. L'épuisement professionnel qui s'ensuit est incompatible

10 L'ensemble des PAP est accessible sur <www.performance-publique.gouv.fr>.

11 Pierre Bourdieu, *La Noblesse d'État. Grandes écoles et esprit de corps*, *op. cit.*, p. 544.

avec les diverses formes de « management par objectifs ». Reste la fuite : suicides, tentatives de suicide, arrêts maladie, psychotropes chez les agents soumis à la « culpabilité du chiffre » (voir *chapitre 23*).

Mais la « modernisation » de l'État entre dans les faits, car elle s'immisce dans les actes les plus anodins et les plus ordinaires des employés du secteur public. Parce que, indépendamment des sacrifices, des souffrances, du déboussolement et des tensions, les salariés qui la subissent n'ont d'autres choix que d'y participer et de la mettre en œuvre à tout instant. En l'habitant à leur manière. En s'en accommodant. Mieux : ils trouvent d'eux-mêmes les meilleures façons de faire, afin que tiennent des situations intenables, malgré la surcharge de travail. Entre autres, parce que subsiste, de l'état antérieur des métiers d'État, une forme de dévouement hier constitutif de la « mission de service public ».

L'efficacité du démantèlement de l'État tient à ce paradoxe : la situation antérieure d'accomplissement du service public — la relation au métier, les dispositions sociales (de dévouement, d'implication) constitutives de celle-ci — permet l'application des réformes qui détruisent les formes habituelles de son exercice et les raisons de s'y impliquer.

Les transformations de l'État ne peuvent donc être réduites à la mobilisation des noblesses d'État qui les promeuvent et s'en font gloire, de plaquettes d'instructions en bilans satisfaits. Bien sûr, les compétitions « pour plaire » — au ministre, au chef de cabinet, au président de la République — et les rivalités qui les traversent, de même que leur incessante circulation du public au privé et inversement, y contribuent. Mais l'avènement d'un État manager résulte aussi, chaque jour, de l'activité incessante et cumulée des milliers d'agents publics, qui peut-être n'en veulent pas, mais qui, réalisant leur métier quoi qu'il en coûte, « font avec », et intègrent aux « choses à faire », comme ils peuvent, les injonctions nouvelles qui leur sont adressées.

Certes, les protestations abondent. Magistrats, avocats, greffiers se sont mobilisés contre la carte judiciaire. Près de 46 000 salariés de Pôle Emploi étaient en grève en octobre 2009. Les enseignants du supérieur ont longuement refusé la réforme de leur métier. Les médecins hospitaliers défilaient au printemps 2009 pour sauver l'hôpital public. Les professeurs du primaire et du secondaire multiplient les journées d'action, tout comme les personnels des musées nationaux ou les cheminots. Mais, dans leurs soucis professionnels, dans leurs patrimoines (économiques et culturels), dans leurs origines sociales et leurs façons d'agir (même pour se mobiliser), les professeurs de médecine ne sont pas des postiers, des conseillers pour l'emploi, des greffiers ou des policiers. Comment les uns se soucieraient-ils des autres, spontanément, et *a fortiori* pratiquement ? S'affirmer (pour des causes diverses) rétif aux réformes, ou plutôt à la réforme qui concerne son propre secteur d'activité, n'abolit ni la distance sociale ni la distance spatiale entre les populations qui protestent. Personne ne semble alors pouvoir soutenir personne, ce qui alimente le sentiment général d'écrasement.

Défendre la civilisation

Pour échapper à l'abattement que produit cette vague de transformations, il faut d'abord en décrire et en analyser les mécanismes. Et pas ceux de l'« État de Nicolas Sarkozy [12] ». Croire que certains — fussent des équipes ministérielles — « possèdent » le pouvoir de réformer l'État, est une erreur de méthode. Les restructurations récentes des administrations et des entreprises publiques ne sont ni l'application d'une volonté politique (le « volontarisme sarkoziste ») ni « appelées » par les « difficultés croissantes des dispositifs classiques de l'État » pour « toucher les nouveaux publics, les nouveaux besoins » [13]. Elles sont le produit d'un entremêlement instable de relations en cascade, dans des espaces professionnels dissemblables, entre groupes professionnels très différents. Dans les formulations premières des réformes, à l'étape de leurs mises en forme légale initiales, s'y expriment, d'une part, l'alliance entre le pôle « gestion des finances publiques » de la haute noblesse d'État et le pôle politique des dirigeants d'État ; d'autre part, la circulation neuve entre hauts fonctionnaires devenus managers et haut managériat des grandes entreprises privées (c'est-à-dire toute la reconfiguration des hiérarchies parmi les élites) [14].

---

12 Comme le propose la revue *Esprit* de mars-avril 2010, dans laquelle le rédacteur en chef, Marc-Olivier Padis, critique, avec une extraordinaire prescience, le présent ouvrage, avant même qu'il n'ait été écrit... Cette légèreté dans l'exercice intellectuel apparaît d'autant plus manifeste que l'auteur s'accorde néanmoins aux thèses développées dans ce livre, telles qu'elles avaient été esquissées dans Laurent Bonelli et Willy Pelletier, « De l'État-providence à l'État manager », *Le Monde diplomatique*, décembre 2009, qui bien entendu n'est pas cité... Voir Marc-Olivier Padis, « Le consultant et le préfet », *Esprit*, n° 363, mars-avril 2010, p. 99-107.

13 *Ibid.*, p. 101.

14 Voir sur ce point, pour un grand corps technique, Julie Gervais, « Former les hauts fonctionnaires techniques comme des managers de l'action publique. L'"identité managériale", le corps des Ponts et Chaussées et son rapport à l'État », *Politix*, vol. 20, n° 79, 2007, p. 101-123.

À une seconde étape, les directeurs des services publics réformés, eux-mêmes managers et nommés pour leurs parcours, s'emploient à prescrire (c'est-à-dire à négocier) des normes de conduite qu'ils tentent d'imposer aux services qu'ils réorganisent. Autant d'injonctions officielles « habitées » ensuite par les agents chargés de les mettre en œuvre (en fonction de leurs histoires sociales particulières et des rencontres entre leur histoire propre et l'histoire des usagers auxquels ils sont confrontés).

De cette hétérogénéité découle toute la difficulté d'appréhender la refabrication de l'État, dont on peut arguer, en paraphrasant le sociologue allemand Norbert Elias, qu'elle est « née de multiples projets, mais sans projet/animée par de multiples finalités, mais sans finalité [15] ».

Dire cela n'est pas simplement un exercice intellectuel, c'est aussi refuser la fatalité. Il n'existe rien de ce que des concurrences entre élites ont fait, que des concurrences contraires ne puissent défaire, dans une configuration différente. Les coalitions réformatrices, qui ont récemment transformé l'État, ne sont pas monolithiques. Elles demeurent fragiles. Elles tiennent fréquemment sur des « malentendus structurels ». Les intérêts convergents à la réforme s'appuient souvent sur des attentes contradictoires, à court et plus encore à moyen terme. Par exemple lorsqu'un gouvernement qui a fait de la sécurité son cheval de bataille électoral doit supprimer des policiers, en raison des injonctions budgétaires...

La réforme n'a donc pour elle que la vitesse. La désorganisation brutale des routines de travail et des hiérarchies paralyse ceux qu'elle vise. Mais, en contrepartie, l'inertie ou son ralentissement peuvent la tuer, tout comme les résistances, qui démultiplient les occasions de défection. Si bien que les restructurations, en une sorte de mouvement perpétuel, ne tiennent qu'en se substituant à l'autre. De telles fuites en avant sont probablement plus fragiles qu'il n'y paraît.

D'ailleurs, l'arrogance qui caractérise la fraction politique de cette nouvelle noblesse d'État (du bras de fer au bras d'honneur [16]), tout comme son obsession du contrôle, manifestent aussi à quel point elle peut se sentir vulnérable. Elles expriment une crainte sourde de voir l'autorité à peine conquise structurellement contestée par des élites techniciennes ; par la fronde des petits notables politiques que sont les élus locaux ; par l'autonomisation de dirigeants d'entreprise qui utilisent l'État à leur profit

---

15 Norbert Elias, *La Société des individus*, Fayard, Paris, 1991, p. 108.

16 Personne n'oublie le « casse-toi pauvre con », qui constitue sans doute davantage qu'une réaction exaspérée ; peut-être l'expression d'un certain rapport au monde.

exclusif ; fragilisée par les propres compétitions internes au nouveau groupe dominant, quand le scandale public devient une arme pour « tuer politiquement », etc.

Cet ouvrage ne mettra pas fin aux démantèlements de l'État. Mais en décrivant les mécanismes à l'œuvre, en insistant sur leurs contradictions, en soulignant les fissures existantes dans les groupes réformateurs, il contribuera, peut-être, à tempérer l'abattement qui — de l'hôpital à l'équipement, de la poste à l'armée, de l'école à la justice — frappe nombre d'agents du « service public ». Après tout, est en jeu l'avenir d'un mode d'organisation public qui socialisait richesses et risques de l'existence. C'est-à-dire un modèle de civilisation.

I

Promoteurs et promotions de l'État modeste

« Tout ce que font les gouvernements se divise en deux catégories, des tâches que nous pouvons dès aujourd'hui leur enlever et des tâches que nous espérons leur enlever demain. »

David D. Friedman, économiste, *The Machinery of Freedom. Guide to a Radical Capitalism*, Open Court Publishing Company, Chicago, 1989.

« En voulant accélérer artificiellement ce que l'économie libre accomplissait à son rythme, c'est l'État, tantôt régulateur, tantôt législateur, qui a poussé à l'irresponsabilité les acteurs de la chaîne du crédit, provoqué une crise financière grave, et acculé à la faillite nombre de familles qu'il prétendait aider. »

Vincent Bénard, président de l'Institut Hayek de Bruxelles, *Le Figaro*, 9 septembre 2008.

« Les États sont comme des pompiers qui doivent éteindre les incendies puis rentrer dans leurs casernes. »

Philippe Manière, ancien directeur de l'Institut Montaigne.

« Rares sont les règles permettant de renverser cette tyrannie de l'immobilisme. Il en est une, claire, à tout le moins : s'il faut privatiser ou élaguer une activité publique, faites-le complètement. Ne recherchez pas un compromis grâce à une privatisation partielle ou à une réduction partielle du contrôle étatique. Semblable stratégie revient tout simplement à laisser dans la place un quarteron d'adversaires déterminés qui travailleront avec diligence (et souvent avec succès) à renverser la vapeur. »

Milton Friedman, économiste, *Le Monde*, 20 juillet 1999.

1

Les rénovateurs du libéralisme

François Denord*

Face à la crise économique et financière de 2008-2009, les libéraux ont, durant quelques mois, fait mine de s'inquiéter. La responsabilité dans la débâcle actuelle n'incombe-t-elle pas aux déréglementations ? Les tenants du marché ne se seraient-ils pas montrés trop enthousiastes, au risque de discréditer le libéralisme ? Paradoxalement, c'est à partir de questions analogues que le néolibéralisme est né, il y a près de soixante-dix ans. Un petit groupe issu des classes dirigeantes avait alors entrepris de rénover un libéralisme compromis par la crise de 1929. Économistes, patrons ou hauts fonctionnaires, ils jetèrent les bases d'un nouveau cadre doctrinal prônant la construction d'un État garant du libre fonctionnement du mécanisme concurrentiel. Ces rénovateurs du libéralisme se présentaient comme des « néolibéraux », un terme largement polysémique.

Le néolibéralisme évoque d'abord les vagues de déréglementations et de privatisations menées depuis la fin des années 1970 dans la plupart des pays occidentaux. Comme idéologie, il renvoie à certaines figures intellectuelles, les économistes Friedrich Hayek ou Milton Friedman par exemple. En tant que synonyme de « mondialisation » et de « globalisation financière », il est associé au passage d'un capitalisme industriel et national à un capitalisme financier et mondial. « Politiques néolibérales », « idéologie néolibérale », « régime néolibéral », ces expressions sont devenues si courantes qu'on oublie parfois de se demander en quoi consiste la nouveauté

* Chargé de recherche au CNRS (CESSP).

du néolibéralisme. À mesure que s'est développée la critique, un certain nombre de lieux communs se sont accumulés.

Premier d'entre eux : le néolibéralisme constituerait une théorie économique. En réalité, les économistes néolibéraux peuvent appartenir à des écoles différentes, et des patrons ainsi que des hauts fonctionnaires ont également participé à l'élaboration de ce nouveau paradigme. Ce dernier relève davantage de l'idéologie politique parce qu'il s'attache à fixer les règles du bon gouvernement d'une économie de marché. Deuxième lieu commun : le néolibéralisme formerait un cadre idéologique rigide et bien délimité. Cependant, ce courant agrège des groupes aux conceptions économiques très différentes et parfois opposées. C'est également une vision du monde qui se construit avec et contre des « doctrines » concurrentes. Non seulement les idées se redéfinissent au gré des changements de rapports de forces matériels et intellectuels, mais elles peuvent aussi être relayées à l'insu de leurs promoteurs, et leur échapper jusqu'à devenir méconnaissables. Troisième lieu commun : le néolibéralisme n'aurait de cesse de détruire l'État. Certains néolibéraux plaident, certes, pour un État minimal, mais d'autres défendent un interventionnisme fort des pouvoirs publics. Et, en général, le néolibéralisme cherche à rediriger l'intervention publique en mettant l'État au service du marché. En d'autres termes, les rénovateurs du libéralisme ont tourné le dos au maximalisme antiétatique du XIXe siècle pour proposer, dans une optique libérale, une politique économique, au sens fort du terme.

Les origines du néolibéralisme

Le néolibéralisme est apparu dans un contexte idéologique et institutionnel singulier. De 1914 à 1945, le modèle de l'État libéral vacille [1]. La reconstruction des années 1920 ravive la croissance économique avant que le capitalisme ne plonge durablement dans la dépression. Deux processus s'entretiennent mutuellement : la revalorisation du rôle économique de l'État dans les débats politiques et la création de nouveaux dispositifs d'intervention publique sur l'économie. Partout on réclame que l'État dirige davantage l'activité économique et que la recherche du profit s'efface devant les impératifs sociaux et politiques. Le modèle soviétique est bien sûr dans tous les esprits. Mais les États-Unis de F. D. Roosevelt font également reposer leur économie sur de nombreux

1 Karl POLANYI, *La Grande Transformation*, Gallimard, Paris, 1983.

organismes de coordination. Même la France se dote, au moment du Front populaire, d'un ministère de l'Économie nationale. Parallèlement, des régimes autoritaires d'un type nouveau apparaissent, l'Allemagne nazie, l'Italie fasciste ou l'URSS stalinienne, que les libéraux regroupent rapidement sous le concept de « totalitarisme » : le « totalitarisme » semble menacer l'ensemble de la civilisation occidentale.

Quels que soient leurs pays d'origine, les rénovateurs du libéralisme aspirent à retrouver le monde de la Belle Époque ; mais ils entendent également déterminer les responsabilités du libéralisme dans la crise des années 1930. C'est l'objet du colloque Walter Lippmann, une réunion internationale organisée à Paris du 26 au 30 août 1938. Quatre mois après l'*Anschluss*, un mois avant la signature des accords de Munich, ce huis clos d'intellectuels a quelque chose de singulier. La mort du libéralisme et l'effondrement de la civilisation du XIXe siècle avaient maintes fois été annoncés. Mais, désormais, même les libéraux conviennent que c'en est fini du laisser-faire. « Nous nous heurtons à un fait brutal, déclare le journaliste américain Walter Lippmann dans son allocution inaugurale, le siècle du progrès vers la démocratie, vers l'individualisme, vers la liberté économique, vers le positivisme scientifique s'est terminé par une ère de guerre, de révolution et de réaction [2]. »

Dans la salle, des patrons influents côtoient des intellectuels promis à un brillant avenir, de grands commis de l'État voisinent avec les représentants les plus distingués de l'école libérale. Parmi les vingt-six participants, certains deviendront Prix Nobel d'économie (Friedrich Hayek), professeur au Collège de France (Raymond Aron), dirigeant de l'Organisation européenne de coopération économique (Robert Marjolin), architectes de l'« économie sociale de marché » allemande (Wilhelm Röpke, Alexandre Rüstow), conseiller financier du général de Gaulle (Jacques Rueff) et même concepteur du projet de « Guerre des Étoiles » de Ronald Reagan (Stefan Possony). Le colloque Walter Lippmann a pour prétexte la traduction en français d'un essai à succès de l'éditorialiste américain : *La Cité libre* [3]. Si, *a posteriori*, l'ouvrage semble de facture classique, il est précurseur, conjuguant dénonciation des régimes « totalitaires » et critique du laisser-faire. Cette doctrine d'action qui, selon Walter Lippmann, avait fait la grandeur du XIXe siècle s'est peu à peu muée en une « collection de formules geignardes invoquées par les propriétaires pour résister aux attaques lancées

2 CIRL, *Compte rendu des séances du Colloque Walter Lippmann*, Médicis, Paris, 1939, p. 20.

3 Walter Lippmann, *La Cité libre*, Médicis, Paris, 1938.

contre leurs intérêts établis [4] ». Lippmann réhabilite l'action étatique sous la forme d'un interventionnisme juridique et d'une politique de la concurrence. La loi doit non seulement permettre de fixer les droits et obligations individuels, mais plus encore instituer le marché et les règles de son fonctionnement. Dès lors, ce que le législateur a bâti peut être défait et l'État doit rétablir la concurrence si elle ne fonctionne pas d'elle-même, en luttant contre les monopoles ou en réformant le statut des sociétés anonymes.

Les thèses du journaliste américain ne font pas l'unanimité parmi les congressistes. Deux groupes se dessinent : d'un côté, « ceux pour qui le néolibéralisme est foncièrement différent, dans son esprit et son programme, du libéralisme traditionnel [5] » et, de l'autre, le « vieux libéralisme » qu'incarnent les ténors de l'école autrichienne, comme Friedrich Hayek et Ludwig von Mises. Si les cartes sont encore quelque peu brouillées, certains des conflits qui émaillent la suite de l'histoire du néolibéralisme apparaissent d'ores et déjà : celui entre l'« économie sociale de marché » allemande et le néolibéralisme radical, entre l'acceptation franche de l'interventionnisme étatique et la nostalgie du laisser-faire.

Le colloque Lippmann n'en constitue pas moins une rupture dans l'histoire du libéralisme économique. Le néolibéralisme y est en effet défini comme une politique économique : « Être [néo]libéral, résume un participant, ce n'est pas, comme le "manchesterien", laisser les voitures circuler dans tous les sens, suivant leur bon plaisir, d'où résulteraient des encombrements et des accidents incessants ; ce n'est pas, comme le "planiste", fixer à chaque voiture son heure de sortie et son itinéraire ; c'est imposer un Code de la route tout en admettant qu'il n'est pas forcément le même au temps des transports accélérés qu'au temps des diligences [6]. » Souvent reprise, cette métaphore suppose une réinsertion de l'ordre marchand dans les structures institutionnelles et historiques (le marché n'est pas naturel) ; elle définit le type d'intervention correspondant à une politique économique libérale : l'État fixe le cadre juridique au sein duquel la concurrence se déploie et l'adapte en fonction des transformations économiques et sociales ; elle indique la nature de l'État néolibéral : c'est un régulateur de conflits, abstentionniste dans la sphère de la production et des échanges, mais prêt à sanctionner par le droit et la justice les écarts de conduite.

---

4 *Ibid.*, p. 225.

5 Gaëtan Pirou, *Néolibéralisme. Néocorporatisme. Néosocialisme*, Gallimard, Paris, 1939, p. 62.

6 Louis Rougier, CIRL, *Compte rendu…*, *op. cit.*, p. 16.

Un mouvement international

Le colloque Lippmann a également nourri la construction d'un mouvement international et suscité, en France, la création d'un Centre international d'études pour la rénovation du libéralisme en mars 1939. Société savante et groupe militant, cette association se distingue dans l'univers politique français en rapprochant des individus différents à bien des égards : des économistes, des hommes d'affaires, des hauts fonctionnaires et même quelques syndicalistes ouvriers, de tendance réformiste. Si ce club disparaît dès 1940, il a servi de prototype à la Société du Mont-Pèlerin.

Le « meeting » fondateur de cette organisation s'est tenu du 1er au 10 avril 1947 près de Vevey, en Suisse [7]. Organisé par Friedrich Hayek, il est le fruit d'une longue préparation entamée en 1944, année où est publiée *La Route de la servitude*. Ce pamphlet a connu un franc succès en Grande-Bretagne et aux États-Unis et permet à Hayek, jusqu'alors peu connu hors de l'univers des économistes, d'acquérir une rapide notoriété. Il exalte l'individualisme, la concurrence, le risque et la grandeur de la civilisation occidentale, et dénonce par opposition le socialisme et le planisme.

Dans le contexte de la guerre froide et de l'institutionnalisation du *Welfare State*, la Société du Mont-Pèlerin met en relations des représentants des professions intellectuelles (au sens large, il peut s'agir de patrons), hostiles au socialisme, partant du principe que les idées sont la cause des transformations sociales et non l'inverse. Très élitiste, Hayek considère, comme son maître Ludwig von Mises, que « les masses ne pensent pas [8] ». Seule une minorité d'esprits supérieurs en est capable. Or il existe une catégorie d'intellectuels de profession, des « brocanteurs d'idées » (journalistes, essayistes), qui ont intérêt au renouvellement des idées économiques et politiques [9]. La stratégie de Hayek n'est pas directement politique. Il s'agit de maintenir l'existence d'un courant néolibéral en attendant que les conditions historiques et institutionnelles soient plus favorables et que les élites économiques et politiques s'unissent autour de ses thématiques.

La Société du Mont-Pèlerin interdit donc toute forme de propagande en son nom. Sa structure est simplifiée à l'extrême et l'organisation ne

---

7 Bernhard Walpen, *Die offenen Feinde und ihre Gesellschaft. Eine hegemonietheoretische Studie zur Mont Pèlerin Society*, VSA-Verlag, Hambourg, 2004.

8 Ludwig von Mises, *Le Socialisme*, Médicis, Paris, 1952 (1938), p. 589.

9 Friedrich Hayek, « Les Intellectuels et le socialisme » (1949), *Commentaire*, n° 99, automne 2002, p. 673-683.

dispose pas d'une trésorerie importante (avec des cotisations au montant peu élevé, des fonds doivent être trouvés lors de chaque réunion). Sans bureau et se réunissant dans des pays différents tous les deux ans, la Société du Mont-Pèlerin n'est pas un *think tank*. Elle n'accepte en son sein qu'un petit nombre de membres qui assurent la diffusion du néolibéralisme, grâce à leurs activités propres et par la mise en place d'organisations nationales. On peut en distinguer deux types. D'une part, certaines sections de la Société du Mont-Pèlerin se constituent en association, ce qui permet un recrutement plus large et notamment l'admission de jeunes recrues. C'est le cas, en France, de l'Association pour la liberté économique et le progrès social (ALEPS), fondée en 1966 par Jacques Rueff, Daniel Villey et Gaston Leduc. D'autre part, un grand nombre de membres de la Société du Mont-Pèlerin participent à la mise en place de *think tanks* comme l'Institute of Economic Affairs, né en 1955 en Grande-Bretagne, qui a joué un rôle non négligeable dans l'arrivée au pouvoir de Margaret Thatcher, ou l'Heritage Foundation, créée en 1973 aux États-Unis et très proche du Parti républicain.

Auréolée d'un certain prestige — on ne compte plus les « Prix Nobel » d'économie issus de ses rangs —, la Société du Mont-Pèlerin existe encore en 2010. Il ne faut sans doute pas surestimer l'importance d'une telle organisation. La bataille des idées ne se confond pas avec une bataille d'intellectuels : une idéologie politique ne devient hégémonique que dans la mesure où elle consolide des forces sociales qui disposent d'un pouvoir réel sur l'économie. Si le goût de l'utopie contribua à faire advenir un ordre naguère « impensable [10] », le néolibéralisme doit d'abord ses réussites nationales à la transformation des rapports de forces politiques, plus qu'à l'influence exercée par telle ou telle organisation internationale. Lorsqu'il affirmait que « les visionnaires influents, qui entendent des voix dans le ciel, distillent des utopies nées quelques années plus tôt dans le cerveau de quelques écrivailleurs de faculté [11] », Keynes exagérait le rôle des intellectuels dans les changements sociaux. Pour qu'elles survivent à leurs auteurs, les stratégies de subversion intellectuelle ont besoin d'intérêts qui les soutiennent et d'institutions qui les relayent.

---

10 Richard Cockett, *Thinking the Unthinkable. Think-Tanks and the Economic Counter-Revolution (1931-1983)*, Fontana Press, Londres, 1995.

11 John M. Keynes, *Théorie générale de l'emploi de l'intérêt et de la monnaie*, Payot, Paris, 1998, p. 375.

À la conquête de l'État en France

Considérons le cas français dans cette perspective. La Libération exerce deux effets contradictoires sur l'histoire du néolibéralisme dans ce pays : elle scelle sa défaite institutionnelle mais, par les reclassements qu'elle provoque, lui confère un nouvel essor. Dans le prolongement de l'économie de guerre, dès 1944 la puissance publique ordonne la croissance, régule l'activité et dispense les richesses produites. Accusé de tous les maux, y compris de s'être enrichi sous l'Occupation, le patronat n'a pas voix au chapitre. Quant aux économistes, ils n'exercent que peu d'influence sur les réformes en cours. Cependant une opposition néolibérale se reconstitue rapidement. En 1947 naît ainsi l'Association de la libre entreprise, qui rassemble sous la houlette de Georges Villiers, président du tout nouveau Conseil national du patronat français (CNPF), les dirigeants de nombreux organismes patronaux (comme ceux de l'Union des industries métallurgiques, de la Confédération générale des petites et moyennes entreprises, du Groupe des industries métallurgiques, mécaniques et connexes ou encore de la Chambre syndicale des constructeurs de navires). Dans le monde politique, les radicaux et les indépendants — partis du centre droit — se font les hérauts d'un retour à la concurrence. Dans la presse, *Le Monde* et *Le Figaro* relayent leurs revendications. La guerre froide imprime sa marque : alors que la France a opté pour des structures dirigistes, les libéraux reviennent au pouvoir au nom de la recherche de l'expansion dans la stabilité et de la lutte contre l'Union soviétique. Les communistes et les socialistes les plus interventionnistes sont eux écartés du gouvernement. La recherche de l'équilibre budgétaire, la lutte contre l'inflation, les tentatives de libéralisation des prix caractérisent la politique économique et sociale de la fin des années 1940. Mais le tournant libéral de la IVe République n'est pas uniquement l'œuvre du centre droit de l'échiquier politique. Même la politique économique du gouvernement Mendès France (1954-1955) présente bien des analogies avec la doctrine exposée lors du colloque Lippmann [12]. La France des années 1940-1950 est ainsi marquée par un décalage entre des gouvernements qui tentent de rétablir le libre jeu du marché, mais sont victimes d'une instabilité politique chronique, et des structures économiques dirigistes qui perdurent.

12 Olivier FEIERTAG, « Pierre Mendès France, acteur et témoin de la planification française 1943-1962 », *in* Michel MARGAIRAZ (dir.), *Pierre Mendès France et l'économie. Pensée et action*, Odile Jacob, Paris, 1989, p. 384-385.

L'année 1958 change la donne. Sans être résolument libéral, le général de Gaulle se laisse convaincre par Jacques Rueff d'engager une thérapie de choc. C'est l'origine du Plan Pinay-Rueff de décembre 1958, immédiatement appliqué par ordonnances : on réduit les dépenses publiques, augmente les impôts, dévalue la monnaie, ouvre les frontières à la compétition économique internationale [13]. Le Plan enclenche une dynamique réformatrice. C'est dans ce but qu'est constitué, en novembre 1959, le Comité Armand-Rueff [14]. Son rapport dresse un inventaire des métiers décriés pour leur « rigidité », car ils jouissent de traitements et de législations spécifiques : boulanger, notaire, pharmacien, chauffeur de taxis, autant de symboles de ce qui pour la pensée technocratique représente l'archaïsme, la France arc-boutée sur ses privilèges. Le rapport Armand-Rueff n'a eu que très peu de retombées immédiates. Mais il constitue le premier d'une longue série de documents publics appelant à une libéralisation partielle de l'économie : le rapport Nora sur les entreprises publiques (1967), le rapport Montjoie sur le développement industriel (1968), le rapport Marjolin-Sadrin-Wormser sur le marché monétaire et les conditions du crédit (1969). Sur fond de construction européenne, la naissance de la Ve République a ainsi scellé l'alliance improbable du gaullisme et du libéralisme. Le successeur du général de Gaulle, Georges Pompidou, en prit acte dès 1969 : « Quand on a choisi le libéralisme international, il faut opter aussi pour le libéralisme intérieur. L'État doit donc diminuer son emprise sur l'économie au lieu de chercher perpétuellement à la diriger et à la contrôler [15]. »

Avec les années Giscard (1974-1981) un pas supplémentaire fut franchi. Pour la première fois depuis les débuts de la Ve République le pouvoir politique revenait à un président et à un Premier ministre dont le néolibéralisme constituait l'horizon intellectuel. Le premier tenait la « pensée néolibérale » pour la « forme la plus savante de la pensée économique contemporaine » [16]. Le second avait traduit Hayek et aimait se référer aux doctrinaires de l'ordo-libéralisme allemand [17]. Le gouvernement s'essaye

13 Michel-Pierre Chelini, « Le plan de stabilisation Pinay-Rueff : 1958 », *Revue d'histoire moderne et contemporaine*, octobre-décembre 2001 (4), p. 102-122.

14 *Rapport sur les obstacles à l'expansion économique présenté par le Comité institué par le décret 59-1284 du 15 novembre 1959*, Imprimerie nationale, Paris, 1960.

15 Cité *in* Andrew Knapp, *Le Gaullisme après de Gaulle*, Seuil, Paris, 1994, p. 772.

16 Cité *in* Albert Brimo, *Les Doctrines libérales contemporaines face au socialisme*, Pédone, Paris, 1984, p. 48.

17 Ce courant du libéralisme naît en Allemagne au début des années 1930, sous l'impulsion de Walter Eucken, Franz Böhm et Hans Grossmann-Doerth. Il

donc à privilégier une perspective de long terme davantage préoccupée par la stabilité monétaire que par la lutte contre le chômage. Quelques mesures symbolisent bien cette réorientation politique : la libération progressive des prix, la recherche de l'équilibre financier dans les entreprises publiques, l'aide à l'accession à la propriété individuelle.

Le tandem Giscard-Barre a cependant connu un échec économique retentissant. C'est là qu'intervient un dernier tournant décisif : l'arrivée au pouvoir d'un gouvernement socialiste en 1981 pousse la droite à se reconstruire autour d'un projet politique marqué par le rejet du socialisme et de l'expérience Barre, jugée trop timorée. De pratique gestionnaire, le néolibéralisme se mue en projet de société. La conjoncture internationale s'y prête : déclin de l'Union soviétique, d'une part, et avènement du reaganisme et du thatchérisme, d'autre part. Rejetée dans l'opposition, la droite fait peau neuve en se débarrassant de ses « complexes » intellectuels vis-à-vis de la gauche. Une fois revenue au pouvoir, il lui faudra dénationaliser, déréglementer, désétatiser. Quand, à partir de 1983, la gauche socialiste renonce à sa stratégie de rupture avec le capitalisme, le néolibéralisme triomphe bel et bien même si, au gré des exigences tactiques, il se montre tantôt gestionnaire, tantôt doctrinaire.

La dynamique européenne

Cette dynamique n'a été possible que parce que le néolibéralisme s'est doté d'institutions qui l'ont pérennisé. En ce domaine, l'Europe a joué un rôle central, comme prétexte et comme aiguillon pour mener des réformes de grande ampleur. En effet, le Marché commun fut avant tout pensé comme un instrument de libéralisation des économies nationales. Telle est du moins la conviction du plus célèbre des économistes libéraux français d'après-guerre, Jacques Rueff. Au début de l'année 1958, ce haut fonctionnaire familier des organisations européennes met en lumière la spécificité du traité dans un article prophétique [18]. Selon lui, la nouveauté ne réside pas dans l'objectif de libéralisation des échanges mais dans les moyens choisis pour y parvenir : une construction progressive qui efface les disparités entre les économies nationales et attribue « à des

---

débouchera sur la mise en place de la bien mal nommée « économie sociale de marché ».

18 Jacques RUEFF, « Une mutation dans les structures politiques : le marché institutionnel des Communautés européennes », *Le Monde économique et financier*, 9-10 février 1958.

institutions communautaires dotées de pouvoirs définis une fois pour toutes [le] soin de créer le Marché commun et de le défendre contre les entreprises tendant à en tourner les dispositions ». En construisant l'Europe comme un « marché institutionnel » et en fournissant les instruments de sa protection, le Traité de Rome (1957) marque ainsi « l'aboutissement et le couronnement de l'effort de rénovation de la pensée libérale » amorcé vingt ans plus tôt.

L'une des principales conséquences de l'intégration de la France dans le Marché commun reste d'avoir provoqué le déclin de la planification et du mode de gestion publique qui lui était associé, l'« économie concertée ». Chasse gardée des libéraux allemands, la politique de la concurrence entrave l'action de l'État, tant du point de vue des aides accordées aux entreprises que des choix industriels (l'application de la législation européenne ne sera cependant que très progressive). La libre circulation des hommes et des capitaux « oblige les fonctionnaires français à limiter certaines de leurs interventions qui risqueraient de chasser les facteurs de production [19] » (le chantage aux délocalisations peut commencer). L'ouverture des frontières conduit la politique économique à se focaliser sur le court terme : l'équilibre de la balance des paiements, la lutte contre l'inflation et la stabilité des taux de change concentrent toute l'attention des pouvoirs publics. Politiques budgétaire et monétaire expansives deviennent donc difficilement praticables et ce d'autant plus que la communauté de marché amène une convergence des structures économiques et sociales qui, pour la France, signifie un rapprochement avec l'Allemagne libérale [20].

La dimension néolibérale de la construction européenne s'est intensifiée tout au long des années 1980-1990. Avec les critères de convergence du Traité de Maastricht [21] (1998) puis le Pacte de stabilité et de croissance (1997), l'État a perdu ses dernières marges de manœuvre en matière de politique budgétaire. Avec l'introduction de l'euro, il a renoncé à sa souveraineté monétaire. C'est la Banque centrale européenne qui concentre tous les pouvoirs, et sa ligne de conduite est claire : lutter contre l'inflation et défendre une monnaie forte. L'Union européenne a ainsi progressivement dépossédé les États de leurs attributions économiques, ne leur laissant de

19 Pierre Bauchet, *La Planification française. Vingt ans d'expérience*, Seuil, Paris, 1966, p. 326.

20 Ralf Ptak, *Vom Ordoliberalismus zur Sozialen Marktwirtschaft. Stationen des Neoliberalismus in Deutschland*, Leske +Budrich, Opladen, 2004.

21 Stabilité des prix, situation des finances publiques, taux de change et taux d'intérêt à long terme.

marges de manœuvre que lorsque des crises systémiques risquent de mettre en péril l'économie de marché comme en novembre-décembre 2008.

Le néolibéralisme est un libéralisme de gouvernement. Il réoriente l'intervention publique plus qu'il ne la supprime. De manière offensive, il cherche à faire sauter les verrous législatifs, réglementaires ou corporatifs qui entravent la libre concurrence et à désengager l'État du secteur productif. De manière pragmatique, le néolibéralisme crée un cadre légal favorable au marché, supplée l'initiative privée là où elle s'avère défaillante, incite à la concentration industrielle ou, au contraire, la freine. Parallèlement, il confie à l'État le soin d'adapter le droit aux évolutions économiques, de sanctionner les fraudes et de venir en aide aux plus défavorisés, sans quoi des crises de grande ampleur risqueraient de mettre à mal l'ensemble. C'est en France que le néolibéralisme a fait ses premiers pas. Et, si son développement a été longtemps contrarié, la greffe a aujourd'hui pleinement réussi. Les politiques menées tout au long des années 1980 et 1990 en témoignent. L'élection à la présidence de la République de Nicolas Sarkozy en mai 2007 n'a pas infléchi cette orientation. Au contraire, la puissance publique privatise, déréglemente et reconfigure le droit du travail. Dans le même temps, l'État impulse des politiques de structures qui cherchent à insuffler des comportements conformes aux exigences d'une société de marché : responsabiliser/culpabiliser les individus (instauration d'une franchise médicale) ; récompenser les heureux gagnants de la guerre économique (bouclier fiscal pour les plus riches) ; introduire le principe concurrentiel dans des secteurs qui lui échappaient traditionnellement (réforme de la recherche et de l'université, par exemple).

2

La formation des élites d'État et l'avènement d'une nouvelle « classe rapace »

Alain Garrigou*

En un temps où l'on était moins prisonnier de la bienséance, le grand sociologue américain Thorstein Veblen attaquait la « classe rapace » dans un essai resté célèbre mais peu lu [1]. Qui aurait pu imaginer que sa description des prédateurs de la fin du XIXe siècle, ces « barons voleurs » du capitalisme sauvage américain, s'appliquerait bien plus tard à certains de nos contemporains ? Pourtant, quand on étudie les véritables artisans du passage d'un État-providence, présenté comme « inefficace », « coûteux » et « autoritaire », à un État censé laisser opérer les vertus naturelles du marché, le parallèle est saisissant. Si les hommes ne sont pas les mêmes, les buts et les motivations sont troublants de ressemblance. La nouveauté ? Les entreprises d'accaparement — faut-il dire de « patrimonialisation » ? — ont pris l'État pour cible.

Les quatre âges de la noblesse d'État

Les réformes de l'après-Seconde Guerre mondiale ont changé le mode de recrutement des élites d'État en l'arrimant encore plus aux grandes écoles. La création, en 1945, de l'École nationale d'administration (ENA) constituait la pièce centrale du dispositif, qui accompagnait la

---

* Professeur de science politique, université de Paris-Ouest-Nanterre (GAP).

1 Thorstein Veblen, *Théorie de la classe de loisir*, Gallimard, Paris, 1970 (1899). Raymond Aron introduisait l'édition française en demandant : « Avez-vous lu Veblen ? »

promotion d'hommes jeunes issus de la Résistance, marqués par cette expérience et par la faillite des élites [2]. Ces hommes ont insufflé une idéologie de service public à la première génération des hauts fonctionnaires issus d'un système combinant l'Institut d'études politiques de Paris et la nouvelle ENA. C'est le premier âge d'une nouvelle filière de formation de la noblesse d'État : celle des « grands commis ».

En quelques années, les ambitions et les opportunités conduisirent quelques-uns de ces hauts fonctionnaires à entrer en politique. Les cabinets ministériels ont été le point de passage le plus fréquent de cet engagement, au point de compter — dès la fin des années 1970 — une majorité d'anciens élèves de l'ENA, souvent issus des grands corps (Inspection des finances, Conseil d'État, Cour des comptes, etc.). Si la plupart des anciens élèves continuaient d'occuper les postes de la haute fonction publique auxquels l'école les destinait, la circulation avec le monde politique était plus fréquente et finit par amener quelques « énarques », comme l'appellation s'en est rapidement imposée, aux sommets de l'État. Nombreux furent alors les énarques ministres et deux d'entre eux devinrent même présidents de la République (Valéry Giscard d'Estaing et Jacques Chirac). Dans ce deuxième âge, plus politique, la puissance de la noblesse d'État fut au zénith.

Au milieu des années 1980, quelques énarques, séduits par les sirènes du dogme des grands équilibres financiers et de la rigueur budgétaire, entreprirent de réformer l'État pour adapter la France à l'« Europe » ou à la « mondialisation » [3]. Avec le mouvement de privatisation des entreprises publiques amorcé en 1986, des observateurs crurent voir l'enclenchement d'un processus de mise à l'écart de l'ENA et des grands corps. Ce sont pourtant des inspecteurs des Finances qui ont mis en œuvre le processus sous le gouvernement de cohabitation de Jacques Chirac (1986-1988). Le ministre de l'Économie Édouard Balladur y était entouré d'inspecteurs des Finances comme Michel Pébereau, Philippe Jaffré, Jean-Marie Messier. Ce fut également le cas en 1993, lors de la seconde vague de privatisations. Toutefois, la direction des entreprises privatisées ne fut pas laissée aux règles communes de l'actionnariat. Un système de « noyaux durs » — un actionnaire minoritaire et choisi par le pouvoir recevait la direction de l'entreprise ouverte aux capitaux privés — représenta alors une solution

---

2 François FOURQUET, *Les Comptes de la puissance*, Encres, Paris, 1980.

3 Voir notamment Bruno JOBERT et Bruno THÉRET, « France : la consécration républicaine du néolibéralisme », *in* Bruno JOBERT (dir.), *Le Tournant néolibéral en Europe*, L'Harmattan, Paris, 1994, p. 21-85.

de compromis, à la fois par précaution et par souci de conserver un certain contrôle politique, au moins à court terme.

Ainsi amorcé, le troisième âge se poursuivit par l'accession de ces inspecteurs des Finances à la tête des entreprises privatisées. Ce ne fut ni immédiat ni direct. Michel Pébereau passa par exemple par le Crédit Commercial avant de prendre la direction de la BNP. S'il s'agissait là formellement d'un « pantouflage [4] » ordinaire, il était toutefois d'un genre nouveau : les concepteurs des privatisations ont, cette fois, pris la tête des entreprises concernées, bénéficiant au passage de salaires, bonus et stock options, qu'ils ont su valoriser. Ce moment et ces hommes charnières ont ouvert la voie à un quatrième âge, marqué par l'accession d'entrepreneurs (venant notamment de grandes écoles de commerce comme HEC) aux fonctions jusqu'alors dévolues aux membres de la noblesse d'État issus de l'ENA et de Polytechnique.

La cooptation n'a plus seulement fonctionné par la sélection des grandes écoles mais par le parrainage au sein même des entreprises. Ainsi, nommé patron de la Générale des Eaux en 1996, Jean-Marie Messier transforme le groupe, devenu Vivendi, en multinationale de la communication. Devenu l'un des gourous de la « nouvelle économie », l'homme attire une nouvelle génération de managers. Polytechnicien et énarque, il plaça un ancien d'HEC à la tête de l'ancienne branche de services aux collectivités de la Générale des Eaux, devenue Veolia. Henri Proglio y gagna un crédit de bon gestionnaire en surnageant dans le naufrage de Vivendi. Même si son entreprise fut très endettée — au point de grever sa « valeur actionnariale » —, la performance singulière fut évaluée au regard de la déroute générale du groupe.

Des années plus tard, son frère René Proglio, ancien d'HEC lui aussi, le complimentait : « [Henri] a reconstruit l'entreprise pierre par pierre, sur les décombres laissés par Messier [5]. » Serait-il perfide d'ajouter que Veolia dépend essentiellement de l'argent public — ses clients sont les collectivités locales ? D'ailleurs, devant les élèves d'HEC, Henri Proglio n'affirmait-il pas que le métier de Veolia, ce sont les relations avec les

4 Le pantouflage désigne le départ d'un haut fonctionnaire vers une entreprise privée, généralement au terme d'une longue carrière publique dans laquelle il a pu se constituer un important carnet d'adresses. C'est d'ailleurs cette capacité à pouvoir mobiliser des agents de l'État en poste qui est le plus souvent la raison de leur recrutement dans le privé.

5 Nathalie BENSAHEL, « Proglio, l'ambitieux du président », <www.nouvelobs.com>, 29 novembre 2007.

collectivités locales — donc des élus de tous bords — et non l'eau, la propreté ou le transport ?

Comme on le dit en alpinisme, « une nouvelle voie était ouverte », consistant à cumuler HEC et l'ENA et à passer successivement par la haute administration et l'entreprise. Ainsi, Stéphane Richard, diplômé d'HEC avant l'ENA, commence une carrière d'inspecteur des Finances avant de rejoindre, en 1992, la Générale des Eaux dirigée par Jean-Marie Messier. Celui-ci lui confie le pôle immobilier de la Générale, alors en difficulté financière. Ce n'est visiblement pas une position enviée dans une entreprise où l'on ne jure que par la nouvelle économie : « J'avais le sentiment que les autres montaient sur un bateau et que je restais à quai », se souvient-il [6]. Avec un associé, Stéphane Richard propose à Jean-Marie Messier de racheter cette filiale en LBO (*leveraged buy-out*), un mode d'acquisition d'une entreprise par les cadres et par emprunt. Dans un contexte de flambée des prix de l'immobilier, l'opération assure sa fortune. Après avoir revendu ses parts, il rejoint Veolia et Henri Proglio, qu'il qualifie de « grand frère ». Il s'engage ensuite dans la campagne présidentielle de Nicolas Sarkozy, avant de devenir le directeur de cabinet du ministre de l'Économie Jean-Louis Borloo en 2007 puis de Christine Lagarde. Il est enfin nommé à la direction de France Telecom en 2009, avant d'en prendre la tête à l'heure de la retraite du patron en place, un polytechnicien.

Cette trajectoire est assez proche de celle de François Pérol, un autre HEC-ENA, lui aussi inspecteur des Finances, qui commence sa carrière à Bercy où il est notamment en charge des restructurations industrielles. En 2002, il entre au cabinet de Francis Mer puis dans celui de Nicolas Sarkozy lorsque ce dernier devient ministre de l'Économie, en 2004. Un passage par le privé le conduit à la banque Rothschild où il s'occupe encore de restructurations d'entreprises. En 2007, il devient secrétaire général adjoint de la présidence de la République. Parmi plusieurs dossiers, il conduit la fusion des Caisses d'épargne et Banques populaires, une question qu'il avait déjà eu à connaître à la banque Rothschild.

Comment caractériser ces parcours ? On a parfois parlé de « rétropantouflage [7] » à propos de ces hommes qui reviennent de l'entreprise à l'État, mais il s'agit plutôt d'une circulation régulière dans les deux sens rappelant celle des oiseaux migrateurs... Ces trajectoires ne sont pas si exceptionnelles qu'elles en ont l'air : Valérie Pécresse, nommée ministre de

6 *Le Point*, 13 septembre 2007.

7 Thierry PHILIPPON, Odile BENYAHIA-KOUIDER, « François Pérol, banquier et rétropantoufleur », *Le Nouvel Observateur*, 26 février 2009.

l'Enseignement supérieur et de la Recherche en 2007, est une ancienne d'HEC et de l'ENA. Emmanuelle Mignon, l'ancienne directrice de cabinet du président Nicolas Sarkozy, est, elle, passée de l'École supérieure des sciences économiques et commerciales (ESSEC) à l'ENA. On ne saurait être exact en se limitant aux ascensions les plus visibles et en oubliant que les principaux promus promeuvent dans leur sillage des cadets issus des mêmes écoles.

Le fonctionnement des réseaux est au cœur de la puissance des grandes écoles et du succès de leurs membres. L'ascension d'Henri Proglio pourrait résumer cette montée en puissance du modèle des *business schools* et d'HEC en particulier. Si l'on sait qu'il est président du conseil d'établissement du groupe HEC et membre du conseil d'orientation de l'Institut de l'entreprise, on comprend mieux sa fulgurante ascension. Sa nomination à la tête d'EDF entérine aussi un nouvel état de fait : HEC suffit. Il n'est plus nécessaire de « prendre l'habit du moine pour entrer dans l'église », autrement dit d'avoir l'estampille « ENA ». Le soutien du président de la République — récompense d'un engagement dans sa campagne — a certainement pesé, mais, dans cette entreprise traditionnellement dirigée par un polytechnicien — un « X », pour reprendre le langage indigène —, le changement sanctionne aussi bien l'adaptation aux nouvelles formes de management et à la mondialisation que des luttes politiques entre écoles et métiers.

Le modèle des *business schools*

HEC a très vite pris de l'avance dans l'acquisition et l'enseignement des compétences exigées par l'ordre économique néolibéral. Découvrant les *business schools* américaines, son directeur Guy Lhéraut engageait, entre 1964 et 1967, une politique d'internationalisation de cette école modeste par la taille et la réputation. Après avoir recruté des enseignants venus des États-Unis pour rénover les enseignements et adapter les cas américains, il amorça un programme de formation de boursiers afin de les envoyer dans les universités américaines de Stanford, Harvard ou Chicago pour obtenir des MBA (Master of Business Administration). Quelques années plus tard, c'était au tour des étudiants d'être envoyés outre-Atlantique poursuivre des doctorats (Phd) afin de constituer l'embryon du corps professoral. Pierre Vernimmen se vit confier la création d'un département des finances alors qu'il n'avait que vingt-deux ans. Il initia chez Dalloz une collection de management et publia, aidé de quelques plumes (comme les frères Proglio), la « Bible de la finance en France », un manuel de finance d'entreprise qui a connu de nombreuses éditions revues et augmentées par ses disciples [8]. Suite à sa disparition prématurée en 1997, la BNP — dont il avait initié la formation continue — créa un prix Pierre Vernimmen, remis chaque année au siège de la banque par son P-DG, Baudouin Prot, lui-même ancien d'HEC et de l'ENA.

Dans les années 1980, dans un pays où les plus grandes entreprises étaient nationalisées ou liées à l'État, les patrons étaient surtout issus des grandes écoles pourvoyeuses de la noblesse d'État. Une école privée, dépendante de la Chambre de commerce de Paris, n'était assurément pas une bonne clef d'entrée. Alors qu'HEC se présentait volontiers comme une « anti-ENA », quelques élèves envisageaient dès les années 1970 de poursuivre leurs études par l'école de la rue des Saints-Pères. Pour ces jeunes gens ambitieux, intelligents et bien nés, il est devenu clair que certains métiers restaient réservés à l'Inspection des Finances, comme celui de banquier, à une exception près, depuis la Seconde Guerre mondiale... Quelques étudiants comme Baudouin Prot, diplômé d'HEC en 1972 et sorti de l'ENA en 1976, ont amorcé une dynamique collective : alors que le concours externe d'entrée à l'ENA ne comptait que 2 % d'élèves issus des écoles de commerce dans les années 1960, il en comptait 20 % dans les années 2000 [9]. Ce changement dans le recrutement a changé l'ENA.

En choisissant le modèle de Polytechnique (plutôt que celui de l'École de guerre), Michel Debré, le concepteur de l'ENA, instaurait un recrutement précoce pour le concours externe. Ce mode de sélection principal concernait donc des jeunes gens, au terme de leurs études supérieures. Le concours interne, s'adressant à des fonctionnaires déjà en activité, en quête de promotion professionnelle, restait largement minoritaire. Ce choix a contribué au recrutement social élevé d'élèves issus de la bourgeoisie, d'abord parisienne puis provinciale, au détriment d'un recrutement plus populaire. Avec le temps, le mode de sélection de l'ENA et la sanction du rang de sortie ont renforcé un corporatisme auquel aucune institution élitiste ne peut échapper. Ce sont des énarques qui recrutent les élèves de l'ENA et des énarques qui les classent à la sortie. Sans oublier que ce sont aussi eux qui préparent au concours d'entrée à l'ENA au sein de Sciences-Po Paris.

Les recrutements participent aux stratégies d'accumulation d'un capital d'institution. C'est manifeste dans les rituels scolaires où l'on

---

8 Pierre Vernimmen, Pascal Quiry, Yann Le Furr, *Finance d'entreprises*, Dalloz, Paris, 2010.

9 Luc Rouban, « La formation et la carrière des élites », *Les Cahiers français*, mai-juin 2009, p. 31.

célèbre toujours les bons résultats sous la forme de classements, d'éloges extérieurs et d'« attractivité » (en termes de nombre ou de qualité des candidatures). Il en va de l'image que chacun a de soi au travers de l'institution. La candidature de diplômés d'HEC accrédita d'abord un peu plus que l'ENA était la « grande école des grandes écoles », comme le faisait déjà le recrutement de normaliens ou de polytechniciens. Il est toujours valorisant pour les jurys de retenir des candidats qui valorisent par avance l'institution. Implicitement bien sûr : toute institution d'élite chasse d'un revers de main les parfums de « reproduction » et déteste le mot même. Comme elle se méfie de l'énonciation des mécanismes concrets de l'évaluation des individus, ainsi qu'en témoignent par exemple les débats sur la place de la culture générale [10].

Cette reproduction ne procède pas d'un plan mais de multiples petites décisions de reconnaissance réciproque qu'échangent sans le savoir les recruteurs et les recrutés, et qui produisent des effets sociaux. Alors, l'institution elle-même est changée par son recrutement. C'est bien ce qui est arrivé à l'ENA, devenue une porte d'entrée pour de nouvelles élites, mues par les motivations qui étaient celles de leur entrée dans une *business school* mais qui attendaient de ce passage le droit d'entrer dans le lieu où se jouaient encore beaucoup de carrières. Manière de dire aussi que c'était moins la compétence acquise dans l'école qui importait que la formation d'un capital social, constitué de relations, de la fréquentation des gens et des lieux de pouvoir, autant de qualités objectivées dans un *curriculum vitae*.

Ce n'est pas un hasard si Sciences-Po Paris a été également touchée par le mouvement. Principal vivier de l'ENA, l'école de la rue Saint-Guillaume n'offrait dans sa « Section économique et financière » qu'une formation en finances publiques. Face à la concurrence des *business schools*, le nouveau directeur Richard Descoings (nommé en 1996), pourtant issu de la haute administration, assura le tournant managérial de l'école.

Vu de l'extérieur, la prolifération d'initiatives n'apparaît pas toujours cohérente. Elle a toujours été présentée par son principal initiateur comme procédant du souci de placer son entreprise dans la compétition internationale. Le fonctionnement interne — mélange de rapports informels et d'autoritarisme —, l'institution de rémunérations « personnalisées », l'internationalisation à marche forcée ont donné à Sciences-Po une allure d'entreprise privée. Le jugement est d'autant moins contestable que son directeur affichait lui-même l'objectif de donner la majorité

10 Voir Claire Ogier, *Le Façonnage des élites. Culture générale et haute fonction publique*, Presses de Sciences-Po, Paris, 2008.

aux capitaux privés : « Je ne veux pas que l'État reste majoritaire », clamait-il en 2009 [11]. En réalité, l'argent public n'est pas boudé dans une école dont le directeur prétend qu'elle est financée pour moitié par l'État mais qui, compte tenu des financements publics locaux, l'est en réalité à 70 %. Cela rend improbable la perspective d'une privatisation qui ressusciterait l'École libre des sciences politiques.

La quête opportuniste des crédits dément quelque peu la cohérence stratégique affirmée par ailleurs. Il n'empêche que l'une et l'autre participent d'une politique d'entreprise en affinité idéologique avec des orientations politiques qui ont vu les gouvernements de tous bords favoriser les ambitions du nouveau directeur de Sciences-Po. Avec Nicolas Sarkozy, cette proximité s'est plus nettement affirmée, et la stratégie aussi. Ainsi certaines nominations sont-elles significatives, comme celle d'un ancien directeur délégué d'HEC, Hervé Crès, à la Direction des études et de la scolarité ou, au poste de directeur scientifique, celle d'un chercheur en sociologie, Bruno Latour, qui évoque une « interaction très bizarre », « une école mêlée aux entreprises, aux médias, à toutes sortes d'intérêts, ce qui fait son avantage par rapport à l'université » [12].

L'ethos managérial

L'enseignement des grandes écoles, qu'elles soient commerciales, militaires, administratives, inculque les valeurs d'excellence propres aux métiers auxquels elles préparent et qui constituent ce que Max Weber appelait la « vocation ». Il est tout à fait normal que des jeunes gens ayant choisi une *business school* ne soient pas mus par la quête intellectuelle ou le service public mais par la recherche de profits économiques. Si cette dernière est légitime dans la sphère de l'entreprise privée, en va-t-il de même quand ils entreprennent d'entrer à l'ENA et, à la suite, dans la haute fonction publique ?

Quelque chose est peut-être en train de changer dans le système de reproduction des élites et il se pourrait que l'on voie tout simplement apparaître un nouveau modèle d'excellence, comme en témoigne la multiplication des scandales liés à la rémunération des patrons en 2009. Jamais en effet l'argent n'a été aussi clairement défini comme un objectif légitime en soi. Les polémiques sur les rémunérations de la « classe

11 Clarisse JAY, « Vent de fronde à Sciences-Po », *La Tribune*, 8 avril 2009.

12 Jade LINDGAARD, « Sciences-Po : une vertigineuse course aux financements », <www.mediapart.fr>, 14 octobre 2009.

rapace » sont trop fréquentes pour apparaître comme le fruit du hasard. La plus vive a concerné la situation de François Pérol, nommé à la tête de la banque Caisse d'épargne-Banque populaire. La société Natixis, filiale des deux banques, lui avait versé entre 1,5 et 2 millions d'euros en rétribution au moment où il travaillait chez Rothschild et Associés [13], juste avant de gérer le dossier de fusion comme secrétaire général adjoint de l'Élysée et de devenir le P-DG du nouvel ensemble bancaire... On peut également citer Henri Proglio, forcé, lui aussi sous la pression, de renoncer en janvier 2010 au cumul de son salaire de directeur d'EDF (1,6 million d'euros par an) et des 450 000 euros qu'il tirait chaque année de la présidence du conseil d'administration de Veolia Environnement.

La course aux hautes rémunérations affecte des salaires de la fonction publique dont la grille contraignante amène les intéressés à imaginer des voies indirectes d'augmentation par les primes. Les cas les plus visibles suscitent les justifications embarrassées des bénéficiaires. Ainsi, le directeur de Sciences-Po, Richard Descoings, expliquait sa rémunération de 17 000 euros par mois : « Quand je suis arrivé, Sciences-Po a repris mon traitement [mensuel] de 11 000 euros de conseiller d'État + 15 % et j'ai été augmenté depuis à l'aune de mon travail. Mon salaire est fixé par le comité des rémunérations que j'ai mis en place. Quant aux chercheurs de Sciences-Po, ils sont certes mieux payés que ceux du CNRS. En contrepartie, ils s'investissent beaucoup dans l'institution. J'ai traité cette question en conseil scientifique. Que veut-on : des rémunérations en fonction du travail ou l'omerta [14] ? » Un directeur travaillerait-il moins s'il était moins payé ? S'il est payé selon les résultats, quels sont-ils et comment les évalue-t-on ? Quant au comité des rémunérations, il est, comme le confesse le directeur, nommé par lui. Les chercheurs mieux payés font-ils plus de découvertes ? À moins que cette incitation ne s'avère indispensable « pour rivaliser à l'international, recruter les meilleurs enseignants-chercheurs [15] », comme le dit le président de l'Association des anciens élèves, reconduisant la menace fantasmée de l'exil économique des chercheurs les plus brillants.

C'est devenu un lieu commun de prétendre, contre toute raison, que les meilleurs pourraient aller chercher ailleurs, notamment aux États-Unis — Pierre Suard, P-DG d'Alcatel, défendait déjà l'idée dans les années 1990. Toute évocation d'une modération des rétributions, qu'il s'agisse des bonus, des parachutes dorés, des stock options ou simplement des salaires

---

13 <www.mediapart.fr>, 14 mars 2009.

14 *Ibid.*

15 *Ibid.*

et primes, à moins qu'il ne s'agisse de prélèvement fiscal, suscite la même objection : « Supprimez les bonus, les meilleures équipes de traders partiront pour l'étranger », répondait la ministre de l'Économie Christine Lagarde à la suggestion de sanctionner la fraude fiscale [16]. Et les intéressés de se défendre en attaquant cette curiosité inquisitoriale, voire totalitaire. L'*hubris* des nouvelles élites a contaminé des secteurs où on l'attendait le moins. Ainsi la Cour des comptes a pointé la « dérive des rémunérations des cadres de l'ANPE » en même temps que celle du directeur du Pôle Emploi, Christian Charpy [17]. La rivalité pécuniaire est existentielle quand la rémunération sert d'étalon de la valeur. Il n'y a en effet nulle limite à la poursuite des richesses ni à l'insatisfaction chronique qui affecte ses adeptes. Comme l'écrivait Thorstein Veblen, « l'individu qui se livre à la comparaison provocante ne la trouvera jamais assez favorable : il ne demandera pas mieux que de se classer plus haut encore [18] ».

Il faut pourtant croire qu'il manquerait une âme à la poursuite de l'« intérêt tout nu » si la vertu morale n'y était associée. Pour cela, il a fallu changer le sens des mots, comme souvent en période de crise ainsi que le remarquait déjà Thucydide dans *La Guerre du Péloponnèse* [19]. Au centre de la revendication de supériorité morale de la nouvelle classe : le courage. S'étonnerait-on du courage de ceux qui sont riches et risquent surtout l'argent des entreprises et des autres ? Il faudrait alors suivre les réunions d'état-major, les séminaires et conférences d'entreprises pour entendre les inévitables litanies sur le courage et le risque. Ainsi François Ewald et Denis Kessler, têtes pensantes du Mouvement des entreprises de France (Medef), ont recours à une de ces simples dichotomies : « Autour du risque se divisent deux grandes formes d'existence : ceux qui acceptent le risque, le revendiquent, assument leur condition d'animal voué au risque et ceux qui le refusent, l'évitent, cherchent à s'en protéger — les courageux et les frileux. Notre culture a plutôt célébré les premiers que les seconds : le chasseur, le guerrier, l'aventurier, l'entrepreneur, l'inventeur, le chercheur, le pionnier, l'investisseur, l'homme politique, plutôt que le rentier, le fonctionnaire [20]. » Malgré ses relents vitalistes séparant la race des seigneurs et

---

16 *Le Canard enchaîné*, 2 septembre 2009.

17 <lefigaro.fr>, 7 janvier 2009.

18 Thorstein VEBLEN, *Théorie de la classe de loisir*, *op. cit.*, p. 23.

19 « En voulant justifier les actes considérés jusque-là comme blâmables, on changea le sens ordinaire des mots : l'audace irréfléchie passa pour un courageux dévouement à l'hétairie ; la précaution prudente pour une lâcheté qui se couvre de beaux dehors » (THUCYDIDE, *La Guerre du Péloponnèse*, Livre III, chap. CXXXII).

20 François EWALD, Denis KESSLER, « Les noces du risque et de la politique », *Le Débat*, n° 109, 2000, p. 63.

celle des esclaves, la rhétorique managériale a inspiré l'ancien président du Medef, Ernest-Antoine Seillière, qui opposait les « riscophiles » et les « riscophobes » [21]. Quant au vocabulaire hypertrophié du courage, il irradie les colonnes de la presse économique.

Le courage n'est pas un « supplément d'âme » comme les séminaires d'entreprise en demandent parfois à des philosophes de service et amateurs de ménages, mais le ressort du dynamisme entrepreneurial. La vertu morale se transforme en vertu économique : le courage, c'est l'investissement ; l'aventure, c'est la Bourse. Un éditorial du supplément « Argent » du journal *Le Monde* (21-22 septembre 2008) en appelait ainsi aux « investisseurs courageux », avec quelques limites toutefois : « Pour ceux qui seraient tentés par l'aventure en Bourse, la gestion collective, adaptée à tous les profils d'investisseurs, est la solution idéale pour s'y aventurer en limitant les risques. » Limiter les risques quand même... On ne voit plus le comique de la presse managériale qui affiche en couverture les visages arrondis couronnés de cheveux gris dont on a du mal à croire que, s'ils sont significatifs de la réussite, ils le soient aussi du courage, sauf à déplacer les terrains de la prouesse dans les bureaux et les bons restaurants.

Dans les polémiques sur les rémunérations, le courage est immanquablement invoqué : « Il faut faire preuve d'un peu de courage si nous voulons avoir les meilleurs capitaines d'industrie pour diriger nos plus grandes entreprises », a justifié le ministre de l'Industrie Christian Estrosi à propos de l'augmentation de 45 % de son salaire exigée par Henri Proglio pour devenir P-DG d'EDF en 2010 [22]. Enfin, le courage distingue et réunit les pairs : « Stéphane [Richard] a gagné ses galons de chef d'entreprise avec une affaire dont personne ne voulait à l'époque. Il est capable de décider, de prendre un risque et d'assumer. C'est un vrai courageux [23] », louangeait Jean-Marie Messier. Il existe un mot pour dire que l'on est au-dessus de tout jugement même en cas d'erreur ou d'impair : on « assume ». Pour les mêmes raisons, en d'autres temps et dans des sociétés de responsabilité, on eût démissionné ; dans des sociétés d'honneur, on se fût suicidé.

Le nouveau management public a repris les ingrédients traditionnels du gouvernement autoritaire avec le masque du jargon et un modèle de conduite informelle. Derrière, un univers de violence niée, d'arbitraire, de privilège et d'opacité. Sans la toute-puissance des chefs, seuls à l'abri des

---

21 Louis Pinto évoque la « philosophie sociale des deux humanités » (*Le Café du commerce des penseurs*, Éditions du Croquant, Bellecombe-en-Bauges, 2009, p. 92 *sq*).

22 *Marianne*, 5 décembre 2009.

23 *Libération*, 8 juin 2009.

évaluations et détenteurs d'un pouvoir discrétionnaire de distinction et de rémunération, l'autorité directoriale n'aurait pas un caractère charismatique aussi banal — et donc aussi paradoxal —, comme l'a montré la fascination exercée par Jean-Marie Messier dans ses heures de grandeur. Prêt-à-penser, vocabulaire pauvre, style terne, bref tout le contraire d'une distinction « naturelle ». Dans ce cas comme en d'autres, les entourages, qu'on aurait pu croire lucides, n'ont pas ménagé leur admiration.

L'intégration sociale du groupe est d'autant plus remarquable qu'elle se fonde sur un individualisme partagé. Aussi sa célébration est-elle une célébration de soi et du groupe qui rassemble des individus exceptionnels qui se connaissent et se fréquentent. Une sociographie des participations croisées aux conseils d'administration [24], aux clubs, mondains ou sportifs, aux associations d'anciens élèves est éloquente. L'argent est un principe de rivalité interne mais participe à la promotion collective. Les palmarès des *business schools* sont d'ailleurs calculés sur le salaire des anciens élèves — ils forment jusqu'à 40 % de la grille d'évaluation. En somme, les anciens élèves travaillent d'autant mieux pour leur école qu'ils sont bien payés.

---

24 On a parlé de « consanguinité » à propos de la concentration du pouvoir dans les entreprises du CAC 40 où « 98 personnes détiennent 43 % des droits de vote » (Isabelle Rey-Lefebvre, « Les patrons des groupes sont encore majoritairement issus des grands corps d'État », *Le Monde*, 12 janvier 2010).

3

La réussite du thème de la « crise de l'État » ou l'impérialisme de la compétence

Blaise Magnin*

La thèse selon laquelle les formes d'intervention et d'organisation de l'État — telles qu'elles ont été construites entre la Libération et le milieu des années 1970 — seraient obsolètes et inefficaces est une antienne et une évidence dans le débat public depuis vingt-cinq ans au moins. Des rapports des grands corps de contrôle de l'État aux programmes télévisés dénonçant les gabegies publiques, en passant par les appels à la réforme sans cesse recommencés provenant du champ politique, du monde académique ou des éditorialistes et des chroniqueurs, ce sont tout à la fois les fonctions de redistribution et de production de biens collectifs, le statut de la fonction publique, l'organisation bureaucratique de l'administration et ses rapports avec les usagers qui sont présumés en crise.

Ce discours sur l'obésité et l'impotence de l'État tel qu'il prospère depuis les années 1980 participe d'une humeur intellectuelle collective, d'un fond commun d'évidences et d'impensés pouvant être qualifiés de « doxa intellectuelle [1] » ou d'« idéologie dominante [2] », lesquelles se donnent à voir dans les écrits de circonstance d'essayistes et de penseurs généralistes qui, tout en s'en nourrissant, contribuent à l'objectiver. Aussi, ce discours sans auteur, et toujours réinventé, ne présente-t-il ni la systématicité, ni la consistance démonstrative d'idéologies politiques constituées.

---

* Doctorant en science politique, université de Paris-Ouest-Nanterre (GAP).

1 Louis Pinto, *Le Café du commerce du penseur*, *op. cit.*

2 Pierre Bourdieu, Luc Boltanski, « La production de l'idéologie dominante », *Actes de la recherche en sciences sociales*, n° 2, 1976.

Si ces écrits s'inspirent plus ou moins explicitement de l'économie néoclassique et des doctrines néolibérales, ils répondent toujours à des exigences dictées par des intérêts profanes, externes aux controverses savantes, et le plus souvent liées à l'actualité la plus immédiate.

En imposant ses propres experts et en consacrant de la sorte leur valeur intellectuelle, la presse, et plus largement l'univers médiatique, participent à la production et à la mise en circulation de cette idéologie dominante (voir *chapitre 4*). Ceux qui s'y croisent sont issus de cercles restreints différents du champ du pouvoir, dont les frontières sont ainsi atténuées, la cohésion entretenue, et les formes de réflexion homogénéisées. Les universitaires y gagnent audience et notoriété tout en contournant les verdicts de leurs pairs ; les plus intellectuels des journalistes, en se faisant les interlocuteurs des premiers, voient leurs positions de penseurs légitimées ; les détenteurs de titres dispensés par les écoles du pouvoir, managers et consultants issus du monde l'entreprise, administrateurs et juristes venus de la haute fonction publique ou de la politique, peuvent prétendre contribuer en tant que tels à un « marché des idées » qui leur fut longtemps fermé. La routinisation du débat sur la crise de l'État doit d'ailleurs beaucoup à la monopolisation des formes de connaissance dans le domaine par une certaine noblesse d'État, destinée à imposer ses propres conceptions de l'art de gouverner. Elle est aussi rendue possible par la redéfinition progressive des ambitions sociales qui sont ouvertes aux hauts fonctionnaires. Le recensement des trajectoires biographiques de quelques-unes de ces figures de grands commis de l'État permet de restituer les logiques de production et de réussite de ce travail idéologique.

Construire l'État avant de le mettre en problème

L'histoire de l'immédiat après-guerre retient généralement que la reconstruction de l'État et de l'appareil productif est à mettre au crédit d'un petit groupe audacieux et visionnaire de « grands serviteurs » de l'État. Ce récit enchanté est l'œuvre de quelques-uns de ces protagonistes qui sont parvenus à donner corps à l'image d'une épopée collective. Leur « esprit de service public » et leur désintéressement au service de l'intérêt général, leur capacité à prévoir, planifier et inventer de nouvelles formes d'action publique seraient ainsi la clé qui aurait permis la modernisation économique de la France et la réforme du monde social durant les « Trente Glorieuses [3] ».

3 Voir Brigitte GAÏTI, « Histoire d'une renaissance », *Politix*, n° 6, 1989 ; « Les

Les plus emblématiques de ces hauts fonctionnaires, François Bloch-Lainé, Jean Fourastié, Claude Gruson, Etienne Hirsch, Simon Nora, Jean Saint-Geours ou Pierre Uri, ont en effet collaboré dès la Libération au sein du Commissariat général au Plan et au Service d'études économiques et financières du ministère des Finances.

Certains sont d'anciens cadres dirigeants d'entreprises privées, d'autres appartiennent par leur formation au milieu intellectuel, d'autres encore sont tout juste diplômés d'une École nationale d'administration nouvellement créée, enfin quelques-uns sont issus de milieux modestes — leurs trajectoires tranchent avec celles des dynasties de juristes cooptés qui les ont précédés dans la haute fonction publique. Ils peuvent ainsi apparaître comme des hommes neufs aux yeux des dirigeants de la IVe République cherchant à refonder une haute administration largement compromise sous Vichy. S'ils disposent d'une autorité d'expertise, appuyée sur l'économétrie, et sur une rationalisation de la comptabilité nationale, ils sont toutefois contestés dès le début des années 1950, aussi bien par des ministres passant outre leurs préconisations que par des secteurs concurrents de la haute administration. De ce fait, ils échouent à conquérir les positions de pouvoir bureaucratique qui leur auraient permis non seulement de concevoir et de coordonner intellectuellement, mais aussi de mettre en œuvre, la planification.

Pourtant, le rêve technocratique de ces « planificateurs/modernisateurs » aura une postérité et des prolongements de toute première importance dès le début des années 1960, d'abord parce que leurs enseignements à Sciences-Po ou à l'ENA, leurs interventions publiques et leurs activités éditoriales permettront à une conception du rôle de l'État fondée sur la rationalité et l'expertise économique et technique de s'imposer durablement ; ensuite parce que, en démultipliant les essais, les autobiographies et les interventions publiques, ils participent à la redéfinition des carrières à la fois administratives et politiques [4]. Ils contribuent à promouvoir l'image de hauts fonctionnaires anticonformistes en butte aux pesanteurs hiérarchiques d'une administration au fonctionnement routinier ; d'autre part, leurs trajectoires indiquent que les technocrates peuvent désormais nourrir l'ambition de dépasser le strict secteur administratif et d'accéder à des rôles de conseil et d'influence politiques, les professionnels de la politique ne pouvant plus de leur côté revendiquer des

---

modernisateurs dans l'administration d'après-guerre, l'écriture d'une histoire héroïque », *Revue française d'administration publique*, n° 102, 2002.

4 Voir Delphine DULONG, *Moderniser la politique. Aux origines de la Ve République*, L'Harmattan, Paris, 1997.

positions de pouvoir gouvernemental sans se prévaloir des formes de compétence et d'expertise dispensées dans les écoles du pouvoir. Le Club Jean Moulin qui voit le jour en 1958 a pour objectif de faciliter l'émergence des nouvelles élites. Il rassemble nombre de planificateurs (Étienne Hirsch, François Bloch-Lainé, Claude Gruson, Simon Nora, Jean Saint-Geours, Pierre Uri) et contribue de façon décisive à la mise en forme et à la diffusion de cette nouvelle rationalité politique fondée sur la compétence.

C'est aussi au cours des années 1960 que vont apparaître, dans les cercles technocratiques, les premières interrogations sur la rationalité de la planification et des décisions économiques, la rentabilité des grands investissements et des dépenses publiques, l'optimisation des effectifs et de la masse salariale de la fonction publique. L'administration et l'action publiques, ainsi soumises à l'impératif de mesure, deviennent un objet nouveau d'expertise d'État que s'approprient les planificateurs et leurs successeurs [5]. D'instrument de rationalisation, l'État, devenu un objet à rationaliser, n'échappe pas à la vigueur modernisatrice des experts du Club Jean Moulin qui, abandonnant toute défense de la planification, mettent en cause les dysfonctionnements et le poids de l'appareil administratif dans un ouvrage collectif intitulé : *Pour nationaliser l'État* (Seuil, Paris, 1968). Leur souci de recentrage de l'État préfigure dès lors le modèle de l'« État-stratège » d'inspiration néolibérale apparu au cours des années 1980 avec la doctrine du *New Public Management* [6].

Il ne faut pas voir de contradiction dans cette évolution des rapports à l'État des membres du Club Jean Moulin, ni s'en étonner. Car, si le club a pu apparaître comme un « lieu neutre », refusant en son sein les responsables politiques, permettant la rencontre des élites administratives, économiques, intellectuelles et médiatiques, et rassemblant des personnalités classées à gauche comme à droite (Simon Nora, par exemple, participe aux cabinets de Pierre Mendès France en 1954-1955 et de Jacques Chaban-Delmas entre 1969 et 1972), ses membres professent aussi — déjà — un « conservatisme éclairé ». En ce sens, le Club Jean Moulin peut être décrit comme un des foyers de la philosophie sociale de la classe dominante. En annonçant la fin des idéologies, la foi dans une modernisation dictée par la science et la technique, ses membres énoncent les intérêts des fractions montantes de la bourgeoisie. En définissant et en monopolisant les compétences de gouvernement, l'expertise d'État et sur l'État, ils

---

5 Voir Philippe Bezes, « Aux origines des politiques de réforme administrative sous la Ve République : la construction du "souci de soi de l'État" », *Revue française d'administration publique*, n° 102, 2002.

6 Philippe Bezes, *Réinventer l'État*, *op. cit.*

endossent la position d'avant-garde intellectuelle de la classe dominante, et se mettent en position de réaliser un avenir probable, parce que inscrit dans les structures sociales du moment.

Le retournement du « sens de l'État » : logiques sociales d'une restauration conservatrice

Alors que, tout au long des années 1970, la dénonciation de la bureaucratie et l'appel à la réforme de l'administration ont connu une médiatisation et une politisation croissantes, et que les recettes néolibérales de gestion publique ont commencé à diffuser dans la haute administration [7], c'est paradoxalement l'arrivée de la gauche au pouvoir en 1981, bientôt suivie du « tournant de la rigueur » de 1983, qui ouvre au discours sur la crise de l'État les conditions de son plein succès public. L'arrivée au gouvernement de responsables socialistes sur un programme prévoyant un développement de l'État-providence et une prise de contrôle publique de secteurs économiques stratégiques (groupes industriels, bancaires et financiers) a d'abord des conséquences sur le débat et les représentations politiques. D'une part, les positions de gauche allant à l'encontre de ces orientations gouvernementales keynésiennes et étatistes se trouvent relégitimées, notamment dans la presse dite « progressiste » comme *Libération*, qui ne peut plus assumer trop ouvertement son soutien au pouvoir en place [8]. D'autre part, l'opposition, légitimée sur le plan politique depuis les années 1970 par une critique marxiste radicale de l'expertise gouvernementale, avec l'appui des intellectuels, d'un pôle d'énarques et de la presse progressiste, enfin par la mobilisation des luttes sociales dans l'opposition symbolique gauche/droite, est brutalement discréditée. Dès lors, après la décision de mettre entre parenthèses — qui ne seront jamais rouvertes — la conduite des réformes en 1983 avec le départ des ministres communistes du gouvernement et la nomination de Laurent Fabius au poste de Premier ministre en 1984, le discours gouvernemental ne prend plus la forme d'un programme mais de slogans, associant langue technocratique et propos libéral autour des thèmes de la réhabilitation de l'entreprise, de la compétitivité et de la modernisation.

---

7 Voir Philippe Bezes, « Un jeu redistribué sous la Ve République : nouvelles formes et nouveaux acteurs de la réforme de l'État. Publiciser et politiser la question administrative : généalogie de la réforme néolibérale de l'État dans les années 1970 », *Revue française d'administration publique*, n° 120, 2006.

8 Voir Pierre Rimbert, *Libération, de Sartre à Rothschild*, Raisons d'agir, Paris, 2005.

C'est dans ce contexte politique que des partisans d'une nouvelle modernisation de l'État, d'inspiration managériale et libérale, vont imposer leurs points de vue au cours des années 1980 et 1990. Ce sont des universitaires, hommes d'affaires ou jeunes hauts fonctionnaires se faisant essayistes de circonstance : Michel Crozier et Pierre Rosanvallon, Roger Fauroux et Alain Minc, Denis Olivennes et Nicolas Baverez figurent sans doute parmi les plus emblématiques de ces promoteurs du thème de la crise de l'État. Issus de générations différentes, leurs parcours professionnels et les logiques de leurs interventions dans le débat public présentent pourtant des propriétés communes. Tout en prolongeant en partie celles des modernisateurs des années 1950, elles portent la marque de la redéfinition des *cursus honorum* de la noblesse d'État, caractérisée par l'extinction de la définition précédente du « sens du service public », par l'affermissement du monopole des grandes écoles sur la formation des élites administratives, politiques et économiques, ainsi que par la valorisation sans cesse croissante du prestige des carrières offertes par le secteur privé. Roger Fauroux, Denis Olivennes et Nicolas Baverez sont passés à la fois par l'École normale supérieure et par l'ENA, tandis qu'Alain Minc est ancien élève de l'École des Mines et de l'ENA. Mais, rapidement, ils en viennent à faire l'expérience — fort brève — de la haute fonction publique avant de faire fructifier dans les affaires privées leurs réseaux constitués dans le secteur public. Après un passage au ministère des Finances entre 1956 et 1960, Roger Fauroux entame une carrière dirigeante au sein du groupe Saint-Gobain dont il quitte la présidence en 1986 ; il est alors nommé directeur de l'ENA, avant de devenir ministre de l'Industrie, du Commerce extérieur et de l'Aménagement du territoire (1988-1991) et de se voir confier deux rapports sur l'école et les discriminations en 1996 et 2005. Alain Minc, après un bref passage par l'Inspection des Finances entre 1975 et 1979, se dirige définitivement vers le secteur privé tout en se voyant confier en 1979 et en 1994 deux rapports de prospective pour le président de la République et le Premier ministre. Denis Olivennes est auditeur à la Cour des comptes depuis trois ans lorsqu'il est appelé en 1992 à rejoindre le cabinet du Premier ministre Pierre Bérégovoy, qu'il quittera en 1993 pour mener une carrière dans les directions des plus grands groupes privés français. Nicolas Baverez, lui aussi conseiller à la Cour des comptes depuis 1988, est membre du cabinet de Philippe Séguin à la présidence de l'Assemblée nationale entre 1993 et 1995, avant de rejoindre la direction d'un groupe de services financiers, puis de devenir avocat d'affaires. Alors que les modernisateurs des années 1950 se dirigent vers le secteur privé lorsque leurs carrières dans la fonction publique, déjà longues, semblent arriver à leur terme (ce qu'on appelle le

« pantouflage »), Roger Fauroux, Alain Minc, Denis Olivennes et Nicolas Baverez se reconvertissent dans le monde des affaires au moment où des carrières administratives brillantes leur semblent promises. Pour autant, à la faveur du contexte politique ouvert au milieu des années 1980, tous bénéficient simultanément d'une combinaison de ressources économiques, politiques et intellectuelles dont ne disposaient pas leurs prédécesseurs. Alors que leur pantouflage leur permet d'incarner à titres divers la figure de l'« entrepreneur », ils peuvent tout à la fois utiliser leur connaissance de l'appareil d'État pour en orienter les décisions et en tirer profit dans le monde des affaires, se prévaloir de leur extériorité vis-à-vis de l'État pour en apprécier le fonctionnement, et faire valoir leur expérience de dirigeants d'entreprise pour imposer, dans le débat public, l'inéluctabilité des privatisations et de l'importation de formules managériales et gestionnaires privées dans le secteur public.

Dans le champ universitaire, Michel Crozier et Pierre Rosanvallon apparaissent quant à eux comme des chercheurs atypiques, appartenant au pôle le plus séculier et proche du champ du pouvoir de l'université. Tous deux sont diplômés d'HEC, et respectivement docteurs en droit et en gestion. Le premier participe à de nombreuses commissions de prospective et d'expertise sectorielle entre 1979 et 1988, avant de rejoindre les comités scientifiques de deux grands cabinets internationaux de management et de consulting en 1993 et 1995 ; Pierre Rosanvallon, quant à lui, se fera le héraut du rapprochement des universitaires et des entrepreneurs au sein de la Fondation Saint-Simon [9]. Si Michel Crozier a mené de très nombreuses recherches sur le fonctionnement administratif qui ont inspiré maints réformateurs, la présomption de compétence qui confère aux autres auteurs leur statut d'expert sur la question de l'État repose bien davantage sur le crédit accordé à leur personne, sur les titres qu'ils détiennent et/ou sur les positions qu'ils occupent dans des entreprises privées que sur leurs maigres connaissances intimes de l'administration.

Si le déplacement des frontières entre haute administration, politique et secteur économique a permis à ces acteurs de prendre part au débat public sur le fonctionnement de l'État sans plus s'en référer à un quelconque « sens du service public », leurs entreprises éditoriales répondent aussi à des enjeux personnels différents en fonction de l'état de leurs carrières respectives et du contexte politique. Ainsi, lorsque Pierre Rosanvallon publie *La Crise de l'État-providence* (Seuil, Paris, 1981), concomitamment à son départ du PS et à l'élection de François Mitterrand

9 Sur ce point, voir Vincent Laurent, « Les architectes du social-libéralisme », *Le Monde diplomatique*, septembre 1998.

et quelques mois avant la création de la Fondation Saint-Simon, il consolide une position originale dans le champ intellectuel. Membre du PSU entre 1969 et 1974, intellectuel organique de la CFDT de 1969 à 1976, les thèses de *La Crise de l'État-providence* lui permettent de cumuler les profits liés au statut d'intellectuel « de gauche » critique du pouvoir, à celles d'intellectuel « de proposition » susceptible d'éclairer les gouvernants [10]. Elles lui permettent aussi de préserver la cohérence logique de ses positions en pointant une crise « culturelle et morale » de l'action de l'État qui coloniserait tant l'espace public que le monde social dans son entier — thème qui redouble largement ceux qu'il avait auparavant développés dans *L'Âge de l'autogestion* (Seuil, Paris, 1976).

Avec *On ne change pas la société par décret* (Grasset, Paris, 1979), réédité en 1982 pour discuter les changements intervenus depuis 1981, et *État moderne, État modeste. Stratégies pour un autre changement* (Fayard, Paris, 1987), Michel Crozier entretient une position très différente, à la jonction du champ intellectuel et du champ technocratique. « Sociologue de commission » depuis le milieu des années 1960 et expert reconnu de l'organisation administrative, ses deux essais, qui plaident pour une réorganisation managériale de l'État, viennent soutenir les entreprises de modernisation en cours sous les différents gouvernements de la seconde moitié des années 1980, en leur fournissant un cadre théorique et des justifications intellectuelles.

Dans *La Machine égalitaire* (Grasset, Paris, 1987), Alain Minc se fait le héraut d'un « libéralisme de gauche », tout en reprenant les antiennes les plus réactionnaires : un État-providence sclérosé produit des privilèges pour ses agents et échoue à résorber les inégalités tout en bridant et nivelant les entreprises individuelles. S'impose donc un démantèlement contrôlé de la machine étatique, au profit d'une intégration progressive des lois du marché dans l'architecture et les interventions de l'administration. De la sorte, il se concilie à la fois le gouvernement de cohabitation dirigé par Jacques Chirac, dont la rhétorique se réfère au néolibéralisme agressif de Margaret Thatcher et Ronald Reagan, et le socialisme de gouvernement qui vient de déréguler les marchés financiers. De surcroît, il continue de publier des essais, ce qui lui permet de participer au débat public [11] et de conserver une proximité avec l'univers politique,

---

10 Voir Christophe Gaubert, « Genèse sociale de Pierre Rosanvallon en "intellectuel de proposition" », *Revue Agone*, n° 41-42, 2009, p. 123-147.

11 Cette position est encore renforcée par sa proximité avec la presse : en 1985, il devient président de la Société des lecteurs du *Monde* et, en 1994, du conseil de surveillance du groupe Le Monde SA.

indispensable au rôle de consultant, d'intermédiation et d'influence pour le monde des affaires qu'il commence à jouer auprès du chef d'entreprise Luca de Benedetti — après avoir quitté le poste qu'il occupait à la direction financière de Saint-Gobain en 1986.

Pour Nicolas Baverez et Denis Olivennes, conseillers à la Cour des comptes âgés respectivement de vingt-huit et vingt-neuf ans en 1989, la publication de *L'Impuissance publique* (Calmann-Lévy, Paris, 1989) répond à deux logiques complémentaires. D'une part, la précocité et la densité de leurs parcours universitaires, l'accumulation des titres les plus prestigieux (tous deux sont diplômés de l'IEP de Paris, anciens élèves de l'École normale supérieure et de l'ENA, agrégés de sciences sociales et docteurs en histoire), les obligent, autant qu'ils les autorisent, à faire montre de leur hauteur de vue. D'autre part, cet ouvrage leur permet de se positionner en « méthodologues » de la réforme conformément à la *doxa* politique du moment (Michel Rocard, Premier ministre d'un gouvernement d'ouverture qui comprend notamment Roger Fauroux, lance au même moment une réforme d'ampleur de l'administration qui donne sa forme définitive au projet managérial modernisateur), et donc de se poser en impétrants pour des positions d'influence politique — qu'ils obtiendront dès 1992 et 1993.

Alors que les années 1990 voient un durcissement néolibéral des réformes de l'État inspirées par le *New Public Management*, l'entreprise éditoriale coordonnée par Roger Fauroux, *Notre État. Le livre vérité de la fonction publique* (Robert Laffont, Paris, 2001), qui rassemble plus de trente contributeurs, vient en quelque sorte clore l'évolution des entreprises de modernisation de l'État d'une part, et sa propre trajectoire de l'autre. En radicalisant le diagnostic de la crise et en l'étendant à tous les aspects et tous les secteurs du fonctionnement étatique, l'ouvrage justifie les réformes en cours et à venir. En s'appropriant cette vision de la réforme de l'État et en se posant en *primus inter pares* de ces nouveaux experts modernisateurs qui promeut les plus « brillants » de ses cadets et façonne le vivier de ses successeurs, Roger Fauroux, qui a pourtant passé l'essentiel de sa carrière dans le secteur privé, peut paradoxalement apparaître comme le continuateur des « grands serviteurs de l'État » des années 1950.

La force sociale d'un groupe ubiquitaire

La réussite de ces discours sur la crise de l'État, qui précèdent toujours la mise en œuvre pratique des réformes recommandées, bénéficia de la force sociale conjuguée de leurs auteurs situés à la croisée de tous les sous-espaces, intellectuel, économique, médiatique, politique et administratif, du champ du pouvoir — de tels entrecroisements des positions et entrelacements des intérêts étant sans doute sans précédent, hormis peut-être sous le Second Empire. Ce capital social et symbolique, indissociablement individuel et collectif, a notamment fructifié dans un « lieu neutre [12] » *ad hoc*, la Fondation Saint-Simon, fondée en 1982 autour de Roger Fauroux, Alain Minc, Pierre Rosanvallon, Simon Nora et des historiens François Furet, Emmanuel Le Roy-Ladurie et Pierre Nora. La fondation présente de nombreuses similitudes avec le Club Jean Moulin, référence revendiquée par Roger Fauroux et attestée par la présence de Simon Nora. On y retrouve la même volonté de mobiliser bourgeoisie intellectuelle — qui inclut désormais quelques importants journalistes politiques —, bourgeoisie d'affaires et bourgeoisie d'État, la même prétention à la neutralité politique, la même revendication de compétence appuyée sur une rationalité fondée sur l'usage scientiste de la prévision statistique et de l'analyse économique, la même foi affichée dans un progrès que le réalisme conduit à définir comme liquidation du passé. On y retrouve aussi les mêmes schèmes de pensée, souvent conformes aux enseignements de Sciences-Po, qui consistent à récuser les oppositions fondamentales de l'espace politique pour invoquer un troisième terme qui exclut l'arrière-garde conservatrice et l'avant-garde progressiste et définit du même coup le conservatisme progressiste : ainsi Simon Nora moque l'alternative du « plus ou moins d'État », pour appeler à penser en termes d'efficacité et de coût [13] ; ou encore Pierre Rosanvallon propose de sortir de l'« alternative privatisation/étatisation » en « redéfinissant les frontières et les rapports entre l'État et la société » [14].

En revanche, les termes du rassemblement et les bornes du débat n'y sont plus les mêmes : le keynésianisme s'est ajouté au communisme comme repoussoir politique et aberration économique ; les fonctionnaires, et plus largement les salariés à statut, ont remplacé les paysans, les

12 Se retrouvent dans de tels « lieux neutres » des agents occupant des positions éloignées dans le champ de la classe dominante ; ces lieux imposent par leur seule logique le respect des règles de forme que l'on identifie communément à la « neutralité » et à l'« objectivité », et donc la neutralisation et le refus des modes d'expression les plus visiblement associés aux extrêmes (Pierre Bourdieu, Luc Boltanski, *Actes de la recherche en sciences sociales*, *loc. cit.*, p. 60 ; pour son rôle dans l'intégration et la reproduction des classes dominantes, les auteurs présentent Sciences-Po Paris comme un idéaltype de ces lieux neutres).

13 Voir Simon Nora, « Servir l'État. Simon Nora : entretien avec Marcel Gauchet », *Le Débat*, n° 40, 1986.

14 Voir Pierre Rosanvallon, *La Crise de l'État-providence*, Seuil, Paris, 1981, p. 109-113.

petits artisans et les commerçants parmi les catégories faisant obstacle au changement ; l'État n'est plus perçu comme une structure qu'il s'agirait de servir pour orienter l'avenir, mais comme une charge à réduire pour laisser aux logiques de marché la latitude que le présent impose.

Pour saisir dans leur ensemble les processus ayant permis à la thèse de la crise de l'État d'apparaître comme un fait indiscutable, établi scientifiquement, il aurait fallu décrire aussi les réseaux de réformateurs constitués dans la haute fonction publique au cours des années 1980 et 1990 (comme l'association Services publics), les mobilisations intellectuelles et politiques néolibérales (comme celle du Club de l'Horloge), ou les transformations concomitantes des champs intellectuel, journalistique et politique, et de leurs relations [15].

De même, cette réussite n'aurait pas été possible sans la conversion longtemps restée tacite du camp social-démocrate aux orientations antiétatistes de la « seconde gauche » incarnée par Michel Rocard — à laquelle on peut d'ailleurs rattacher de nombreux membres de la Fondation Saint-Simon. Enfin, la revendication par certaines fractions dominantes de la noblesse d'État de monopoliser le droit de dire, et l'autorité pour façonner le sens de l'histoire collective objectivée dans l'État s'imposent aussi, car leur vision d'un État en crise du fait de son omnipotence est sans cesse redoublée et légitimée par les recommandations de diverses institutions nationales et internationales au premier rang desquelles figure l'OCDE, dont les travaux n'ont de cesse de promouvoir une gestion publique fondée sur des critères budgétaires et réglementaires alignés sur ceux du secteur privé (voir *chapitre V*) —, ainsi que par l'accumulation de réalisations partielles finissant par faire système et par fonder de nouvelles formes et de nouvelles normes de gouvernement, comme l'évaluation des politiques publiques à partir d'indicateurs quantitatifs élémentaires, l'introduction de critères de gestion essentiellement budgétaires de l'emploi public, la contractualisation de l'action publique et le développement des délégations de services publics ou des partenariats public/privé.

15 Pour une histoire et une analyse de la production, de la circulation et de la légitimation de la doxa intellectuelle délimitant la définition des enjeux politiques et les représentations légitimes du monde social, voir Louis PINTO, *Le Café du commerce du penseur*, *op. cit.*

4

L'expansion du journalisme économique et la critique de l'État

Philippe Riutort*

> « En première page, les journalistes écrivent en anticipant les attentes de lecteurs qui se demandent : que s'est-il passé dans le monde aujourd'hui que je devrais connaître en tant que citoyen, membre de ma communauté, de mon pays, du monde ? Dans les pages économiques, les journalistes présument des lecteurs qui se demandent : que s'est-il passé dans le monde aujourd'hui que je devrais connaître en tant qu'actionnaire pour préserver ou améliorer mes intérêts financiers ? »
>
> Michael Schudson, *The Power of News*, Harvard University Press, Harvard, 1995.

Parmi les mutations mentales et sociales qui ont accompagné la remise en question profonde du compromis keynésien des « Trente Glorieuses », figure en bonne place l'expansion du journalisme économique. Considéré longtemps comme le parent pauvre de la presse française, ce dernier semble désormais incarner les tendances les plus « modernes » de la presse contemporaine, privilégiant recherche de productivité et polyvalence des rédacteurs, flexibilité du travail journalistique et prédominance du marketing, jonction des supports et usage intense des nouvelles technologies. Par la position privilégiée qu'il a conquise comme par ses modes pratiques d'exercice, ce type particulier de journalisme a largement contribué à la (re)formulation d'un sens commun antiétatique et à sa diffusion au-delà de cercles économiques restreints où il était jusque-là cantonné.

Se défaire d'une mauvaise réputation

Le journalisme économique français a longtemps eu à souffrir d'une réputation exécrable au sein même de la profession. Réduite au

* Professeur de sciences sociales en Lettres supérieures, Lycée Henri-IV.

XIXe siècle à diverses feuilles rendant compte de l'activité boursière, cette presse avait — à juste titre — pour habitude de pratiquer la célébration pure et simple des activités économiques, et « pour rôle de mettre en vedette certaines affaires et de rabattre vers elles les souscripteurs [1] », comme l'écrit avec raison Marc Martin pour le Second Empire. Du Canal de Suez à Panama, les manifestations de collusion entre la presse d'affaires, le monde politique et la finance sont légion et rythment divers scandales qui émaillent la IIIe République. La thèse célèbre, propagée au début des années 1930 dans un contexte de recrudescence des scandales politico-financiers par Boris Souvarine, qui fustigeait, dans un mémoire rendu public par *L'Humanité*, l'« abominable vénalité de la presse française », témoigne bien de la notoriété du phénomène et du degré d'immoralisme prêté aux rédacteurs financiers.

Cette soumission directe de la presse financière à l'égard des pouvoirs économiques — souvent animée par des motifs mercantiles, puisque, selon le mot de l'époque, les journalistes financiers étaient payés autant pour écrire que pour ne pas écrire ce qu'ils savaient — n'est pas pour autant réductible à une simple absence de vertu professionnelle. Certes, les journalistes financiers ne figurent pas parmi les plus titrés et considérés des journalistes de leur époque, mais le problème est bien plus général : l'impact de la publicité financière, principale source de financement des titres de la presse, illustre parfaitement la dépendance dans laquelle se trouvent la plupart des titres à l'égard de leurs annonceurs [2]. En outre, l'adhésion à l'ordre économique anime également la majeure partie des rédacteurs des feuilles financières qui voient souvent en la Bourse une formidable opportunité de réaliser des « coups » et de saisir une chance de s'enrichir. Comme l'enquête historique l'a montré, l'analyse gagne beaucoup à abandonner le terrain de la « vénalité » — procès à charge intenté au nom de la morale sur le terrain politique — au profit des relations d'interdépendance établies entre l'univers de la presse et celui des affaires, alors fortement déséquilibrées en faveur de ce dernier [3].

C'est avec cette mauvaise réputation que la presse économique « naissante », en 1945, et relevant d'un tout autre contexte idéologique et politique, tentera de rompre [4]. Le climat de l'époque, propice à une

1 Marc MARTIN, « Presse, publicité et grandes affaires sous le Second Empire », *Revue historique*, octobre-décembre 1976, p. 361.

2 Jean-Noël JEANNENEY, « Sur la vénalité du journalisme financier entre les deux guerres », *Revue française de science politique*, n° 4, 1975, p. 717-738.

3 Marc MARTIN, « Retour sur l'"abominable vénalité de la presse française" », *Le Temps des médias*, n° 6, 2006, p. 22-33.

4 Sur la période allant de l'après-1945 à la fin des années 1970, voir Philippe RIU-

redéfinition des relations entre le monde économique et la presse, vise à tenter de neutraliser l'influence des propriétaires de titres sur le contenu rédactionnel, comme en témoigne la multiplication des expériences — parfois de courte durée — des sociétés de rédacteurs.

Ce souci se manifeste particulièrement dans la presse économique de l'après-guerre pour tout un ensemble de raisons convergentes et, en premier lieu, l'entrée dans la profession journalistique d'une nouvelle génération souvent issue de la Résistance, passée par des mouvements de jeunesse catholiques et qui se sentait de « fibre progressiste », s'assignant comme « mission » la régénération de la presse française en rompant définitivement avec des pratiques jugées révolues, comme, par exemple, la publicité financière des colonnes du journal.

Dans le contexte politique et économique de la reconstruction, puis de la planification, qui coïncide avec le triomphe pratique du keynésianisme légitimant l'interventionnisme public dans les politiques économiques, les interlocuteurs privilégiés et « naturels » des journalistes sont les hauts fonctionnaires « modernisateurs » et les syndicalistes « réformateurs », plus que les chefs d'entreprise, cultivant la discrétion et guère disposés à s'entretenir avec des journalistes, même les mieux disposés d'entre eux à leur égard [5]. Dans ces conditions, les thèmes abordés — la politique des revenus, les inégalités — sont résolument « macroéconomiques », ainsi que l'illustre la prédominance de la politique économique et sociale sur tout autre sujet. Les responsables des rubriques économiques nouvellement créées publient régulièrement des ouvrages sur ces questions qui constituent l'essentiel du contenu de la rubrique économique (Gilbert Mathieu du *Monde* se spécialise sur celle du logement, Jean Boissonnat à *La Croix* se penche sur le partage des fruits de la croissance), à tel point que l'« économique » et le « social » se recouvrent alors en grande partie, sans être véritablement hiérarchisés comme ils le seront par la suite [6].

Cette tonalité partiellement critique à l'égard de l'ordre économique — du moins envers l'entreprise privée — se retrouve, d'une certaine façon, au sein du magazine qui va incarner, à la fin des années 1960, la diffusion des préoccupations économiques auprès d'un lectorat élargi : *L'Expansion*. Le mensuel est créé sous l'impulsion de Jean Boissonnat par le groupe

---

TORT, « Le journalisme au service de l'économie », *Actes de la recherche en sciences sociales*, n° 131-132, 2000, p. 41-55.

5 De nombreux journalistes, avocats notoires de l'« entreprise », relatent rétrospectivement sans nostalgie aucune cette période : Michel DRANCOURT, *Mémoires de l'entreprise*, Robert Laffont, Paris, 1993 ; Michel TARDIEU, *Mémoires d'actualité*, Flammarion, Paris, 2003.

6 Voir Sandrine LÉVÊQUE, *Les Journalistes sociaux*, PUR, Rennes, 2000.

Servan-Schreiber, investi de longue date dans la presse économique puisqu'il avait notamment fondé *Les Échos* au début du XXe siècle. Certains numéros pourraient paraître aujourd'hui déconcertants, s'interrogeant à voix haute — tout en ciblant le lectorat d'un public de « cadres » — sur les analyses d'Ivan Illich sur l'éducation et ses éventuels usages pour l'entreprise, voire sur les modalités de contrôle du capital des entreprises par les salariés...

Le nouveau contexte politique et idéologique des années 1980 [7] mais également la réorientation brutale de la politique économique de la gauche au pouvoir à partir de 1983, intervenue dans un cadre de restructurations industrielles massives et de progression continue du chômage, contribuent à une transformation structurelle du « rapport à l'économie » [8]. La réhabilitation du profit par le pouvoir socialiste s'accompagne d'une célébration de l'entreprise, en tant que lieu de production de la richesse, de création d'emploi mais également de réalisation des potentialités individuelles. L'information économique, si elle ne saurait être entièrement tenue pour responsable d'un phénomène qui, en raison de ses multiples dimensions, la dépasse largement, a accompagné à sa manière cette « grande transformation ».

Renouer avec le marché

La montée en puissance de l'économie dans les médias se concrétise à un double niveau, dans la presse généraliste, notamment audiovisuelle, où elle devient un mode de déchiffrement de la réalité, et dans la presse spécialisée, qui connaît une expansion impressionnante. La « cause de l'économie » est ancienne et largement perceptible dans la configuration précédente, des « Trente Glorieuses » : selon un discours convenu, il s'agit de mobiliser les « acteurs » de l'économie (chefs d'entreprise, universitaires, experts, etc.) afin qu'ils diffusent quelques balbutiements d'un savoir jugé encore ésotérique à destination d'un large public, le savoir économique méritant de figurer pleinement parmi les rudiments de la culture générale afin de parfaire les comportements des « consommateurs », « citoyens », « contribuables ».

De nombreux journalistes, non spécialistes, vont se trouver enrôlés dans cette tâche : parmi eux, le journaliste scientifique François de Closets

7 Pour une synthèse vigoureuse, François CUSSET, *La Décennie. Le grand cauchemar des années 1980*, La Découverte, Paris, 2006.

8 Voir Philippe RIUTORT, « Les habits neufs du journalisme économique », *Hermès*, n° 44, 2006, p. 135-141.

— qui deviendra plus tard auteur à succès en fustigeant le « corporatisme » et l'« égoïsme » des couches sociales les plus faiblement privilégiées — crée dès la fin des années 1970 (avec Emmanuel de La Taille et Alain Weiler) le magazine télévisé *L'Enjeu*, diffusé sur TF1. L'impératif pédagogique de reformulation des préoccupations des élites économiques à l'égard d'un large public s'y retrouve parfaitement (la « guerre du pétrole », le « fléau du chômage »).

Ce souci de simplification peut même déboucher sur une spectacularisation de l'économie transfigurée en « aventure du temps présent » : l'émission « futuriste » *Vive la crise* diffusée en 1984, orchestrée par *Libération* et présentée par le chanteur et comédien Yves Montand, constitue un point d'orgue de cette entreprise de « conscientisation » de l'économie prolongée, d'une certaine façon, par des programmes assurant la promotion de la création d'entreprises « en direct » : la chaîne publique TF1, par exemple, confie en 1985 au repreneur d'entreprises en vogue Bernard Tapie la charge d'animer la première partie d'*Ambitions*.

La mobilisation pour l'économie change alors de nature en célébrant un nouvel « état d'esprit » : faire preuve d'initiative et de « débrouillardise » est perçu comme le seul moyen capable de venir à bout du chômage et des difficultés économiques de l'heure. Cette doxa se diffuse largement dans des émissions de télévision adressées au grand public et offrant un déchiffrement de l'économie à partir de conseils pratiques : sous la forme d'un consumérisme affiché, il s'agit d'instiller quelques rudiments de « calcul économique » en révélant, voire en feignant de dénoncer, les stratégies commerciales des firmes ou des professionnels dont seraient victimes la cohorte des « amateurs » que sont les consommateurs. Divers programmes — désormais diffusés sur les chaînes publiques comme privées (*Combien ça coûte* présentée sur TF1 par le populaire présentateur du journal de 13 heures Jean-Pierre Pernaut, *Argent public* sur France 2, *Capital* sur M6 [9]) — proposent désormais une initiation pratique à l'économie en faisant découvrir les coulisses et les « secrets » d'univers sociaux intéressant le public en tant qu'acheteur ou contribuable, plus qu'en tant que citoyen, comme les thèmes traités l'illustrent : l'« argent des politiques », le « marché des cuisines équipées », les « arnaques des vacances ». Cette grille de lecture de l'économie franchit encore une étape supplémentaire avec des émissions comme *Sans aucun doute*, présentée par Julien Courbet et visant directement, avec l'aide de professionnels du droit, à régler les différends dont seraient victimes les téléspectateurs, la

9 Voir Julien DUVAL, « Éthique journalistique et esprit du capitalisme. L'émission *Capital* », dans *Critique de la raison journalistique*, Seuil, Paris, 2004, p. 237-305.

plupart du temps présentés comme victimes d'« arnaques » par des professionnels peu scrupuleux.

Cette montée en puissance de la prise en charge des intérêts matériels immédiats du public par les médias érigés en porte-parole se retrouve, de manière largement similaire, dans tout un ensemble de secteurs de l'information cherchant à délivrer, pour des raisons d'audience, non plus des informations à caractère général et généralement produites par un groupe de journalistes spécialisés liés à leurs sources (les « décideurs » publics) éclairant le jugement du citoyen, mais des conseils pratiques susceptibles de parfaire son comportement économique : il en est ainsi de la presse médicale [10] transformée en une « presse santé », soucieuse de fournir des instruments d'évaluation des professionnels sous forme de multiplication des palmarès en tous genres (des cliniques, des hôpitaux), rejoignant ainsi ceux d'autres secteurs tels que les commissariats ou les établissements scolaires [11]. Progressivement des « visions économiques », encourageant explicitement l'adoption de jugements fondés sur des critères mercantiles, se diffusent dans l'ensemble des rubriques journalistiques, à l'image des rubriques culturelles affichant régulièrement les classements (de disques, livres et films) et justifiant ainsi l'évocation d'un « produit culturel » au détriment d'un autre en raison de son succès public.

Parallèlement à cette évolution générale, la presse économique connaît une expansion notable à partir des années 1980 : les rubriques économiques s'étoffent considérablement dans la presse générale et donnent lieu à des suppléments, dans *Le Figaro* (les pages « saumon ») comme au *Monde*, destinés principalement aux « décideurs » et particulièrement aux cadres du secteur privé. Ce lectorat convoité (les catégories socioprofessionnelles les plus chères aux annonceurs) permet du même coup de drainer de la publicité abondante dans cette rubrique, le plus souvent doublée de rubriques connexes (« emploi » ciblant également les « cadres », « argent », « placements » ou « modes de vie »).

La presse spécialisée — essentiellement hebdomadaire ou mensuelle — connaît alors un essor sans précédent : le magazine *Challenges* est créé en 1982 par le groupe de Claude Perdriel qui possède *Le Nouvel Observateur*,

---

10 Pour une analyse des mutations du traitement médiatique de la santé, voir Dominique MARCHETTI, « Une rubrique "à part". L'information médicale de l'après-guerre au début des années 1980 », *Questions de communication*, n° 11, 2007, p. 71-90.

11 Frédéric PIERRU, « La fabrique des palmarès », *in* Jean-Baptiste LEGAVRE (dir.), *La Presse écrite : objets délaissés*, L'Harmattan, Paris, 2004, p. 247-270 ; Philippe PONET, « Les logiques d'une consécration journalistique. L'exemple des "50 meilleurs hôpitaux de France" », *Questions de communication*, n° 11, 2007, p. 91-110.

auquel font écho *Entreprendre* (en 1984), *L'Entreprise* et *Dynasteurs* (en 1985) alors que, dans un contexte de financiarisation croissante de l'économie et d'envolée des cours boursiers, les magazines initiant à la finance se multiplient à leur tour : *Business Bourse* (1985), *La Synthèse financière* (1987), *Fortune France, Option Finance* (1988), *Le Temps de la finance* (1989). Ces magazines — il s'agit là d'une constante de la presse économique — connaissent cependant une durée de vie éphémère en raison de la relative étroitesse de leur lectorat et de leur extrême dépendance au marché publicitaire : la plupart des nouveaux titres créés dans l'engouement des années 1980 ne résisteront pas à la crise du marché publicitaire, intervenue au début des années 1990.

Le journalisme économique n'en acquiert pas moins, dans la presse généraliste, une visibilité et une crédibilité jusqu'alors inconnues en France, comme en témoignent la progression numérique [12] mais également l'accroissement notable des qualifications des journalistes chargés des rubriques économiques, désormais diplômés de grandes écoles — surtout dans la presse généraliste et lorsqu'ils sont chargés des rubriques « nobles » (finance, vie des affaires) — comme l'Institut d'études politiques ou les écoles de commerce parisiennes [13]. Le rapport à l'économie partagé par les nouvelles générations de professionnels semble ainsi en partie neutralisé : s'ils ne sont plus suspectés d'inféodation aux intérêts financiers comme au « premier âge », ils sont loin de partager la « cause de l'économie » du « deuxième âge », époque durant laquelle ils se faisaient les chantres de l'interventionnisme public.

Désormais, dans un contexte de professionnalisation accrue de leurs sources — ainsi qu'en témoigne l'explosion des services de communication des grandes firmes [14] —, les journalistes économiques deviennent les interlocuteurs obligés — au double sens du terme — des directions d'entreprise qui les abreuvent de « littérature grise », de manifestations diverses dont ils constituent le principal public. Disposant d'un temps d'analyse fort limité — guère différents en cela de la plupart de leurs confrères —, les journalistes économiques conviennent souvent de leur difficulté à exercer convenablement leur métier en raison de l'abondance

12 À la fin des années 1980, le nombre de journalistes économiques est estimé à trois cents et peut être multiplié par trois si l'on y ajoute les diverses presses professionnelles (voir Serge Guérin, *La Presse économique et financière*, CFPJ, Paris, 1991).

13 Des statistiques précises portant sur la morphologie des journalistes économiques figurent dans Julien Duval, *Critique de la raison journalistique*, *op. cit.* ; et Christian de Montlibert, *Les Agents de l'économie*, Raison d'agir, Paris, 2007.

14 Jacques Walter, *Directeur de communication. Les avatars d'un modèle professionnel*, L'Harmattan, Paris, 1995.

des informations qu'ils doivent acquérir et maîtriser en temps limité (le rapport est souvent de un à dix entre un journaliste chargé de couvrir un secteur et ses interlocuteurs, les « communicants » de la firme), et encore souvent d'un manque de spécialisation qui peut s'avérer nuisible à leur « expertise » : le fait de savoir déchiffrer un bilan comptable, décrypter une stratégie industrielle leur fait souvent défaut [15].

La professionnalisation a progressé significativement ces dernières décennies, ainsi qu'en témoigne l'apparition de formations universitaires spécialisées en journalisme économique dispensées conjointement par des professionnels et des universitaires (comme à Paris-I, Dauphine et Aix-Marseille). Toutefois, là comme ailleurs dans la formation journalistique, cette socialisation initiale offre peu de chances de s'interroger sur le type de compétences requis pour l'exercice du métier — évacuant ainsi d'emblée la réalisation des enquêtes au sein même des entreprises ou le fait de s'intéresser au point de vue des salariés, question désormais reléguée à la rubrique « social » : il s'agit avant toute chose d'acquérir des techniques susceptibles de faciliter l'intégration rapide au sein d'une entreprise de presse, dans un secteur convoité (les salaires y sont en moyenne plus élevés qu'ailleurs) et offrant des perspectives non négligeables de reconversion professionnelle (le passage dans les services de communication des grandes firmes ou dans la presse d'entreprise est fréquent et offre généralement de substantielles progressions de rémunération).

Le secteur de la presse économique est fréquemment l'objet, en raison du domaine traité comme du lectorat et des annonceurs convoités, de stratégies capitalistiques contribuant à limiter fortement les marges de manœuvre dont celui-ci dispose à l'égard du « pouvoir économique » [16] ; si le phénomène n'est pas nouveau, il semble prendre une nouvelle dimension. Domaine particulièrement convoité par les capitaines d'industrie qui y voyaient traditionnellement le possible exercice d'un moyen d'influence, la presse économique — comme le secteur des médias en général — tend à devenir un objectif industriel et financier en elle-même, comme l'illustrent les stratégies dans ce secteur des groupes Dassault, Bolloré, Bouygues, Hachette [17].

---

15 Pour une tentative de mise à jour des contraintes pesant sur le travail des journalistes économiques, voir « La Perception des entreprises par les journalistes économiques et sociaux », *Médiaspouvoirs*, n° 43-44, 3e et 4e trimestre 1996.

16 Laurent Mauduit, « Crise d'indépendance dans la presse économique », *Médias*, n° 20, 2009, p. 82-84.

17 Philippe Bouquillion, *Les Industries de la culture et de la communication*, PUG, Grenoble, 2008.

Au sein des deux quotidiens économiques nationaux, cette emprise croissante se vérifie pleinement : après avoir été acquis par le groupe britannique Pearson qui édite, entre autres, le *Financial Times*, *Les Échos* ont été revendus à Bernard Arnault (P-DG du groupe LVMH) en 2007. Cette reprise a suscité un vif émoi au sein de la rédaction qui craignait, non sans raison, de possibles conflits d'intérêts entre la diversité des entreprises dépendant du groupe du luxe et leur couverture journalistique ordinaire au sein du quotidien du groupe. Propriétaire des deux quotidiens économiques nationaux, Bernard Arnault a ainsi été contraint de céder *La Tribune*, cette fois-ci à l'industriel et homme de médias Alain Weill [18] : ancien dirigeant de NRJ, repreneur de RMC qu'il a transformée en « talk radio » info et sport, et surtout P-DG du groupe NextRadioTV, propriétaire du groupe BFM (radio et télévision), ce dernier s'assigne, depuis 2007, de réorganiser la rédaction en appliquant des recettes qui lui ont bien réussi jusqu'à présent : la mise en place de synergies rédactionnelles visant à optimiser les « marques » du groupe, l'intensification du turn-over et l'instauration de complémentarités entre les rédactions du groupe, généralisant ainsi un journalisme « low-cost » (reposant sur des faibles salaires et des contrats précaires offerts à de jeunes journalistes souvent cantonnés au « desk » et à la réécriture de dépêches) illustrant parfaitement sa maxime célèbre selon laquelle il est possible de dégager des gains de productivité et de gagner de l'argent, dans la presse, à condition de s'en donner les moyens en réduisant au maximum les coûts fixes, dont la masse salariale [19].

Ces transformations récentes de la production de l'information économique concourent à l'intériorisation de l'ordre économique par les journalistes eux-mêmes, fortement soumis à la « flexibilité » organisationnelle ainsi qu'aux logiques financières qui conduisent à des changements fréquents de propriétaire et aux réorganisations qui s'ensuivent. *A contrario*, elles n'invitent guère les rédactions à se pencher sur la « justesse » d'un ordre économique dont les nécessités pèsent fortement sur les journalistes d'un secteur fragile car très dépendant de recettes publicitaires fluctuantes, et exposé en raison des multiples et discrètes interventions des propriétaires et de leurs représentants sur les rédactions.

C'est en prenant appui sur ces puissants ressorts que la presse économique contemporaine apporte, à sa manière, sa contribution à la propagation d'un « antiétatisme » décliné sur tous les modes, de la gabegie d'argent public à la nécessité de la « réforme » de l'État.

---

18 Laurent Mauduit, « *Les Échos* encore à vendre, *La Tribune* en déshérence », *Médiapart*, 13 décembre 2009.

19 « Les O.S. de l'info », *Télérama*, 11 février 2009, p. 28-31.

5

Comment l'Union européenne ruine le contrôle public de l'économie

Antoine Schwartz*

« La volonté du gouvernement de poursuivre le mouvement de réforme, rappelé notamment dans le "Programme national de réforme" (PNR) 2008-2010, constitue malgré la crise économique actuelle la marque du rapport de suivi présenté cette année à la Commission européenne. » C'est en ces termes évocateurs — ce n'est pas la crise qui nous arrêtera — que l'exécutif français présentait à l'automne 2009, comme chaque année, son « rapport de suivi » qui détaille l'ensemble des mesures prises en s'efforçant de montrer qu'elles respectent les objectifs fixés dans le « PNR ».

Ce document, d'une poésie toute technocratique, présente les « réformes structurelles » que l'État s'est fixées dans le cadre plus vaste de la « stratégie de Lisbonne », initiée par le Conseil européen en 2000 [1]. Il comporte trois axes principaux : le premier indique qu'il s'agit de « mobiliser le potentiel de croissance par la levée des contraintes pesant sur le développement des entreprises, par la dynamisation de la concurrence et par le renforcement des capacités d'innovation » ; le deuxième porte sur les « réformes du marché du travail », ce qui inclut, entre autres, la « réforme du service public de l'emploi », les heures supplémentaires et la « flexicurité » ; enfin, le dernier axe concerne la « soutenabilité des finances » qui serait assurée par « une réforme en profondeur de l'organisation des administrations », par la « maîtrise des dépenses *publiques* » et de « nouvelles adaptations » du système des retraites.

---

* Doctorant en science politique, université de Paris-Ouest-Nanterre (GAP).

1 <http://ec.europa.eu>.

Qui a dit que l'Union européenne n'avait pas de politique économique commune ? La Commission, avec le concours des États, a trouvé bien mieux : une coordination à l'échelle supranationale des politiques néolibérales menées conjointement dans chacun des vingt-sept États membres. « Néolibéral » : le terme est approprié pour désigner le socle idéologique de cette « révolution silencieuse [2] » qui opère à l'abri du débat démocratique. Personne en effet — excepté peut-être quelque expert ou politicien de mauvaise foi — n'oserait affirmer avec sérieux que l'agenda de Lisbonne prépare une future « Europe sociale ». Et pour cause, il se fonde précisément sur le démantèlement des formes de socialisation de l'économie présentées comme autant d'obstacles à la croissance. Mais on se tromperait à considérer ce mouvement de libéralisation comme une déviation malencontreuse du projet européen, un mauvais penchant imputable au conservatisme des Commissions présidées par José Manuel Barroso. En réalité, la dérégulation des mécanismes de contrôle public de l'économie est au cœur de la construction européenne [3]. Le processus d'intégration correspond, en effet, à l'institutionnalisation d'une conception spécifique de l'économie fondée sur le refus d'un État dirigiste. Ce système institutionnel et l'administration tatillonne chargée de l'appliquer imposent aux États (avec leur consentement) de se mouvoir dans les eaux glacées du marché.

La construction d'une Europe néolibérale

Les défenseurs de l'Union européenne dans ses formes actuelles répètent souvent que ses fondements institutionnels sont neutres d'un point de vue idéologique. Il n'en est rien. Le Traité de Rome qui institue en 1957 un Marché commun entre les Six (Belgique, France, Italie, Luxembourg, Pays-Bas, République fédérale allemande) repose clairement sur l'idée que la libéralisation des échanges est seule en mesure d'assurer la productivité et la croissance. La Communauté économique européenne se veut donc clairement une économie de marché ouverte, adoptant pour principe régulateur le libre marché et affirmant une vocation libre-échangiste. Néanmoins, son fonctionnement correct suppose une action commune des États, mais limitée à la préservation des conditions de la

2 Isabelle Bruno, « La stratégie de Lisbonne : une révolution silencieuse », *Savoir/Agir*, n° 5, 2008.

3 Voir François Denord, Antoine Schwartz, *L'Europe sociale n'aura pas lieu*, Raisons d'agir, Paris, 2009.

concurrence et à l'adaptation des secteurs sociaux et géographiques en difficultés. Le traité doit cette inspiration néolibérale à l'influence dans les négociations d'un groupe de dirigeants pro-européens conservateurs et atlantistes, notamment les « ordo-libéraux » allemands [4].

À l'époque, cette conception de l'union heurte frontalement les visions et les pratiques de la haute administration française, et suscite de vives critiques. Ainsi le ministre des Finances de l'époque, Paul Ramadier, reproche au rapport d'aller à l'encontre du modèle français d'« économie collective » reposant sur un large secteur nationalisé, le rôle de la planification et un protectionnisme assumé [5]. La critique paraît d'autant plus juste que, précisément, le Marché commun ne prévoit ni planification souple à l'échelle des Six, ni véritable coordination de leur politique en matière monétaire, ni impératif de plein-emploi. Autrement dit, le pouvoir de décision sur l'économie que l'État abandonne au niveau national n'est pas reconquis au niveau supranational — une contradiction amenée à perdurer. Elle réjouit l'économiste libéral Daniel Villey : « Il n'est pas à mon avis concevable qu'une Europe politiquement unie se puisse orienter vers une politique économique dirigiste. L'autorité supranationale réussira sans doute à limiter les interventions abusives des États nationaux ; cependant que les États nationaux demeureront assez forts pour refuser à l'autorité supranationale la possibilité de se livrer elle-même à de telles interventions [6]. »

En fait, cette union fondée sur la libre circulation des travailleurs, des biens, des services et des capitaux constitue à ce point un bouleversement des structures politiques, économiques et sociales des États que plusieurs décennies s'écouleront avant que ses articles de foi produisent leurs effets. Non que l'entrée dans le marché reste sans conséquence — en témoigne le Plan de rigueur Pinay-Rueff adopté dès décembre 1958 pour y faire face —, mais sa mise en œuvre se heurte fortement à la résistance des États membres, peu enclins à laisser la Commission s'affirmer et attachés aux pratiques de l'État interventionniste.

---

4 Sur ce paragraphe et le suivant, voir François Denord et Antoine Schwartz, « L'économie (très) politique du Traité de Rome », *Politix*, n° 89, vol. 23, 2010.

5 Laurent Warlouzet, « Quelle Europe économique pour la France. La France et le marché commun industriel, 1956-1969 », thèse d'histoire contemporaine, Paris-IV, 2007, p. 114.

6 Dans Paul Hatry (dir.), *Travaux du Colloque international du libéralisme économique*, Éd. du Centre Paul-Hymans, Bruxelles, 1958, p. 341.

Un basculement progressif

Le basculement intervient dans les années 1980. La Cour de justice des Communautés européennes (CJCE) tente un coup de force juridique avec l'arrêt « Cassis de Dijon » (du 20 février 1979) qui laisse imaginer, grâce au principe de la reconnaissance juridique mutuelle, une construction communautaire procédant non de l'imposition de lois générales, mais de la simple mise en concurrence des droits nationaux. Mais c'est avec l'Acte unique de 1986 que l'« Europe du marché » trouve à s'accomplir. Comme l'écrit Margaret Thatcher, on attendait de ce traité « qu'il donne une substance réelle au Traité de Rome et qu'il ravive sa finalité libérale, libre-échangiste et dérégulatrice [7] ». Imaginé par les lobbies patronaux, impulsé par des chefs d'État grisés par le vent libéral, mis en œuvre par la Commission présidée par Jacques Delors, ses conséquences s'avèrent décisives. En acceptant la libéralisation des mouvements de capitaux, en germe dans le texte fondateur, les gouvernements mettent le doigt dans l'engrenage — ils vont y laisser la main. De fait, permettre aux capitaux de circuler librement sans réaliser au préalable une harmonisation fiscale revient simplement à laisser le champ libre aux marchés financiers.

L'« effet de cliquet » fonctionne alors à merveille : cette puissance conférée aux forces de la finance ne requiert-elle pas un rapprochement des politiques monétaires ? Jacques Delors convainc les États de réaliser l'union monétaire... aux conditions posées par l'establishment bancaire. Non seulement la nouvelle Banque centrale européenne sera indépendante du pouvoir politique, mais sa vocation sera de lutter contre l'inflation. Le monétarisme de Milton Friedman devient ainsi la nouvelle table de la loi des pays signataires du Traité sur l'Union européenne en 1992. Non content de priver les États de leur souveraineté monétaire, celui-ci introduit les fameux « critères de convergence » qui privent les gouvernements de leur marge de manœuvre en matière de dépenses publiques et les astreignent à une rigueur budgétaire. Le « pacte de stabilité et de croissance » adopté en 1997 (sous le gouvernement socialiste de Lionel Jospin) confirme cette orientation rigoriste, jamais abandonnée ensuite. « De l'ouverture des frontières à l'ouverture des marchés de services à la concurrence, en passant par la désinflation et la réduction des déficits budgétaires, la France a fait jouer à l'intégration européenne le rôle que les pays mal gouvernés confient au FMI ou à la Banque mondiale », a souligné

7 Margaret THATCHER, *The Downing Street Years*, Harper Collins, Londres, 1993, p. 547.

l'économiste libéral Jean Pisani-Ferry. Et d'ajouter : « L'Europe a été notre programme d'ajustement structurel » (*Le Figaro*, 24 mars 2005).

Une reconfiguration des modes d'action publique

Les traités sur l'Union européenne imposent ainsi une redéfinition fondamentale des modes d'action publique. Certes, le tournant libéral du gouvernement socialiste engagé en 1983 a porté le dernier coup à toute ambition de contrôle dirigiste de l'économie. Mais, en renonçant aux leviers monétaire et budgétaire, l'État français franchit un seuil décisif puisqu'il se prive des instruments essentiels de la politique économique (le *policy-mix*). Cette évolution est entérinée par la haute fonction publique qui revêt docilement le nouveau costume européen, avec ses carrières, ses formations et ses routines. Depuis l'arrêt Nicolo du 20 octobre 1989, le Conseil d'État reconnaît la primauté du droit communautaire sur les droits nationaux que le CJCE avait proclamée (en vain) vingt-cinq ans plus tôt (dans l'arrêt Costa c/Enel du 15 juillet 1964).

L'administration doit ainsi adapter son corpus juridique au nouveau droit édicté à Bruxelles, et conformer ses pratiques à la multiplication des nouvelles procédures de contrôle et de coordination communautaires qui manifestent sa dépendance croissante à l'égard des institutions européennes car celles-ci acquièrent un pouvoir grandissant. En témoigne, par exemple, le domaine de la politique de la concurrence. Dans les années 1990, l'affaire du « sauvetage » du Crédit Lyonnais voit les autorités de l'État se plier à la « morale punitive » de la Direction européenne de la concurrence (la « DG IV ») qui exige, en contrepartie des aides accordées à la banque[8], sa soumission aux sanctions du marché, c'est-à-dire sa restructuration puis sa privatisation[9].

Toutefois, cette transformation des rapports de pouvoir entre l'échelon national et l'international est loin de résoudre les apories qui caractérisent la construction européenne depuis ses origines. En effet, si l'intégration « négative » (c'est-à-dire le démantèlement des barrières aux échanges) ne cesse de progresser, l'intégration « positive » (qui rétablirait

---

8 Le principe est l'interdiction des aides d'État dans la mesure où elles faussent la concurrence, les exemptions étant soumises au contrôle pointilleux de la Commission (art. 107-108-109 TFUE).

9 Frédéric Lordon et Pepita Ould-Ahmed, « "Qui perd gagne..." Le droit européen des aides d'État comme morale punitive », *Critique internationale*, vol. 4, n° 33, 2006.

des formes de régulations publiques du libre marché) se fait toujours attendre [10]. Le renoncement de souveraineté a été consenti à une Europe supranationale qui ne conçoit en matière de gouvernement de l'économie que les dogmes néolibéraux : monétarisme, politique de la concurrence et promotion du libre-échange. La contradiction paraît d'autant plus vive que l'échelon national demeure le seul niveau de contrôle démocratique un tant soi peu effectif. Pour les équipes dirigeantes au pouvoir, cette objection n'a pas lieu d'être. Le nouveau dispositif institutionnel européen sert en effet volontiers d'excuse à leur impuissance consentie, « l'Europe » fonctionnant comme une variante du refrain de la « mondialisation-qui-impose-les-changements », censée les exonérer de leurs propres responsabilités.

Il est vrai néanmoins que les États ont fait de l'intégration européenne un vecteur essentiel de transformations structurelles, difficilement réversibles. Marie-Dominique Hagelsteen, alors présidente du Conseil de la concurrence, le relevait (non sans satisfaction) lors d'une discussion relative au « rôle de la politique de la concurrence sur la réforme réglementaire » : « La France a une tradition historique d'économie dirigée et centralisée. C'est au regard de cette tradition qu'il convient d'apprécier les réformes engagées depuis vingt ans dans le sens d'une libéralisation profonde de l'économie et d'un désengagement de l'État, et de mesurer le chemin parcouru. Le mouvement est, compte tenu du degré d'ouverture de l'économie française, irréversible, et on peut constater que, quelle que soit l'orientation politique des gouvernements en place en France depuis vingt ans, ces réformes ont été constamment poursuivies [11]. »

La concurrence comme vertu cardinale

Dans la « stratégie de Lisbonne », imaginée par la technocratie européenne, la course mondiale à la compétitivité requiert sans cesse de nouveaux « ajustements ». La Commission, appuyée par les arrêts de la CJCE, s'affirme comme une sorte d'avant-garde éclairée en charge de la « modernisation » de l'économie européenne. Tous les secteurs qui font l'objet d'une régulation publique ont vocation à connaître une « normalisation » concurrentielle, comme l'ont subie ceux des télécommunications, de l'énergie ou des transports. En matière de libéralisation, Bruxelles

10 Fritz Scharpf, *Gouverner l'Europe*, Presses de Sciences-Po, Paris, 2000.

11 OCDE, *Le Rôle de la politique de la concurrence dans la réforme de la réglementation*, Paris, 2004, p. 62.

n'est jamais à court d'idées... En 2004, elle imaginait une directive sur les services (dite « directive Bolkestein ») qui avait pour vocation de les soumettre au joug de la concurrence par le biais du principe du pays d'origine [12], ce qui revenait à interdire aux États de contrôler les actions économiques sur leur propre territoire ! La Cour renchérit en ouvrant la voie au « dumping social » au nom de la liberté d'établissement des entreprises (CJCE, arrêts Viking et Laval du 11 et 18 décembre 2007).

Ce sont donc l'ensemble des droits nationaux qui peuvent (et devraient) être subordonnés aux libertés du marché. Désormais, dans une union qui, depuis l'élargissement, regroupe des pays aux régimes socio-économiques très hétérogènes, cette mise en concurrence généralisée menace directement les institutions sociales de pays comme la France ou l'Allemagne, qui ont historiquement institué des régimes sociaux ambitieux, fondés sur des logiques différentes de celles du libre marché. Elle entraîne sans doute une convergence progressive vers un modèle libéral à l'anglo-saxonne où les intérêts du privé ont la part belle.

Dans le marché unique, le rôle de l'État dans l'économie est toujours suspecté de nuire à la concurrence. Appelé à se délester toujours plus des formes de socialisation de l'économie instituées dans le passé, sa tâche devrait se limiter à fournir un cadre favorable aux entreprises ou aux financiers, et à panser les dégâts sociaux qu'ils provoquent. La crise financière, et le « retour de l'État » qui l'a accompagnée, ont-ils infléchi cette tendance de fond ? Certes, pour sauver les banques, les responsables politiques n'ont pas hésité à piétiner les dogmes du traité un par un (déficits publics, aides d'État, indépendance de la Banque centrale, etc.) et la Commission, tout en prodiguant quelques rappels à l'ordre, s'est trouvée obligée de les approuver. Mais piétiner les règles ne suffit ni à les rendre caduques, ni à abolir le système de contraintes qu'elles ont institué — et auquel un pays ne peut se soustraire par la magie des mots. De plus, ne pas respecter provisoirement des règles n'implique aucunement que l'on souhaite les abandonner : une fois la crise financière écartée, les dirigeants politiques ont très vite rappelé que telle n'était (évidemment) pas leur volonté.

12 Le texte stipule qu'un prestataire de services œuvrant dans un autre État resterait soumis aux dispositions nationales de son État membre d'origine.

Les voix de « l'international »

Il n'y a, dit-on, que les imbéciles qui ne changent pas d'avis. Ou les experts libéraux. Ceux du Château de la Muette, siège de l'Organisation de coopération et de développement économiques (OCDE), publient chaque année un rapport intitulé *Objectif croissance* qui fait le point sur les « réformes structurelles » menées dans les pays membres de l'institution. Le document présente des recommandations qui, compte tenu de la situation du pays considéré, lui indiquent quelles devraient être ses priorités politiques et ses stratégies de réforme.

Concernant la France, le premier numéro daté de 2005 insistait sur la nécessité d'« assouplir la législation sur la protection de l'emploi », de « réduire le coût minimum de la main-d'œuvre » et de « réduire les barrières à l'entrée dans les industries de réseaux » — comprenez : ouvrir les transports à la concurrence. Quatre ans plus tard, les priorités ont radicalement changé : il s'agit désormais de « réduire le coût minimum du travail », de « réformer la législation protectrice de l'emploi », et de « réduire les obstacles réglementaires à la concurrence » [a]. Puisqu'il s'agit de « réformes structurelles », c'est-à-dire d'une casse systématique des obstacles au marché, il est vrai qu'une telle continuité n'est pas sans logique. Mais d'aucuns auront peut-être remarqué qu'entre ces deux dates était advenue une crise économique majeure, et pensé, avec naïveté sans doute, que cette bourrasque aurait incité ces « experts » à bouleverser leur table des valeurs...

Les économistes de l'OCDE ne sont pas les seuls à « veiller au grain » de la réforme, même par gros temps. Banque mondiale, FMI, agences de notation ou *think tanks* publient chaque jour des études très sophistiquées qui aboutissent presque toujours au même type de conclusions : à l'exemple de leurs voisins, et au nom de la Croissance, les États sont appelés à « se réformer », à libéraliser toujours plus leur économie. Les voix de la « contrainte » internationale n'ont donc rien d'impénétrable. Parfois, elles prennent la forme abstraite des « attentes du marché ». Un haut fonctionnaire confie : « Vu l'ampleur de son déficit et de son endettement, la France est sous surveillance des agences de notation. Si elle ne veut pas se retrouver dans la situation de la Grèce et du Portugal et voir sa note dégradée, elle doit réformer au plus vite son système de retraites » (*Le Canard enchaîné*, 20 janvier 2010). Est-ce à dire qu'une taxe sur le capital augmenterait la note du pays ?

D'autres fois, elles adoptent le visage plus humain de l'expertise juridique. Il en est ainsi de la fameuse LOLF (Loi organique relative aux lois de finances) promulguée en 2001. Sa création tient à l'initiative d'un groupe de travail parlementaire intéressé à promouvoir l'« efficacité de la dépense publique », qui a puisé l'essentiel de ses idées dans des discussions menées au sein de l'OCDE. Qui donc allait conduire sa réalisation ? La conseillère du Premier ministre Lionel Jospin, nommée en 2000, en charge du dossier. Elle arrivait tout droit... de l'OCDE, après un passage à la Banque mondiale [b]. Dans un cas comme dans l'autre, les responsables acceptent d'ériger en arbitres et en réformateurs des actions de l'État des institutions non démocratiques, qui constituent, en fait, des officines du marché.

---

a Documents OCDE : *Réformes économiques : Objectif croissance : 2005*, Paris, 2005, p. 84 ; *Réformes économiques : Objectif croissance : 2009*, Paris, 2009, p. 78.

b Philippe Bezes, *Réinventer l'État*, *op. cit.*, p. 453.

II

Le nouveau management public

« Il y a des limites à ce que l'État peut faire. Il ne peut pas résoudre nos problèmes. Il ne peut pas fixer nos objectifs. Il ne peut pas définir notre vision. Il ne peut pas éliminer la pauvreté ou assurer l'abondance ou réduire l'inflation. Il ne peut pas sauver nos villes, lutter contre l'analphabétisme ou nous procurer de l'énergie. »

Jimmy Carter, président des États-Unis,
Discours sur l'état de l'Union, 19 janvier 1978.

« Les Français ne sont pas sportifs parce que nous avons l'habitude de l'État-providence. »

Olivier Mazerolle, alors directeur de l'information de RTL, à propos des mauvais résultats des athlètes français lors des jeux Olympiques, France 2, 26 février 1994.

« Le modèle social français est le pur produit du Conseil national de la Résistance. [...] Il est grand temps de le réformer, et le gouvernement s'y emploie. Les annonces successives des différentes réformes par le gouvernement peuvent donner une impression de patchwork, tant elles paraissent variées, d'importance inégale, et de portées diverses : statut de la fonction publique, régimes spéciaux de retraite, refonte de la Sécurité sociale, paritarisme...

« À y regarder de plus près, on constate qu'il y a une profonde unité à ce programme ambitieux. La liste des réformes ? C'est simple, prenez tout ce qui a été mis en place entre 1944 et 1952, sans exception. Elle est là. Il s'agit aujourd'hui de sortir de 1945, et de défaire méthodiquement le programme du Conseil national de la Résistance ! [...] Désavouer les pères fondateurs n'est pas un problème qu'en psychanalyse. »

Denis Kessler, ancien vice-président du Medef, *Challenge*, 4 octobre 2007.

6

La naissance du *New Public Management* en Grande-Bretagne et sa reformulation par les néotravaillistes

Jérôme Tournadre-Plancq*

En France, comme dans la plupart des pays occidentaux, il n'est guère de programme de réforme de l'État et de l'administration qui ne fasse référence au *New Public Management* (NPM). Ce « puzzle doctrinal [1] », où s'entrecroisent théories de l'individu comme acteur rationnel ne cherchant qu'à maximiser son intérêt, expertises managériales et « bonnes pratiques » recensées dans le monde par l'Organisation de coopération et de développement économiques (OCDE) ou la Banque mondiale, connaît bien entendu des déclinaisons singulières en fonction des contextes nationaux. Mais personne n'oublie de mentionner la Grande-Bretagne des années Thatcher, dans laquelle le NPM a certainement trouvé ses hérauts les plus zélés.

Portée par certains hommes politiques comme Keith Joseph, ministre de l'Industrie du premier gouvernement de la « Dame de fer », et une poignée de *think tanks* comme l'Institute for Economic Affairs et le Centre for Policy Studies — dont nombre de chercheurs investiront diverses cellules ministérielles après la victoire conservatrice de 1979 —, cette « nouvelle gestion publique » y a en effet connu quelques-unes de ses mises en forme les plus abouties [2]. Ses préconisations en termes de développement de la contractualisation et de l'évaluation dans l'État, d'instillation de la

---

* Chargé de recherche au CNRS (ISP).

1 Philippe Bezes, *Réinventer l'État, op. cit.*, p. 3.

2 Toutefois, dès 1968, un rapport commandé par un gouvernement travailliste déplorait déjà la « faible productivité » des services publics.

concurrence et des outils de la gestion d'entreprise [3] dans les services publics, de « rationalisation » de la dépense publique, ou encore de survalorisation du pouvoir politique central au détriment d'une fonction publique réduite au rôle de simple exécutante, ont profondément guidé les réformes et expérimentations administratives conduites sous les gouvernements de Margaret Thatcher (1979-1990) et John Major (1990-1997). En témoignent la création du National Audit Office, en charge de s'assurer que toute dépense publique engagée l'est en vertu du sacro-saint rapport coût/efficacité ; le lancement de la « Financial Management Initiative », visant à généraliser les indicateurs de performance dans les services publics ; ou encore le programme « Next Steps », qui organisa la substitution de centaines d'agences relativement autonomes et flexibles à des pans entiers de l'administration, battant ainsi en brèche le pouvoir d'une haute fonction publique accusée d'archaïsme et d'incompétence par les porteurs de flamme du thatchérisme [4]. Cette remise en cause de la puissance publique et de ses frontières s'est, dans le même temps, accompagnée d'un renforcement du pouvoir central principalement destiné à laminer les corps intermédiaires (les syndicats, essentiellement) et les pouvoirs locaux, bastions des travaillistes.

L'arrivée au pouvoir des dirigeants néotravaillistes n'a, à première vue, pas modifié cette vision de la chose publique, comme en atteste la fétichisation de l'audit, du contrôle de performance et de la sanction des « mauvais élèves » dans la pratique et le discours gouvernementaux après mai 1997. Anthony Giddens, longtemps considéré comme le « sociologue préféré » de Tony Blair, reconnaissait d'ailleurs, en 2003, que « les "idées de la Troisième Voie" relatives à la réforme de l'État avaient été fortement influencées par le *New Public Management* » [5].

La remise au goût du jour, dans la littérature gouvernementale ou dans celle produite par certains des *think tanks* qui gravitent dans la nébuleuse « modernisatrice », de l'essai *Reinventing Governement* [6] n'est donc pas incohérente. Publié en 1992 par deux intellectuels proches de Bill Clinton

---

3 Voir Denis SAINT-MARTIN, *Building the New Managerialist State*, Oxford University Press, Oxford, 2000.

4 Certains hauts fonctionnaires n'ont cependant pas été en reste dans la conduite de ces réformes, comme le soulignent notamment Jack HAYWARD et Rudolf KLEIN dans « Grande-Bretagne : de la gestion publique à la gestion privée du déclin économique », *in* Bruno JOBERT (dir.), *Le Tournant néolibéral en Europe*, *op. cit.*

5 Anthony GIDDENS, « Neoprogressivim », *in* Anthony GIDDENS (dir.), *The Progressive Manifesto*, Polity Press, Cambridge, 2003, p. 14.

6 Ted GAEBLER et David OSBORNE, *Reinventing Government*, Adisson-Wesley, Reading (Ma.), 1992.

et Al Gore, cet ouvrage enjoignait la gauche de se convertir à l'idée d'un « État entrepreneurial » encourageant la compétition, fixant des résultats ou résolvant les problèmes en se servant du marché et non de programmes publics d'action. De telles préconisations n'auraient jamais été autant d'actualité qu'en ce début de XXIe siècle, à en croire Philip Collins, ancien conseiller de Tony Blair, et le député travailliste Liam Byrne, coauteurs de *Reinventing Government Again* en 2004.

Certes, sous le pouvoir néotravailliste, l'évaluation, pièce maîtresse du NPM, a endossé des habits plus démocratiques *via* la multiplication des *boards*, ces instances permettant d'associer les citoyens au contrôle de la qualité [7]. Elle s'est aussi vu attribuer d'autres critères (sociaux, environnementaux, qualitatifs) que le seul coût du service. La croyance blairiste en la toute-puissance du marché — « Si vous vous opposez au marché, il vous sanctionne » — est par ailleurs loin d'avoir toujours fait l'unanimité au sein même des rangs « modernisateurs ». Elle a été l'objet de nombreux contournements, comme en témoigne le sauvetage étatique en 2002 (pour ne pas dire la renationalisation) d'installations ferroviaires jusqu'alors entre les mains d'une initiative privée plus que défaillante.

Pour autant, les postulats du NPM n'ont pas disparu avec la déroute électorale des conservateurs (*tories*). Leur diffusion généralisée dans la société britannique du début des années 2000 a, au contraire, contribué un peu plus à leur banalisation. Il n'est pas anodin, par exemple, que les termes « dirigeants » (*leaders*), « stratèges » (*strategists*), « entrepreneurs » (*contractors*), « directeurs commerciaux » (*business managers*) ou « acheteurs » (*purchasers*) se soient, dans le discours travailliste le plus courant, substitués à ceux de « serviteurs de l'État » (*public servants*), « administrateurs » (*administrators*) et « praticiens » (*practitioners*) pour désigner les agents publics [8] ; des agents publics dont les gouvernements auraient par ailleurs trop longtemps considéré que « le dévouement allait de soi [alors qu'] il est devenu difficile d'appliquer partout cette philosophie [9] ».

Dans un même ordre d'idées, l'affirmation d'une relation causale entre politiques sociales et comportements individuels, également centrale dans la vision du monde que promeut le NPM, n'a pas été remise en cause et a même régulièrement servi de boussole aux réformes du *Welfare*

---

7 Les « *boards* » ou « *board rooms* » sont des groupes d'élus qui gèrent conjointement les activités d'une entreprise ou d'une organisation.

8 John Clarke et Janet Newman, *The Managerial State*, Sage, Londres, 1997, p. 92.

9 Cabinet Office, *Agenda for Modernising Public Services* (cité dans Alan Finlayson, *Making Sense of New Labour*, Lawrence & Wishart, Londres, 2003, p. 90).

entreprises depuis 1997 [10]. Plus généralement, les principaux porte-parole de la « gauche de gouvernement », largement inspirés par les enseignements professés dans les *business schools*, ont paru s'approprier cette philosophie du classement, de la transparence et du contrôle. Une telle démarche a, par exemple, conduit à placer les agents des administrations locales et nationales dans une situation de justification quasi permanente de leurs activités et de leurs résultats. Aussi la multiplication des indices et objectifs de performance et leur application à la moindre décision ont-elles, ironie du sort, nourri un gonflement de l'activité bureaucratique que l'application de la « nouvelle gestion publique » est pourtant censée éradiquer.

Les gouvernements Blair (1997-2001, 2001-2005 et 2005-2007) ont parfois semblé vouloir aller plus loin dans la logique du NPM que leurs prédécesseurs, dépassant ainsi les espoirs de l'OCDE. Au-delà de l'autonomie de gestion promise aux meilleurs hôpitaux ou établissements scolaires, l'importance accordée, dans l'agenda gouvernemental, à la diffusion du choix dans les services publics fournit une illustration particulièrement saisissante de ces orientations. Prévalent en effet, dans ces réformes, l'éloge de l'*empowerment* [11] et un certain nombre de présupposés anthropologiques et sociologiques ayant peu à envier aux soubassements théoriques de cet *Homo œconomicus* cher aux penseurs cardinaux du NPM. L'individu contemporain est ainsi, dans les argumentaires en faveur du choix, décrit comme autonome en toutes circonstances, résolument réflexif, soucieux d'être le seul producteur de sa « biographie » [12], capable de se gouverner soi-même et animé par des « motivations » qu'aiguillonneraient des « systèmes d'incitations » [13]. Concrètement, les

10 Sur cette lecture comportementaliste des politiques publiques et ses prétentions « scientifiques », on peut notamment se reporter à *The Art of Public Strategy*, l'un des essais de Geoff Mulgan, ancien responsable de la Strategy Unit de Tony Blair, et notamment au chapitre intitulé « Changing minds and behaviour » (Geoff Mulgan, *The Art of Public Strategy*, Oxford University Press, Oxford, 2009).

11 Voir, par exemple, la contribution de Matthew Taylor (« Empowerment : a Labour vision for public services »), ancien conseiller en stratégie du Premier ministre Tony Blair, dans *Power to the People. Next Steps for New Labour*, Progress, Londres, 2006.

12 Ulrich Beck, « The reinvention of politics : towards a theory of reflexive modernisation », *in* Ulrich Beck, Anthony Giddens et Scott Lash (dir.), *Reflexive Modernization. Politics, Traditions and Aesthetics in the Modern Social Order*, Polity Press, Cambridge, 1994, p. 13.

13 Comme le suggère l'économiste Julian Le Grand, conseiller de Tony Blair durant la première moitié des années 2000 et grand défenseur du choix dans les médias et la sphère gouvernementale : Julian Le Grand, *The Other Invisible Hand. Delive-*

citoyens agissant désormais en « consommateurs », pour reprendre le terme du Bureau de la réforme du service public rattaché au Premier ministre, et les fonctionnaires ayant traditionnellement privilégié le « paternalisme » ainsi qu'une offre monolithique de services pour mieux servir leurs intérêts, c'est par une diversification des prestations et des prestataires (publics et privés) que passerait désormais la survie de l'État social. Et Tony Blair d'assener, lors de la présentation des réformes à venir en 2002, que les services publics devaient être recentrés sur les « besoins des patients, des élèves, des passagers et du public en général plutôt que sur ceux qui fournissent les services ».

Mis en œuvre dans les secteurs de la Santé ou de l'Éducation, le choix devrait ainsi permettre, si l'on en croit ses partisans, de responsabiliser des usagers désormais habilités à choisir l'école de leurs enfants ou la structure dans laquelle ils souhaitent être soignés (quand ce n'est pas la nature du traitement qui est également soumise à leur décision) et de susciter l'émulation au sein d'une administration placée en situation de concurrence interne mais également de rivalité avec l'offre privée. Sous couvert d'une amélioration de la qualité du service, c'est surtout, selon toute hypothèse, à une individualisation du rapport État/citoyen et à un transfert croissant de la gestion du risque du premier vers le second que travaille un tel mouvement.

---

ring public services through choice and competition, Princeton University Press, Princeton, 2007, p. 62.

7

Workfare et culture gestionnaire : la refonte du service public de l'emploi en Grande-Bretagne

Corinne Nativel*

Passer par la Grande-Bretagne aide à comprendre les réorganisations du service public en France, et leurs probables conséquences. En effet, les Britanniques disposent, en la matière, d'une longueur d'avance. Dans les années 1980, Margaret Thatcher avait, pour une large part, « vidé de sa substance » l'État-providence, selon l'expression fameuse de Bob Jessop [1] ; un « *hollowing out* » marquant le passage d'un État régulateur et protecteur à un État entrepreneurial et gestionnaire. Comme on l'a vu au chapitre précédent, les néotravaillistes ont continué l'ouvrage, à partir de 1997, en soumettant l'ensemble des services publics au credo du *New Public Management.* Mais le domaine du service public de l'emploi illustre, mieux qu'aucun autre peut-être, l'application des principes et techniques de cette « nouvelle gestion publique ».

Dès 2002, le gouvernement Blair opère une refonte spectaculaire du service public de l'emploi en fusionnant la Benefits Agency — l'administration jusqu'alors responsable de l'indemnisation des chômeurs — et l'Employment Service, chargé de l'aide à la recherche d'emploi et à la réinsertion professionnelle. La nouvelle agence, baptisée Jobcentre Plus, a pour mission de mettre en œuvre le programme phare de retour à l'emploi (*New Deal for the Unemployed*) introduit par le New Labour en avril 1998 [2].

---

* Maître de conférences, université de Franche-Comté.

1 Bob Jessop, « Towards a Schumpeterian workfare State ? Preliminary remarks on post-fordist political economy », *Studies in Political Economy*, n° 40, 1993, p. 7-39.

2 Jane Millar, *Keeping Track of Welfare Reform. The New Deal Programmes*, Joseph

On sait combien ces réformes ont inspiré, en France, l'adoption en 2001 du Plan d'aide au retour à l'emploi (PARE) [3], puis la fusion de l'ANPE et des Assedic pour former le Pôle Emploi en 2008. Quels sont les présupposés, les instruments d'action sur lesquels s'appuie cette « révolution bureaucratique » ? Quels tensions et paradoxes engendre-t-elle [4] ? L'analyse du cas britannique nous instruit sur la mécanique et les résultats possibles des réformes françaises.

Workfare, clientélisation des chômeurs et nouvelles contraintes

Les pratiques de la « nouvelle gestion publique » dans le service public de l'emploi s'inscrivent dans une approche gestionnaire du chômage connue sous l'appellation de « *workfare* ». Plus qu'une simple contraction de l'expression *welfare-to-work* (retour à l'emploi), le terme signale un retournement idéologique. Auparavant, le service public de l'emploi avait pour mission d'aider les chômeurs à retrouver un travail. Avec le *workfare,* est mis en œuvre un ensemble de moyens pour discipliner et punir les chômeurs, perçus dorénavant comme coupables de leur situation.

C'est ainsi que l'obtention des indemnités-chômage se voit soumise à la « recherche active d'emploi ». Le *workfare* se focalise, en effet, sur la rapidité du placement, dans une logique de diminution des stocks de demandeurs d'emploi. De sorte qu'il permet de créer et de mobiliser une main-d'œuvre bon marché pour occuper les emplois précaires qui se généralisent, parallèlement au recours à la flexibilité quantitative externe dans les entreprises.

La mise en œuvre du *workfare* s'appuie sur la réforme du service public de l'emploi. Mais il faut d'abord revenir sur les justifications développées, à l'époque, par le gouvernement néotravailliste. Sur l'exclusion sociale, on

---

Rowntree Foundation, York, 2000 ; Corinne Nativel, « *One size does not fit all* : la territorialisation des politiques de l'emploi dans l'Angleterre du New Labour », *Revue française de civilisation britannique,* vol. 13, n° 2, 2005, p. 53-66.

3 Didier Gélot, Catherine Lévy et Willy Pelletier, « La nouvelle convention d'assurance-chômage : de la formation au formatage des demandeurs d'emploi », *Droit social,* n° 6, juin 2002, p. 631-641.

4 Ce chapitre s'appuie sur une analyse secondaire de données empiriques ainsi que sur de nombreux entretiens menés par l'auteur auprès d'agents du service public de l'emploi britannique, de leurs partenaires locaux ainsi que de demandeurs d'emploi entre 1999 et 2009.

passe d'une rhétorique centrée sur la solidarité à une rhétorique vantant la responsabilité, la citoyenneté et la réciprocité [5]. Le rapport entre administration et usager est également reformulé sur un mode consumériste [6] : les individus autrefois « bénéficiaires » de services sociaux (*welfare recipients*) en vertu de besoins et de droits collectifs sont transformés en usagers-consommateurs souverains de services personnalisés, ce qui marque d'ailleurs l'effacement progressif de la démarcation entre services publics et services privés.

La rhétorique du New Labour s'axe, en même temps, sur la prestation à *délivrer* [7]. Les agents du service public de l'emploi se voient sommés de s'identifier à des valeurs contractuelles : la recherche d'emploi devient un « contrat » entre les chômeurs et les délivreurs de ce service particulier que devient la proposition d'offres d'emploi. Une dynamique d'accompagnement individualisé (le « *case management* ») recouvre l'obligation faite aux demandeurs d'emploi de retrouver un travail. Le chômeur devient « *customer* » au détriment de qualifications plus conventionnelles telles que « *claimant* », « *jobseeker* » ou « *unemployed* » [8]. Il est donc un « client » rationnel, doté d'un certain nombre de préférences, d'une autonomie et d'un pouvoir décisionnel qui l'amènent à s'engager et se désengager de son propre gré de cette transaction commerciale : le retour à l'emploi.

Le *workfare* ne se limite pas à cette reformulation : parallèlement, des systèmes de contrainte et de punition sont institués : les récalcitrants (ceux qui refusent les offres d'emploi jugés « convenables » par le service public de l'emploi) sont susceptibles d'être sanctionnés. À terme, même les parents célibataires et les personnes handicapées [9] seront concernés. La fameuse phrase gouvernementale définissant le nouveau contrat social : « *Work for those who can, security for those who cannot* » (« un travail pour ceux qui peuvent, la sécurité pour ceux qui ne peuvent pas ») est, sous ce rapport, lourde de sens. Implicitement « pouvoir » devient synonyme de

---

5 Ruth Levitas, *The Inclusive Society ? Social Exclusion and New Labour*, Macmillan, Basingstoke, 1998.

6 Catherine Needham, *The Reform of Public Services under New Labour. Narratives of Consumerism*, Palgrave Macmillan, Londres, 2007.

7 Janet Newman, *Modernising Governance*, Sage, London, 2001.

8 Patrice Rosenthal et Riccardo Peccei, « The customer concept in welfare administration : front-line views in Jobcentre Plus », *International Journal of Public Sector Management*, vol. 19, n° 1, 2006, p. 67-78.

9 Cette dérogation est amenée à disparaître graduellement puisque, depuis 2009, les parents célibataires dont les enfants sont âgés de plus de douze ans sont obligés de prendre part au *New Deal*. À compter de novembre 2010, la limite d'âge des enfants sera abaissée à sept ans.

« devoir », de sorte que l'étiquette de « *customer* » se donne à voir pour ce qu'elle est : l'habillage *soft* d'un nouveau rapport de domination.

Les « rationalisations modernisatrices » du service public de l'emploi

Depuis le début des années 2000, l'ouverture à la concurrence et la privatisation n'ont pas épargné les dispositifs de gestion des offres d'emploi. En Australie, le service public de l'emploi a été remplacé par le « Job Network », un marché dans lequel les associations à but non lucratif, les organismes publics et les opérateurs privés sont mis en concurrence, ce qui a eu pour effet de fragiliser les droits des bénéficiaires [10].

En Grande-Bretagne comme en France, la privatisation a été écartée, mais pas l'externalisation. La refonte du service public de l'emploi, opérée en 2002 par le gouvernement Blair, marque — comme en France avec Pôle Emploi — l'avènement d'un nouveau mode de gouvernance par la fusion, en un « guichet unique » (*one-stop-shop*), des deux types de prestations destinées aux chômeurs : les mesures dites « passives » de soutien au revenu d'une part, et les mesures dites « actives » d'aide au retour à l'emploi d'autre part [11].

L'année 2002 ne constitue pas pour autant un basculement spectaculaire. Sous les conservateurs déjà, les principes de la « nouvelle gestion publique » avaient été mis en œuvre, avec l'abolition du statut de fonctionnaire du *civil service* pour les agents du service public de l'emploi, en 1988, auquel s'ajoutait un processus d'externalisation des prestations vers l'Employment Service en 1990 et la Benefits Agency en 1991. Ce processus avait encouragé, au sein du service public de l'emploi, l'autonomie en matière de recrutement et de conditions des personnels, avec l'incitation à la performance, notamment par l'octroi de primes. Néanmoins, jusqu'en avril 2002, les deux fonctions restaient distinctes : le paiement des indemnités de chômage était administré par les agences de la Sécurité

10 Mark Considine, *Enterprising States. The Public Management of Welfare to Work*, Cambridge University Press, Cambridge, 2001 ; Gaby Ramia et Terry Carney, « Contractualism, managerialim and welfare : the Australian experiment with a marketised employment services network », *Policy and Politics*, vol. 29, n° 1, 2001, p. 59-80.

11 En France, la fusion de l'ANPE et de l'Assedic en un guichet unique, le Pôle Emploi, a posé certains enjeux similaires ainsi que d'autres plus complexes car il s'est agi de rapprocher deux cultures différentes de droits public et privé, ce qui n'a pas été le cas en Grande-Bretagne. Voir chapitre 12.

sociale (*Social Security Offices*) tandis que les agences pour l'emploi (*job centres*) se chargeaient de mettre les chômeurs en lien avec des emplois vacants.

La transformation du système débute au niveau ministériel avec la naissance du Department for Work and Pensions le 8 juin 2001, qui réalise la fusion du Department for Social Security et du Department for Education and Employment. L'Employment Service est parallèlement rebaptisé Jobcentre Plus. Le processus est poursuivi en avril 2004, avec l'application du programme « *efficiency savings* » (« gains d'efficience »), dont l'objectif est explicitement de rationaliser les coûts. Il consiste à réduire les effectifs du service public de l'emploi, avec la suppression de 15 000 postes. Mais il transforme aussi les fonctions des personnels, en les redéployant sur des fonctions de *back office* ou au guichet d'accueil (*front-line*) [12]. Ce qui déstabilise et transforme les métiers des agents du service public de l'emploi, puisque ces nouvelles fonctions nécessitent une polyvalence accrue : l'éventail des compétences et des connaissances requises va de l'offre locale d'emplois aux différents types d'indemnisations des chômeurs.

En 2009, Jobcentre Plus emploie quelque 70 000 agents pour une population de demandeurs d'emploi d'environ 5 millions. Le réseau qui comprenait initialement 1 500 agences n'en comprend plus que 800. En fonction des localités, les agences emploient d'une dizaine à plus d'une centaine de salariés.

En effet, maintenant, la première demande d'un chômeur ne s'effectue plus *de visu* en agence, mais par contact téléphonique (*tele-claiming*, qui servit de modèle au 3991 de Pôle Emploi). Ce qui revient à supposer que tous les sans-emploi ont accès au téléphone et sont en mesure de faire part de leur situation avec la plus grande aisance. Les requêtes sont réceptionnées et traitées par 79 centres d'appel spécialisés, les *Customer Service Divisions*, qui remplissent le dossier préliminaire et déclenchent la prise de rendez-vous en agence. L'opération a permis de diminuer les personnels, de fermer des antennes. Conséquence : la réduction des coûts dans le domaine du foncier à hauteur de 135 millions de livres sterling par an entre 2002 et 2007. La gestion du patrimoine foncier a été confiée à un promoteur immobilier, la société Land Securities Trillium [13], par le biais d'une forme de partenariat public-privé.

---

12 Eleni Karagiannaki, « Jobcentre Plus or Minus ? », *Benefits*, vol. 17, n° 1, 2009, p. 15-28.

13 National Audit Office, *The Roll-out of the Jobcentre Plus Office Network*, HC 346, The Stationary Office, London, 2008.

Face aux critiques sur les difficultés que connaissent les chômeurs les plus démunis pour lesquels un entretien *de visu* reste essentiel, le ministère envisage de créer des espaces dédiés (les « *outreach centres* ») qui seraient installés dans des lieux publics, tels que les bibliothèques municipales. Au risque de susciter une confusion des genres, cette utilisation mixte des lieux publics permet aux autorités d'« entasser » un amalgame de services dans les dernières enclaves de la sphère publique où le foncier n'a pas encore été abandonné à la spéculation et à l'intérêt marchand. Mais on soigne les apparences. Les agences d'accueil (celles qui restent) ont été rénovées afin d'offrir un « environnement similaire à celui d'une banque ou d'un magasin de distribution moderne [14] ».

Un autre aspect de la réforme du service public de l'emploi consista à mettre en place des conseillers (*Personal Advisers*) sur lesquels repose « de A à Z » la mise en œuvre pratique des services aux chômeurs. Ils effectuent le premier entretien obligatoire lorsque la demande pour des indemnités de chômage est déclenchée, puis ils convoquent les bénéficiaires pour un suivi à intervalles réguliers. Le parcours des usagers, du traitement de la première demande au suivi de leur recherche d'emploi, emprunte une procédure hautement standardisée.

En outre, des équipes de performance (*Performance Teams)* ont pour mission de vérifier le travail effectué par les agents. Ces équipes sont localisées dans les bureaux du « district » (situé entre les échelons local et régional). Elles ont accès au réseau informatique de l'ensemble des agences locales situées dans leur unité de compétence. Leur tâche consiste à contrôler si les objectifs ont été atteints.

Une refonte managériale

L'adoption (c'est-à-dire l'imposition) d'une culture gestionnaire d'entreprise est évidemment au cœur des processus de transformation du service public de l'emploi. La communication et le marketing consistant à soigner l'image de l'organisation (la fameuse « *corporate image* ») sont devenus centraux, et diffusent des représentations conviviales d'agences aux couleurs champêtres, dotées d'espaces d'accueil rénovés. On ne passe plus retirer son chèque d'indemnité (le « *giro* ») auprès d'un agent taciturne retranché derrière son guichet. Tout se passe désormais par

14 *Ibid.*

virement bancaire et les seuls contacts sont dorénavant avec les conseillers dans une agence de type « *open space* ».

En même temps, une culture de partenariat s'est généralisée à l'échelon local (notamment au sein des *Local Employment Partnerships* mis en œuvre en mars 2007), entre Jobcentre Plus, les autorités locales et les employeurs des secteurs privé et public. L'objectif est de développer l'emploi pour des groupes cibles considérés comme difficiles à insérer sur le marché du travail (chômeurs de longue durée, parents célibataires, travailleurs handicapés et, de manière générale, toutes celles et ceux qui n'ont quasiment aucune expérience professionnelle).

Par ailleurs, l'expérience des 13 zones d'emploi (*Employment Zones*), créées en avril 2000 pour cibler les chômeurs de longue durée âgés de plus de vingt-cinq ans, institue la sous-traitance d'une partie des prestations auprès d'opérateurs privés — essentiellement des agences d'intérim telles que Reed ou Pertemps et quelques entreprises de formation professionnelle. Utilisant des fonds publics mais administrées par des opérateurs privés, ces zones bénéficient d'une certaine souplesse pour allouer l'aide aux bénéficiaires désireux de fonder leur propre entreprise ou ayant besoin d'outils spécifiques pour exercer un emploi. De même, le dispositif *Pathways to Work* destiné aux travailleurs handicapés est lancé en avril 2008 suite à une série de programmes pilotes mis en œuvre par Jobcentre Plus dans 18 zones. Toutefois, il est confié à des opérateurs privés et des associations dans les 31 localités restantes.

En effaçant, ainsi, les frontières entre le marché et l'État, ce type de partenariat (en particulier le partenariat public-privé) est perçu par les nouveaux gestionnaires comme un moyen privilégié de refonder le service public de l'emploi, car il permet d'injecter capitaux et ressources supplémentaires. Dans ce cadre, la principale préoccupation de Jobcentre Plus devient l'optimisation de la gestion des rapports de contractualisation. L'agence s'engage à des obligations de résultat vis-à-vis des partenaires, par exemple dans la rapidité et la simplification des procédures de paiement [15].

Les missions des personnels de Jobcentre Plus ont été redéfinies en conséquence : la concurrence entre agents est encouragée, certains sont incités à se « démarquer » en faisant preuve d'initiative. La « *lean culture* » (une culture d'entreprise fondée sur des personnels polyvalents et une simplification des procédures de gestion) est à l'ordre du jour : elle incite

---

15 Department for Work and Pensions, *Raising Expectations and Increasing Support. Reforming Welfare for the Future (White Paper)*, The Stationery Office, London, 2008.

les agents à identifier les problèmes rencontrés dans leur quotidien pour en faire part à leur supérieur hiérarchique, dans le but d'optimiser les procédures par le bas. Un certain nombre d'agents sont d'ailleurs invités à devenir des « *lean practitionners* » (c'est-à-dire des praticiens de ladite culture), en assistant à une formation de trois semaines (le « *Lean Development Programme* »). À leur retour, ils disposent de cinq semaines pour mettre en place des procédures simplifiées impliquant une diminution du nombre de formulaires à remplir. Ces transformations procédurales reposent de manière cruciale sur l'obtention du consentement des agents, sur leur adhésion à des nouvelles pratiques issues du monde de l'entreprise, ce qui remet fondamentalement en question leur identité professionnelle initiale.

La « révolution bureaucratique » développée par le gouvernement néotravailliste consiste enfin à introduire un système concurrentiel qui s'appuie sur des sanctions/récompenses et sur des audits dans le but d'infléchir le comportement des agents [16]. Cette concurrence, devenue générale et légitime, conduit l'État central à quantifier les objectifs à atteindre (*performance targets*). Chaque année, depuis 2004, Jobcentre Plus publie une série de critères quantitatifs et qualitatifs, avec les objectifs correspondants à atteindre, affinés d'année en année. Pour l'année 2009/2010, ces critères sont au nombre de dix et classés en six rubriques : les placements dans des emplois vacants, la capacité à répondre aux attentes des employeurs et des demandeurs d'emploi, les délais d'intervention pour les entretiens et le versement des indemnités et, enfin, la diminution des fraudes et erreurs.

M. Power avait fait référence à l'explosion de l'audit en tant qu'outil incontournable de la révolution managériale [17]. Bien que le service public de l'emploi ne soit pas soumis à des audits classiques tels que ceux pratiqués par l'Audit Commission, il est néanmoins sujet à des contrôles commandités par le Department for Work and Pensions et pratiqués en internes. Par exemple, les agences locales reçoivent régulièrement des appels téléphoniques anonymes de « *mystery shoppers* » prétendant être des chômeurs en recherche d'emploi. Une liste de questions-réponses standards intitulée « *A to Z of Customer Service Guidance* » doit être systématiquement utilisée pour répondre aux requêtes fictives. Le non-respect

16 Patrick Le Galès et Allen J. Scott, « Une révolution bureaucratique britannique », *Revue française de sociologie*, vol. 49, n° 2, 2008, p. 301-330.

17 Michael Power, *The Audit Society. Rituals of Verification*, Oxford, Oxford University Press, 1997.

des formulations préétablies peut engendrer une perte de points dans le classement de la performance.

Les résultats de la « culture du résultat »

Quelles ont été les conséquences de l'adoption du guichet unique ? D'abord, les fonctions de placement ont pris le pas sur l'indemnisation [18]. La palette des compétences requises est vaste et difficile à maîtriser pour un seul agent, d'autant que les dispositifs sont régulièrement remaniés et renommés (par exemple l'« *Incapacity Benefit* » pour les personnes en situation de handicap devient l'« *Employment and Support Allowance* » en octobre 2008). D'autre part, comme les mesures de placement sont traitées de manière prioritaire, mille signaux sont envoyés aux chômeurs pour qu'ils saisissent clairement que l'indemnisation n'est pas un droit acquis.

La « modernisation » managériale du service public de l'emploi a-t-elle mieux disposé les entreprises à son endroit ? Traditionnellement, ce service souffre d'une mauvaise image auprès des employeurs, qui lui préfèrent souvent les agences d'intérim pour déposer leurs annonces. Les efforts de communication de Jobcentre Plus ont eu des effets limités. Y furent sensibles les grandes firmes qui, elles aussi, ont à soigner leur image de marque auprès du grand public ; mais les représentations du service public de l'emploi auprès des petits ou moyens employeurs du secteur privé n'ont guère été modifiées. En septembre 2009, la Fédération des petites entreprises a publié les résultats d'une enquête auprès de 2 500 de ses membres. Elle montre qu'un employeur sur trois juge Jobcentre Plus inefficace ; et la moitié d'entre eux sont dans l'incapacité de dire si le réseau fonctionne correctement [19].

La refonte managériale du service public de l'emploi entreprise par les gouvernements « modernisateurs » n'aura pas seulement démantelé les services publics, elle aura surtout fissuré l'*ethos* qui sous-tend l'action de ses agents. Si la notion de service à l'usager reste fortement ancrée chez les personnels du service public de l'emploi, force est de constater que la notion d'assistance aux citoyens démunis a quasiment disparu.

---

18 Eleni Karagiannaki, « Exploring the effects of integrated benefit systems and active labour market policies : evidence from Jobcentre Plus in the UK », *Journal of Social Policy*, vol. 36, n° 2, 2007, p. 177-195.

19 « Call for "urgent" jobcentres reform », *The Guardian*, 15 septembre 2009.

Enfin, la nouvelle gestion du service public de l'emploi aboutit à un paradoxe. En démultipliant les exercices d'évaluation, d'audit et de contrôle à toutes les échelles de l'administration, afin d'ajuster en permanence les objectifs et les critères de performance, cette mécanique devient une fin plutôt qu'un moyen et contribue à l'extension d'un système bureaucratique complexe, alors que son existence se fonde sur une critique acerbe de la bureaucratie (le fameux « *red tape* ») censée paralyser le service public. Les transformations de l'aide aux chômeurs en Grande-Bretagne confirment, en tout cas, l'analyse de Vincent de Gaulejac [20] : « La culture du résultat, présentée comme une nécessité pour recrédibiliser l'action publique, risque d'entraîner l'effet inverse. Loin de produire un meilleur service public, elle transforme les usagers en clients, les agents en représentants de commerce et les institutions en entreprises. »

20 Vincent DE GAULEJAC, *La Société malade de la gestion*, Seuil, Paris, 2009.

8

Les modernisations contradictoires de la police nationale

Laurent Bonelli*

Le début de l'année 2010 aura été rude pour le ministre de l'Intérieur, de l'Outre-mer et des Collectivités territoriales, Brice Hortefeux. La polémique sur le nombre annuel de gardes à vue (plus de 750 000 selon le rapport 2009 du contrôleur général des lieux de privation de liberté [1]), les protestations de la plupart des syndicats policiers contre les réductions d'effectifs et l'orientation donnée à leurs missions ont en effet jeté un sérieux doute sur la manière dont il entendait gouverner la sécurité. Au point qu'il jugeait nécessaire de proclamer : « Je n'ai absolument pas la culture du chiffre, j'ai la culture du résultat » (RMC, 28 janvier 2010).

Cette brève formule condense peut-être les contradictions du nouveau management public appliqué aux forces de l'ordre [2]. Le consensus sur la nécessaire « efficacité » de la police dissimule en effet de profondes divergences sur ce qu'elle signifie et sur la manière de la mesurer. C'est vrai pour toute institution, mais cela prend un tour particulier pour une administration dont l'activité consiste notamment à répondre à des sollicitations difficilement prévisibles. Un policier qui sort de son commissariat ne peut en effet pas savoir *a priori* à quoi il sera confronté durant sa patrouille.

---

* Maître de conférences en science politique, université de Paris-Ouest-Nanterre (GAP).

1 Dans l'ouvrage *Gardés à vue* (Les Arènes, Paris, 2010), le journaliste Matthieu Aron avance même un chiffre supérieur (900 000 par an) et annonce leur doublement depuis 2001.

2 Ce chapitre ne traite pas de la gendarmerie nationale, même si l'on peut observer des évolutions similaires dans cette institution.

Devra-t-il intervenir dans une dispute domestique ou une rixe ? Constater un accident de la circulation ? Transmettre des renseignements d'ordre administratif ou renseigner un touriste ? Arrêter un fugitif ou un braquage de banque ? Disperser un regroupement protestataire ou simplement oisif ? Ces situations sont inégalement probables, mais toutes restent plausibles. L'imprévisibilité des tâches policières implique donc une large autonomie des échelons subalternes qui donne toute sa place à l'évaluation par les agents des situations et des réponses qu'ils doivent y apporter. Les possibilités multiples de « fermer les yeux » ou d'intervenir, de même que les modalités de cette intervention (admonestation, verbalisation, arrestation) permettent de rendre compte de l'importance des représentations des policiers de terrain et des difficultés de leur assigner des priorités par voie hiérarchique [3].

Ce schéma se complique encore quand on sait que la police n'est pas une institution unifiée. Sous le terme « police nationale », coexistent en effet des métiers distincts qui font valoir leurs propres savoir-faire. Ce qui sépare un enquêteur de police judiciaire, un agent d'un service de renseignement, un patrouilleur à pied ou un membre des Compagnies républicaines de sécurité (CRS) n'est pas seulement une différence de missions. L'institution est aussi un espace de luttes sur ce que veut dire « faire la police » et sur la hiérarchie des menaces. L'enjeu est de taille, puisqu'il détermine l'allocation des moyens (crédits, personnels, matériels) et la répartition des rétributions (honneurs, prestige) [4].

Pour éclairer les réformes de la police depuis le début des années 1980, il faut donc analyser la tension entre des conceptions différentes des priorités et de l'« efficacité », tant en son sein que dans d'autres espaces sociaux. Pour le dire en d'autres termes, les réformes successives de la police résultent des équilibres et des alliances entre des groupes hétérogènes (hauts fonctionnaires, hommes politiques, cabinets ministériels, syndicats policiers) intéressés à des titres divers à la réforme, et dont les interactions déterminent les évolutions concrètes de l'institution. La « modernisation » de la police (1981-1986), le « renouveau du service public » (1988-1993), la mise en place d'une « police de proximité » (1998-2002) et celle d'une « culture du résultat » (depuis 2002)

3 Sur ce point, voir Richard V. Ericson, *Reproducing Order. A Study of Police Patrol Work*, University of Toronto Press, Toronto, 1982 ; et Dominique Monjardet, *Ce que fait la police. Sociologie de la force publique*, La Découverte, Paris, 1996.

4 Laurent Bonelli, « Les forces de police », *in* Antonin Cohen, Bernard Lacroix et Philippe Riutort (dir.), *Nouveau manuel de science politique*, La Découverte, Paris, 2009, p. 235-241.

constituent quatre configurations identifiables sous ce rapport, qui modifient les structures mêmes de l'organisation et du travail policiers.

Pour autant, décrire ces mouvements reste insuffisant à l'heure de comprendre l'activité policière. Il faut revenir au plus près des pratiques des agents pour analyser comment les réformes sont réappropriées, retraduites et appliquées dans les circonscriptions de police [5]. Car c'est là que s'actualisent les tensions entre l'autonomie des policiers et une autorité hiérarchique considérablement renforcée, dans la dernière configuration, par des instruments de contrôle, de récompenses et de châtiment.

Les quatre configurations de réforme

On peut schématiquement isoler quatre grandes configurations de réforme de la police nationale depuis le début des années 1980.

La formation des policiers et la loi de modernisation (1981-1986)

La première se caractérise d'abord par le rapide apprentissage de la police que doivent faire les élites socialistes et communistes accédant au pouvoir à la faveur de l'alternance. Les usages de l'institution dans les conflits sociaux et coloniaux, tout comme l'accroissement de son rôle dans la lutte contre la subversion politique de l'après-1968 n'en font pas une alliée « naturelle » des militants des partis de gauche. Ces derniers méconnaissent largement la police et n'y possèdent que peu d'appuis. D'ailleurs, la grande ambition du ministre de l'Intérieur de l'époque, Gaston Defferre, reste davantage la décentralisation que la sécurité publique, déléguée à un secrétaire d'État, Joseph Franceschi. Toutefois, les nouveaux gouvernants peuvent difficilement se désintéresser complètement des forces de police, à la fois parce qu'elles participent au maintien de l'ordre politique et parce que la question de l'« insécurité » urbaine commence à très vite à se politiser [6].

Une mission d'enquête est ainsi confiée quelques semaines après les élections à Jean-Michel Belorgey, député de l'Allier. Sa tâche consiste à élaborer des propositions pour faire de la police un « instrument plus

5 Sur l'action des agents « de terrain », voir notamment Vincent Dubois, *La Vie au guichet. Relation administrative et traitement de la misère*, Economica, Paris, 2003.

6 Sur ce point, voir Laurent Bonelli, *La France a peur. Une histoire sociale de l'« insécurité »*, La Découverte, Paris, 2008.

démocratique et plus efficace [7] ». Le prérapport qu'il rend au ministre en février 1982 propose un ambitieux programme de réforme de l'institution, de ses missions et de ses modes d'action. Il coalise un premier groupe de « modernisateurs », comportant des inspecteurs généraux de l'administration (Jean-Marc Erbès ou Gilles Sanson), des chercheurs (le sociologue Dominique Monjardet) et des responsables policiers (comme le commissaire Jean-Claude Monet). Dans le même temps, le ministre va s'appuyer sur le puissant secrétaire général de la Fédération autonome des syndicats de police (FASP), Bernard Deleplace, pour gouverner cette administration qui lui demeure largement hostile.

Une alliance de circonstance, fragile et conflictuelle, s'établit entre réformateurs et syndicalistes policiers. Tous s'accordent sur la nécessité de construire une police « moderne », c'est-à-dire correctement équipée et dans laquelle certains types de comportements et d'habitudes seraient bannis [8]. Sous l'impulsion de Jean-Marc Erbès, une véritable politique de formation voit le jour, dont les effets furent notoires en matière de niveau de recrutement et de formation initiale. La sélection à l'entrée, qui se résumait jusqu'alors au traditionnel calcul/dictée (et dont le niveau fluctuait selon le nombre de candidats), rehaussa fortement son niveau ; la scolarité s'allongea ; la formation continue fut développée et les conditions de recrutement des formateurs furent clarifiées. L'époque où l'adage « aucun diplôme exigé ! » servait de slogan à l'institution était désormais révolue [9].

Quant aux syndicalistes de la FASP, ils virent leurs demandes largement satisfaites. Ainsi, la Loi de modernisation et de programmation proposée par Pierre Joxe, ministre de l'Intérieur depuis 1984, et votée le 8 août 1985, reprenait leurs grandes revendications. 5,34 milliards de francs supplémentaires furent ainsi alloués à la police pour la période 1986-1990 (sur un total de 15 milliards) afin d'améliorer son équipement. Arguant du « sous-développement » technique de la police en matière informatique, de transmissions, de véhicules ainsi que de la vétusté et du délabrement des locaux, le ministre put arracher au Premier ministre un arbitrage

---

7 Jean-Michel Belorgey, *La Police au rapport*, Presses universitaires de Nancy, Nancy, 1991, p. 127.

8 L'une des plus importantes vagues de recrutement s'opéra durant la guerre d'Algérie. Dans ce contexte, les exigences en matière de moralité et de déontologie n'étaient guère une priorité. La persistance de ces personnels jusqu'au début des années 1980 et leur influence sur ceux recrutés ultérieurement expliquent à la fois le racisme institutionnel observable à cette époque et la fréquence de l'alcoolisme, de formes légères de corruption, du travail au noir, etc.

9 Dominique Monjardet, *Ce que fait la police*, *op. cit.*, p. 219.

favorable en faveur de ses services. Au point d'ailleurs qu'il est resté dans la mémoire des policiers comme « un grand ministre ».

Si la FASP avait accueilli assez favorablement le rapport Belorgey — et notamment sa seconde partie « Revaloriser le métier policier » —, elle se garda bien d'appuyer les propositions qui touchaient aux réformes de structure. Le redéploiement des forces, la modification des rythmes hebdomadaires, la polyvalence, la suppression des unités spécialisées et l'usage des forces de maintien de l'ordre dans la lutte contre la petite délinquance restèrent pour l'essentiel lettre morte, au moins jusqu'au retour de Pierre Joxe au ministère de l'Intérieur, après l'alternance de 1986-1988.

Le renouveau du service public policier (1988-1993)

À cette époque, Michel Rocard est devenu Premier ministre et entend promouvoir un « renouveau du service public » (RSP) [10], auquel la police n'échappe pas. D'abord parce que le RSP systématise certains principes et instruments managériaux qui mettent en cause les routines administratives antérieures [11], mais aussi parce que les « modernisateurs » voient leurs positions revalorisées dans leurs institutions respectives, au moins dans un premier temps. Le projet du chef du gouvernement de faire de la police le « laboratoire de la réforme du service public » autorise ainsi une effervescence nouvelle en matière de réforme.

C'est ainsi que naît l'Institut des hautes études sur la sécurité intérieure (IHESI), qui rassemble les réformateurs de la première configuration (Jean-Marc Erbès, Dominique Monjardet, Jean-Claude Monet) autour d'un projet ambitieux d'étude, de réflexion et de formation. C'est aussi le cas en matière de renseignement, avec l'arrivée de Jacques Fournet, préfet de la Nièvre, à la tête des Renseignements généraux (1988-1990) puis de la Direction de la surveillance du territoire (1990-1993). Ancien élève de l'École nationale des impôts et de l'ENA, il tente de « rationaliser » le monde des services et propose — déjà — leur fusion en une Direction générale de la sécurité intérieure [12]. Enfin, les velléités de réforme se retrouvent dans le « projet de contrat pluriannuel de formation pour la police nationale » de mars 1989, dont l'essentiel porte sur la départementalisation de l'institution, c'est-à-dire la création, d'abord au niveau de

---

10 Voir Philippe Bezes, *Réinventer l'État, op. cit.*, p. 325 *sq.*

11 Jean-Marc Berlioz, « La démarche projet de service dans la Police nationale », *Les Cahiers de la Sécurité intérieure*, n° 2, juillet-septembre 1990, p. 97-116.

12 Voir Laurent Bonelli, « Les Renseignements généraux et les violences urbaines », *Actes de la recherche en sciences sociales*, n° 136-137, mars 2001, p. 95-103.

cinq départements — l'expérience sera rapidement étendue à dix-sept autres —, de Directions départementales de la police nationale [13]. Cette réforme visait surtout à renforcer la lutte contre la petite et moyenne délinquance en regroupant les différentes directions (polices urbaines, Renseignements généraux et dans certains départements la police de l'air et des frontières) en un état-major unique.

La « plus importante réforme des structures de la police depuis cinquante ans [14] », selon le ministre de l'Intérieur, fut pourtant de courte durée. Charles Pasqua, lorsqu'il revint place Beauvau en 1993, mit fin à la départementalisation, cédant notamment aux pressions des Renseignements généraux menacés par la réforme, largement relayées par les préfets. Le projet de fusion des services de renseignement fut lui aussi abandonné. La Loi d'orientation et de programmation relative à la sécurité (LOPS) qu'il fit voter le 21 janvier 1995, se limitait à une rallonge budgétaire et au recrutement de personnels administratifs.

La réforme de la police de proximité (1998-2002)

Il fallut attendre 1998 pour qu'une nouvelle réforme de structure voie le jour. Lorsque le gouvernement de Lionel Jospin s'installe en juin 1997, il ne tarde pas à annoncer au colloque de Villepinte une nouvelle impulsion en matière de sécurité, tant au travers des contrats locaux de sécurité que de la mise en place d'une « police de proximité ».

Portée notamment par le nouveau directeur central de la Sécurité publique, Gilles Sanson (qui avait été rapporteur du prérapport Belorgey), soutenue par des membres du cabinet du ministre de l'Intérieur et du Premier ministre ainsi que par quelques chefs de police en poste en circonscription, la réforme constitue une nouvelle doctrine d'emploi de la police nationale. Elle propose le redéploiement des patrouilles de police à pied ou en vélo dans des îlots de petite taille, dans lesquels les policiers sont polyvalents [15]. Cette présence visible, les contacts noués à cette occasion tant avec les habitants que les institutions, la gamme des réponses qu'ils peuvent déployer (du rappel à la loi aux procédures judiciaires simples) font simultanément des policiers de proximité des agents de prévention, de dissuasion, de renseignement et de répression, dont la vocation est

13 Circulaire aux préfets DPFP/CM/STAT/N° 1564, 20 avril 1990.

14 Philippe Marchand, cité par Dominique MONJARDET, *Ce que fait la police*, *op. cit.*, p. 241.

15 On trouvera tous les éléments de cette doctrine dans IHESI, *Guide pratique de la police de proximité*, La Documentation française, Paris, 2000.

également de « mobiliser » les partenaires utiles, afin d'apporter des solutions durables à un problème identifié localement. De manière complémentaire à cette réforme, le ministre de l'Intérieur s'engageait à augmenter les effectifs sur le terrain, par la redéfinition de la carte des zones polices/gendarmerie ; le redéploiement d'effectifs et la « fidélisation » de 3 000 CRS et gendarmes mobiles dans les départements où la délinquance et les violences urbaines étaient les plus préoccupantes ; le recrutement de 20 000 adjoints de sécurité (ADS) et la suppression de tâches « indues ». Ces dernières portent surtout sur les gardes statiques des locaux de police, des préfectures, des palais de justice, des ambassades et autres bâtiments administratifs, ainsi que sur l'assistance aux services judiciaires (présentation, extraction, comparution, transfert de détenus, police des audiences, tenue de dépôts permanents et occasionnels, garde de détenus hospitalisés, conduite aux soins, etc.).

On retrouve ici une constante de la réforme libérale de l'État, qui vise à externaliser toutes les tâches assumées par les services publics mais qui ne sont pas explicitement au cœur de la définition de leur mission, afin d'en réduire les coûts. C'est le cas pour ce qui concerne le maintien du parc automobile policier, actuellement assuré par des policiers et que certains souhaiteraient confier à des garages privés. Comme l'indiquait dès cette période la Cour des comptes : « Une synthèse des informations recueillies permet de parvenir à une fourchette d'au moins 5 000 à 10 000 fonctionnaires actifs exerçant à plein temps des tâches administratives ou techniques [...]. Ces affectations de policiers actifs à des tâches administratives entraînent des surcoûts budgétaires, puisqu'un policier actif "coûte" en moyenne 50 % de plus qu'un agent administratif de grade et d'ancienneté équivalents [16]. »

En fait, la limitation des « tâches indues » resta assez embryonnaire, le redéploiement des forces de police et de gendarmerie fut limité par les mobilisations, impulsées ou relayées par des élus locaux qui le refusaient, et la réaffectation de policiers dans les zones sensibles demeura très modeste. Dans les 26 départements en principe prioritaires, les effectifs réels, tous fonctionnaires de police confondus, n'avaient augmenté que de 132 personnes entre le 1er janvier et le 31 décembre 2000 [17]. Quant à la « fidélisation » des forces mobiles, elle ne donna guère de résultats

16 Cour des comptes, *La Fonction publique de l'État, rapport au président de la République*, décembre 1999.

17 Cour des comptes, *Rapport sur l'exécution des lois de finances en vue du règlement du budget de l'exercice 2000*, mai 2001.

concluants. Par conséquent, les redéploiements opérés dans la période 1997-2002 portèrent surtout sur les adjoints de sécurité.

Le recours à des auxiliaires, d'abord des appelés du contingent (les policiers auxiliaires) puis des emplois-jeunes (les ADS), s'est alors imposé comme une manière commode d'accroître les effectifs policiers à moindre coût budgétaire. Recrutés pour des durées limitées (celle du service national ou cinq ans maximum dans le cas des ADS), ils constituèrent un appui non négligeable aux effectifs titulaires. En 2001, ils représentaient ainsi 11,8 % des effectifs de la police nationale, contre 4,9 % en 1995 [18]. L'essentiel d'entre eux étaient d'ailleurs employés en sécurité publique (78,6 % en 2002).

C'est largement sur leurs épaules que va reposer la mise en place de la police de proximité. Affectés prioritairement à des missions d'îlotage et d'accueil, ils ont constitué près de 50 % des effectifs employés dans le cadre de la police de proximité, parfois davantage. En effet, la réforme est gloutonne en personnels, puisqu'elle implique une présence pédestre et continue de patrouilles dans des îlots de faible superficie. Et, bien que les luttes internes à l'institution n'y soient pas étrangères [19], c'est principalement sur cet écueil qu'elle échoua. Le sociologue Dominique Monjardet, qui y fut associé un moment, ne cachait d'ailleurs pas son désarroi : « On ne fait pas la plus importante réforme de la police nationale depuis sa création à moyens constants, voire décroissants [20]. »

La « culture du résultat » (2002-201...)

C'est dire que la « rupture » impulsée par Nicolas Sarkozy à son arrivée au ministère de l'Intérieur n'a pas seulement pour principe les envolées martiales dont elle s'habille. L'acte de décès de la police de proximité, signé à Toulouse en février 2003 (« La police n'est pas là pour organiser des tournois sportifs mais pour arrêter des délinquants. Vous n'êtes

---

18 En raison de la conjonction de la fin du service national et de la suppression en 2002 du programme emploi-jeunes, ce chiffre diminua par la suite : il était de 8 % en 2004 et de 6,8 % en 2009.

19 On trouvera des éléments dans Sébastien ROCHÉ, *Police de proximité. Nos politiques de sécurité*, Seuil, Paris, 2005. L'auteur reste néanmoins prisonnier d'une approche souvent normative, et ne perçoit pas ce que l'échec de la réforme doit aux luttes entre les différents services qui composent la police nationale et aux alliances « parfois surprenantes » nouées à cette occasion.

20 Dominique MONJARDET, « La police de proximité et son avenir », *Hommes et libertés*, n° 109, 2000, p. 40.

pas des travailleurs sociaux »), était d'abord une mise en scène [21]. Il s'agissait simultanément de mettre à distance l'héritage du gouvernement précédent, après une campagne électorale dominée par la thématique sécuritaire ; de satisfaire certaines élites policières hostiles à la réforme, dans et en dehors de la Sécurité publique ; et surtout de juguler toute nouvelle inflation d'effectifs.

C'est ainsi que le ministre revalorisa en premier lieu la police d'intervention, comme les Brigades anticriminalité (BAC). Pour des raisons comptables, d'abord : deux équipages de BAC en voiture suffisent à couvrir les vingt îlots d'une circonscription de police, alors qu'il faut trois patrouilleurs à pied *par* îlot. C'est-à-dire, à un moment t., six hommes contre soixante...

Ensuite, ce sont elles qui assurent en effet le gros des arrestations, ce qui n'est pas négligeable au moment où les indicateurs d'activité deviennent un élément central d'évaluation de l'activité policière [22]. Martelant les impératifs de la Loi organique relative aux lois de finances (LOLF), Nicolas Sarkozy expliquait dès juin 2002 aux policiers les nouvelles règles : « Vous devez fixer chaque année des objectifs quantifiés d'amélioration de votre efficacité, en termes de réduction de la criminalité, d'augmentation des taux d'élucidation, de répartition de vos moyens d'action, de formation [...]. Des indicateurs mesureront les moyens employés et les résultats obtenus [23]. » Les projets et les rapports annuels de performance systématisent cette mesure et font de la diminution de la délinquance de voie publique et de l'amélioration de la résolution des affaires des priorités. Deux indicateurs qui dépendent assez directement de l'activité de ces unités de « chasseurs », dont le flagrant délit constitue une bonne part du travail.

Enfin, ces brigades apparaissent les mieux ajustées aux images publiques de la « lutte contre la délinquance » que le ministre entendait promouvoir en 2002. Il suffit d'ailleurs d'observer les écussons de ces policiers pour le comprendre. La récurrence des images de prédateurs (tigres, loups, lions, crocodiles, cobras, etc.) veillant sur la ville endormie éclaire

---

21 Voir le témoignage édifiant du directeur départemental de la Sécurité publique de Haute-Garonne de l'époque sur <www.dailymotion.com>.

22 En 2003, dans un commissariat du Val-de-Marne, les BAC de jour et de nuit réalisaient près de 50 % des gardes à vue annuelles, alors qu'elles ne représentaient que 6 % des effectifs (voir Jérémie GAUTHIER, « D'un aspect des politiques publiques de sécurité intérieure en France : les Brigades anticriminalité (1973-2004) », mémoire de DEA ENS/EHESS, 2004, dactylographié, p. 63).

23 Discours du 26 juin 2002.

mieux que bien des discours le mode d'intervention, de rapport à l'espace et aux populations qu'ils veulent incarner.

Très efficaces pour disperser une rixe, ces unités rencontrent toutefois de grandes difficultés pour ce qui est devenu le quotidien de la sécurité publique, la régulation des petites indisciplines juvéniles. Elles se retrouvent en effet fréquemment en situation d'opérer *une répression sans délits, un contrôle sans infractions*, dont la multiplication accroît la défiance des groupes sur lesquels ils portent. Celle-ci se manifeste notamment à travers l'augmentation des outrages, voire des rébellions, qui passent de 32 938 en 1998 à 57 903 en 2008. Ces deux délits, qui consistent respectivement en des insultes et des violences exercées sur des dépositaires de l'autorité, ont été pratiquement multipliés par deux en dix ans [24]. Aux attroupements systématiques lors des contrôles (pour « *mettre la pression* ») voire aux « caillassages » de voitures de patrouille répondent d'inutiles vérifications d'identité à répétition, des intimidations, des humiliations, voire des coups.

La rugosité de ces rapports ne semble dès lors pouvoir trouver d'issue que dans l'escalade, notamment technologique. C'est tout l'objet de la dotation de ces unités en flash-balls puis en tasers [25], dont l'usage radicalise davantage encore les tensions. À tel point d'ailleurs que leur action fut mise publiquement en cause après les émeutes de l'automne 2005 et que l'on vit resurgir un projet alternatif d'unités de police devant « assurer une présence visible et dissuasive et permettre d'identifier et interpeller les délinquants » : les Unités territoriales de quartier (UTEQ). La première fut créée en avril 2008, et la ministre de l'Intérieur de l'époque, Michèle Alliot-Marie, dut déployer des trésors d'imagination pour les différencier de la police de proximité de ses prédécesseurs. Mais ces UTEQ connurent le sort de leur aînée, et largement pour les mêmes raisons. Cent étaient prévues pour 2010, mais il n'en existait au début de l'année que trente-cinq. Peu de temps après sa nomination place Beauvau, Brice Hortefeux se rendait d'ailleurs à l'évidence : « Je n'ai pas les moyens de les développer [26]. » La police n'échappe en effet pas au mouvement général de réduction du nombre de fonctionnaires : 8 000 postes budgétaires devraient être supprimés entre 2009 et 2014 et même la Direction centrale du renseignement intérieur (DCRI), prestigieux symbole de la lutte

---

24 Source : *Aspects de la criminalité et de la délinquance constatée en France*, La Documentation française.

25 Pistolets spéciaux tirant des balles en caoutchouc pour le premier, infligeant une décharge électrique de 50 000 volts pour le second.

26 Cité dans *Le Monde*, 2 janvier 2010.

antiterroriste, s'est vu notifier la diminution de 12 % de ses effectifs d'ici au 31 décembre 2011 [27]... Compte tenu de la rareté des effectifs dans les commissariats, il n'est donc guère possible d'en ponctionner davantage pour les envoyer dans les UTEQ.

Alors que faire pour déployer davantage d'effectifs sur la voie publique ? Les pistes classiques pour « dégager » des policiers continuent à être explorées : externalisation des tâches « indues », mutualisation des services entre la police et la gendarmerie (pour l'occasion rattachées au même ministère), utilisation des forces de maintien de l'ordre en « sécurisation », recrutement d'adjoints de sécurité (1 500 en 2010).

Mais il existe une nouveauté, que résume ici le directeur général de la Police nationale, Frédéric Péchenard : « Des fois, une circonscription nécessite d'avoir un renfort d'effectifs, alors que dans la circonscription voisine ils se tournent les pouces. Il faut de la mobilité. On va remplacer des stocks de policiers dans les commissariats par des flux qui vont intervenir là où c'est nécessaire [28]. » L'emprunt au répertoire le plus commun du management industriel pourrait surprendre, mais il résume bien la contradiction dans laquelle est désormais placée l'institution policière. Ce schéma, qui est celui de la mise en place des polices d'agglomération, à Paris, Lille, Lyon et Marseille, va en effet renforcer les unités d'intervention au détriment des patrouilles à pied, dont tout le ministère lui-même loue pourtant l'« efficacité » en matière de lutte contre la petite délinquance...

La police à l'épreuve du nouveau management public

La description de ces configurations apparaissait nécessaire pour comprendre le cadre dans lequel se déploie en pratique l'action policière. Mais elle ne dit pas grand-chose de la manière dont les réformes sont réappropriées, retraduites et appliquées dans les circonscriptions de police. Il existe en effet une tension permanente entre les injonctions hiérarchiques et l'autonomie des agents de terrain. Le mécanisme est désormais mieux connu de la sociologie de l'action publique : il s'agit pour les chefs de service de contrôler suffisamment leurs hommes pour pouvoir

27 Chiffres tirés de Gilles Carrez, *Rapport fait au nom de la commission des finances, de l'économie générale et du contrôle budgétaire sur le projet de loi de finances pour 2010*, Assemblée nationale, n° 1967, 14 octobre 2009.

28 Communication au dîner du club « Un train d'avance... », Paris, 17 novembre 2009.

remplir les objectifs qu'ils se sont fixés, et pour les seconds de se ménager une marge d'indépendance qui leur permet tout simplement de faire leur métier. L'autorité légale du fonctionnaire ne peut en effet pas être dissociée de toutes les formes d'arrangements avec les règles dont dépend au quotidien son autorité pratique [29].

Or, le nouveau management public reconfigure cette tension structurelle des administrations, car il transforme simultanément le rôle des chefs de police, les normes d'évaluation de leur activité et les relations qu'ils entretiennent avec leurs subordonnés.

Former des managers publics

Cela est d'abord observable dès le début des années 2000 au niveau de la formation des commissaires de police. L'un des directeurs adjoints de la formation initiale de l'École nationale supérieure de police de Saint-Cyr-au-Mont-d'Or (ENSP) résumait en ces termes l'un des principaux objectifs des deux années de scolarité :

> Depuis le début des années 1990, on est passé du commandement au management. C'est-à-dire que je motive mes troupes, j'ai des objectifs, des outils de management, j'utilise la concertation pour faire adhérer, expliquer, etc., et parvenir à ces résultats. Ce qui se développe actuellement, c'est la gestion administrative et le management. C'est-à-dire des objectifs et des moyens fondés sur des choix financiers. [Entretien commissaire principal, ENSP, octobre 2002.]

Cette préoccupation pour le management est également très prégnante en formation continue. Son directeur adjoint indiquait ainsi :

> Le management, c'est mettre en cohérence des moyens et des hommes pour atteindre des objectifs qu'on s'est fixés. C'est le modèle CADC : comprendre ce qui se passe ; analyser ; décider et contrôler — ce qui est aussi évaluer. [Il prend sur son bureau l'ouvrage d'Henry Mintzberg *Le Management. Voyage au centre des organisations* (Éditions d'Organisation, 1999), largement annoté, qu'il nous fait feuilleter [30].] Tout est

---

29 Pierre Bourdieu signalait ainsi que « la marge d'interprétation de la règle qui est laissée à tous les agents, et dont l'ampleur est sans doute la plus exacte mesure de leur pouvoir, rappelle que l'ordre bureaucratique ne pourrait fonctionner s'il ne faisait place en permanence à une casuistique infiniment subtile du droit et du passe-droit » (*Les Structures sociales de l'économie*, Seuil, Paris, 2000, p. 161).

30 Henry Mintzberg est professeur en sciences de gestion à l'université McGill de Montréal, au Canada. Il est l'auteur de nombreux ouvrages et articles sur le

> dedans ! Nos collaborateurs, on les gère comme dans les livres. [Entretien commissaire principal ENSP, octobre 2002.]

Ici, le management fait intervenir des théories issues de la psychologie sociale des organisations qui visent à rationaliser les modes de gestion de la police. Fortement développée dans la police britannique depuis plus de vingt ans [31], cette doctrine fait maintenant partie de la formation des commissaires français. Comme l'annonçait sans fard cette commissaire,

> on forme des chefs d'entreprise qui doivent à partir de moyens humains, financiers et matériels donnés obtenir des résultats en matière de sécurité. [Entretien commissaire principal, ENSP, octobre 2002.]

Le discours managérial prégnant lors de la formation initiale et continue des commissaires est différemment reçu selon les trajectoires personnelles et professionnelles de ces derniers. Frédéric Ocqueteau suggère ainsi que des jeunes commissaires issus du concours externe sont bien plus réceptifs à la rhétorique des outils de gestion et des indicateurs d'efficacité et de rentabilité que certains de leurs homologues plus âgés, que leur expérience a convaincus des différences irréductibles qui séparent un patron d'entreprise privée d'un chef de police (fût-il appelé « patron » par ses hommes) [32].

Mais, quel que soit leur degré d'adhésion à ces mots d'ordre, les chefs de police doivent rendre des comptes sur leurs « résultats ». Ils doivent être capables de quantifier et de fournir des indications chiffrées sur leur travail, particulièrement depuis l'entrée en vigueur de la LOLF.

Primes et châtiments

Sans doute séduit par le modèle du COMPSTAT (pour *Computer Statistics*) new-yorkais [33], Nicolas Sarkozy, alors ministre de l'Intérieur,

---

management qui lui ont valu un grand succès public. Sur le bureau est également posé l'ouvrage de Michel Crozier et Erhard Friedberg (*L'Acteur et le Système. Les contraintes de l'action collective*, Seuil, Paris, 1977), un « classique » de la sociologie des organisations.

31 Robert Reiner et Sarah Spencer (dir.), *Accountable Policing. Effectiveness, Empowerness and Equity*, IPPR, Londres, 1993.

32 Frédéric Ocqueteau, *Mais qui donc dirige la police ? Sociologie des commissaires*, Armand Colin, Paris, 2006, p. 51-52 et 250-251.

33 À partir de l'enregistrement informatique en temps réel des faits constatés et de leur géocodage, cet outil est utilisé pour fixer des objectifs aux chefs de police et vérifier leurs effets.

inaugura en 2002 des réunions mensuelles auxquelles étaient convoqués les cinq préfets (accompagnés, pour la police, des directeurs départementaux de la Sécurité publique, et, pour la gendarmerie, des commandants de groupements départementaux) ayant obtenu les « meilleurs » résultats en matière de sécurité et les cinq les plus « mauvais ». Bons et mauvais points étaient ainsi distribués dans une atmosphère dont nombre de participants conservent un souvenir plutôt désagréable. Le caractère théâtral de l'opération — qui d'ailleurs ne dura pas très longtemps — ne doit pas occulter les effets réels sur les services. À Paris, le préfet de police convoquait ainsi chaque semaine les commissaires responsables d'arrondissements pour leur demander des comptes. Et, comme la punition ne va pas sans la récompense, ces indicateurs sont couplés depuis 2004 avec la mise en place de primes exceptionnelles de résultats, individuelles (de 100 à 500 euros par an) et collectives (jusqu'à 400 euros par an pour les agents d'une unité) [34].

Les conséquences de cet idéal gestionnaire sont désormais connues. Sans tomber dans le cas extrême de ce commissaire, baptisé par ses hommes « Gérard Majax », en référence au célèbre prestidigitateur, pour sa capacité à jouer avec les indicateurs [35], les chefs de police apprennent à s'en accommoder. Comme le signalait l'un d'eux lors du 32e congrès du Syndicat des commissaires et hauts fonctionnaires de la police nationale (SCHFPN), à Montluçon en décembre 2003, « le risque évident est de présenter une copie "propre". On ne triche pas avec les chiffres, mais on devient malin ». Ainsi, que signifient concrètement la baisse de la délinquance enregistrée (et particulièrement celle de voie publique) et l'augmentation des taux d'élucidation (faits élucidés/faits constatés), qui constituent les principales priorités des plans annuels de performances de la police nationale ? L'imagination policière pour optimiser la première est débordante : refus de prendre les plaintes, balade du plaignant d'un commissariat à l'autre, regroupement ou requalification des faits constatés, etc. [36]. Quant aux taux d'élucidation, il suffit de rappeler qu'ils restent très faibles pour les vols (de l'ordre de 8 % pour ceux qui concernent les véhicules à moteur), alors qu'ils sont de 100 % pour des infractions comme celles relatives à la législation sur les stupéfiants (ILS) ou à

34 Notons toutefois que leur montant reste modeste à côté d'autres professions, comme les magistrats (voir chapitre 10).

35 Cité par Olivia RECASENS, Jean-Michel DÉCUGIS et Christophe LABBÉ, *Place Beauvau. La face cachée de la police*, Robert Laffont, Paris, 2006, p. 387-388.

36 On trouvera une large liste de ces pratiques dans l'ouvrage de Jean-Hugues MATELLY et Christian MOUHANNA, *Police, des chiffres et des doutes*, Michalon, Paris, 2007.

celle sur les étrangers (ILE). En effet, on ne constate un fait que lorsqu'on arrête un détenteur de drogue ou un sans-papiers. Il suffit donc de concentrer l'activité des services sur les délits les plus « rentables » pour faire remonter le nombre d'affaires résolues. Alors qu'à population constante le nombre de personnes arrêtées par la police a été multiplié par 1,6 entre 1974 et 2007, celui des ILS l'a été par 48 et celui des ILE par 17 ! Au détriment bien entendu de toutes les affaires dites « complexes », qui semblent de plus en plus délaissées…

Résistances et retraductions

Est-ce à dire que l'activité policière est aujourd'hui uniquement inféodée à ces tableaux de bord ? Pas seulement. On aurait par exemple toutes les peines du monde à trouver des traces d'indicateurs de performances des services de renseignement. Et, même en sécurité publique, l'observation révèle toutes les formes de bricolage en fonction des priorités des acteurs. Le *Chief Inspector* Philip Rogerson est catégorique pour la Grande-Bretagne : « La priorité donnée à des mesures quantitatives peut avoir pour résultat la distorsion des objectifs et la manipulation des résultats [37]. » Mais c'est aussi ce que suggère l'enquête menée dans la circonscription de Coulommiers, en Seine-et-Marne, par le sociologue Frédéric Ocqueteau. Ce dernier montre notamment les résistances de son responsable à accroître les quotas d'infractions à la législation sur les étrangers, malgré les consignes. Compte tenu de la faible proportion d'étrangers potentiellement en situation irrégulière dans sa circonscription, il est conscient que « faire du zèle à ce sujet risquerait vite de le faire entrer dans une spirale ingérable à terme [38] », et ce d'autant plus que cette question n'est pas constituée en enjeu politique par les élus avec lesquels il est en relation, ni comme une menace par ses troupes.

S'intéressant aux échelons plus subalternes, les chercheurs Christian Mouhanna et Jean-Hugues Matelly vont dans le même sens, quand ils écrivent : « Pour l'acteur de terrain, la satisfaction des désirs de sa hiérarchie, en l'occurrence des statistiques conformes, peut rapidement devenir le meilleur moyen d'"avoir la paix", de ne pas avoir à rendre compte constamment

---

37 Philip Rogerson, « Performance measurement and policing : police service or law enforcement agency », *Public Money & Management*, octobre-décembre 1995, p. 26.

38 Frédéric Ocqueteau, « La sécurité publique à l'épreuve de la LOLF. L'exemple de la DDSP de Seine-et-Marne et de la CSP de Coulommiers 2006-2007 », rapport dactylographié, CERSA-CNRS, mars 2008, p. 75.

de mauvais chiffres, à expliquer pourquoi ils sont mauvais, à subir l'attention constante du chef, ses recommandations, voire ses colères... Une fois que les statistiques sont bonnes, les agents peuvent enfin se consacrer à "autre chose", c'est-à-dire ce qu'ils considèrent comme le vrai travail policier[39]. »

La culture de la performance et ses fidèles indicateurs ont donc des effets sur l'activité policière, mais ne l'embrassent pas complètement. Ils créent en revanche une situation largement inédite : ni les chefs de services, ni leurs subordonnés ne croient plus aux indicateurs chiffrés ainsi produits — ce qu'ils ne manquent pas de commenter abondamment en privé — mais ils maintiennent un accord tacite pour ne pas (trop) les dénoncer publiquement. Les « bons » chiffres garantissent aux premiers un déroulement de carrière sans accident (voire même la gratitude de leur hiérarchie) et mettent les seconds à l'abri des critiques et des admonestations de leurs chefs directs.

Ce silence accrédite les ambitions de contrôle de l'activité policière des élites politiques et administratives qui l'ont mis en place. Et, si ce contrôle n'est à bien des égards qu'une illusion — puisqu'il repose en réalité sur une appréhension largement biaisée des circonscriptions de police —, il constitue une *fiction politique absolument nécessaire* : l'idée que les désordres sociaux sont jugulés et encadrés. Peu importe ici que des chefs de police doutent du lien existant entre leur action et l'évolution de la délinquance[40] ou qu'aucun lien de causalité n'ait pu être scientifiquement établi entre cette dernière et celle des effectifs policiers[41]. Ce qui est en jeu pourrait être la réaffirmation emphatique de l'efficience du volontarisme politique et son attestation par des chiffres. C'est-à-dire de la capacité des hommes politiques à « agir sur les choses » en agissant sur les gens, et particulièrement sur ceux qui composent l'État. Et, en définitive, c'est peut-être ça, la « culture du résultat » dont se revendiquent Brice Hortefeux et quelques-uns de ses homologues.

39 Jean-Hugues Matelly et Christian Mouhanna, *Police, des chiffres et des doutes*, *op. cit.*, p. 47.

40 Comme sur l'un de nos terrains d'enquête, où le commissaire central confiait, un brin désabusé : « La délinquance de voie publique a diminué : par exemple les cambriolages ont été divisés par deux, mais je ne suis pas sûr que c'est l'action de la police qui est responsable de cette diminution » (entretien, commissaire divisionnaire de sécurité publique, septembre 1998).

41 Sur ce point, voir notamment Jean-Paul Brodeur, « Le chant des sirènes », *in* Yves Cartuyvels, Françoise Digneffe, Alvaro Pires et Philippe Robert (dir.), *Politique, police et justice au bord du futur. Mélanges pour et avec Lode Van Outrive*, L'Harmattan, Paris, 1998, p. 304-308.

9

L'hôpital malade de la rentabilité

André Grimaldi*

Le système de santé français, on le sait, suscite l'admiration et la convoitise des citoyens de pays étrangers, qu'il s'agisse des Américains, dont le système est le plus cher (16 % du PIB) et le plus inégalitaire (47 millions de personnes restaient sans couverture médicale jusqu'aux réformes en cours de l'administration Obama), ou des Anglais, dont le système est sûrement le plus efficient (9 % du PIB) mais connaît des listes d'attente qui créent une médecine à deux vitesses.

Les systèmes français et allemand, issus du modèle bismarckien, fondés pour l'essentiel sur des caisses de solidarité professionnelles, faisaient à peu près jeu égal avec une dépense entre 10 % et 11 % du PIB, mais ils se sont mis à diverger à partir de 2003, avec une baisse des dépenses publiques de santé en Allemagne compensée par une augmentation du « reste à charge » pour les patients, tandis que les dépenses publiques continuaient à augmenter en France parallèlement à une quasi-généralisation des dépassements d'honoraires pour les soins spécialisés en médecine de ville. Ce système de santé français qu'on nous enviait, est aujourd'hui menacé. La coexistence historique entre un financement public et une distribution des soins à la fois publique et privée est remise en cause. Si l'on veut sauver l'hôpital public, il convient d'abord de dresser un diagnostic exact de sa maladie [1].

---

* Professeur de diabétologie, Pitié-Salpêtrière.

1 L'auteur reprend ici les arguments développés dans son ouvrage *L'Hôpital malade de la rentabilité*, Fayard, Paris, 2009.

Les deux maladies de l'hôpital public

L'hôpital public est atteint de deux maladies. Il s'agit, pour la première, d'une crise d'adaptation aux changements de la médecine entraînés par les progrès médicaux, l'évolution des besoins de la population et les modifications d'exercice professionnel. Cette crise d'adaptation sera désormais permanente, tant sont rapides les progrès technologiques et les changements sociaux. L'espèce humaine est désormais prise dans une course de vitesse entre l'innovation qu'elle crée et la nécessaire adaptation que cette innovation impose, au risque de déséquilibre, voire de régression.

Dans cette course, tous les pays, toutes les structures, toutes les personnes ne partent pas à égalité. Bien sûr, les plus petits, les plus faibles, les plus pauvres, faute d'une politique volontariste, seront les premières victimes. Mais paradoxalement ce sont parfois les plus gros, les plus puissants, les plus structurés, qui sont menacés de la plus grande inertie. Ainsi en va-t-il des hôpitaux publics. Du traitement des ulcères gastroduodénaux ou du sida à l'endocrinologie en passant par la chirurgie cardiaque, nombreux sont les bouleversements qualitatifs. Il s'agit dorénavant d'organiser la permanence de l'activité 24 heures sur 24, ce qui nécessite des moyens techniques et humains considérables ainsi qu'une répartition des centres à l'échelle nationale afin de permettre l'égalité d'accès à ces traitements. Il faut organiser l'ensemble de la filière de soins, partant du médecin généraliste, passant par le SAMU, pour arriver dans les centres de soins intensifs en court-circuitant autant que faire se peut les urgences embouteillées, et en assurant si nécessaire le transfert dans un centre de soins de suite sans un délai d'attente prolongé risquant de ralentir la « chaîne ». Il faut également prévoir (et donc financer) des lits vides pour faire face à tout moment à l'urgence, action qui doit être coordonnée à l'échelle régionale. Il est par ailleurs devenu indispensable de regrouper plusieurs services, de créer des départements ou instituts, ce qui implique une organisation et une gestion nouvelles, qui ne peuvent être celles du mandarin d'antan mais qui doivent reposer sur des équipes avec des coordonnateurs d'équipe.

À l'autre bout de la chaîne des soins, se pose le problème du retour à domicile. Chaque jour, dans les hôpitaux de l'Assistance publique de Paris, plus de 1 000 personnes ayant terminé les soins aigus, sont en attente de soins de suite et de réadaptation. Mais ceux-ci pèchent par le manque de place et l'accessibilité financière. Parallèlement aux progrès techniques, se développent les maladies chroniques et les dépendances liées à l'âge, nécessitant une prise en charge globale et une éducation thérapeutique des patients et/ou de leur entourage. Il s'agit donc d'un immense chantier dont l'ampleur est au moins comparable à celui de 1958 lors de la création des centres hospitaliers universitaires (CHU). Et c'est à ce chantier qu'aurait dû s'atteler une loi de réforme hospitalière mobilisant les énergies qui existent parmi les responsables administratifs et parmi les soignants hospitaliers, prêts à des réformes impliquant des regroupements et des changements d'activité, et ne se limitant pas à une simple restriction.

La seconde maladie de l'hôpital vient de loin, elle est la conséquence d'une véritable maltraitance politique menée par les gouvernements de droite comme par ceux de gauche. Trois mesures ont porté un mauvais coup à l'hôpital public, la plus grave ayant été la diminution pendant vingt ans du *numerus clausus*, c'est-à-dire du nombre des médecins formés en France. On est passé de 8 500 par an à la fin des années 1970 à 3 500 au début des années 2000. Cette réduction constante faisait l'objet d'un véritable consensus politique. Dans les années 1995, la Sécurité sociale finançait des départs à la retraite prématurés pour les médecins généralistes afin d'éviter la « pléthore médicale » !

On peut toujours aujourd'hui ergoter sur le fait qu'il y a assez, voire trop de médecins en France. Le fait est qu'on fait venir chaque année des centaines de médecins étrangers. Le plus souvent sous-payés, ayant un niveau de formation inégal et souvent non vérifié, ils se révèlent très utiles pour faire fonctionner les hôpitaux ou pour s'installer dans ce qu'il est convenu d'appeler des « déserts médicaux ». Ces médecins, utiles pour la France, font défaut dans leur propre pays, tandis qu'on interdit à leur population (hors Union européenne) de venir chez nous se faire soigner, ce qui est pour le moins choquant...

La fabrique du consensus

Les conséquences de la pénurie médicale, voulue avec obstination, ont été considérables et sont en partie irréversibles. Certains hôpitaux n'ont pas pu remplacer les médecins partant à la retraite. Certains services ont vu leur qualité s'effondrer. La disparité des revenus entre les médecins exerçant en ville et ceux exerçant à l'hôpital public s'est considérablement accrue dans certaines spécialités comme la chirurgie, la radiologie, la cardiologie, si bien que des hôpitaux ont accepté de « surpayer » des chirurgiens ou radiologues de ville pour venir travailler quelques journées ou demi-journées à l'hôpital. Ainsi certains chirurgiens ont démissionné de l'hôpital pour être ensuite réembauchés avec des honoraires beaucoup plus élevés par le même hôpital. On connaît des villes comme Nevers, où il n'y a plus d'urologue à l'hôpital public, mais trois en cliniques privées. Dans certaines régions, il n'y a plus d'hôpitaux publics, mais seulement des cliniques privées à but lucratif appartenant à la Générale de Santé ou à Vitalia.

En outre, la réforme du médecin traitant mise en place par Philippe Douste-Blazy s'est accompagnée d'un droit aux dépassements d'honoraires pour les médecins spécialistes consultés en dehors du parcours de soins (c'est-à-dire sans passer par le médecin traitant), ce qui a encouragé la généralisation des dépassements d'honoraires. Aujourd'hui, pour une opération de la cataracte dans la région parisienne, les dépassements d'honoraires vont de 150 à 1 500 euros, pour une prothèse de hanche de 300 à 3 000 euros. Dans Paris *intra muros*, il n'est pratiquement pas possible d'obtenir une consultation d'ophtalmologie ou même de médecine générale sans dépassements d'honoraires. Ces pratiques se voient justifiées à la fois par l'augmentation des coûts de gestion pour les médecins et les chirurgiens libéraux et par les tarifs de la Sécurité sociale, souvent totalement inadaptés. Certes une révision de ces derniers est nécessaire, mais leur inadaptation ne peut en aucun cas expliquer la différence des dépassements d'honoraires allant de un à dix d'un médecin à l'autre pour une même intervention.

Contrairement aux idées reçues, ces pratiques sont plus rares à l'hôpital qu'en ville. Le nombre de médecins hospitaliers ayant une activité privée est d'environ 5 % et concerne essentiellement les spécialités sujettes à des grandes disparités de revenus entre l'activité publique et l'activité libérale, c'est-à-dire la chirurgie, la radiologie, la cardiologie, et ne concerne pas la réanimation, les urgences, la pédiatrie, l'hématologie, la néphrologie, les maladies infectieuses, fort peu la cancérologie ou la diabétologie. Cette activité privée à l'hôpital est encadrée. Elle ne doit pas dépasser 20 % de l'activité du médecin et ne doit pas se faire au détriment de la qualité des soins pour les autres patients. Une enquête de l'IGAS a montré que 10 % de ces 5 %, soit moins de 1 %, ne respectaient pas ces règles, avec des comportements parfois scandaleux, hélas le plus souvent non sanctionnés et discréditant l'ensemble de la communauté médicale hospitalière.

L'hôpital public reste donc l'endroit où les Français peuvent se faire soigner sans dépassements d'honoraires, ce qui explique son succès malgré la crise, avec un doublement en dix ans des consultations en urgence (15 millions au lieu de 7 millions) dont en réalité les deux tiers ne sont pas des urgences. Plus grave, les dépassements d'honoraires dérégulés et généralisés servent d'argument à l'offensive des néolibéraux, en particulier des assureurs privés tels qu'Axa, AGF ou MMA qui proposent à leurs adhérents d'une part une information sur les dépassements d'honoraires, d'autre part une intervention pour les faire baisser en faisant jouer la concurrence. Les excès du vieux libéralisme médical servent ainsi d'arguments à l'offensive néolibérale.

La deuxième mesure qui a porté un mauvais coup à l'hôpital public, a été l'application des 35 heures, qui s'est faite sans discrimination alors que l'hôpital manquait d'infirmières et de secrétaires médicales. La mise en œuvre de la loi a entraîné des diminutions d'activité, une rupture dans la continuité des soins, une augmentation de recours aux infirmières intérimaires, un recul dans la spécialisation des paramédicaux, facilitant là encore les projets cherchant à traiter l'hôpital comme une entreprise comme les autres, où les gains de productivité se font grâce à la polyvalence et au travail à « flux tendu », et où les procédures écrites et les mesures d'indices sont censées remplacer la compétence qui fait la qualité. Finalement, les RTT non prises ont donné lieu à la constitution de comptes épargne-temps, véritables bombes à retardement pour les hôpitaux publics.

Enfin, le passage à la tarification à l'activité a fait consensus à droite et à gauche. Cette pratique, inventée aux États-Unis il y a trente ans, a été mise en place dans les différents pays développés, à vrai dire de façon variable, souvent en se limitant à 50 % du budget hospitalier ou en affectant les tarifs de coefficients exprimant une politique de santé. En France, la tarification à l'activité a été utilisée pour créer un pseudo-marché concurrentiel.

À partir de quarante établissements disposant d'une comptabilité analytique, on a calculé les coûts moyens par pathologie en définissant une durée moyenne d'hospitalisation avec une borne minimale et une borne maximale. Ces bornes d'hospitalisation ont créé des effets seuils suscitant des comportements opportunistes. Par exemple, lorsque le malade entre à l'hôpital et meurt avant minuit dans une unité de soins palliatifs, cela rapporte 800 euros à l'unité. S'il a la courtoisie d'attendre et de rester 48 heures, il rapporte alors 8 000 euros ; mais, s'il reste 15 jours, le tarif reste inchangé à 8 000 euros. Ce système importe donc au sein de l'hôpital le caractère inflationniste du paiement à l'acte en ville.

Les hôpitaux se sont donc mis à multiplier les séjours et les activités en choisissant si possible les plus rentables. Ainsi, en cinq ans, on a vu l'activité des hôpitaux augmenter de 15 % sur le territoire, soit 3 % par an, comme s'il y avait une catastrophe sanitaire chaque année ! Pour autant, les hôpitaux ne se sont pas enrichis, puisque la manne est limitée par une enveloppe budgétaire que l'on appelle l'ONDAM (Objectif national des dépenses de l'Assurance-maladie). Lorsque l'activité augmente, les tarifs baissent, et comme l'ONDAM est le même pour les hôpitaux publics et les cliniques privées commerciales, les cliniques privées siphonnent ainsi régulièrement les fonds de l'hôpital public.

Surtout, ce système a créé des malades et des activités « rentables », et des malades et des activités « non rentables ». Les premiers sont ceux dont l'hospitalisation est programmée, dont les examens complémentaires nécessaires avant hospitalisation pourront être externalisés, qui bénéficieront d'un geste technique et qui pourront rentrer chez eux soit dans la journée même, soit assez rapidement en ayant passé au moins deux nuits à l'hôpital (les hospitalisations d'une nuit n'étant pas considérées comme rentables). Ainsi, pour citer quelques exemples, sont rentables les opérations pour le canal carpien, l'hernie inguinale, le mélanome, la pose d'anneau gastrique, la cataracte, la prothèse de hanche, ou encore la dialyse ; en somme l'essentiel de l'activité des cliniques privées commerciales. Ne sont pas rentables les nouveau-nés et les enfants, les malades psychiatriques chroniques, les patients âgés ayant une polypathologie, les malades de réanimation lourde, les handicapés, les patients atteints d'accidents vasculaires cérébraux, les diabétiques compliqués et les précaires qui cumulent problèmes sociaux, psychologiques et médicaux. Une hospitalisation à tort écourtée, entraînant une seconde hospitalisation, rapporte plus qu'une hospitalisation de qualité plus prolongée. Dans tous les centres de cancérologie, on fait désormais sortir le malade après une première hospitalisation pour bilan, pour poser lors d'une seconde hospitalisation le Port-a-Cath qui permettra la chimiothérapie [2]. Ainsi, on effectue deux hospitalisations au lieu d'une. Il s'agit bien, contrairement aux dires de la ministre de la Santé, Roselyne Bachelot, de développer la rentabilité en mettant en place une activité dont le financement sera au moins égal au coût, et ce indépendamment de l'utilité. C'est exactement le discours tenu par les cliniques privées à but commercial, qui expliquent par la bouche de leur président, Jean-Loup Durousset, qu'elles s'occupent des « malades non rentables » grâce à l'argent qu'elles gagnent sur les « activités rentables ».

Ainsi on voit se déployer un arsenal de critères quantitatifs forcément arbitraires et restrictifs, ne répondant pas à la réalité clinique et sociale. Le nouveau système de tarification, qui a l'avantage de la simplicité, n'est adapté qu'aux activités standardisées, quantifiables et donc mesurables. Il

2 Il s'agit d'un cathéter à chambre implantable, c'est-à-dire d'un dispositif permettant de disposer d'une voie veineuse centrale permanente pour les traitements injectables ambulatoires de longue durée.

est inadapté aux activités complexes et à la mesure de la qualité, ce qui correspond à une grande partie de l'activité hospitalière. Quoi que fasse un hôpital, il ne pourra jamais être aussi rentable qu'une clinique qui ne fait que de la chirurgie de la main ou que de la cataracte de façon programmée, si besoin en fermant la clinique pendant les mois d'été pour diminuer les coûts fixes. Maintenir dans ces conditions le principe d'une convergence tarifaire n'a pas de sens, ou plutôt a un objectif : favoriser les activités des cliniques privées commerciales.

C'est le sens de la campagne menée par la Fédération de l'hospitalisation privée, expliquant dans les médias qu'il faut se faire opérer en clinique privée pour sauver la Sécurité sociale. Le silence de la ministre face à cette campagne est en réalité éloquent. Si elle a reporté la convergence tarifaire prévue pour 2012 à 2018, ce n'est pas qu'elle défende le service public hospitalier, dont elle a supprimé le nom dans sa loi « Hôpitaux, Patients, Santé, Territoires » (HPST) de 2009, mais tout simplement parce qu'une telle convergence tarifaire est inapplicable tant que les salaires des médecins et des chirurgiens sont inclus dans les tarifs des hôpitaux, alors que leurs honoraires ne le sont pas dans les tarifs des cliniques privées commerciales, pas plus que le coût des assurances, pris en charge par la Sécurité sociale, et celui des examens externalisés, non payés par les cliniques mais par la Sécurité sociale. À l'évidence, la loi Bachelot met en place les outils du « management » de l'hôpital entreprise.

Le Syndicat autonome des directeurs d'hôpitaux (SNCH) et la Fédération hospitalière de France (FHF), présidée par Claude Evin, ont pendant plusieurs années développé le slogan d'« hôpital entreprise », de médecins « producteurs de soins » et de patients « clients ». Le slogan « hôpital entreprise » était également le credo du Club Économie et Santé dirigé par le chirurgien Guy Vallancien et l'économiste Claude Le Pen. Le conseiller du président de la République Raphaël Radanne ou le chirurgien Guy Vallancien ont été plus précis, l'un comparant l'hôpital à une entreprise d'aéronautique, l'autre l'administration d'un hôpital à la gestion d'un aéroport. Mais, devant la levée de boucliers de médecins hospitaliers et de différents syndicats de médecins et de personnels non médicaux, la ministre de la Santé comme le président de la République ont sonné le repli dans la communication : désormais la consigne est de le faire sans le dire ! Roselyne Bachelot répète donc qu'il n'est pas question de demander à l'hôpital d'être rentable, mais seulement de bien gérer les fonds publics qui lui sont alloués. En pratique, on demande en réalité aux hôpitaux de « gagner des parts de marché » (*sic*), la loi prévoyant que, « si un pôle hospitalier fait des bénéfices, le chef de pôle pourra décider d'un intéressement financier des membres du pôle ». Au contraire, si un pôle ou un hôpital sont en déficit, ils devront définir un plan de retour à l'équilibre grâce au développement d'activités rentables ou à la diminution des coûts, en particulier grâce à une réduction de la masse salariale, c'est-à-dire une suppression d'emplois. Dans tout cela, il n'est question ni de projet médical, ni de réponse aux besoins de la population. Il s'agit seulement de développer la logique comptable valable pour toute entreprise marchande.

C'est pour mettre en œuvre une telle politique, que la loi prévoit la limitation du pouvoir soignant au profit du pouvoir de gestion. Derrière la querelle apparemment corporatiste entre les médecins et les directeurs sur la gouvernance, se cache en effet un débat plus fondamental sur la finalité de cette dernière. Pour les soignants, le but de la gouvernance est de répondre aux besoins de la population au moindre coût selon la règle déontologique du « juste soin au juste coût ». Pour les nouveaux gestionnaires promus « P-DG hospitaliers », il s'agit de promouvoir l'équilibre des comptes grâce à une augmentation des ressources et à une diminution des dépenses. Que ces dernières soient utiles ou inutiles n'est pas le problème. En effet, pour les idéologues néolibéraux, le seul outil à même d'exprimer et de permettre la satisfaction des besoins quantitatifs et qualitatifs est le marché et la concurrence. Tout au plus l'État a-t-il à vérifier qu'il ne s'agit pas d'une concurrence déloyale. Pourtant, dans aucun pays, le marché n'a permis d'atteindre cet objectif en matière de santé. L'exemple le plus représentatif est l'exemple américain, dont l'échec sert de repoussoir. Le monopole de la Sécurité sociale et l'existence d'un service public hospitalier sont des obstacles au développement d'un marché de la santé en France. Pour développer ce marché, il faut que l'État prenne la main et l'organise lui-même.

La loi HPST, adoptée en juillet 2009, va permettre d'accélérer cette gestion entrepreneuriale de l'hôpital. Elle permet d'ailleurs de recruter des directeurs en dehors de l'École nationale de santé publique de Rennes, simplement sur la base du CV des candidats, avec un statut de contractuel, certes de droit public, mais avec un salaire hors fonction publique. Les nouveaux directeurs ne bénéficieront donc plus nécessairement du statut de cette dernière.

Le nouveau directeur de l'hôpital Saint-Joseph, un établissement privé à but non lucratif, correspond tout à fait à ce profil. Celui-ci a démissionné de l'Assistance publique des hôpitaux de Paris — où, disait-il, il « s'ennuyait » — pour bénéficier d'un statut et d'un salaire à la hauteur de ses missions à l'hôpital privé Saint-Joseph. Il a donc aussitôt mis en place un plan de redressement avec des suppressions d'emplois, fermé le service des maladies infectieuses, réduit le service de gériatrie et mis en place un plan d'équilibre financier pour chaque service, avec diminution de personnels pour les services non rentables et développement des activités rentables. Le même hôpital a mis en place une différenciation des salaires entre les médecins selon le degré de rentabilité, et certains médecins auront même un paiement par honoraires. Actuellement, l'hôpital discute la possibilité d'implanter, au sein même de l'hôpital à but non lucratif, une clinique chirurgicale à but lucratif au titre de la convergence public-privé, bannière sous laquelle avance le néolibéralisme en santé.

Alors que la ministre n'a cessé de répéter dans les médias qu'il n'était pas question de supprimer les emplois dans les hôpitaux, bien au contraire, la réalité est toute différence. Paul Castel, directeur des Hospices civils de Lyon, a le mérite de la franchise : pour retrouver l'équilibre, « il faudra vendre l'immobilier, diviser par quatre les investissements, rationaliser la logistique, spécialiser les dix-sept hôpitaux. Nous ne remplacerons qu'un départ sur quatre pour le personnel administratif et technique, un sur deux pour le médico-technique, et trois sur quatre pour les soignants [3] ». Il en va de même à l'Assistance publique de Paris, où 1 200 emplois ont été supprimés en 2009 et où la suppression de 1 000 emplois est prévue chaque année jusqu'en 2012.

Une question essentielle devient la participation des médecins à ces plans sociaux. Comme le souligne Paul Castel : « La réforme Mattéi de 2002, qui implique les médecins dans la réalité économique, a permis de changer les esprits. Une décision prise ensemble est plus facile à assumer. La loi Bachelot renforce cette évolution culturelle. Les médecins peuvent dorénavant participer à des efforts de restructuration sur la base de projets médicaux. » Mais, s'ils veulent rester fidèles à leur serment, les médecins ne doivent pas participer à des restrictions dont le seul but est économique. Ce n'est pas à eux de dire qu'il faut fermer un service parce qu'il n'est pas rentable, s'il est utile à la population. Ce n'est pas à eux de décider à partir de quel âge on ne dialyse plus, on ne traite plus un cancer ou un accident vasculaire pour des raisons comptables. Ils ont à dire si le rapport bénéfices/inconvénients du traitement pour le patient est favorable ou non. Ils ont à rendre des comptes sur leurs prescriptions, non seulement en matière de bénéfices/risques mais également en matière de bénéfices/coûts, mais ils n'ont pas à se substituer aux décideurs politiques pour limiter l'accès aux soins pour des motifs financiers.

Or, la loi Bachelot a pris un risque du point de vue même de ces inspirateurs néolibéraux. En supprimant toute structure de cogestion entre les

---

3 *Le Figaro*, 17 août 2009.

administratifs et les médecins, en faisant des chefs de pôle nommés par le directeur de l'hôpital les simples exécutants d'une politique de gestion comptable décidée sans eux, la loi a pris le risque d'une rupture avec les médecins hospitaliers, qui pourraient mettre en œuvre de façon solidaire la menace brandie au printemps 2009 : « Cela se fera sans nous. » Il y aura bien sûr toujours les médecins attirés par le pouvoir, ne serait-ce que celui délégué par le directeur, il y aura bien sûr une majorité de résignés, mais il y aura surtout tous ceux qui partiront vers les cliniques privées commerciales. En effet, si l'hôpital doit être géré comme une clinique privée, si la liberté de recherche, de collaboration, de décision est restreinte, si les conditions matérielles se dégradent, pourquoi ne pas choisir l'activité privée lucrative avec des revenus deux à cinq fois supérieurs ? Ce qui est vrai pour un directeur d'hôpital l'est aussi pour un médecin, et ne fait au fond que refléter les valeurs d'une société.

L'enjeu de la réforme néolibérale

Il ne s'agit pas, contrairement à ce que l'on peut penser, de diminuer la part du coût de la santé dans le Produit intérieur brut du pays. Il s'agit seulement de réduire la part financée par la Sécurité sociale en augmentant la part revenant à la charge des ménages eux-mêmes. Ce « reste à charge » pourra éventuellement être financé par les assurances complémentaires, c'est-à-dire par les mutuelles ou les assureurs privés. C'est ce qu'est venu dire, en juin 2009, le président Sarkozy au congrès de la Mutualité, dont le rôle est ici assez obscur. En effet, la Mutualité prétend faire mieux que la Sécurité sociale en matière de régulation des coûts de santé, bien qu'on ne comprenne pas pourquoi les dirigeants de la Sécurité sociale, nommés par l'État, n'auraient pas cette même volonté. Les frais de gestion des mutuelles sont beaucoup plus élevés que ceux de la Sécurité sociale — de 20 % à 25 % du chiffre d'affaires pour les premières, contre moins de 5 % pour la seconde. Le coût de la concurrence, loin d'entraîner une diminution des prix, a une logique inflationniste. Enfin, derrière les mutuelles qui maintiennent le principe de solidarité, avancent plus ou moins masqués les assureurs privés, proposant un financement « à la carte » en fonction du risque de chacun et de ses moyens financiers. Il ne fera pas bon souffrir d'une ou plusieurs maladies chroniques, coûteuses, et gagner entre une fois et deux fois le SMIC dans les prochaines années. Mais cette situation sera rentable pour les assureurs et coûtera moins cher à l'État, du moins à court terme.

Cette partie ne se joue pas à deux, mais à trois. Le vieux libéralisme médical est arc-bouté non seulement sur ses valeurs éthiques (la liberté de prescription et le libre choix du médecin) mais aussi sur ses privilèges économiques (la liberté d'installation et la liberté tarifaire). Le développement de la médecine de service public a pris son essor après la grande réforme de 1958 créant les CHU, où ont été formés l'ensemble des chefs de clinique, qui ensuite ont développé des hôpitaux régionaux et locaux de qualité. Enfin, les néolibéraux regroupent les assureurs privés, les dirigeants et actionnaires des consortiums de cliniques privées, commerciales, de laboratoires privés et de maisons de retraite à but lucratif dépendant de fonds de pensions et de fonds d'investissements internationaux. En la matière, la rupture est là. Les dirigeants de la Ve République, depuis le général de Gaulle jusqu'à Jacques Chirac, ont toujours été influencés par les grandes familles médicales et le libéralisme médical. C'est ce groupe de pression qui a pu imposer à la droite comme à la gauche la politique malthusienne du *numerus clausus*.

Le président Sarkozy, lui, est entouré par un nouveau lobby néolibéral, avec des liens personnels avec les assureurs Axa et Mederic ou avec la Générale de santé. Ce camp est évidemment socialement minoritaire. Il lui faut passer des alliances, ce qu'il a réussi à faire jusqu'à présent, avec une partie de la gauche et des défenseurs des valeurs solidaires, au nom de leur combat commun contre les abus du libéralisme médical. Mais face à la réaction des médecins libéraux, en particulier des jeunes médecins, la ministre a fait un demi-tour politicien d'une rapidité stupéfiante en abandonnant toute velléité de régulation des dépassements d'honoraires.

De leur côté, les médecins libéraux auront un choix à faire : pactiser avec les néolibéraux en renonçant à leurs valeurs de liberté professionnelle en échange d'une augmentation de leurs revenus (cela commencera avec les mutuelles et se poursuivra avec les assureurs privés), ou s'allier avec les médecins du service public hospitalier et les usagers pour défendre l'accès égal pour tous à des soins de qualité, financés par la solidarité et en conséquence évalués et contrôlés à la fois par les pairs et par la puissance publique. Les clivages sur la politique de santé ne recoupent donc pas les clivages politiques traditionnels. Certains, fidèles à la tradition gaulliste, se reconnaissent dans l'extension et la rénovation du service public, d'autres, pourtant membres du Parti socialiste (comme Jacques Attali), voient dans la santé un fantastique marché en développement n'ayant aucune raison d'échapper au profit.

L'histoire nous a appris que les grands progrès tiennent souvent à une actualisation des valeurs du passé. Résistance et rénovation sont donc à l'ordre du jour pour la survie de l'hôpital public.

10

Vers une justice managériale ?

Gilles Sainati*

L'acte de juger peut-il être autre chose que l'application de la norme à un individu à partir de l'appréciation individualisée — et contradictoire — de son dossier ? Tout juriste conséquent serait tenté de répondre par la négative. Et, pourtant, l'introduction dans la justice des principes du *New Public Management* tend à imposer d'autres finalités au travail des magistrats, que suggère la notion de « flux judiciaires » aussi bien au pénal qu'au civil. Au cours des années 1990, apparaît ainsi un discours technocratique qui envahit le vocabulaire juridique, dans lequel l'activité judiciaire — condamnation, relaxe au pénal, débouté, avant dire droit, solution au fond au civil, confirmation ou réformation en appel, etc. — devient le principal indicateur d'évaluation de l'activité des juridictions.

La Loi organique relative aux lois de finances (LOLF) votée en 2001 vient parachever ce mouvement. Cette nouvelle démarche gestionnaire a eu des conséquences inattendues en matière judiciaire : multiplication des tableaux de bord, indices baroques éloignés de la réalité des affaires, mais aussi fusion des budgets autrefois répartis entre différents postes. Le mélange du financement des frais de justice (enquêtes sociales, écoutes téléphoniques) avec celui des fonctionnements des juridictions a débouché sur des circulaires d'économies budgétaires proposant, par exemple, de réduire le nombre d'expertises psychologiques afin d'honorer la facture de chauffage du tribunal...

* Magistrat, Syndicat de la magistrature.

Le but avoué de la réforme, réaffirmé par la révision générale des politiques publiques (RGPP) en 2006, est « la baisse des dépenses publiques et l'amélioration des politiques publiques » ; autant d'objectifs déraisonnablement antinomiques dès lors que l'on compare la situation de la justice française et celle de ses homologues européennes. Au niveau des personnels, d'abord : on comptait en 1997 le même nombre de magistrats qu'en… 1867, alors que la population a doublé. 7 500 magistrats traitent ainsi 5 millions d'affaires chaque année, 250 juges d'application des peines 180 000 dossiers, et 569 juges d'instruction 35 000 affaires. Ce qui représente la charge de travail judiciaire la plus lourde de l'Union européenne après la Norvège. Ces chiffres reflètent une réalité banalement comptable : la France ne consacre que 1,6 % de son budget, soit 0,6 % de son PIB, à la Justice, ce qui la classe au 23e rang sur 25 en Europe, mais peu importe aux hérauts de la LOLF et de la RGPP, dont les réformes contribuent à désorganiser chaque jour un peu plus l'activité judiciaire et a renforcer le contrôle de l'exécutif.

Une désorganisation de la justice et de ses principes fondamentaux

L'État de droit est organisé autour de principes simples : des juges indépendants et impartiaux, des procédures contradictoires, le droit pour le prévenu de faire appel de sa condamnation et d'être défendu par un avocat, etc. Plus de soixante textes pénaux ont été votés depuis 2002, auxquels s'ajoutent diverses modifications procédurales dont la prochaine annonce devrait concerner la suppression des juges d'instruction. Ce maelström de papier a accouché d'une justice qui n'est plus vertébrée par des principes fondamentaux, ou dont les exceptions, du moins, dénaturent profondément la finalité et le fonctionnement.

Sur les bancs des universités, on apprend que la règle de droit est rendue par un organe (les juges, le législateur) et doit s'insérer dans un univers de forme (procédural par exemple) pour traiter une matière précise (le droit civil, les contrats, le droit pénal, les peines). C'est ce que l'on appelle une « analyse critériale » de la règle de droit, et ce qui fonde sa légitimité. En reprenant cette approche pour analyser le système juridique actuel, nous pouvons constater à quel point il s'éloigne des principes fondamentaux de la Déclaration des droits de l'homme, pourtant inscrits dans le préambule de la Constitution.

La gestion hiérarchique des juges

Ce sont les juges qui rendent la justice, appelés aussi magistrats lorsqu'on globalise les trois corps qui interviennent en France : juges judiciaires, juges administratifs et juges financiers (dans les Chambres régionales des comptes). Les juges judiciaires sont recrutés, comme les procureurs, de manière impartiale, à l'issue principalement d'un concours de la fonction publique. Ils reçoivent une formation commune au sein de l'École nationale de la magistrature (ENM), puis choisissent leur affectation : le parquet ou le siège. Un fois nommés, les procureurs occupent des fonctions distinctes des juges du siège qui sont inamovibles [1].

Depuis quelques années, on assiste à une centralisation hiérarchique du travail des procureurs, dont la situation se rapproche dangereusement de celle des préfets et sous-préfets. Cette politique est clairement revendiquée. Le 5 février 2009, Rachida Dati, alors garde des Sceaux, prévenait ainsi les élèves de l'ENM : « L'indépendance de la justice n'est pas un dogme, elle se mérite. » Une loi du 9 mars 2004 prévoit d'ailleurs que les procureurs soient placés sous l'autorité hiérarchique du ministre de la Justice, ce qui fait de celui-ci un « super-procureur ». Le texte lui donne un pouvoir général d'intervention et d'orientation de la procédure dans chaque affaire particulière. Après la nomination en Conseil des ministres de l'ensemble des procureurs généraux des cours d'appel, cette loi, intégrée sous l'article 30 du code de procédure pénale, constitue une étape supplémentaire dans le renforcement de l'autorité du ministre.

Mais cette reprise en main des procureurs se décline aussi vis-à-vis du siège, par un délitement de la notion d'inamovibilité. Pour améliorer la « fluidité » des postes de juges, il a été décidé de créer des « juges placés auprès des premiers présidents des cours d'appel », destinés à remplacer une absence ou à donner une aide dans un tribunal surchargé. Aptes à occuper toutes les fonctions du siège sur tout un ressort d'une cour d'appel, ils n'ont pas tardé à se multiplier. Ils devenaient flexibles dans leur inamovibilité. Un juge placé pouvait être dans la même semaine juge aux affaires familiales, puis juge d'instruction et siéger dans une audience de comparution immédiate. Cette adaptabilité est fort appréciée pour les

1 Le procureur de la République dirige le parquet. Avec l'aide de ses substituts, il a la responsabilité des poursuites et de l'accusation publique. Les magistrats du siège sont chargés de rendre la justice. Ils exercent leurs fonctions assis, d'où leur nom. La plupart de ces juges sont des généralistes, appelés à siéger indifféremment dans des chambres civiles ou correctionnelles, mais certains exercent des fonctions plus spécialisées, comme l'instruction, l'application des peines ou la justice des enfants.

économies budgétaires qu'elle autorise, mais aussi pour la soumission à la commande hiérarchique qu'elle implique. Aussi, lorsque fut créée la fonction de juge des libertés et de la détention (JLD), pierre angulaire de la procédure pénale, on ne lui accorda aucun statut protecteur supplémentaire et on l'assimila à un juge flexible pouvant changer de fonction au gré des impératifs. D'ailleurs, il n'est pas rare, lors des réorganisations annuelles des services, d'observer le mouvement d'un JLD qui, par exemple, a été réticent à suivre les consignes préfectorales en matière d'incarcération ou d'éloignement des étrangers.

Enfin, le statut protecteur du juge a été également sapé par la création de magistrats non professionnels — les juges de proximité et les délégués du procureur — dont le rôle s'étend progressivement. Les premiers sont recrutés sur dossier, parmi des praticiens du droit (ayant exercé une profession judiciaire pendant quatre ans au moins, ou ayant une expérience de vingt-cinq ans dans un service juridique d'entreprise ou d'administration), et pour une période déterminée, afin de régler des petits litiges au civil et les contraventions des quatre premières classes au pénal. Depuis la loi du 26 janvier 2005, ils peuvent également être assesseurs dans les audiences correctionnelles. Quant aux délégués du procureur, ils sont choisis de manière discrétionnaire par les procureurs, souvent parmi d'anciens gendarmes ou policiers. Économes, ils sont payés à la vacation et restent totalement dépendants puisqu'ils prononcent des peines — dans le cadre des procédures de composition pénale et autres alternatives aux poursuites — en fonction d'une grille établie par le parquet.

Le « process » à la place de la procédure

Au pénal, la tradition continentale répartit les rôles entre un procureur qui poursuit et dirige les officiers de police judiciaire, éventuellement le juge d'instruction qui instruit, un juge qui juge et un avocat qui défend. À partir du début des années 1990, ces distinctions commencent à être remises en cause, la justice étant présentée politiquement comme trop lente et administrativement comme trop coûteuse.

La procédure devient une chaîne pénale, dans laquelle la part judiciaire n'est là que pour donner « une plus-value aux procès-verbaux de police », comme le déclarait en 2004 Dominique Perben, alors ministre de la Justice, dans le préambule du projet de loi sur la criminalité organisée. En opérant une confusion entre la nécessaire circulation d'information entre ces diverses fonctions de justice et leurs rôles institutionnels, cette doctrine a abouti en pratique à nier toute indépendance au travail juridictionnel, et à transformer la procédure pénale en une chaîne d'information univoque : le temps réel policier.

Les procureurs ont dès lors pris l'habitude de poursuivre les affaires sur les seules indications téléphoniques des services enquêteurs. Certains tribunaux de grande instance, comme celui de Bobigny, ont des allures de plateau d'entreprise de télémarketing, où l'on peut observer des substituts coiffés d'un casque téléphonique, distribuant à la chaîne des dates d'audience.

Pour accélérer le mouvement et éviter l'engorgement des tribunaux, on instaura la « troisième voie », sous forme de composition pénale (votée en 2000) puis de comparution sur reconnaissance préalable de culpabilité (votée en 2004). Le principe de cette sorte de plaider-coupable à la française est simple : le procureur peut proposer à l'auteur des faits une peine de prison ou d'amende qui devient rapidement définitive. Si un avocat — souvent commis d'office — est présent, il n'est pas en position de pouvoir mener un débat contradictoire sérieux, ni même de négocier. Quant à la ratification postérieure de la sentence, par un magistrat du siège, elle se fait avec une automaticité de bon aloi. La « loi de simplification et de clarification du droit et d'allégement des procédures » du 12 mai 2009 va plus loin en ce sens, puisqu'elle prévoit tout simplement de supprimer une grande partie des audiences correctionnelles et d'étendre la « procédure simplifiée de l'ordonnance pénale, rendue sans audience publique, à presque tous les délits ». On s'éloigne ici définitivement de l'article premier de la Convention européenne de sauvegarde des droits de l'homme et des libertés fondamentales qui indique que « toute personne a droit à ce que sa cause soit entendue équitablement, publiquement et dans un délai raisonnable, par un tribunal indépendant et impartial, établi par la loi ».

Quant aux procédures qui resteraient contradictoires, il sera de bon ton, dès que possible, d'organiser une visioconférence. La circulaire du 5 février 2009 indique en effet que « la nécessaire rationalisation des moyens de l'État aussi bien que la réduction à venir des effectifs des services de police et de gendarmerie imposent désormais une mobilisation générale des magistrats et fonctionnaires pour intégrer pleinement le recours à la visioconférence dans leur pratique professionnelle ». On apprend ainsi que l'objectif en 2009 était de réduire de 5 % le nombre d'extractions des détenus des prisons pour se rendre devant un tribunal, et qu'il est de 5 % en 2010. La performance de chaque cour d'appel sera évaluée à partir de l'indicateur mensuel du nombre de visioconférences réalisées. La circulaire prévoit également que l'on puisse recourir à cette technique « pour les prolongations de garde à vue, auditions de témoins, des enquêteurs, des experts ». C'en est fini des débats contradictoires et des audiences à rebondissements ! La justice pourra être rendue au travers d'un écran numérique.

Dans ce contexte, la recherche de la qualité du jugement ou celle d'une véritable justice de proximité paraissent bien loin. Place aux tableaux de bord.

Un droit aux contours de plus en plus flous

Le législateur a été particulièrement prolixe en matière de justice et singulièrement de justice pénale. Le code pénal a ainsi été modifié 116 fois entre le 1er janvier 2002 et le 18 juillet 2008. Que surgisse un fait divers, et il est presque aussitôt converti en projet de loi, toujours plus répressif. En mars 2009, une vingtaine de jeunes font irruption dans un lycée technologique et professionnel de Seine Saint-Denis, occasionnant quelques blessés légers, avant d'être arrêtés par la police : ce sera la « loi renforçant la lutte contre les violences de groupes et la protection des personnes chargées d'une mission de service public » adoptée en seconde lecture au Sénat en février 2010. En août 2007, un enfant est enlevé et violé par un pédophile qui venait de sortir de détention : la « loi relative à la rétention de sûreté et à la déclaration d'irresponsabilité pénale pour cause de trouble mental » de février 2008 viendra instaurer de nouvelles sanctions. Cette inflation produit une profonde insécurité juridique pour tous les acteurs de la loi pénale, qu'il s'agisse des services enquêteurs, des juges, des victimes ou des potentiels auteurs. Insécurité accentuée par une rédaction volontairement floue des nouvelles infractions qui laisse place à de larges marges d'interprétation.

Ainsi, la notion de « bande organisée », contenue dans la loi dite Perben II de 2004, a déjà fait couler de l'encre, puisqu'il suffit d'être plus de deux pour tomber sous le coup de cette incrimination qui donne un large pouvoir aux services de police et de gendarmerie. La loi dite « anti-bandes » de février 2010 va dans le même sens, lorsqu'elle prévoit de punir d'un an d'emprisonnement et de 15 000 euros d'amende « le fait pour une personne de participer sciemment à un groupement, même formé de façon temporaire, en vue de la préparation, caractérisée par un ou plusieurs faits matériels, de violences volontaires contre les personnes ou de destructions ou dégradations de biens ». Cette nouvelle infraction est emblématique de l'arbitraire qui fonde les politiques pénales mises en œuvre actuellement. Comme dans le cas de l'association de malfaiteurs en relation avec une entreprise terroriste, qui constitue le fer de lance de l'antiterrorisme français, il s'agit d'une « neutralisation judiciaire préventive[2] ». Il n'est plus nécessaire de caractériser une violence réelle mais simplement l'intention. Cet arbitraire sécuritaire inonde d'autant plus les pratiques judiciaires que les règles procédurales disparaissent et qu'elles sont remplacées par des processus qui échappent à tous les principes fondamentaux du droit. Nous sommes loin de l'héritage le plus récent de la tradition juridique française, tel celui de Jean Carbonnier pour qui la procédure était la « mère de la liberté ». Aujourd'hui la justice pénale se caractérise par l'édiction de sanctions sans règles et procédures viables.

Une justice exécutive

Ces évolutions fondamentales de la justice pénale ou civile dénotent une volonté profonde de renforcer le pouvoir exécutif. La démarche managériale donne à ce dernier une doctrine inespérée : les services centraux de l'État — y compris l'administration judiciaire — vont être sommés de remplir les objectifs qu'il fixe et qui sont votés par sa majorité parlementaire dans le cadre de la LOLF. Cela se traduit d'abord par la mise en place de nouveaux circuits de commandement. On assiste ainsi à un doublement politique des structures administratives déjà existantes.

L'administration contre la justice

Au niveau central, c'est l'objet de la création d'un secrétariat général du ministère de la Justice. Auparavant, les différents secteurs judiciaires étaient répartis au sein de directions en lien avec le cabinet du garde des Sceaux : Direction des affaires criminelles et des grâces (DACG), de l'administration générale et de l'équipement (DAGE), de l'administration pénitentiaire, etc. Le décret du 24 août 2005 inaugure un secrétariat général chargé d'assister le ministre, et dont les compétences étendues sont la modernisation, l'informatisation, la recherche, les affaires internationales, européennes, etc.

Administration à caractère politique et de mission, cette instance a graduellement augmenté ses pouvoirs de contrôle et d'injonction, si bien que les directions peuvent parfois passer pour de simples exécutants. Cette hiérarchisation s'appuie sur le développement de systèmes informatiques

---

2 Sur ce point, voir Laurent Bonelli, « Les caractéristiques de l'antiterrorisme français : "Parer les coups plutôt que panser les plaies" », *in* Didier Bigo, Laurent Bonelli et Thomas Deltombe (dir.), *Au nom du 11 septembre. Les démocraties occidentales à l'épreuve de l'antiterrorisme*, La Découverte, Paris, 2008, p. 168-180.

de supervision. Les dernières applications dénommées Cassiopée et Pharos centralisent tous les bureaux d'ordre pénaux des parquets de France [3] dans un bureau d'ordre national. Les parquets généraux, la DACG, le cabinet du garde des Sceaux, le conseiller à la Justice de l'Élysée, le secrétaire général de la Justice ont ainsi accès en temps réel à l'état de l'avancement de tous les dossiers pénaux en cours, mais aussi des dossiers civils. Certains se souviennent comment Bernard Tapie ou d'autres furent directement renseignés par des « fuites » très opportunes sur certains dossiers, ce qui, à l'époque, fit scandale. On perçoit néanmoins comment un nouveau système informatique, s'il est justifié par la nécessaire information de l'autorité centrale sur le fonctionnement routinier des juridictions, peut autoriser des usages partisans, privés et discrets des procédures.

L'échelon régional n'est pas épargné par ce mouvement. Les services administratifs régionaux, directement sous la tutelle du président de la Cour d'appel, gèrent l'affectation des budgets et des personnels des tribunaux en fonction des objectifs déterminés au préalable par des circulaires du ministère. On évalue aussi en temps réel l'activité des magistrats, dont il est possible de connaître la « rentabilité » : le nombre de procédures par contentieux, le délai pour les réaliser, le délai de rendu des jugements, etc.

Cette politique impose un rythme toujours plus élevé de traitement des affaires qui affecte durement le respect des procédures et de l'écoute du justiciable. La méthode quantitative triomphe de la recherche qualitative des jugements rendus.

La réforme du statut des chefs de juridictions de 2001 marque ce que l'on pourrait qualifier de fusion verticale des cours et tribunaux [4]. Elle constitue un changement en profondeur de la chaîne hiérarchique entre les tribunaux, les cours d'appel et de cassation. Auparavant, le principe de « double degré de juridiction », c'est-à-dire le droit de chaque justiciable de faire connaître son affaire par deux juridictions différentes, impliquait une autonomie, tant comptable que statutaire, de chacune d'entre elles. En effet, si l'on voulait qu'un cas soit examiné par un œil neuf, mieux valait qu'il le soit par des juges indépendants les uns des autres. Cette idée est désormais révolue. Sous prétexte d'une nécessaire mobilité géographique — présentée comme un gage d'impartialité et de professionnalisme —, les présidents et les procureurs de chaque tribunal ne sont plus

3 Ils contiennent les informations nominatives relatives aux plaintes et dénonciations reçues par les procureurs de la République ou les juges d'instruction et aux suites qui leur ont été données.

4 Loi organique relative au statut des magistrats et au Conseil supérieur de la magistrature, n° 2001-539 du 25 juin 2001 (NOR : JUSX0000137L).

que des conseillers des cours d'appel en mission. À leur tour, les présidents ou procureurs de ces dernières viennent des cours de cassation. Au bout d'un délai de sept ans, ils doivent retourner dans la juridiction où ils étaient affectés initialement. Cette nouvelle organisation aboutit à enchâsser toutes les juridictions les unes dans les autres. L'autonomie de chaque tribunal est affaiblie, comme les résistances aux nouveaux modes de gestion. Bien au contraire, les chefs de juridictions tendent volontiers à se soumettre aux caprices gestionnaires développés tout le long de la chaîne hiérarchique, s'ils veulent trouver une nouvelle affectation.

Les nouveaux « golden juges »

Pour couronner l'édifice, la réforme de 2001 a accordé aux chefs des cours des pouvoirs autonomes de sanctions disciplinaires, et ils décident sans motivation de la répartition des primes au mérite, nécessaire contrepartie d'une obéissance sans faille — primes qui, depuis 2003, peuvent atteindre 15 % du traitement annuel. Au parquet, cette « caporalisation » était déjà de mise : les procureurs généraux sont directement nommés en Conseil de ministres, et la loi du 9 mars 2004, déjà mentionnée, place les procureurs sous l'autorité hiérarchique du garde des Sceaux. À tel point d'ailleurs qu'en juillet 2008 la Cour européenne des droits de l'homme constatait que « le procureur de la République n'est pas une "autorité judiciaire" au sens que la jurisprudence de la Cour donne à cette notion : comme le soulignent les requérants, il lui manque en particulier l'indépendance à l'égard du pouvoir exécutif pour pouvoir être ainsi qualifié [5] ». Ce déni fait voler en éclats les raisonnements les plus alambiqués qui veulent maintenir l'existence en France d'une justice pénale indépendante. Celle-ci ne l'est guère plus qu'à la marge, et la suppression annoncée des juges d'instruction clôturera définitivement cette fiction.

La dernière étape consiste à s'attaquer au statut protecteur que confère l'accès à la carrière par le concours. C'est ainsi qu'il faut lire la disposition actuelle de la commission d'avancement à nommer des magistrats issus non pas du concours de l'ENM — le nombre de postes ouverts diminue — mais choisis sur dossier, parmi des avocats, des anciens directeurs de prison, des juristes travaillant dans l'entreprise ou des maîtres de conférences de droit. Cette tendance, qui touche près d'un tiers des recrutements, renforce l'arbitraire institutionnel dans la reproduction du corps des magistrats.

5 CEDH, 5e Sect. 10 juillet 2008, Medvedyev c. France, <http://cmiskp.echr.coe.int>.

L'idéologie gestionnaire a constitué le soubassement de cette reprise en main. Les réformes conduites au nom de la rationalité des choix économique et budgétaires ont, de fait, consacré la suprématie de la légitimité politique sur toute autre forme concurrente. Source de loi, elle s'occupe désormais de son application. Pour cela, les fonctionnaires qui en ont la charge sont soumis à un nombre croissant de procédures de contrôle et de fichage, pour vérifier leur zèle, leur productivité, leur obéissance. L'abandon presque complet des poursuites pour les affaires économiques et environnementales, le règlement de contentieux financiers par des clauses d'arbitrage dérogatoires au droit commun, comme ce fut le cas de manière caricaturale dans l'affaire Tapie [6], achèvent de donner à cette nouvelle justice un rang mineur. En ce sens, ce mouvement rappelle curieusement la conception de l'État d'un ancien ministre français de l'Intérieur, qui considérait que « la justice n'est qu'une branche de l'administration, et une branche inférieure [7] ». Il s'agissait de Pierre Pucheu, en 1942.

6 Alors que la justice ordinaire avait tranché l'affaire Adidas, l'État a constitué en dehors de tout cadre judiciaire une commission d'arbitrage, qui a fait passer les indemnisations de Bernard Tapie de 135 millions à 285 millions d'euros.

7 Bernard Durand, Jean-Pierre Le Crom et Alessandro Somma (dir.), *Le Droit sous Vichy*, Max-Planck-Institut für europäische Rechtsgeschichte/Klostermann, Francfort, 2006, p. 407.

11

L'enseignement supérieur autonomisé ou atomisé ?

Frédéric Neyrat*

La force du néolibéralisme, lorsqu'il se propose de faire « mieux d'État », est d'abord peut-être sémantique. Dans l'enseignement supérieur, les réformes se sont faites au nom de l'« autonomie ». Difficile de récuser immédiatement ce maître mot des modernisateurs. Pourtant, l'autonomie est un piètre mot, en ce qu'il est factice, et plus encore un traître mot, en ce qu'il sert d'autres desseins. En effet, la conséquence prévisible de cette soi-disant autonomie de l'enseignement supérieur, c'est son atomisation.

L'autonomie, maître mot des réformateurs

Depuis plus de quarante ans, c'est toujours au nom de l'autonomie qu'ont été justifiées les réformes de l'enseignement supérieur. Comme le terme de « liberté », celui d'« autonomie », qui y est souvent associé, est connoté favorablement.

Dès la loi du 12 novembre 1968 (dite « loi Faure [1] »), l'autonomie est un leitmotiv, présente dans trois des neufs titres du texte. Autonomie administrative et participation pour le titre III, autonomie pédagogique, toujours couplée avec cet autre mot valise qu'est la participation pour le titre IV, autonomie financière dans l'intitulé du titre V. Pour Alain

---

* Maître de conférences en sociologie, université de Limoges.

1 Edgar Faure a été ministre de l'Éducation nationale du 12 juillet 1968 au 22 juin 1969.

Peyrefitte, qui intervient dans le débat parlementaire au titre de président de la Commission des affaires sociales et culturelles, c'est une quasi-révolution : « Nous mesurons pleinement, et nous accueillons avec faveur, le caractère novateur et même révolutionnaire des principes de ce projet de loi, tels qu'ils sont notamment énoncés, dans un remarquable exposé des motifs, sous les noms d'autonomie et de participation [2]. » La référence est piquante dans la bouche de celui qui vient de perdre la responsabilité du ministère de l'Éducation nationale après les événements de 1968. C'est avec l'université impériale que cette loi romprait : « Nous approuvons d'abord le principe de l'autonomie, parce que l'organisation centralisatrice, hiérarchisée et uniforme de l'Université de 1808 emprisonnait dans un insupportable corset un corps démesurément grandi [3]. » De la part d'Alain Peyrefitte, c'est presque une autocritique : les modernisateurs gaullistes ne s'étaient donc pas jusque-là, y compris sous son ministère, préoccupés de l'enseignement supérieur...

C'est encore au nom de l'autonomie que la gauche, accédant au gouvernement en 1981, réforme l'enseignement supérieur. Les promesses de la loi Faure n'auraient pas été tenues, selon le nouveau ministre de l'Éducation nationale Alain Savary : « En dépit des intentions généreuses de la loi d'orientation, les gouvernements qui se sont succédé depuis 1968 ont refusé d'accompagner cette réforme de mesures permettant à l'autonomie universitaire de s'exercer de façon réelle. La gestion du système universitaire a été de plus en plus autoritaire, en contradiction avec les principes d'autonomie ou de gestion démocratique [4]. » Il s'agit donc de la réaliser, par la loi du 26 janvier 1984 (dite « loi Savary ») : « Au lieu d'une autonomie formelle, c'est une autonomie responsable, construite sur des engagements contractuels de chaque établissement avec l'État comme avec d'autres partenaires que le présent texte veut fonder. De ce fait, les dispositions qui organisent l'autonomie des établissements leur assurent la possibilité d'exercer pleinement leurs responsabilités en matière administrative, pédagogique et financière [5]. »

C'est pour approfondir encore l'autonomie, et à la demande pressante de la Conférence des présidents d'université (CPU), que Luc Ferry,

---

2 Assemblée nationale, *Compte rendu intégral des débats*, 1re séance du 3 octobre 1968, p. 3001.

3 *Ibid.*

4 Assemblée nationale, *Compte rendu intégral des débats*, 1re séance du 24 mai 1983, p. 1350.

5 Assemblée nationale, *Compte rendu intégral des débats*, 1re séance du 24 mai 1983, p. 1351.

ministre de la Jeunesse, de l'Éducation nationale et de la Recherche (2002-2004), présentera de « nouvelles perspectives pour l'enseignement supérieur en France » — dit autrement, une nouvelle loi d'orientation : « À ceux qui s'interrogent sur les enjeux et le bien-fondé de l'autonomie des universités, je donnerai trois raisons à la nécessité de son renforcement : il permettra de répondre plus efficacement aux défis de la compétition scientifique internationale ; il donnera aux universités un statut de partenaire à part entière dans la politique de contractualisation ; il sera un atout de la décentralisation grâce à la mise en œuvre d'un principe simple : tout ce qui peut être géré au niveau des universités doit l'être [6]. » Son avant-projet de loi « sur l'autonomie des établissements d'enseignement supérieur » sera présenté le 9 mai 2003, rebaptisé avant-projet de loi de « modernisation universitaire » au cours du même mois, puis finalement, à la fin mai, face à l'agitation persistante dans l'Éducation nationale, reporté à un examen ultérieur.

Reporté *sine die*, mais finalement pas abandonné : la loi « LRU » (Libertés et responsabilités des universités) reprendra quatre ans plus tard l'essentiel de ce projet. Et, si l'autonomie n'est pas dans le titre de la loi, elle en est bien au cœur, selon la nouvelle ministre de l'Enseignement supérieur et de la Recherche, nommée en 2007, Valérie Pécresse : « Cette autonomie est ainsi le socle même de la réforme du service public de l'enseignement supérieur et de la recherche dont la France a tant besoin [7]. »

Promesse de toutes les grandes réformes de l'enseignement supérieur, l'autonomie est aussi un maître mot en ce qu'elle est parée de toutes les vertus. L'autonomie, c'est la démocratie locale réalisée, les universités ayant, comme l'indique Alain Savary en 1983, la « possibilité d'exercer pleinement leurs responsabilités en matière administrative, pédagogique et financière [8] ». L'autonomie, c'est aussi l'autonomie scientifique. Même si les législateurs successifs sont beaucoup moins prolixes sur ce thème-là, évoquant seulement le principe de l'indépendance des enseignants-chercheurs, l'autonomie renvoie bien positivement à l'idée de liberté d'enseignement (dans la construction comme dans la transmission des savoirs) et de recherche ; ce qui passe notamment par le « libre-examen [9] » conquis

---

6 Déclaration de Luc Ferry du 7 octobre 2002. <http://discours.vie-publique.fr>.

7 Sénat, *Projet de loi relatif aux libertés des universités*, n° 367, 4 juillet 2007, exposé des motifs, p. 3.

8 Assemblée nationale, *Compte rendu intégral des débats*, 1re séance du 24 mai 1983, p. 1351.

9 L'Université libre de Bruxelles en donne une belle définition, dans l'article premier de ses statuts : « Celui-ci postule, en toute matière, le rejet de l'argument d'autorité et l'indépendance du jugement. »

contre les pouvoirs politique, ecclésial et désormais de plus en plus marchand.

L'autonomie permet également de conjuguer rhétoriquement tradition et modernité. La tradition perpétuée depuis le Moyen Âge, par l'évocation des premières universités : c'est la figure de l'*universitas*, communauté d'étudiants et enseignants librement administrée. L'argument a été intensément mobilisé au moment du lancement du processus de Bologne, en 1999 [10]. Mais l'autonomie, c'est aussi la modernité : une gestion plus locale, donc forcément plus efficace ; un État toujours présent mais plus humble.

L'autonomie, piètre mot pour les « autonomisés »

À l'examen, l'autonomie des universités reste bien limitée. La succession depuis quarante ans de réformes chacune destinée à donner l'autonomie aux universités dit déjà beaucoup, au-delà du succès du terme, sur la portée de ce que l'État octroie à chaque fois. Certes, il peut légitimement revendiquer de continuer à exercer une fonction tutélaire, en particulier dans le processus de dévolution des diplômes, sans que cela n'entrave trop l'autonomie pédagogique des universités. Cependant les marges de manœuvre des établissements restent étroitement contingentes des financements concédés par l'État.

La loi LRU ne modifie pas la donne en la matière, bien loin de là. Les vingt universités qui, les premières, ont opté pour les « responsabilités et compétences élargies » sont, par un abus de langage, qualifiées d'« autonomes » ; elles n'ont pourtant pas plus d'autonomie réelle que les autres établissements. Elles se sont vu transférer avant tout des charges supplémentaires, derrière les compétences élargies en matière budgétaire et de gestion des ressources humaines. Dans un premier temps, pour encourager les autres universités à passer aux « compétences élargies », l'État finance la prise en charge de ces nouvelles missions — mais pour combien de temps ? Car toute la philosophie de la nouvelle loi est bien d'en appeler à la recherche de ressources propres, du côté des collectivités territoriales, des entreprises, et à terme des usagers, appelés à une participation

10 Il s'agit de la mise en place d'un espace européen de l'enseignement supérieur, fondée sur un rapprochement des cursus (trois ans pour le premier cycle, deux pour le second, trois pour le doctorat) et un système commun de crédits, transférables d'un établissement à l'autre, destinés à promouvoir la mobilité des étudiants. Ce processus d'harmonisation, dans lequel sont engagés 46 États, a soulevé de violentes oppositions, en Espagne notamment.

financière accrue [11]. En ce domaine tous les établissements ne seront pas également à même de capter ces « nouvelles » ressources, on y reviendra.

Il est un autre abus de langage qui fait de l'autonomie un piètre mot. La LRU a renforcé l'autonomie non des communautés universitaires mais des seuls présidents d'université : l'on comprend que la CPU, qui est en fin de compte leur association corporative, ait milité si ardemment pour cette autonomie-là, entreprenant depuis le début des années 2000, non sans succès, un intense travail de lobbying auprès des parlementaires de gauche comme de droite.

Les présidents d'université se sont donc effectivement autonomisés par rapport à leurs mandants. La fonction présidentielle était au départ conçue sur le mode du *primus inter pares*. Un peu trop d'ailleurs sans doute, le président pouvant se sentir simplement représentant des enseignants-chercheurs, laissant de côté les autres personnels et les étudiants. Ces derniers ne sont pas mieux représentés avec la LRU : il n'est qu'à voir leur nombre de sièges dans le conseil d'administration (trois sièges sur vingt pour les étudiants, deux pour les personnels techniques, administratifs et de service).

Désormais, le président d'une université est effectivement très autonome : il est un manager. Les conseils, et le premier d'entre eux, le conseil d'administration, ne remplissent même plus une fonction tribunitienne : ce sont de simples chambres d'enregistrement des volontés présidentielles. Le président tire son pouvoir nouveau de ses compétences élargies en matière de gestion des ressources humaines : la possibilité de recruter des enseignants, des chercheurs, des personnels administratifs sur contrat ; ou, plus encore, celle de proposer des modulations de services aux enseignants-chercheurs. Par la grâce présidentielle, certes un peu encadrée réglementairement, certains d'entre eux, recrutés comme tels, pourront se voir dénier tout ou partie de leur recherche et être reversés dans des fonctions d'enseignement et d'administration. Dans ces conditions, la réélection des présidents d'université, rendue possible par la loi LRU au terme de leur premier mandat, peut être facilement assurée. Cela participe aussi un peu plus à la professionnalisation de la fonction.

Mais cette autonomisation par rapport à la communauté universitaire ne se double pas d'un renforcement de l'autonomie du président par rapport au ministère. Rien n'a changé depuis la LRU : qu'ils soient ou non passés aux compétences élargies, ce qui donne des marges de manœuvre

11 Voir Frédéric NEYRAT, « L'université payante, dernier pan de la modernisation universitaire libérale », *in* Claire-Akiko BRISSET (dir.), *L'Université et la recherche en colère*, Éditions du Croquant, Bellecombe-en-Bauges, 2009.

aux présidents dans leur négociation avec la « tutelle », c'est la puissance (liée à ses ressources, à sa renommée, à la qualité sociale de son public aussi) de l'université qu'ils dirigent. Le président de Paris-IV peut être « naturellement » plus frondeur que celui de l'université du Littoral (qui rassemble Boulogne, Calais, Dunkerque, Saint-Omer).

Piètre mot, l'autonomie l'est encore lorsque l'on considère ce qu'il advient des libertés d'enseignement et de recherche. À l'enseignement on assigne de plus en plus d'autres fonctions que sa fonction première de transmission des connaissances. Que ne fait-on pas au nom de la lutte contre l'échec en première année (exagéré et mésinterprété pour justifier cette « bonne cause ») et de l'insertion professionnelle (avec là encore une lecture pour le moins partiale des données statistiques existantes et la cécité habituelle des « adéquationnistes [12] ») ? On décline les diplômes en termes de compétences, soi-disant professionnelles, on impose aux étudiants des stages parking et des techniques éculées de recherche d'emploi, réduisant dans le même temps la part des enseignements disciplinaires, on presse aussi plus ou moins discrètement les enseignants-chercheurs de réduire leur niveau d'exigence. La « professionnalisation » des cursus universitaires, qui frise la caricature en lettres et sciences humaines, et dans les universités les plus petites, sommées de jouer les « bons élèves », accompagne ainsi l'autonomie. Les grandes écoles, même de « commerce », s'abstiennent, elles, de communier dans cette nouvelle religion, ce qui participe un peu plus d'ailleurs à creuser les inégalités entre elles et les universités.

Le procès d'une université où l'on échoue massivement et où la réussite ne garantit même pas l'insertion professionnelle n'est pas nouveau. Dans les débats parlementaires autour de la loi Faure, le « recteur Capelle », devenu député en juin 1968, dénonçait déjà ces deux travers : « À l'insuffisante efficacité interne, caractérisée par des pourcentages d'échecs — évidemment inacceptables même si ceux que j'ai cités représentent des cas limites — s'ajoute l'insuffisante efficacité de l'ajustement entre le système d'enseignement et la vie active [13]. » En 1983, dans le débat sur ce qui deviendra la loi Savary, Jean-Claude Cassaing, rapporteur du projet de loi, rappelle, avec les mêmes accents, la nécessité d'adapter l'enseignement supérieur : « Les enseignements supérieurs sont confrontés actuellement à une triple exigence économique : contribuer activement à la politique de l'emploi, développer la capacité à innover de la société française et mettre fin au gâchis de la

---

12 Sont ainsi qualifiés ceux qui postulent un lien direct entre formation et emploi.

13 Assemblée nationale, *Compte rendu intégral des débats*, 1re séance du 3 octobre 1968, p. 3002.

sélection par l'échec [14]. » La LRU, on l'oublie, se situe donc dans cette continuité-là. Cependant, si la politique mise en œuvre par Valérie Pécresse dégrade plus encore l'autonomie de l'enseignement, c'est dans l'assignation aux universités d'objectifs chiffrés en termes d'insertion et de réussite, dont dépendront ensuite les moyens alloués, et dans les obligations du « plan licence » de décembre 2007.

C'est aussi l'autonomie de la recherche qui se réduit avec l'« autonomisation » des universités. Certains enseignants-chercheurs, on l'a dit, pourront se voir accablés de charges d'enseignement, au détriment de la recherche. En particulier, mais sans doute ne seront-ils pas les seuls, ceux dont les travaux auront été défavorablement évalués. La loi LRU, et le décret de réforme du statut des enseignants-chercheurs qui lui est associé, instituent l'évaluation quadriennale, par le Conseil national des universités (CNU), de leur activité. Pour la recherche, on peut craindre que l'évaluation quantitative prime, faute de moyens (ceux, limités, du CNU) et/ou par souci de « bonne gestion » (la quantification étant abusivement synonyme d'efficience). Les travers de la méthode bibliométrique sont pourtant connus. L'Académie des sciences, dans son rapport du 8 juillet 2009 remis à Valérie Pécresse, a rappelé les limites de ce type d'évaluation et les nécessités de son strict encadrement [15]. L'un des responsables des Presses universitaires de Harvard a montré, lui aussi, toutes les conséquences funestes de l'évaluation petitement comptable des chercheurs : en particulier, les travaux de recherche ne sont plus lus [16].

L'autonomie « nouvelle » des universités a également des conséquences néfastes sur la recherche au sein des grands organismes. Dans le cadre de ce que l'on peut désigner comme le « démantèlement » du CNRS, mais qui continue à être présenté par ses artisans comme un recentrage sur de grandes priorités, l'occasion de l'autonomie est opportunément saisie pour transférer (et ainsi se désengager) aux universités une partie des laboratoires (des Unités mixtes de recherche qui perdent ainsi leur qualité d'UMR, et sont en d'autres termes « désumérisés », pour reprendre le

---

14 Assemblée nationale, *Compte rendu intégral des débats*, 1re séance du 24 mai 1983, p. 1342.

15 « L'évaluation individuelle des chercheurs et enseignants-chercheurs en sciences exactes et expérimentales. »

16 Lindsay Waters, *L'Éclipse du savoir*, Allia, Paris, 2008. Voir aussi, pour une discussion des modes d'évaluation des universitaires, Bruno Cousin et Michèle Lamont, « Les conditions de l'évaluation universitaire. Quelques réflexions à partir du cas américain », *Mouvements*, n° 60, oct.-déc. 2009 ; et notre article « Des universitaires mieux évalués. Les illusions croisées de la LRU et du modèle américain » paru dans le même numéro de *Mouvements*.

langage indigène) jusque-là fortement soutenus par le CNRS, avec des craintes sur la pérennisation des recherches qui y étaient menées.

L'autonomie, traître mot des libéraux

L'invocation ô combien récurrente de l'autonomie laisse supposer une continuité sans faille dans l'ensemble des réformes de l'enseignement supérieur menées depuis quarante ans. Or, depuis vingt ans, une inflexion majeure s'est opérée, reconnue d'ailleurs par un grand nombre d'analystes [17]. En cela, l'autonomie nous semble être bien un traître mot en ce qu'elle masque le développement d'une concurrence généralisée et débridée.

Il y a deux temps dans les réformes. Premier temps, à travers les réformes de 1968 et 1984 : l'autonomie, comme affranchissement à l'égard de la tutelle du ministère et, localement, du rectorat, ou comme autogestion des établissements, était demandée par la « communauté » universitaire. C'est à contrecœur, sous la pression de la rue et des pavés de 1968, que le gouvernement y répond partiellement. On sent alors la majorité divisée : le ministre de l'Éducation nationale, Edgar Faure, doit se justifier face aux critiques des parlementaires de droite qui sont nombreux à déplorer, notamment, la « participation » des étudiants. Alain Peyrefitte, toujours, exprime ses inquiétudes : « On peut craindre, si l'on n'y prend garde, que des professionnels de la représentation étudiante, ou même de l'agitation étudiante, bien organisés, ne s'emparent du pouvoir dans les conseils, ce qui serait d'autant plus grave que le président élu par le *conseil* sera sous sa dépendance [18]. » La « participation » des étudiants mais aussi des personnels de « petite catégorie » (enseignants comme administratifs) sera dès lors très encadrée. D'où la revendication forte, à l'arrivée de la gauche au pouvoir, d'une vraie reconnaissance de la « communauté universitaire » (expression récusée par la droite, majoritaire au Sénat, lors du débat parlementaire) et de la possibilité d'une certaine « autogestion ». Le gouvernement y accédera tout en élargissant de fait la définition de la « communauté » aux personnalités extérieures : « Le service public de l'enseignement supérieur est laïc et

---

17 C'est par exemple la thèse de Christine Musselin, qui considère que le processus d'autonomisation des universités françaises commence véritablement en 1988 (voir Christine Musselin, *La Longue Marche des universités françaises*, PUF, Paris, 2001).

18 Assemblée nationale, *Compte rendu intégral des débats*, 1re séance du 3 octobre 1968, p. 3001.

indépendant de toute emprise politique, économique, religieuse ou idéologique ; il tend à l'objectivité du savoir ; il respecte la diversité des opinions. Il doit garantir à l'enseignement et à la recherche leurs possibilités de libre développement scientifique, créateur et critique. Il rassemble les usagers et les personnels dans une communauté universitaire. Il associe à sa gestion, outre ses usagers et son personnel, des représentants des intérêts publics et des activités économiques, culturelles et sociales [19]. » On notera que l'« autonomie scientifique » et le « libre-examen » sont alors solennellement proclamés. À l'occasion de la codification intervenue en 2000, acte purement technique nous dit-on, ces grands principes ne seront pas repris dans le Code de l'Éducation, curieusement...

Il semble que l'on entre dans un second temps de l'autonomie, où elle n'est plus une revendication des communautés mais une injonction de l'État, avec les débuts de la politique contractuelle en 1988, impulsée par le ministre de l'Éducation nationale de l'époque, Lionel Jospin, et son conseiller spécial, Claude Allègre. Tous les modernisateurs des universités, d'ailleurs, célèbrent ce moment. Certes, la possibilité de conclure des contrats pluriannuels entre l'État et les établissements était inscrite dans le texte de 1984 [20]. Mais elle ne va être véritablement mise en œuvre qu'à partir de ce moment-là. *A priori* il s'agit donc d'un financement supplémentaire, au-delà de la dotation globale, accordé par l'État aux universités en fonction des projets qu'elles présentent. Il est alors plusieurs lectures possibles. On peut considérer qu'il s'agit pour l'État d'inciter à l'innovation, d'encourager les établissements à se donner des projets, à définir des orientations, leurs orientations. Mais on peut y voir aussi — c'est l'enseignement de ces vingt dernières années — un puissant levier pour tout à la fois stimuler la concurrence entre les établissements et orienter les politiques des universités dans le sens souhaité par les gouvernements. En faisant fi des répartitions normées, certes sur des critères contestables des moyens (dans les normes SANREMO [21], dernières en date, un étudiant de droit, tout aussi « papier-crayon », pour reprendre la formule imagée des comptables publics, qu'un étudiant de lettres, valait pourtant davantage que ce dernier). Certes, les crédits contractualisés ne représentent qu'une part du financement total des universités, mais ils atteignent désormais presque 20 % du budget de l'enseignement supérieur. Cela suffit à peser sur les orientations générales, à amener les universités dans le sens souhaité. Dit autrement, la contractualisation implique paradoxalement le renforcement de la tutelle.

19 Article 3 de la loi n° 84-52 du 26 janvier 1984.

20 Article 20 de la loi n° 84-52 du 26 janvier 1984.

21 SANREMO : Système d'analyse et de répartition des moyens.

Elle instille aussi le ferment de la concurrence au sein du monde universitaire. Les établissements vont entrer en compétition pour obtenir ces fonds contractualisés. Et devenir plus dépendants de l'État, financeur en dernier ressort. Car les projets des universités vont être en réalité ceux des gouvernements. Les objectifs assignés aux universités seront déterminés par l'État. Autrement dit, il s'agit au mieux d'un appel à projets où l'État fixe les objectifs à atteindre. Loin de l'idée de l'autonomie des universités définissant leur projet, c'est le projet étatique qui leur est imposé, dans ses constantes et dans ses variations. Constantes dans la promotion de la « professionnalisation », de la « communication » ou de l'insertion sur le marché de la formation continue. Variations aussi puisque, après avoir poussé, exemple parmi d'autres de virevoltes, à l'essaimage et à la création d'antennes délocalisées, le ministère fait désormais dans le meccano universitaire, « encourageant » au pas de charge les universités à se regrouper. La contractualisation est aussi à l'origine de l'introduction du management universitaire, ou plutôt de l'incorporation des règles de bonne gestion, c'est-à-dire de gestion privée.

Depuis dix ans et l'entrée dans le « processus de Bologne », sous le double masque de l'harmonisation des diplômes et du renforcement de l'autonomie des établissements, c'est la concurrence que l'on débride. Cette nécessité avait d'ailleurs été théorisée par Jacques Attali, dans son rapport de 1998 remis à Claude Allègre et intitulé « Pour un modèle européen d'enseignement supérieur [22] » : elle est une condition, selon lui, d'émergence d'universités françaises puissantes, capables de se positionner sur le marché mondial de l'enseignement supérieur. La concurrence se généralise donc. Concurrence entre établissements, universités mais aussi écoles, les instituts privés faisant l'objet désormais de beaucoup de sollicitude. Mais, comme souvent lorsque l'on ouvre un secteur à la concurrence, on consacre les positions acquises, on renforce les plus puissants et on affaiblit les autres.

Dans la recherche des ressources propres, à laquelle l'État les appelle dans le cadre de l'autonomie, l'inégalité entre établissements est patente. Capter des étudiants solvables, à l'étranger pour le moment, et demain en France lorsque le verrou des droits d'inscription aura été levé, n'est pas également offert à tous les établissements. Cela dépend de leur renommée initiale et de leur bassin de recrutement. Il en va de même des financements obtenus des entreprises. Là encore, les plus puissants séduiront

22 Sur cette question, voir Frédéric Neyrat, « Le LMD en France : loin de l'utopie de l'*universitas* médiévale, les effets d'une réforme économique libérale », in Christophe Charle et Charles Soulié (dir.), *Les Ravages de la « modernisation » universitaire en Europe*, Syllepse, Paris, 2007.

davantage. La Sorbonne, une université, un emblème, une marque même, dont la propriété est cependant discutée, la Sorbonne même frondeuse trouvera toujours plus de crédit, auprès de financeurs privés comme auprès des étudiants, que l'université du Littoral. Et les implications sont plus larges encore : plus l'établissement est puissant, plus il sera autonome par rapport à ces sources de financement extérieures.

On nous objectera que les universités « à taille humaine » ne sont pas isolées et que des rapprochements s'opèrent, les établissements étant invités pour faire face à la concurrence à s'allier. Il y a cependant alliance et alliance, grands et petits PRES (Pôles de recherche et d'enseignement supérieur). Comment comparer Paris *Universitas*, regroupant l'École des hautes études en sciences sociales, l'École normale supérieure, l'École pratique des hautes études, les universités de Paris II, III, IV, VI et IX et le PRES du Centre-Atlantique (PRESCA), fruit de l'union, un peu forcée, de trois universités [23] et deux écoles d'ingénieurs de rang moyen ? En réalité, les établissements qui resteront hors des PRES ou participeront à des PRES fragiles ont toutes les chances de perdre *de facto* leur qualité d'université et de n'être plus, à terme, que des collèges universitaires.

Cette reconfiguration de la carte universitaire pourrait être encore accentuée à l'avenir du fait de la dérégulation en cours sur le marché des titres. Le processus de banalisation du diplôme, engagé en 2002 avec la création du Répertoire national des certifications professionnelles (au prétexte d'une prétendue simplification des opérations de validation des acquis de l'expérience, titres et diplômes ont été mis sur le même plan et déclinés en termes de compétences), renforcera ces inégalités entre établissements.

Mais c'est aussi au niveau des disciplines que les inégalités vont se creuser du fait de la mise en concurrence. C'est une logique instrumentale qui prévaut aussi bien dans l'enseignement que dans la recherche. En matière d'enseignement, dans une logique de marché, les lettres et sciences humaines sont fragilisées parce qu'on leur reproche, très injustement, de ne pas permettre une insertion professionnelle de qualité, oubliant au passage ce que l'insertion doit aussi aux caractéristiques sociales des étudiants, indépendamment des enseignements qu'ils ont reçus. En matière de recherche, les effets de marché sont tout aussi funestes. On juge les résultats à court terme, on privilégie les disciplines qui ont des applications industrielles immédiates, en négligeant ce qu'elles doivent aux recherches pures, en amont. On le voit, contrairement à ce qu'on imagine parfois, la concurrence n'est pas toujours rationnelle…

23 La Rochelle, Poitiers, Limoges.

III

Réorganisations de l'État

« Les États totalitaires détruisent la liberté individuelle en la supprimant purement et simplement, l'État se proposant d'administrer toute l'économie du pays. Les États-providence agissent plus sournoisement, offrant au peuple une "sécurité sociale" en échange de sa liberté, substituant la responsabilité collective à la responsabilité individuelle. Dans le premier cas, les individus ne peuvent plus agir ; dans le second cas, les individus ne savent plus agir. »

Jean-Louis Caccomo,
économiste, *La Troisième Voie. Impasse ou espérance*, Les Presses littéraires, Paris, 2007.

« J'ai toujours trouvé que les mots les plus terrifiants de la langue anglaise étaient "Je suis du gouvernement et je suis ici pour vous aider". »

Ronald Reagan, conférence de presse, 12 août 1986.

« Je préfère une fonction publique moins nombreuse, plus efficace et mieux à l'aise dans ses missions, qu'une fonction publique qui fait de la mauvaise graisse. »

Alain Juppé, Premier ministre, à l'Assemblée nationale, 14 mai 1996.

12

L'invention de Pôle Emploi

Willy Pelletier*

La « modernisation » de l'État ne se réduit pas aux travaux idéologiques qui l'encouragent. Elle ne procède pas des diagnostics et prescriptions « sur le papier » de ceux qui « réévaluent les idées du marché sur le marché des idées » [1], même si les ministères « modernisateurs » ont pu s'autoriser du bruit ainsi produit [2].

L'État est d'abord réorganisé en actes. Par les personnels d'État qui le transforment. Rapidement, parfois. Brutalement, comme en témoigne l'institution de Pôle Emploi, en février 2008, qui fusionne l'ANPE et le réseau opérationnel des Assedic, et dont la nouvelle convention collective « offre » aux 30 000 agents ANPE, sous statut public, d'abandonner leurs

* Sociologue à l'université de Picardie-Jules Verne, coordinateur général de la Fondation Copernic.

1 Sur ce type d'entreprises, voir Frédéric Lebaron, *La Croyance économique*, Seuil, Paris, 2000, p. 176-181, notamment.

2 Quoiqu'il faille distinguer, suivant leurs degrés d'inscription dans la noblesse d'État et la concentration du capital symbolique représenté, les capacités d'influence des producteurs d'idées de réformes : la commission Picq, installée en novembre 1993 par le Premier ministre Édouard Balladur, n'eut pas le même effet dans les ministères que tel essai vite rédigé par tel éditorialiste pour fustiger les gaspillages ou les impérities d'État (et vite oublié). Présidée par Jean Picq, conseiller à la Cour des comptes, ses vingt-neuf rapporteurs venaient tous des grands corps. Poursuivis par la mission Picq installée par Alain Juppé en 1995, les travaux de cette commission ont notablement aidé à la formulation de la circulaire Juppé du 26 juillet 1995 « relative à la préparation et à la mise en œuvre de la réforme de l'État et des services publics », d'inspiration néomanagériale et dont la RGPP constitue peut-être l'un des effets tardifs (voir Philippe Bezes, *Réinventer l'État, op. cit.*, p. 375-395 et 470).

garanties statutaires ; les contraint à une « mobilité forcée » ; renforce le contrôle sur la « gestion » des chômeurs ; augmente les impératifs de productivité des ex-conseillers ANPE (c'est-à-dire l'obligation de renvoyer au plus vite les chômeurs à l'emploi — quel qu'il soit).

Qu'est-ce que Pôle Emploi ? Pour l'entrevoir, il faut se détourner, en partie, de l'institution « déjà-là », « toute faite », « bien connue » : se dégager des discours autorisés qui célèbrent son opérationnalité, se dégager des consternations qui déplorent sa structuration, ses incapacités, les souffrances « au guichet » qu'elle génère. Pour envisager trois questions. Qui l'a créé, quels groupes d'agents travaillent à son « fonctionnement » ? Quelles relations, entre représentants patronaux, directions syndicales et hauts fonctionnaires, l'ont rendu possible ? Et selon quelle distribution des pouvoirs dans ces élites ?

Car observer que Pôle Emploi modifie les équilibres passés n'explique pas ces modifications. Constater que l'organisme est structurellement hybride (contrôlé par l'État mais composé de salariés de droit privé) ne rend pas compte de sa formation. Pôle Emploi réorganise le « service public de l'emploi » ; il prive l'Unedic des Assedic ; il dépossède l'organisme paritaire de ses personnels, de ses locaux, de ses finances ; il les rapatrie dans une « entreprise » que contrôlent des « directeurs » installés par les ministères. Mais cette réorganisation en exprime une autre qu'elle consolide : la reconfiguration des relations entre « partenaires sociaux » et certaines élites d'État, qui doit beaucoup aux renouvellements dans l'exécutif du Medef et au recrutement des premiers cabinets ministériels Fillon en charge du chômage.

Anciens équilibres et formation de l'Unedic

Car Pôle Emploi ne s'explique que comparativement [3], en montrant comment ont été défaits les groupes (représentants patronaux, syndicalistes, hauts fonctionnaires) qui « s'entendaient » à l'Unedic, et qui s'entendaient pour faire durer la puissance de celle-ci.

Au centre de l'ancien dispositif, avant Pôle Emploi donc, l'Unedic, organisme paritaire, mis en place en 1958, réglait l'indemnisation des chômeurs (collecte des fonds, versement *via* les Assedic). Elle influençait aussi l'ANPE, subordonnée aux normes d'indemnisation fixées à l'Unedic,

3 « La méthode comparative est la seule qui convienne à la sociologie », indiquait Durkheim ; voir Émile Durkheim, *Les Règles de la méthode sociologique*, PUF, Paris, 1977 (1895), p. 124.

pour gérer l'offre d'emploi [4]. Et plus encore depuis le PARE [5] car, après 2001, la convention Unedic enjoint les agents ANPE de ne prescrire aux chômeurs que des formations courtes, instrumentales (homologuées par les Assedic), ajustées à l'« employabilité » dans les bassins d'emploi. L'activité des agents s'en trouve redéfinie [6].

À l'Unedic, les associés rivaux dans la gestion paritaire s'opposaient, transigeaient, avant qu'un compromis (souvent garanti par l'État) n'arrête empoignades, marchandages et tractations par l'institution d'une nouvelle convention d'assurance-chômage. Les « partenaires sociaux » jouaient ainsi de l'État, contre l'État, avec l'État.

Comment fut inventée l'Unedic ? Revenir aux conditions de sa formation montre ce qui, depuis, a changé et récemment autorisé Pôle Emploi.

Historiquement, l'Unedic procède de conflits et d'équilibres, à présent révolus, entre syndicats « ouvriers », représentants patronaux, hauts fonctionnaires. En août 1955, la grève des « métallos » nazairiens vient de montrer que les conflits peuvent se gagner. La métallurgie parisienne s'est mise en grève. Les syndicats modérés durcissent l'action. Pragmatique, la direction du CNPF, influencée par l'Union des industries et des métiers de la métallurgie (UIMM), révise ses réserves (affichées, de 1950 à 1955) à l'égard des négociations sur les conventions collectives. En mai 1958, le CNPF a « accueilli » favorablement le retour de Charles de Gaulle aux affaires (et d'Antoine Pinay au ministère des Finances). Mais, inquiets du dirigisme économique du Général, les patrons ne sont gaullistes qu'avec modération [7]. Et les hauts fonctionnaires qui, avec de Gaulle, viennent ou reviennent en cabinets, n'estiment guère un patronat à leurs yeux

4 Voir notamment Martine MULLER, *Le Pointage ou le placement. Histoire de l'ANPE*, L'Harmattan, Paris, 1991 ; Corrado DELFINI et Didier DEMAZIERE, « Le traitement de l'offre d'emploi à l'ANPE. Diversité des logiques d'intermédiation », *Travail et Emploi*, n° 81, 2000.

5 Le Plan d'Aide au retour à l'emploi, qu'institue la convention d'assurance-chômage du 1er janvier 2001, transpose, pour la première fois en France, l'« activation des dépenses passives » prônée par l'OFCE et les « stratégies européennes pour l'emploi », et lie indemnisation et recherche « active d'emploi » après signature d'un projet d'action personnalisé (PAP) entre chômeur et ANPE. Voir Jacques FREYSSINET, « La réforme de l'indemnisation du chômage en France », *Revue de l'IRES*, septembre 2002 ; Catherine LÉVY, Didier GÉLOT et Willy PELLETIER, « La nouvelle convention d'assurance-chômage : de la formation au formatage des demandeurs d'emploi », *Droit social*, juin 2002.

6 Le PAP les engageant à « faire pression » sur les chômeurs, voire à les contrôler davantage, pour qu'ils acceptent, le plus vite possible, CDD ou temps partiels liés aux besoins locaux, à court terme, des entreprises.

7 Voir Henri WEBER, *Le Parti des patrons. Le CNPF (1946-1986)*, chap. VII, Seuil, Paris, 1991.

discrédité sous la Collaboration. Ils le soupçonnent de travailler au retour du libéralisme d'avant-guerre contre les « modernisateurs » du Plan, pour réinstaller le « dirigisme privé » des cartels et des ententes. Quant aux syndicats de salariés, ils se défient, pour d'autres motifs, du nouveau gouvernement. Soucieux de les rassurer, de Gaulle, le 1er août 1958, exhorte patronat et syndicats à instituer un « fonds de salaires garantis ».

La mise en place de l'Unedic procède, comme solution de compromis, des défiances mutuelles et des enjeux ponctuels propres à chaque partie, dans cette conjoncture où s'affrontent ces inquiétudes différentes. De Gaulle menace d'instituer par ordonnance un système national d'assurance-chômage, le 31 décembre 1958. L'accord instaurant l'« organisme paritaire » est signé le même jour entre représentants patronaux (menés par François Ceyrac de l'UIMM) et directions syndicales (au premier titre desquelles FO, la CGT le refusant). Chaque délégation peut différemment l'investir, le pratiquer, en user.

Les représentants patronaux défendent là leur utilité pour contenir l'« interventionnisme d'État ». Car les employeurs de tous secteurs jugent déjà les « pouvoirs publics » coupables de l'« inflation des charges ». Le CNPF évite, en même temps, l'accroissement du poids financier, et donc politique, d'une Sécurité sociale contrôlée par la CGT : l'Unedic n'est pas une branche de la « Sécu ». Dans l'affaire, l'UIMM se légitime aux yeux des autres patronats [8], en exonérant de cotisations les secteurs à faible taux de chômage (banque et assurances). La direction du CNPF tire même un bénéfice moral de l'accord signé, alors que les lois « sociales », votées jusqu'alors sans son assentiment, lui donnent une image d'irresponsabilité [9]. Dans le *deal*, Force ouvrière, en obtenant la gestion de l'Unedic, récupère une rente de postes, de financements, d'influence qui l'aide à se construire. Parallèlement, les syndicats de salariés « compréhensifs » se présentent comme « orientant » la politique de l'emploi. Cependant que les hauts fonctionnaires « modernisateurs » d'alors trouvent leur action facilitée par la mise

---

8 Rien ne serait plus simpliste, en effet, que de considérer « le » patronat comme un bloc, alors même qu'à la diversité des secteurs patronaux (Métallurgie, Banques, Commerces, Assurances, etc.) se sont toujours conjugués d'autres clivages (grands patrons contre petits, Parisiens contre patrons provinciaux, fonctionnaires patronaux contre patrons de terrain, etc.). Ce qui a, sans cesse, rendu compliqué de « représenter le groupe patronal » justement parce que « le » patronat n'existe pas comme groupe. De sorte que l'UIMM, dominant le CNPF, eut perpétuellement à donner des gages aux autres patronats de façon à s'accréditer « représentante » du patronat mobilisé. Voir sur toutes ces dimensions, Michel OFFERLÉ, *Sociologie des organisations patronales*, La Découverte, Paris, 2009.

9 Voir Bernard BRIZAY, *Le Patronat. Histoire, structure, stratégie du CNPF*, Seuil, Paris, 1975.

en place d'une garantie de ressources pour les salariés, propre à favoriser leur mobilité dans le Marché commun qu'ils travaillent à construire : la mobilité du salariat leur semblant une « nécessité moderne ».

Élites d'hier et reproductions du paritarisme

L'Unedic n'eut, par la suite, « d'autre consistance que celle que lui confère la variété des entreprises tendant à s'en saisir et à s'en servir [10] ». Les conventions d'assurance-chômage n'y furent pas négociées à l'identique. Chacune confronte différents représentants patronaux et syndicaux, différents hauts fonctionnaires ; l'état de leurs relations ainsi que leurs préoccupations conjoncturelles changent, ce qui organise de façon toujours partiellement neuve les tractations [11]. Leur sociologie, qui reste à faire, expliquerait comment s'étend l'indemnisation du chômage de 1959 à 1979 ; comment est consacrée, en 1979, la sédimentation institutionnelle du système avec l'unification des aides ; et comment, dans les années 1980-1990, allocations et accès aux indemnités diminuent [12]. Elle expliquerait pourquoi ni la réforme de 1979, ni les mesures de 1984 ou de 1992, ni le PARE ne portent atteinte à l'Unedic (voir encadré page suivante).

Un rapport naïf aux élites d'État minore les différences en leur sein, et conduit certains marxistes à les percevoir comme « lieutenants du patronat ». Cette idée-force, une commodité pratique pour rassembler des militants, est doublement fausse. « Le » patronat n'existe comme groupe unifié et mobilisé que par et dans le travail réalisé par les représentants patronaux, pour se légitimer tels et monopoliser la parole du « patronat » ainsi produit [13]. La thèse de collusions spontanées entre hauts fonctionnaires et représentants patronaux oublie que, occupant des positions différentes dans le champ du pouvoir, ils ont des critères de résultats différents et sont pris dans des réseaux de dépendances spécifiques. Si bien

10 Comme l'observent, analysant les institutions, Bernard LACROIX et Jacques LAGROYE, *Le Président de la République. Usages et genèses d'une institution*, FNSP, Paris, 1992, p. 10.

11 Pour un début d'analyse des réformes de 1979 et 1984 et le paritarisme, voir Willy PELLETIER, « L'indemnisation du chômage : une peau de chagrin », *Les Temps modernes*, n° 496-497, nov.-déc. 1987. Sur les négociations du PARE, voir Didier GÉLOT, Willy PELLETIER, Claire VILLIERS et *al.*, *Pour un Grenelle de l'UNEDIC*, Syllepse, Paris, 2003, p. 76-85.

12 Voir, pour un mémento sur l'indemnisation du chômage, Christine DANIEL et Carole TUCHSZIRER, *L'État et les chômeurs. L'indemnisation du chômage de 1884 à nos jours*, Flammarion, Paris, 1999.

13 Voir Michel OFFERLÉ, *Sociologie des organisations patronales*, *op. cit.*

Les réformes de l'Unedic

De 1959 à 1979, l'indemnisation du chômage s'ordonne à l'intérieur d'un régime éclaté et inégalitaire. À un régime d'aides publiques fondé sur l'assistance (accordant à ses bénéficiaires une protection minimale) se superpose l'assurance-chômage, gérée par l'Unedic.

La réforme de 1979 va unifier, égaliser, généraliser les versements en attribuant à l'Unedic le soin d'en assurer la gestion. Elle généralise l'accès au revenu de remplacement pour tous les « privés d'emploi ». Salariés agricoles, employés de maison, assistantes maternelles sont par exemple admis au bénéfice de l'assurance, au même titre que les salariés de l'industrie et du commerce. Le taux d'indemnisation augmente même à 42 % du salaire de référence. On ne peut s'en tenir à l'idée (mécaniquement économiste) selon laquelle cette réforme s'imposait du seul fait de l'augmentation du nombre des chômeurs et de l'accroissement des dépenses d'indemnisation. Elle participe plutôt de la relance de la politique contractuelle, encouragée par les pouvoirs publics après leur victoire difficile aux législatives de 1978. La consécration et l'expansion de l'assurance-chômage auxquelles aboutit cette politique offraient au gouvernement Barre de faire l'unanimité autour de l'axe d'attaque majeur de l'opposition en ces temps d'austérité : le chômage. Il restreignait ainsi l'espace d'intervention de la « gauche politique ». En même temps qu'il s'employait à éviter qu'un front syndical du refus ne se reforme, alors que la conflictualité sociale restait élevée. L'accord sur l'assurance-chômage du 16 mars 1979 sera unanimement approuvé par les « partenaires sociaux » et le gouvernement. L'Unedic est, dès lors, institutionnellement reconnue centrale dans l'indemnisation du chômage.

La renégociation de 1992 se comprend sitôt réinscrite dans l'ensemble des transformations à l'œuvre durant les années 1980. La délégitimation de l'État-providence portée par les intellectuels et les hauts fonctionnaires les plus liés aux entreprises, le culte de l'entreprise, les restructurations industrielles et la précarisation de l'emploi contribuent alors à reconfigurer ce que certaines élites syndicales jugent « possible ». La négociation s'inscrit alors dans cette réorganisation du syndicalisme, marquée par la division et l'affaiblissement du syndicalisme d'opposition après le retournement de la CFDT. Elle s'ouvre d'autre part alors que le gouvernement Rocard renforce le « contrôle des chômeurs » (voir les décrets de février 1992 et la circulaire du 25 mars 1992). Pendant l'été 1991, Michel Charasse, ministre du Budget, et François Périgot, président du CNPF, avaient l'un comme l'autre dénoncé « 700 000 faux chômeurs » coupables de déséquilibrer le budget de l'Unedic. Affrontés à un déficit d'environ 24 milliards de francs, les « partenaires sociaux », appuyés par les ministères (qui avaient intégré depuis les années 1980 les dogmes de la logique comptable), vont donc négocier une baisse du niveau de l'indemnisation (généralisation de la dégressivité des allocations, allongement des périodes de cotisation permettant l'ouverture de droits, etc..). Mais le contrôle des chômeurs, le contrôle de leur recherche effective d'emploi, en sort également renforcé. Si bien que l'indemnisation du chômage, initialement conçue comme droit au revenu de remplacement, est progressivement transformée en outil de coercition à destination des chômeurs (qui deviennent coupables de n'avoir pas d'emploi) ; et les agents de l'ANPE doivent en tenir compte dans leur travail spécifique. Les prescriptions de l'Unedic commencent alors à orienter l'activité professionnelle à l'ANPE.

En 1999, la renégociation de l'Unedic, premier chantier de la Refondation sociale appelée par le « patronat de combat » qui dirige le Medef, devait en être la vitrine et servir d'affichage. Fin 1999, la direction du Medef avait dénoncé l'« envahissement des relations sociales par l'État » en considérant que le « nouveau dialogue social devait s'ouvrir principalement dans l'entreprise », le « niveau interprofessionnel, trop général », constituant l'exception. La nouvelle négociation Unedic s'ouvrit donc sous la menace patronale, formulée dès novembre 1999, d'un retrait des organismes paritaires. Une menace prise très au sérieux par les confédérations gestionnaires de ces organismes. Les organisations syndicales les plus structurellement liées au paritarisme (la CFDT mais aussi FO) se retrouvaient par ailleurs autour de la formule « ni étatisation ni privatisation ». La convention d'« aide au retour à l'emploi » s'élabore ainsi dans la rencontre de ce « patronat de combat » et des syndicalistes inquiets mais flattés du crédit neuf que leur confère le paritarisme réactualisé. Signés le 14 juin 2000, les accords instituant le PARE apparaîtront « gagnant-gagnant » pour le Medef, qui échange la suppression de la dégressivité des allocations contre le PARE obligatoire et de sérieuses réductions des cotisations patronales. La nouvelle convention redéfinit surtout le rôle de l'Unedic, en lui assignant de promouvoir des dispositifs orientés vers un « retour rapide à l'emploi » : ce qui contraint les conseillers ANPE à diriger les demandeurs d'emplois vers des formations courtes, ajustées aux besoins ponctuels des entreprises, suivant les bassins locaux d'emploi. Le danger existait aussi d'une mise sous tutelle financière de l'ANPE par l'Unedic, vu la dépendance qui s'instaure à l'époque entre les deux institutions : suite aux dispositions de la nouvelle convention, 20 % du budget de l'ANPE proviennent en effet de l'Unedic. Celle-ci devient ainsi l'institution pivot, institution « directrice », presque, du « service public de l'emploi ». Ce que la création de Pôle Emploi détruit.

qu'ordinairement ils s'opposent. S'y ajoutent des conflits de préséance qui expriment leurs visions d'eux-mêmes et de leurs positions dans la hiérarchie des pouvoirs.

L'ancien paritarisme et singulièrement l'Unedic sont, pour une part, issus des relations tendues qu'entretinrent longtemps les représentants patronaux et les hauts fonctionnaires ministériels. Jusqu'à la fin des années 1970, les « grands commis d'État » étaient fondés à croire en la puissance d'État au principe de leur propre pouvoir, à croire en l'« intérêt général » qui légitimait leur autorité. Leurs rapports aux représentants patronaux reproduisent alors l'image élevée que leurs carrières rectilignes, après des parcours de « premiers des classes du pouvoir », les portent à avoir d'eux-mêmes. Même dans les ministères giscardiens, « n'importe quel attaché de cabinet [...] était considéré comme supérieur à un chef d'entreprise et lui faisait faire antichambre, [...] on tenait les patrons à distance [...] ; on multipliait les mesures vexatoires [14] ». Ces relations ne changent qu'avec les ministères Rocard, après 1988, et l'accès en cabinets « de non-fonctionnaires et de corps périphériques de la haute administration [15], moins souvent liés aux secteurs centraux de l'État [16] » — et enclins à jouer de l'alliance externe avec les patrons « modernisateurs » contre les grands corps. Alors, note Ernest-Antoine Seillière, « les rapports avec l'État ont changé. On avait une administration de contrôle, on a eu, de plus en plus, une administration de soutien [17] ».

Dans l'institution et l'expansion du paritarisme, s'exprime ainsi toute la distance entre la première génération des hauts fonctionnaires « Ve République » et les syndicalistes patronaux — au principe de leurs défiances croisées et des résistances sourdes du CNPF envers l'intervention d'État. Avec les structures paritaires, les dirigeants du CNPF issus de l'UIMM aménagent des zones partiellement réservées, des espaces d'autonomie relative. Cependant que les négociations s'y déroulant offrent aux hauts fonctionnaires de reproduire cette représentation prestigieuse de l'État (l'« État arbitre ultime »), dont ils tirent prestige [18].

---

14 Ainsi se plaignait Alain Chevalier, président de la commission économique du CNPF (Henri Weber, *Le Parti des patrons*, *op. cit.*, p. 319).

15 Magistrats, commissaires de police, inspecteurs des impôts et des PTT, fonctionnaires territoriaux et parlementaires, cadres de la Banque de France, etc.

16 Voir Pierre Mathiot et Frédéric Sawicki, « Les membres des cabinets ministériels socialistes en France (1981-1993). Recrutement et reconversion », *Revue française de science politique*, vol. 49, n° 1, février 1999, p. 17.

17 Voir Henri Weber, *Le Parti des patrons*, *op. cit.*, p. 538.

18 Là encore, comme l'indique Bernard Lacroix, « les institutions, loin d'avoir cette existence immédiate, identique pour tous [...] ont en fait des visages multiples,

Les enjeux de l'indemnisation du chômage ne leur permettent pas d'être absents des débats, mais ils ne se compromettent pas dans les confrontations, de sorte qu'ils évitent de se trouver minoritaires et conservent une fonction de recours décisif. Les tractations de 1979, 1982 et 2000 illustrent d'ailleurs cette pratique du « tripartisme » : négociation, suspension, intervention du gouvernement, renégociation. L'absence de l'État laisse chaque organisation afficher ses positions officielles (à destination de ses mandants). L'entrée en jeu de l'État facilite la transaction, sans qu'aucune partie ne perde la face.

L'image traditionnelle de l'État, celle qui longtemps légitima l'action des hauts fonctionnaires (et la représentation qu'ils se formaient d'eux-mêmes), en sort renforcée : une position d'arbitre, au-dessus des conflits, porteuse de compromis promu « intérêt général », ce qui renforce la position centrale des élites d'État dans le champ du pouvoir, en les érigeant en juges des prises de position des « partenaires sociaux ».

Mais le paritarisme d'hier et l'influence de l'Unedic procèdent, en même temps, d'une répartition particulière du pouvoir au sein du syndicat patronal. Elle sera progressivement modifiée, cette modification rendant possible la création de Pôle Emploi.

En 1998, le CNPF devenu Medef, l'ancienne commission sociale en effet disparaît. L'équipe Seillière doit sa carrière à la commission économique, à ce « patronat de la main droite » traditionnellement opposé à la commission sociale (« patronat de la main gauche »), accusée d'accroître les « prélèvements obligatoires » [19]. Le tandem Seillière-Kessler consacre l'influence des secteurs financiers du patronat (banques, assurances, holdings) au détriment des secteurs industriels anciens [20]. Et la Fédération française des assurances ainsi que les entreprises du médicament (qui soutiennent les nouveaux dirigeants) militent pour une mise en concurrence de la couverture des soins [21]. Ce qui aurait ruiné le « vieux consensus entre

---

inhérents à la relation que chaque classe d'individus entretient avec elle en fonction de ses enjeux » (voir Bernard Lacroix, « Le politiste et l'analyse des institutions », *in* Bernard Lacroix et Jacques Lagroye (dir.), *Le Président de la République*, *op. cit.*, p. 47).

19 Voir Michel Offerlé, *Sociologie des organisations patronales*, *op. cit.*, p. 90.

20 Ernest-Antoine Seillière, président de la commission économique du CNPF de 1988 à 1994, dirigeait la CGIP, holding financier en charge des placements et du patrimoine des 450 héritiers de la famille Wendel. Denis Kessler, président de la commission économique de 1994 à 1998, présidait depuis 1990 la Fédération française des sociétés d'assurance.

21 Voir Michel Offerlé, *Sociologie des organisations patronales*, *op. cit.*, p. 97.

le CNPF » et les syndicats sur la « gestion paritaire de la protection sociale [22] » chère à la commission sociale et à l'UIMM.

L'UIMM n'est, dès cette période, plus l'« axe central » du syndicat patronal. Pour autant, faire sans elle reste à l'époque impossible. D'abord, parce que le 15 novembre 1997, après la démission de Jean Gandois (jugé par trop de secteurs patronaux incapable de s'opposer à la loi des « 35 heures »), les « métallurgistes » ont malgré tout voté et fait voter « Seillière », le portant à la présidence du CNPF — quoique les entreprises de la métallurgie eussent anticipé les 35 heures en généralisant la flexibilité du travail dès 1996. Sans l'UIMM, l'équipe Seillière n'aurait pas été élue. Ou bien, elle aurait été mal élue et rendue peu légitime. Alors qu'elle avait pour mission de s'opposer au gouvernement Jospin, frontalement, façon « tueurs » [23]. Son avenir, sa tâche, la prudence pratique immédiate de ses membres leur imposent donc de n'être pas, sitôt nommés, aussitôt désavoués par certains des groupes qui les ont élus. L'union et la mobilisation des différents patronats constituent au contraire un atout indispensable. Les transactions constitutives du premier Medef ménagent alors, en quelques enclaves, les secteurs hégémoniques du vieux CNPF : ceux qui reproduisent la gestion paritaire, l'UIMM en premier lieu, dominant le CNPF depuis la présidence de François Ceyrac [24], finançant l'organisation, monopolisant l'expression patronale.

La première direction du Medef ne dispose pas non plus, à l'époque, d'une puissance telle qu'elle puisse éliminer l'héritage en permanents du CNPF. Ceux-ci cumulent souvent les mandats et déterminent la politique contractuelle de l'organisation. Professionnels de la représentation patronale, ils sont rarement entrepreneurs eux-mêmes, ou il s'agit d'entrepreneurs retraités [25]. D'ordinaire, ils tiennent leurs postes de l'UIMM et leurs carrières dépendent des organismes paritaires qu'ils gèrent. Toutes ces raisons s'entremêlant, la délégation patronale à l'Unedic continua donc d'être menée par le président de l'UIMM, Denis Gautier-Savaignac, oblat de la commission sociale, représentant par excellence des permanents de

22 Selon l'expression du secrétaire général de la CGT, Bernard Thibault, dans *Libération*, 2 février 2000.

23 On se souvient qu'acceptant sa démission plus ou moins forcée, Jean Gandois, en octobre 1997, jugeait que la direction du CNPF avait désormais besoin de « tueurs » plus que d'un « négociateur ».

24 François Ceyrac, « président de la commission sociale, est un apparatchik patronal, non un chef d'entreprise. Son passage éclair à la direction de SYAM et Dreyfus en 1968 ne contrebalance pas ses trente-cinq années de fonctionnariat à l'UIMM et au CNPF » (Henri Weber, *Le Parti des patrons*, *op. cit.*, p. 246).

25 Voir sur le recrutement des « permanents patronaux », Tanguy Coulouarn, « Au nom des patrons. L'espace de la représentation patronale en France », thèse de doctorat de science politique, université Paris-I, 2008.

l'ex-CNPF et qui (directement ou indirectement) les avait « patronnés ». Ce qui explique que la « Refondation sociale » n'ait pas franchi les portes de l'Unedic (au contraire d'autres instances paritaires alors supprimées) et qu'au terme du PARE son influence sur l'ANPE soit même renforcée. C'est cette influence que Pôle Emploi détruit.

La puissance de l'Unedic fut ainsi maintenue tant que l'UIMM maintenait une part de puissance. En dépit d'ailleurs des luttes incessantes dont l'Unedic fut l'enjeu (chaque « épreuve » la consolidant [26]). L'UIMM représentait des secteurs à forte main-d'œuvre. Elle était, plus que d'autres patronats, portée à gérer les relations aux syndicats avec un minimum de conflits (car les conflits représentent des coûts) [27]. Elle venait d'un temps où les directions « ouvrières » faisaient durer les grèves, où la conflictualité n'avait pas décru, quand l'organisation du travail en collectif stable, sur CDI, face au même employeur, rendait fabricables les revendications communes entre salariés.

Le paritarisme et l'Unedic d'hier durèrent, plus précisément, tant que dura l'influence de l'UIMM, et tant que ne fut pas réduite la distance entre hauts fonctionnaires ministériels et représentants patronaux ; les premiers reproduisant, par cette distance, une représentation de l'État liée à leur socialisation, en même temps que la force de l'État à l'origine de leur force propre.

Mais des processus très différents (internes et externes aux syndicats), se trouvant synchronisés, ont affaibli les groupes syndicaux qui reproduisaient le paritarisme. De même qu'ont changé formations et perspectives de carrières des élites ministérielles.

Nouvelles élites, réorganisations de leurs relations, Pôle Emploi

Pôle Emploi fut rendu possible lorsque fut défait l'équilibre entre puissances syndicales et étatiques, pour lesquelles l'Unedic (à toutes fins utiles) semblait un compromis acceptable.

Durant les années 1990, l'une renforçant l'autre, des transformations de longue durée, externes aux confédérations « ouvrières », redéfinissent en effet leurs activités et diminuent leur capacité de mobilisation.

26 Voir Jacques Lagroye, « Le conflit de l'automne 1962 » ; et Willy Pelletier, « La crise de mai 1877 », *in* Bernard Lacroix et Jacques Lagroye (dir.), *Le Président de la République*, *op. cit.*

27 Dans les couloirs de l'Unedic, même dans les périodes de tensions sociales, les négociations paritaires permettaient aux représentants patronaux (l'UIMM au premier titre) et des salariés de maintenir à bas bruit un dialogue ininterrompu (sur des questions excédant l'indemnisation du chômage).

Fabriquer de l'intérêt commun entre salariés devient plus difficile avec l'atomisation des collectifs de travail, les sous-traitances en cascade, la flexibilité. Parallèlement, le chômage de longue durée pour les anciens, la compétition dans l'accès à l'emploi pour les jeunes favorisent le « chacun pour soi », voire l'indifférence vis-à-vis des plus proches devenus des rivaux dans la lutte pour les places [28]. Ces processus se conjuguant (avec d'autres), les équipes syndicales vieillissantes ne sont plus renouvelées, tandis qu'à tout étage les permanents s'absorbent davantage dans un syndicalisme de services et non de luttes [29].

Affaiblies, les directions « ouvrières » sauvent le patrimoine (finances, permanents, adhérents [30]). La politique amorcée par la première direction du Medef en est facilitée : négociations d'entreprise au lieu de la loi et du paritarisme [31] ou menaces d'un retrait des organismes paritaires. Mais, l'UIMM conservant les clés de l'Unedic (présidence ou vice-présidence), la structure est épargnée. Après 2007, elle n'a plus été intouchable — et Pôle Emploi l'a expropriée. Elle ne fut plus intouchable dès que, stabilisant sa puissance, la seconde direction du Medef formée en 2005, après l'élection de Laurence Parisot, « toucha puis coula » les barons *old style* du CNPF, avec l'« affaire » de la « caisse noire de l'UIMM ». Ce qui, par ricochet, permit de « casser l'Unedic ». Alors qu'*a contrario* Denis Gautier-Savaignac s'employait à préserver l'institution, dans laquelle la place qu'il occupait exprimait et consacrait son autorité propre mais aussi l'autorité menacée du groupe patronal qui l'avait promu.

---

28 Se reporter à Stéphane Beaud et Michel Pialoux, *Retour sur la condition ouvrière*, Fayard, Paris, 1999 ; et Gérard Mauger, « Vérité objective de l'exploitation et vérité subjective du travail salarié », *ContreTemps*, n° 1, 2001.

29 Voir Dominique Andofaltto et Dominique Labbé (dir.), *Un demi-siècle de syndicalisme en France et dans l'Est*, PUN, Nancy, 1998 ; Dominique Labbé et Maurice Croisat, *La Fin des syndicats ?*, L'Harmattan, Paris, 1992 ; Nicolas Defaud, *La CFDT (1968-1995). De l'autogestion au syndicalisme de proposition*, Presses de Sciences-Po, Paris, 2009 ; Jean-Michel Denis (dir.), *Le Conflit en grève ? Tendances et perspectives de la conflictualité contemporaine*, La Dispute, Paris, 2005 ; Bertrand Geay, *Le Syndicalisme enseignant*, La Découverte, Paris, 2005.

30 René Mouriaux évalue une perte, pour la CGT, de trois quarts de ses adhérents entre 1970 et 2006, de la moitié pour la CFDT, des deux tiers pour FO. Les pertes financières liées sont considérables (voir René Mouriaux, *Le Syndicalisme en France depuis 1945*, La Découverte, Paris, 2008, p. 105).

31 Comme le rappelle Cornellia Woll, on voit alors « le retrait du Medef de l'UCANSS en 2000, la menace du retrait de l'UNEDIC, et le retrait [...] de l'ACOSS en 2001 », cependant que « le nombre des accords d'entreprise explose : de 1 995 accords en 1983 à 30 965 en 1999, [...] le Medef fait de la décentralisation des négociations collectives un de ses objectifs prioritaires » (voir Cornellia Woll, « La réforme du Medef : chronique des difficultés de l'action collective patronale », *Revue française de science politique*, vol. 56, n° 2, avril 2006, p. 271-272).

Les « fonds secrets » de l'UIMM étaient constitutifs des pratiques du CNPF depuis 1972. Ils « fluidifiaient » les rapports avec les syndicats. Leur « mise en affaire » participe des concurrences entre clans pour « tenir » la présidence du Medef [32]. L'« affaire » solde en effet de vieux contentieux, en même temps qu'elle en prévient de nouveaux. Car en 2004 le président de l'UIMM (et vice-président de l'Unedic), Denis Gautier-Savaignac, avait mené campagne contre Laurence Parisot, pour succéder à Ernest-Antoine Seillière. Mais, plus grave, tout laissait croire aux dirigeants juste installés qu'il récidiverait avant que n'expire le premier mandat de la nouvelle présidente. L'Élysée (allié ponctuel de l'équipe Parisot) s'y opposait [33]. Laurence Parisot préparait déjà sa réélection. En d'autres circonstances, l'« affaire de la caisse noire » de l'UIMM aurait été étouffée ou réglée à bas bruit, « à l'amiable ». Dans cette conjoncture, elle sera hautement rendue publique et même judiciarisée, conduisant Gautier-Savaignac au tribunal et à démissionner de tous ses mandats au Medef.

Ces rivalités expliquent le scandale et sa publicité. Mais dans ce scandale et ces rivalités s'expriment des conflits autrement plus structuraux : les changements dans la « force au jeu » des différents patronats, à l'œuvre depuis quinze ans. Changements qu'enregistrait déjà le passage du CNPF au Medef et qui contribuent à l'élection de Laurence Parisot : le déclin du patronat industriel [34], des patrons ancien modèle, hégémoniques, avant qu'augmente dans les années 1990 l'influence des fonds d'investissements sur la gestion des entreprises (y compris industrielles) [35]. La maximisation de la valeur actionnariale oriente dès lors les stratégies des nouveaux managers [36], recrutés par des conseils d'administration renouvelés et qui s'emploient à obtenir les résultats pour lesquels ils ont été

32 Voir Guillaume Delacroix, *Enquête sur le patronat. Dans les coulisses du scandale Medef/UIMM*, Plon, Paris, 2009.

33 On sait en effet que, structurellement, les relations entre L. Parisot et N. Sarkozy (et chacune de leurs équipes respectives) sont pour le moins peu amicales (voir Ariane Chemin et Judith Perrignon, *La Nuit du Fouquet's*, Fayard, Paris, 2007). N. Sarkozy ne pardonnait à L. Parisot ni de l'avoir « tancé » dans *Le Monde* du 13 juin 2006, alors que, ministre des Finances, il travaillait à s'accréditer auprès des différents patronats en vue de la présidentielle, ni de s'opposer résolument à la fusion des Assedic et de l'ANPE, qu'il avait inclue dans son programme de réformes une fois candidat en 2007.

34 S'y ajoute le déclin des « parvenus issus de la petite bourgeoisie et de l'artisanat » (voir Frédéric Pierru, « Les clercs du génie patronal », *Savoir/Agir*, n° 10, décembre 2009, p. 55).

35 Voir l'utile synthèse de Dominique Plihon, *Le Nouveau Capitalisme*, chap. 4, La Découverte, Paris, 2004.

36 Sur la reconversion des inspecteurs des Finances à la direction des entreprises du CAC 40, voir François-Xavier Dudouet et Éric Grémont, « Les grands patrons français et la crise financière », *Savoir/Agir*, n° 10, décembre 2010.

nommés : fusions-acquisitions, recentrage sur les métiers de base des entreprises[37], « *re-engineering* » des chaînes de valeurs (externalisations, sous-traitance), licenciements « boursiers », etc. Les relations de dépendance et les subordinations entre patronats s'en trouvent réorganisées.

Ces transformations des rapports de force entre « financiers », *new managers* et capitaines d'industrie « ancien modèle » n'ont eu d'effets internes au Medef que retraduites. Suivant l'histoire et les formes légitimes d'affrontement, bref, suivant la structuration initiale de cet espace social particulier que constitue le monde des représentants patronaux. La financiarisation de l'économie dote cependant d'une force inédite (au sein du CNPF puis au sein du Medef) les financiers les plus « financeurs ». Au premier rang desquels Claude Bébéar, polytechnicien déclassé (entré major à Polytechnique mais sorti dans les derniers), converti assureur qui, profitant de la déréglementation financière des années 1980, opère vingt acquisitions en vingt ans, jusqu'à ce qu'en 1997, couronnant l'ensemble, la fusion AXA-UAP le fasse contrôler, *via* les investissements à long terme liés à l'assurance, plus de 5 % du CAC 40. Ce qui l'établit en position de faire ou défaire les groupes, les réputations, les revenus des patrons de haut rang[38]. « Son ascension a rendu possible celle de son cadet Denis Kessler[39] », qui entre à AXA comme directeur général en 1997, après être « monté » à la présidence de la commission économique du CNPF en 1994, Bébéar aidant.

Depuis 1990, Denis Kessler présidait d'ailleurs la Fédération française des assurances, laquelle avait « triplé sa quote-part au financement du CNPF[40] ». Claude Bébéar gouverne donc la noblesse des affaires : « Rien ne se monte sans qu'il en soit informé, il donne le ton sur les opérations[41] », les nominations, les murmures et coalitions. Seule l'UIMM résiste encore aux règles neuves qui l'établissent « parrain de la place de Paris ». Par exemple en 1994 et en 1996, dans la gestion de l'AGIRC et de l'ARRCO, lorsque l'UIMM choisit l'accord paritaire au lieu d'acquiescer au transfert total des cotisations-retraites vers les assurances privées — ce qui aurait rempli les caisses des assureurs. En réaction, les réseaux Bébéar se mobilisent pour priver les « métallurgistes » de la présidence du Medef. Mais sans pouvoir encore les défaire de leur influence, empêchés, entre autres, par le

37 Voir Laurent Batsch, *Le Capitalisme financier*, La Découverte, Paris, 2002.

38 Voir Frédéric Lordon, *Politique du capital*, Odile Jacob, Paris, 2002 ; et Frédéric Pierru, « Les clercs du génie patronal », *loc. cit.*, p. 56.

39 *Ibid.*, p. 56.

40 *Ibid.*, p. 55.

41 Benoît Colombat et David Servenay (dir.), *Histoire secrète du patronat de 1945 à nos jours*, La Découverte, Paris, 2009, p. 448.

conflit qui oppose, depuis 1995, AXA et la BNP dans l'OPA sur la Société générale et Paribas. La BNP était la banque traditionnelle de l'UIMM. Michel Pébereau, son P-DG, avait été à l'ENA camarade de promotion de Denis Gautier-Savaignac, président de l'UIMM.

Tout change en 1999, quand AXA et la BNP arrivent à un compromis, la BNP gagnant Paribas. Les divisions du patronat financier retournent en bas régime. Les réseaux Bébéar ont toute latitude pour réduire l'UIMM. Ce que montre l'élection de Laurence Parisot, issue de l'alliance des secteurs des services et des secteurs financiers (en partie raccommodés) du patronat. L'UIMM, on le sait, vote contre cette élection. Événement inédit : « Le CNPF n'avait jamais élu un président qui n'ait pas été soutenu par la Métallurgie [42] ». En paix (armée) avec C. Bébéar, M. Pébereau entre alors au conseil exécutif du Medef.

L'affaire de la caisse noire de l'UIMM en dérive. Elle débute en mai 2004 quand de la BNP, dirigée par M. Pébereau, « fuitent » vers TRACFIN (le service de renseignement du ministère des Finances chargé de la lutte contre le blanchiment d'argent et le financement du terrorisme) des « documents compromettants ». Conséquence du scandale : l'exécutif du Medef récupère une part stratégique des mandats de l'UIMM dans les organismes paritaires, le « 1 % logement » et l'Unedic notamment — où Denis Gautier-Savaignac est remplacé en mai 2008 par Geoffroy Roux de Bézieux, P-DG de Virgin Mobile. Entre eux, rien de commun. Énarque, inspecteur des Finances, membre de cabinets ministériels ou de cabinets liés à la représentation française à la Communauté européenne durant quinze ans, Denis Gautier-Savaignac avait très peu été patron (huit ans à l'Union laitière normande puis à Kleinworth Benson), avant de faire carrière dans l'administration du CNPF pendant quatorze ans. Presque tout son parcours l'attachait à l'économie administrée — par les pouvoirs publics ou les organismes paritaires (il représente le CNPF à l'Unedic depuis 1994).

Roux de Bézieux, venu de l'ESSEC, est créateur d'entreprise, vendeur d'entreprise, sans expérience des négociations collectives : ancien directeur marketing, il fonde, à trente-quatre ans, The Phone House qu'il cède quatre ans plus tard à The Carphone Warehouse, avant de diriger Virgin Mobile. Entrepreneur engagé (président de Croissance Plus), sa carrière tout entière se fait parmi les entrepreneurs, par et pour les entrepreneurs. Nommé par l'exécutif du Medef pour promouvoir l'entreprise contre le paritarisme, il ne s'opposera pas au démembrement de l'Unedic, à la

42 Voir Cornellia Woll, « La réforme du Medef : chronique des difficultés de l'action collective patronale », *loc. cit.*, p. 266.

fusion Assedic-ANPE, qu'au contraire Denis Gautier-Savaignac retardait depuis un an, en s'appuyant sur les syndicats de salariés.

La création de Pôle Emploi n'eût pas été possible sans ces transformations des équilibres antérieurs, s'autorisant l'une l'autre : mutations dans l'emploi, redéfinitions de l'action des syndicats « ouvriers », puissances neuves du patronat financier, concurrences avivées et renouvellements dans les secteurs dominants du Medef. Pour autant, ces transformations ne firent pas Pôle Emploi.

Ont fait Pôle Emploi ceux qui légalement mirent en forme l'institution (le cabinet du ministre du Travail Xavier Bertrand et le conseiller social de l'Élysée Raymond Soubie). A fait et continuellement refait Pôle Emploi sa direction, nommée par son conseil d'administration, lorsqu'elle travaille à codifier l'activité professionnelle « légitime » dans la structure. Et puis, différemment, font Pôle Emploi, quotidiennement, les salariés qui, sous l'enseigne, dans des bureaux plus ou moins coordonnés, travaillent « au nom de » l'institution [43], et s'accommodent (plus ou moins) des prescriptions de leurs directions nationale ou locales.

Il faut donc différencier les séquences, les étages et les personnels par lesquels Pôle Emploi a été produit, est produit, est pratiqué. Les étages dans l'entreprise. Et l'étage où l'institution fut juridiquement mise en forme. À l'étage de la direction, des hauts fonctionnaires très politiques associés à des managers d'entreprise, qu'ont agréés les ministères [44], font de Pôle Emploi une entreprise hybride — mélange d'institution nationale publique [45] (étatisation des ressources de l'Unedic) et de gestion managériale. Ces dirigeants, de double origine, promeuvent une politique d'entreprise où s'expriment les savoir-faire liés aux formes de leur socialisation et à leurs parcours professionnels. Mais s'y expriment aussi les tensions que créée leur association [46].

Le gouvernement désignant le délégué général de Pôle Emploi (les « partenaires sociaux » n'ont qu'un avis à donner), Christian Charpy fut

---

43 Voir, pour une analyse de l'État comme « désignation » et « relations objectives entre positions de pouvoir », Pierre Bourdieu, *Réponses*, Seuil, Paris, p. 86-87.

44 Le conseil d'administration rassemble sept représentants désignés par le cabinet des ministres de l'Emploi, du Budget, de l'Intérieur, de l'Éducation et de l'Immigration, cinq représentants des syndicats de salariés, cinq des organisations patronales, un des collectivités locales, de sorte que, sauf coalitions improbables, les ministères désignent directement ou indirectement les dirigeants de la structure.

45 Le statut juridique de Pôle Emploi, établissement public administratif (EPA) ou établissement public industriel et commercial (EPIC), est soumis à de fortes controverses, le Conseil d'État penchant plutôt pour un EPA.

46 Observables avec le remplacement de Jean-Christophe Sciberras par Moïse Rashid, ex-directeur des affaires sociales à l'ANPE.

promu directeur général. Énarque (promotion 1986), ex-directeur général de l'ANPE, ce conseiller à la Cour des comptes était devenu « quasi ministre » à trente-quatre ans : conseiller technique de Simone Veil, ministre des Affaires sociales (1993-1994) dès trente-trois ans, puis directeur du cabinet de Philippe Douste-Blazy, ministre de la Santé (1994-1995). De 2003 à 2005, il est conseiller social à Matignon. Sa carrière, toute effectuée dans le public dans des postes mi-administratifs mi-politiques, le dispose à reproduire comme impératif de résultats les critères les plus politiques de la gestion administrative des chômeurs (contrôle, radiations, maintien « au plus bas » du chiffrage du chômage et des dépenses d'indemnisation).

Lui est associé un manager (nommé indirectement par l'État [47]) comme président de Pôle Emploi, Dominique-Jean Chertier, ex-conseiller social de Jean-Pierre Raffarin à Matignon, mais surtout directeur adjoint des Affaires sociales et institutionnelles de Safran et membre du conseil d'administration d'Air France [48]. Cet alliage de hauts fonctionnaires très politiques (versant « contrôle des finances publiques ») et de managers se retrouve plus bas dans l'organigramme dirigeant. Le premier directeur général adjoint de Pôle Emploi chargé des ressources humaines, Jean-Christophe Sciberras, vient de Renault, où il était DRH, quand la directrice de cabinet de Christian Charpy, Carine Chevrier, était directrice financière de l'ANPE [49].

La politique d'entreprise affichée à Pôle Emploi se comprend mieux dès qu'on saisit qui la formalise. La composition mixte du groupe dirigeant, l'alliance et la négociation d'ethos professionnels en partie différents qu'elle détermine, s'exprime à plein, en effet, dans la « gouvernance » de l'« institution publique » que la direction revendique et brandit. Et qui fait de Pôle Emploi une entreprise où se mêlent techniques managériales privées [50] et rationalités politico-administratives. Importation des recettes d'entreprise héritées de la « modernisation » de l'ANPE engagée par Michel Bon (ENA, ESSEC, Stanford Business School), banquier puis P-DG de Carrefour (dès 1993 [51]), d'une part : concurrence entre directeurs d'agence, évaluation des

---

47 Personnalité qualifiée désignée par l'État au conseil d'administration, qui cumule des titres la rendant éligible par les délégués patronaux et les représentants des ministères.

48 Également membre du Conseil économique et social, du Conseil d'orientation des retraites et du Conseil d'orientation pour l'emploi.

49 Elle est par ailleurs l'épouse du directeur de cabinet du secrétaire d'État à l'Emploi.

50 Ce qui se donne à voir jusque dans la rémunération du directeur général de Pôle Emploi, qui devrait percevoir un salaire annuel de 275 000 euros brut pour l'année 2009, soit 45 000 euros de plus qu'en 2008. Un salaire annuel correspondant à celui du Premier ministre François Fillon.

51 Il s'agissait déjà, selon les termes de Michel Bon, de « moderniser l'Agence », pour viser une position de « leader sur le marché du recrutement ». La « modernisa-

« performances » des agents liée à des objectifs individuels chiffrés (de convocation des chômeurs), intensification du travail [52], mobilité forcée après la fusion des bureaux locaux des Assedic et de l'ANPE, embauches de CDD pour « traiter » la hausse du nombre des chômeurs. Auxquelles sont combinées des injonctions liées aux impératifs d'État, d'autre part : consignes pour abaisser le chiffre des chômeurs gérés par Pôle Emploi et les orienter vers des opérateurs privés de placement, en une externalisation qui rejoint d'ailleurs les pratiques d'entreprise ; accroissement du contrôle des chômeurs : à Pôle Emploi, les agents sont maintenant sommés de sanctionner après deux refus d'« offres raisonnables d'emploi », sommés plus qu'hier de traquer les « fraudes à l'indemnisation », sommés, par directives, de vérifier l'authenticité des documents d'identité des étrangers (pour dénoncer les « situations irrégulières »). Le mouvement de « caporalisation » de l'action publique n'épargne pas cette structure : en témoignent le renforcement des hiérarchies et du contrôle qui pèse sur les agents (eux-mêmes faits « surveillants ») et le resserrement des chaînes de commandement [53].

Le renvoi vers Sodie, Altedia, Manpower, Adecco de cohortes de chômeurs, décidé par la direction de Pôle Emploi [54], n'est d'ailleurs pas contradictoire avec le renforcement du contrôle d'État, puisque l'institution publique monopolise la puissance de désigner quelles catégories de chômeurs relèvent d'une gestion d'État et lesquelles sont exclues. Pas de monopoles sans pouvoir (et légitimité conquise), pour ceux qui les contrôlent, d'en arrêter les frontières et de les faire bouger [55]. Pôle Emploi, dans l'activité professionnelle de sa direction (structuration des services, codification des tâches des agents), est ainsi une entreprise « au service des entreprises » [56] en même temps qu'une puissance d'État, servant l'autorité d'État.

Contre le paritarisme d'hier et l'influence de l'Unedic sur l'ANPE, le contrôle d'État est renforcé. Ce qui n'est pas sans relations, non plus, avec

---

tion » d'alors passe par une déconcentration qui renforce les pouvoirs de contrôle et de surveillance des directeurs d'agence, des impératifs de résultats quantifiés et l'individualisation des salaires des agents.

52 Des « portefeuilles » d'environ 300 chômeurs par agent de Pôle Emploi.

53 Voir Gaël Guiselin et Aude Rossigneux, *Confessions d'une taupe à Pôle Emploi*, Calmann-Lévy, Paris, 2010.

54 En 2009, plus de 74 000 chômeurs ont été réorientés vers des opérateurs privés de placement : surtout les « demandeurs d'emploi les plus en difficulté » et les « licenciés économiques ».

55 Voir Pierre Bourdieu, « Esprits d'État. Genèse et structure du champ bureaucratique », *Raisons pratiques. Sur la théorie de l'action*, Seuil, Paris, 1994 ; ou plus largement Pierre Bourdieu, *La Noblesse d'État*, *op. cit.*

56 Voir l'entretien de Christian Charpy aux *Échos* du 9 février 2010 : « En 2010, Pôle Emploi doit se réorienter résolument vers les entreprises. »

le recrutement de ceux qui, avant Pôle Emploi, firent Pôle Emploi. À un autre étage : dans les cabinets ministériels où l'institution fut juridiquement mise en forme. Car il ne suffit pas, pour expliquer la rapidité exceptionnelle de cette création institutionnelle, d'évoquer l'empressement du ministre Xavier Bertrand, contraint par des concurrences diverses (à l'UMP et au gouvernement), ou d'évoquer sa promptitude à donner, à l'Élysée, les gages de fidélité qu'imposait son ralliement tardif au candidat Sarkozy. Quoique l'empressement (qui sans doute activa son cabinet) soit moteur d'action et garantie de ressource pour un professionnel de la politique faiblement pourvu en titres scolaires, sans autre filière d'ascension que la politique — il n'est jamais passé en cabinet ministériel — mais vite promu par sa capacité à servir (Alain Juppé, Jean-Pierre Raffarin, Dominique de Villepin puis Nicolas Sarkozy).

La double face de Pôle Emploi (étatisation et managérialisation) tient surtout aux cursus des « juniors de la classe dominante » qui composent les premiers cabinets de Xavier Bertrand et Christine Lagarde. Tous ou presque ont été formés aux lois de l'entreprise à Sciences-Po, l'ENA [57], l'ESSEC [58], ou ont géré des entreprises [59]. Si bien qu'il leur semble très « naturel » d'appréhender comme modèle d'efficacité le management privé — pour le secteur public y compris. D'autant que, « hérités par l'héritage », ils sont dépositaires de la conversion, unanime et de longue date, des élites d'État aux vertus de l'entreprise. Mais ce n'est pas tout. Car ces « officieux du pouvoir », une fois arrivés en poste, ont aussi à s'accréditer comme « fondés de pouvoir » auprès des élites seniors. Le renforcement de

57 C'est le cas, au cabinet de Xavier Bertrand, de Jean Castex (42 ans), directeur de cabinet, Nicolas Bossard de Molin (31 ans) et Hervé Drouet (34 ans), directeurs adjoints du cabinet ; Samuel Baroukh, chef de cabinet adjoint (29 ans), sort de Sciences-Po ; et aussi d'Emmanuel Glimet (43 ans), directeur adjoint du cabinet de Christine Lagarde, Yohann Bénard (34 ans), directeur adjoint de cabinet, Alexandre de Juniac (46 ans), directeur de cabinet.

58 On retrouve ce cursus au cabinet de Xavier Bertrand, pour François-Xavier Selleret (35 ans), conseiller auprès du ministre, ESSEC, Nicolas Bossard de Molin, directeur adjoint du cabinet (31 ans), Sup de Co Paris ; le cumul HEC-ENA est plus fréquent au cabinet de Christine Lagarde : Christophe Bonnard (35 ans), Thomas Fatome (34 ans), Emmanuel Glimet (43 ans), directeurs adjoints du cabinet.

59 François-Xavier Selleret (35 ans), conseiller auprès du ministre Xavier Bertrand, vient du cabinet d'audit BDO Gendrot ; au cabinet de Christine Lagarde, Alexandre de Juniac (46 ans), directeur du cabinet, était l'un des directeurs généraux de Thalès, et son prédécesseur, Stéphane Richard (46 ans), était directeur général adjoint de Veolia Environnement. Bien que ne participant pas de ces « juniors », Raymond Soubie, conseiller social à l'Élysée qui gère le dossier Pôle Emploi dans sa mise en forme, avait fondé le cabinet de conseil en ressources humaines Altedia (qui conseillait plus de 80 % des entreprises du CAC 40).

la puissance d'État (*via* notamment Pôle Emploi) non seulement renforce cette position en montrant leur force en actes à tous les secteurs de l'élite. Il leur offre également de produire une image d'eux-mêmes en titulaires du pouvoir. Une image propre à les enchanter, qui confirme les certificats d'excellence que l'École, hier, leur a fait cumuler.

S'accréditer « agents de pouvoir » vaut, par ailleurs, accélérateur de carrières, dans et hors l'État, maintenant qu'est abolie la distance entre hauts managers d'État et managers de grandes entreprises, issus dorénavant (et plus qu'avant) des cabinets ministériels [60]. Augmentant le contrôle d'État, Pôle Emploi augmente ainsi, dans les concurrences internes aux élites, la « force au jeu » des jeunes élites (ministérielles) qui produisent l'institution neuve, et la produisent « managée » [61]. Ce qui leur offre, *last but not least*, de lier davantage les différents fragments de leurs socialisations (service public et culture d'entreprise) ou de leurs parcours (secteur public et monde des affaires), en les fondant et les légitimant dans leurs existences conjointes [62]. Cependant que l'opération réussie atteste d'une position d'autorité, ajustée aux dispositions à faire autorité et à l'exercer de cette jeune mais haute « noblesse d'école », s'employant à devenir, vite, haute « noblesse d'État ».

Cela n'empêche pas que Pôle Emploi ne cesse d'être différemment « habité » aux étages inférieurs : dans les antennes, locales, quand les agents, pratiquant leur métier, pratiquent Pôle Emploi ; quand ils investissent leurs tâches (et investissent plus ou moins dans ces tâches) en « jouant avec » les règles que prétendent fixer les étages supérieurs ; en aménageant ces règles plus qu'en les appliquant, en fonction de leurs histoires sociales particulières [63], en fonction des rencontres entre leur histoire propre et l'histoire des chômeurs qu'ils « conseillent » [64], et suivant l'organisation locale des tensions, des prétentions, des soutiens.

60 Voir François-Xavier Dudouet et Éric Grémont, « Les grands patrons français et la crise financière », *loc. cit.*

61 Même si, à l'intérieur des équipes ministérielles, concurrences, problématisations différentes opposent ces associés rivaux que sont aussi les membres des cabinets. Développer l'enquête sur la mise en forme institutionnelle supposerait de les apprécier quoiqu'elles fussent généralement soigneusement gardées secrètes, même une fois terminé le travail en cabinet ministériel.

62 Si l'on accepte ici de transférer un schème mis en œuvre sur d'autres cas d'engagements doubles ou triples, voir Claire Le Strat et Willy Pelletier, *La Canonisation libérale de Tocqueville*, Syllepse, Paris, 2006.

63 Pour des travaux réalisés dans cette perspective, se reporter à Vincent Dubois, *La Vie au guichet*, Economica, Paris, 1999 ; et Alexis Spire, *Étrangers à la carte. L'administration de l'immigration en France (1945-1975)*, Grasset, Paris, 2005.

64 Voir, contre le misérabilisme, sur ces « rencontres », Claire Le Strat, « Un

Pôle Emploi, hold-up d'État

Entretien avec **Noël Daucé**, secrétaire général du SNU-Pôle Emploi, FSU.

Beaucoup craignaient une privatisation du « service public de l'emploi » après l'élection de Nicolas Sarkozy, la création de Pôle Emploi va-t-elle dans ce sens ?

La création de Pôle Emploi, institution nationale publique, par la fusion de l'ANPE et du réseau opérationnel des Assedic, a été actée par la loi n° 2008-126 du 13 février 2008, relative à la réforme de l'organisation du service public de l'emploi. Les rapports Marimbert et Balmary de 2004 l'avaient évoquée pour mieux la repousser. Cette fusion donne à voir un État en cours de *réorganisation* plutôt qu'un État en voie de *démantèlement.*

La fusion de l'ex-ANPE et du réseau des Assedic figurait en effet dans le programme du candidat Sarkozy. Elle a été menée comme un raid bousculant, en à peine un an et demi, cinquante années (pour l'Unedic) et quarante (pour l'ANPE) d'existences institutionnelles. Cette « blitzkrieg » a réussi, et la présence de Nicolas Sarkozy le 20 novembre 2009 à la convention de l'encadrement de Pôle Emploi ferme la boucle, en démontrant son attachement particulier à cet élément de son programme.

Il ne s'agit néanmoins en aucun cas d'une mécanique de privatisation, contrairement à ce que l'on pourrait penser. Il convient d'ailleurs de dissocier la nature des statuts des personnels et la nature des établissements ou des organismes. Les Assedic, par exemple, étaient des structures associatives — donc de droit privé — avec un statut du personnel relevant d'une convention collective. Elles étaient des composantes d'un organisme social, gérant une partie du salaire différé issu des cotisations patronales et salariées. Mais la convention Unedic devait être agréée par l'État pour entrer en application. L'État se portait garant de ses emprunts auprès des banques, par ailleurs elles géraient par délégation pour le compte de l'État la partie publique des allocations (Allocation de solidarité spécifique) destinées aux chômeurs. Donc l'État n'était déjà pas absent, loin de là.

L'Association de formation professionnelle des adultes (AFPA), autre composante à part entière du service public de l'emploi, relève quasiment des mêmes catégorisations puisqu'il s'agit d'une structure associative, financée pendant longtemps à 90 % par le budget de l'État, avec des missions de service public et un personnel doté d'une convention collective. On pourrait y ajouter les missions locales ou, dans un autre registre, les différentes structures de la Sécurité sociale.

échange de services paradoxal », *Actes de la recherche en sciences sociales,* n° 136-137, mars 2001.

La gouvernance de Pôle Emploi et son budget montrent, en fait, assez nettement qu'il ne s'agit pas là d'une privatisation. C'est plus compliqué que cela. Le conseil d'administration de Pôle Emploi est à composition quadripartite : État, Unedic, Pôle Emploi, avec l'adjonction des représentants des collectivités territoriales, partenaires sociaux. Mais les représentants de l'État, sauf improbable opposition commune des représentants patronaux et des syndicats de salariés, sont assurés d'imposer, à la tête de Pôle Emploi, les dirigeants qui ont été choisis dans les cabinets ministériels. Ce qui a d'ailleurs été le cas.

La loi du 13 février 2008 précise, de plus, que le budget de Pôle Emploi est alimenté par au moins 10 % des cotisations annuelles prélevées par l'Unedic. Ce budget, autour de 4,5 milliards d'euros pour l'année 2009, est donc composé pour les 2/3 par un financement Unedic de 2,9 milliards, l'État ajoutant 1,3 milliard, le reste provenant de différentes ressources telles que le Fonds social européen. Ainsi, la structure du budget montre très clairement que la création de Pôle Emploi est fondée sur un processus d'étatisation d'une partie des ressources de l'Unedic. En d'autres termes, on peut considérer que le gouvernement a pratiqué un véritable hold-up.

Une partie des ressources issues des cotisations des employeurs et des salariés abondant l'indemnisation du chômage (avec une moyenne annuelle d'environ 30 milliards d'euros) a en fait été confisquée par l'État. Ce qui est particulièrement inacceptable lorsque l'on se souvient que le fruit des cotisations constitue une partie du salaire différé. Aussi serait-il fortement souhaitable que celui-ci soit restitué aux caisses de l'Unedic, d'autant plus qu'à peine un chômeur sur deux inscrit à Pôle Emploi bénéficie actuellement d'une allocation issue de l'Unedic.

Le réseau opérationnel des Assedic a été également étatisé, avec la persistance de nombreuses zones d'ombre concernant les compensations financières éventuelles en termes de parc immobilier ou de matériel informatique. Donc en termes de matériel, effectifs et nature d'établissement, on vient d'assister grandeur nature à une opération d'allégement des finances de l'État et à la création d'un outil d'intervention sous contrôle étatique. À la direction de l'Unedic, il ne reste plus qu'une centaine de salariés, sur les 900 initialement employés là, suite aux transferts de personnel dans la direction de Pôle Emploi.

L'AFPA subit quant à elle une nouvelle étape d'un processus de démembrement après une régionalisation brutale. Il s'agit désormais du transfert autoritaire à Pôle Emploi de l'ensemble de ses services d'orientation avec l'intégration de plus de 900 personnes au Pôle Emploi en avril 2010.

Depuis la naissance officielle de Pôle Emploi le 19 décembre 2008, un certain nombre de précisions se sont, d'autre part, peu à peu accumulées pour préciser sa structure institutionnelle. Par le biais d'une décision confidentielle du Conseil d'État et d'un récent texte du secrétariat du Premier ministre, Pôle Emploi est caractérisé comme un établissement public à caractère administratif. D'ailleurs, un certain nombre d'éléments contenus dans la nouvelle convention collective relèvent de la déclinaison de cette caractéristique (notamment la définition du régime de retraite).

Et, en même temps, de plus en plus de demandeurs d'emploi ont été réorientés, pour leur « retour à l'emploi », vers des entreprises de placement privées ?

Certes, mais il s'agit là d'un processus plus ancien qu'il n'y paraît. Depuis le projet de Refondation sociale et le PARE, l'objectif du Medef est constant : objectif qu'il partage avec les organisations syndicales avec lesquelles il cogère l'Unedic, c'est-à-dire principalement la CFDT, la CGC et la CFTC. Il s'agit de prendre le contrôle total de la gestion du segment des chômeurs indemnisés, c'est-à-dire l'inscription, le contrôle de la liste, l'indemnisation et le placement. À l'État ou ses appendices, en l'occurrence l'ANPE, ne serait restée que la responsabilité de la gestion des chômeurs non indemnisés. Le but de la manœuvre était assez évident : les chômeurs indemnisés sont ceux qui au sein de la population privée d'emploi possèdent l'employabilité jugée la plus forte par le patronat. D'autre part, il pouvait faire « d'une pierre, deux coups » puisque ainsi il se mettait en position de contrôler les niveaux d'indemnisation et les sanctions en cas de refus des exigences patronales. Cela lui permettait en même temps de réaliser des économies en matière d'indemnisation. Le retour sur investissement — les cotisations qu'il verse à l'Unedic — se voyait ainsi totalement assuré.

La démarche a été menée avec constance et a été proche d'être couronnée de succès. Le PARE, en 2000, a constitué une première marche, bloquée par le gouvernement de gauche de l'époque. Puis a suivi la loi Borloo, qui a relayé le plan des gestionnaires de l'Unedic et leur a ouvert un espace dans lequel ils se sont engouffrés.

À partir de 2005, la direction de l'Unedic avait d'ailleurs impulsé une mise en concurrence de l'ANPE sur le terrain du placement en confiant à des opérateurs privés de placement le retour à l'emploi d'un certain nombre de chômeurs. Tour à tour, les entreprises d'intérim ou les cabinets privés comme Maatwerk ou Ingeus sont intervenus, avec pour objectifs : retour à l'emploi rapide, sélectivité plus grande sur critères patronaux et raccourcissement des durées d'indemnisation.

En réponse, la direction de l'ANPE avait construit en parallèle un dispositif dénommé « Cap vers l'entreprise » pour démontrer la plus grande efficacité du service public, aux mêmes conditions budgétaires et avec les mêmes moyens en termes de nombre de chômeurs suivis.

Mais la crise a rebattu les cartes, et oblige les secteurs patronaux les plus en pointe sur ce terrain et les partis de droite à réviser leurs axes stratégiques. Les secteurs les plus libéraux sont aujourd'hui sur la défensive, et l'on peut dire, sans doute, qu'ils attendent leur heure. Des projets existent, dessinant une mise en concurrence absolue sur le terrain du placement, ou projetant un démembrement des systèmes d'indemnisation au profit des assurances (particulièrement pour des secteurs comme les cadres). Mais nous n'en sommes pas là.

Où en sommes-nous ? Pour compenser, selon l'expression de Christian Charpy, directeur général de Pôle Emploi, le « risque du monopole », quelques mois après le lancement officiel de Pôle Emploi le gouvernement a ouvert les vannes à l'intervention des organismes privés de placement pour 320 000 chômeurs et près de 420 millions d'euros sur un an. Par cette manœuvre, il fixe au flanc de l'établissement public une concurrence alimentant une pression permanente, à évolution et géométrie variables selon les circonstances et les choix politiques. De plus, le secteur de l'intérim s'est effondré avec la cassure économique de la crise, avec une baisse d'activité de près de 30 %. Ainsi l'opération gouvernementale de subventionnement d'une partie du secteur privé de l'insertion sert à la fois d'entreprise de sauvetage et met la tête hors de l'eau pour certains de ses amis. Il alimente également l'intérim qui, selon les conjoncturistes gouvernementaux, devrait être le premier secteur à bénéficier de la reprise de l'emploi lors de la sortie de crise. Il s'agit donc là d'une initiative à ricochets multiples.

13

L'Éducation nationale dans la tourmente des réformes politiques

Axel Trani*

La charge de Nicolas Sarkozy contre le « sadique » ou l'« imbécile » ayant inscrit *La Princesse de Clèves* — le premier roman moderne de la littérature française — au concours d'attaché d'administration, comme la tristement célèbre invective de Claude Allègre, alors ministre de l'Éducation nationale, invitant à « dégraisser le mammouth » (24 juin 1997) résument assez bien la manière dont certaines élites politiques perçoivent l'école. À leurs yeux, elle s'apparente à une administration énorme, paresseuse et prétentieuse qu'il faudrait réformer de toute urgence. Il est vrai qu'en 2009 elle employait presque la moitié des 2,5 millions d'agents de la fonction publique d'État (1 115 242 pour être précis). Il est également exact que la généralisation de l'enseignement, notamment secondaire, pose une série de questions à l'institution, qui ne sont pas toujours résolues (échec, absentéisme, violence, illettrisme). Enfin, comment occulter son importance politique, puisqu'elle forme les esprits de l'ensemble des futurs citoyens ?

Réservoir immense de main-d'œuvre publique, terrain de la bataille des idées — notamment en matière économique — et instrument de promotion collective des milieux populaires, l'Éducation nationale avait tout pour être happée dans la tourmente politique des réformes.

Nicolas Sarkozy l'annonçait clairement dans la lettre de mission adressée au ministre de l'Éducation nationale, Xavier Darcos, le 5 juillet 2007. Après un hommage rituel à « l'école gratuite, laïque et républicaine,

---

* Inspecteur général au ministère de l'Éducation nationale, de l'Enseignement supérieur et de la Recherche.

[qui] a été le moteur du progrès social et le pilier de l'égalité des chances », il accusait : 20 % des élèves sortiraient du système scolaire sans qualification et les classements internationaux montreraient que l'école ne tire pas assez vite les « conséquences de la bataille mondiale de l'intelligence ». Enfin, il mettait en cause la carte scolaire, qui ne s'imposerait qu'aux familles n'ayant pas les moyens de la contourner.

Autant de chantiers qui ne se confondent pas complètement avec les tendances lourdes à l'œuvre dans l'Éducation nationale, mais qui dessinent une école dont on attend qu'elle reflète la philosophie néolibérale du président de la République et du gouvernement.

Quelles appréciations du système éducatif français ?

Il est toujours difficile de parler d'évaluation sans s'intéresser aux instruments de mesure. Or, en la matière, le moins que l'on puisse dire est que la statistique publique n'est pas épargnée par les réformes récentes de l'État. Dans l'Éducation nationale, il est intéressant d'observer la mise sous le boisseau de la Direction de l'évaluation, de la prospective et de la performance (DEPP), qui participait au débat public par des dossiers et des notes d'information. Depuis 2007, les publications se sont considérablement raréfiées, passant d'une à deux notes par semaine à quelques-unes par an. Le gouvernement semble désormais réticent à ce que des techniciens de l'éducation et de la statistique puissent produire des analyses fouillées, étayées par des chiffres. Il ne veut que des données brutes, qu'il pourra interpréter à sa guise.

Cela dit, que sait-on du système éducatif français ? À la notable exception d'une enquête récente de la DEPP, portant sur l'évolution des compétences des élèves de l'enseignement primaire entre 1987 et 2007 [1], les principales études restent des comparaisons internationales avec les autres États de l'Union européenne ou de l'OCDE.

La première question est celle des dépenses d'éducation. Les derniers indicateurs de l'OCDE, qui concernent l'année 2005, agrègent l'ensemble des financements cumulés provenant des États, des collectivités territoriales, des ménages ou des entreprises. La France consacre à l'éducation une part de sa richesse nationale légèrement supérieure aux dix-neuf pays dont la richesse mesurée par le PIB/habitant est supérieure à la moyenne

1 Note d'information *Lire, écrire, compter : les performances des élèves de CM2 à vingt ans d'intervalle, 1987-2007*, n° 08.38, décembre 2008.

de l'OCDE : 5,9 % contre 5,7 % [2]. Signalons toutefois que ce pourcentage a baissé d'un point depuis 1995, retombant au-dessous de ce qu'il était en 1985 [3].

En distinguant selon les degrés de scolarité, le pays est dans la moyenne pour l'enseignement avant 6 ans, dépense moins pour les élèves de l'enseignement primaire de 6 à 11 ans, plus pour ceux de l'enseignement secondaire (ce qui est une conséquence de l'accès de 66 % d'une génération au bac), et moins pour l'enseignement supérieur. Comme on le voit, ces résultats bruts sont faussés dès lors qu'on ne tient pas compte de l'effectif, de la répartition des élèves, de la durée des cursus, de la durée et de la variété des enseignements. En effet, comment apprécier le niveau des élèves ? Prendre la mesure de l'enjeu, c'est d'abord mentionner les trois finalités mises en avant par la loi d'orientation du 10 juillet 1989, et qui ne sont pas spécifiques à la France : transmettre des connaissances, préparer à la vie professionnelle et former le citoyen. Il est nécessaire d'y ajouter la promotion de l'équité, qui ne peut être réduite à une égalité d'accès ou de traitement mais suppose une obligation d'amener l'ensemble d'une classe d'âge à la maîtrise de certains savoirs, savoir-faire et « savoir être ».

Au plein sens du terme, il n'existe aucune étude comparative des systèmes éducatifs intégrant toutes ces dimensions. La transmission des connaissances peut être — difficilement et approximativement — appréciée. Mais quelle est la part de l'environnement familial ? Le niveau de qualification des parents a des effets directs sur les résultats des enfants. Et que dire de la préparation à la vie professionnelle ? Comment évaluer précisément la part de l'aggravation du chômage des jeunes due à l'inadaptation des formations, et celle qui est imputable à la conjoncture économique ou aux pratiques discriminatoires d'employeurs défavorables aux jeunes, notamment d'origine immigrée ? Quant à la citoyenneté, peut-on expliquer la progression tendancielle de l'abstention électorale, les variations de la délinquance juvénile, ou la préoccupation marquée des jeunes générations pour l'avenir de la planète, par l'impact du système éducatif ? En réalité, pour avoir une vision claire, il faudrait mesurer l'évolution des inégalités — de revenus, culturelles ou résidentielles — dans la société

2 Claude Sauvageot et Nadine Dalsheimer, « La situation éducative de la France comparée à celle d'autres pays de l'Union européenne ou de l'Organisation de coopération et de développement économiques (OCDE) », *Éducation et Formations*, n° 78, novembre 2008, p. 23-43.

3 Note d'information, *Coût de l'éducation en 2008. Évaluation provisoire du compte*, n° 10-01, janvier 2010.

française au cours des dernières décennies et la mettre en rapport avec les résultats scolaires des différentes catégories de population. Cela ne serait pas inutile quand on sait que les enfants d'ouvriers, d'inactifs et d'employés, qui représentent la majorité des élèves de sixième (56 %), ne sont plus que 16 % à accéder aux classes préparatoires aux grandes écoles (CPGE). À l'inverse, leurs camarades dont les parents sont cadres ou exercent une profession libérale, très minoritaires en sixième (16 %), constituent plus de la moitié (55 %) des élèves de CPGE [4].

Mais relativiser ne signifie pas ignorer les outils disponibles et, parmi ceux-ci, les évaluations dites PISA (Program for International Student Assessment) [5]. Ces dernières portent essentiellement sur quatre champs disciplinaires : sciences, mathématiques, lecture et écriture. Les résultats de 2006, les derniers exploités à ce jour, montrent qu'en sciences les élèves français sont très légèrement en dessous du niveau moyen. En culture mathématique, la position française est très comparable, mais les résultats apparaissent moins bons que lors des enquêtes de 2000 et 2003. La tendance est la même pour la compréhension de l'écrit. Les évaluations internationales convergent donc pour placer la France en position moyenne dans les pays de l'OCDE. Un certain affaiblissement a été observé lors des derniers tests PISA. Il est réel, mais limité.

Pour autant, ce type d'analyse n'est jamais une représentation « objective » de la situation. C'est une pratique stratégique et politique, prise, comme le signale la sociologue Lise de Mailly, « dans les enjeux liés à la redéfinition des priorités, des finalités, des valeurs centrales des politiques éducatives. Bref, son sens politique n'est pas fixé et elle peut parfois être mise au service d'une action professionnelle éthiquement orientée contre les inégalités sociales et scolaires et les dominations ordinaires, d'autres fois au service d'une rationalité gestionnaire ou technocratique ou des intérêts sociaux de parents de classes supérieures [6] ». Et, dans l'état actuel des rapports de forces entre les groupes sociaux, c'est plutôt dans la seconde direction qu'elles vont être mobilisées, pour justifier des réformes draconiennes.

---

4 Source : ministère de l'Éducation nationale, Direction de l'évaluation, de la prospective et de la performance, *Suivi après le baccalauréat des élèves entrés en sixième en 1995*, <www.inegalites.fr>.

5 PISA est une enquête par questionnaire menée auprès d'élèves sélectionnés à partir d'un échantillon aléatoire d'établissements scolaires (publics ou privés) des trente pays membres de l'OCDE. Les premières collectes de données ont eu lieu en 2000, les suivantes en 2003, en 2006 et 2009. Les résultats sont accessibles sur <www.pisa.oecd.org>.

6 Lise DE MAILLY, « En Europe : l'évaluation contre la crise des systèmes scolaires, l'évaluation en crise », *Éducation et Sociétés*, n° 17, 2006, p. 105-120.

Dégraisser le mammouth

Parmi celles-ci, on trouve d'abord la réduction du champ de l'emploi public. Nicolas Sarkozy l'avait annoncé clairement lors de la campagne présidentielle de 2007, lorsqu'il proposait de « revenir au nombre des fonctionnaires de 1992, moment où la France n'était pas mal administrée ». Parfaitement arbitraire, la comparaison surprend. Pourquoi 1992 et pas une autre année ? Comment ignorer que les Français sont près de six millions de plus ? Quoi qu'il en soit, l'enseignement scolaire, qui représente la moitié des fonctionnaires, subit de plein fouet cette politique, amorcée il est vrai sous les gouvernements Raffarin (2002-2005). Xavier Darcos annonçait ainsi en août 2007 : « Premier employeur de l'État, l'Éducation nationale ne se dérobera pas dans l'effort de non-renouvellement des fonctionnaires partant à la retraite. » Et d'ajouter subtilement : « Je peux retirer 11 200 postes dans l'Éducation nationale sans que l'on s'en rende compte et fournir le même service [7]. »

L'ensemble des fonctions scolaires sont concernées et près de 14 000 emplois disparaissent à chaque rentrée. Entre 2004 et 2009, le personnel de surveillance (conseillers principaux d'éducation, surveillants d'externat, maîtres d'internat et assistants d'éducation) a pratiquement été divisé par deux (de 50 193 à 28 165) [8]. Lorsque l'on observe les moyens rapportés au nombre d'élèves du second degré, il est étonnant de constater que le très officiel *Recueil de références statistiques* ministériel de 2008 soutienne qu'ils n'ont pas diminué depuis 2000 alors que la comparaison avec l'édition 2003 atteste d'une dégradation [9]. Dans le premier degré, la tendance est identique : on comptait 116 000 élèves de plus à la rentrée 2007 qu'en 2002, alors que le nombre d'enseignants avait diminué d'un peu plus de 4 000. « Fournir le même service », disait le ministre...

Revoir les contenus

Le gouvernement a une autre préoccupation forte : le contenu de l'enseignement ne lui convient pas. Et, comme les républicains des débuts de la IIIe République ou les marxistes althussériens, il voit dans l'école un « appareil idéologique d'État » qu'il est crucial de contrôler.

---

7 Déclaration à la presse, 29 août 2007.

8 Cité par *Le Monde*, 16 février 2010.

9 Respectivement p. 296-297 et 238-239.

Cela concerne d'abord l'enseignement des sciences économiques et sociales (SES), créées par la réforme Fouchet en 1966, sur les conseils du célèbre historien de l'école des Annales Fernand Braudel. La discipline conjugue les perspectives historiques, sociologiques et économiques. Cette dernière donne une place importante à la macroéconomie. L'apport des différentes écoles de pensée — keynésienne, libérale, marxiste — y est reconnu et enseigné. Or, les SES font l'objet depuis 2002 d'attaques furieuses. Francis Mer, ministre de l'Économie et des Finances (2002-2004), les a dénoncées lors d'un colloque de l'Institut de l'entreprise, une association présidée par Michel Pébereau, P-DG de BNP-Paribas, qui allait devenir le fer de lance de la remise en cause des SES. Pour le ministre, il s'agissait de réduire la part de la sociologie et celle de la macroéconomie au profit d'une approche microéconomique directement adaptée au fonctionnement de l'entreprise ; une préoccupation que partage le président de l'Institut quand il indique : « À la lecture des manuels et des programmes, j'ai rapidement pu constater que la microéconomie y était pratiquement inexistante. Les entreprises sont présentées comme des agents de la comptabilité nationale, et l'État comme un élément central de régulation. [...] Un des sujets du bac 2005 portait sur "les conflits de classe et le changement social". Difficile pour les étudiants dans ces conditions d'avoir une idée juste et surtout une image dynamique des entreprises françaises, qui sont pourtant à la source des créations de richesse du pays [10]. » La levée de boucliers des enseignants amena — comme souvent — le gouvernement à nommer une commission, chargée d'examiner la pertinence des manuels. Confiée à l'économiste Roger Guesnerie, titulaire de la chaire « Théorie économique et organisation sociale » du Collège de France, celle-ci en a donné une appréciation positive, malgré quelques réserves.

La polémique fut relancée par Nicolas Sarkozy, quand, en janvier 2009, il déclarait : « Il y a une filière économique pour vos enfants. C'est une blague. [...] Parce que la filière économique ES, mettez vos enfants dedans, et ils ne peuvent pas se permettre de se présenter dans les meilleures écoles économiques. Qu'est-ce que cela veut dire ? On dit à ton gosse, fais la filière économique, tu pourras faire de l'économie, et à l'arrivée ils ne peuvent pas se présenter [aux concours]. Ce n'est pas admissible. » Peu importe qu'en réalité 60 % des étudiants admis dans les écoles

---

10 Michel Pébereau, *Allocution à la Chambre de Commerce et d'Industrie de Paris à l'occasion de la remise des prix du 22e concours du meilleur mémoire financier*, 23 février 2006.

de commerce après le bac soient issus de la série ES [11], et que celle-ci attire chaque jour plus d'élèves, la réforme Chatel, qui concerne la rentrée 2010, replace la filière au centre des tirs, tout comme les SES.

Bien que l'économie constitue le front principal de la réforme des programmes, on peut observer quelques autres incises idéologiques. Ainsi, en 2010, en plein débat sur l'« identité nationale », il n'est sans doute pas neutre que le projet de nouveau programme d'histoire pour la classe de seconde supprime l'enseignement intitulé « La Méditerranée au XIIe siècle : carrefour de trois civilisations » (Occident chrétien, Empire byzantin et monde musulman), pour le remplacer par l'étude de la « civilisation rurale dans l'Occident chrétien médiéval, du IXe siècle au XIIIe siècle », dont un tiers est consacré à la vie religieuse, abordée par « La découverte d'un lieu de culte : une église ou une abbaye » ; voire la « vie d'un moine, Bernard de Clairvaux (1090-1153), ou d'une moniale, Hildegarde de Bingen (1098-1179) »...

Réformer la carte scolaire

La carte scolaire constitue un autre marqueur des politiques du gouvernement. Comme le bouclier fiscal, c'est l'un des signaux forts envoyés vers certaines de ses clientèles électorales. Il s'agit en l'occurrence de fractions des classes moyennes qui, en raison de la flambée du marché immobilier des années 2000, ont dû s'installer dans des zones populaires pour pouvoir accéder à la propriété, et qui ressentent la sectorisation comme une contrainte insupportable [12]. Ou même de certaines familles plus modestes, françaises depuis plusieurs générations et vivant dans des quartiers où les immigrés récents sont nombreux.

Cette préoccupation concerne surtout le second degré. La faible mobilité des enfants scolarisés dans le premier degré, une offre scolaire assez homogène quant aux disciplines proposées (sous réserve bien sûr de politiques plus ou moins actives des associations et des collectivités locales) et la perception, à certains égards erronée, que l'essentiel se joue dans le secondaire limitent la revendication du « libre choix » pour ces établissements. Pour le collège et le lycée, c'est en 1963, à une période de très forte

11 Voir notamment Philippe Frémeaux, « La série ES : Nicolas Sarkozy est décidément mal informé », *Alternatives économiques*, 29 janvier 2009.

12 Sur les dynamiques d'évitement scolaire, voir Franck Poupeau et Jean-Christophe François, *Le Sens du placement. Ségrégation résidentielle et ségrégation scolaire*, Raisons d'Agir, Paris, 2008.

croissance des effectifs, que la carte scolaire a pris forme. Elle était destinée à faciliter la planification des besoins en équipements et en emplois, à limiter les transports et, dans son principe, à réduire la ségrégation sociale dans les établissements.

La victoire des partis de droite aux élections législatives de 1986 marqua le début d'expérimentations de la liberté de choix. Trois ans plus tard, 11 % des familles avaient demandé une affectation en dehors de leur secteur. Ces expérimentations se sont poursuivies et, en 1999, elles concernaient la moitié des collèges et le quart des lycées. La Loi sur les libertés et les responsabilités locales du 13 août 2004 a transféré, des services déconcentrés de l'administration d'État au département, la responsabilité d'arrêter les secteurs de collège (elle reste du ressort de l'État pour les lycées) [13]. Cela ne correspondait pas à une forte augmentation des demandes de dérogation : elles concernaient 16 % des entrants en sixième et 60 % d'entre elles étaient satisfaites. Il faut ajouter que le recours à l'enseignement privé constitue souvent une alternative fréquente, notamment pour les familles les plus aisées. À la veille de la réforme Darcos de libéralisation de la carte scolaire, fin 2007, on comptait 20 % de demandes de dérogation à l'entrée au lycée, essentiellement motivées par les choix d'option. Cela dit, ces chiffres ne tiennent évidemment pas compte de la fuite vers l'enseignement privé puisque, en France, c'est encore la meilleure façon de déroger à la carte scolaire et à la « fatalité scolaire ». Dès lors, la libéralisation actuelle s'ajoute à une bipartition du système d'enseignement et risque d'en accroître encore les effets ségrégatifs.

Mais quels sont les effets du libre choix scolaire ? C'est l'objet de nombreuses études récentes [14], dont celle de la sociologue Nathalie Mons, qui a étudié les résultats obtenus par les différents pays de l'OCDE aux tests PISA [15]. La philosophie du « libre choix » fait de l'école un marché et vante les effets de la concurrence à partir d'hypothèses familières au discours libéral : les acteurs chercheraient la maximisation de leur profit, produisant une émulation des établissements pour attirer les meilleurs éléments. Or les études internationales montrent que cela est inexact : les collèges et les lycées adoptent des stratégies pour se garantir un public choisi et non

---

13 Elle confie également la délimitation des secteurs de recrutement des écoles primaires au conseil municipal alors qu'elle revenait antérieurement au maire comme agent de l'État.

14 Notamment Franck Poupeau et Jean-Christophe François, *Le Sens du placement. Ségrégation résidentielle et ségrégation scolaire*, *op. cit.* ; et le numéro spécial d'*Actes de la recherche en sciences sociales*, « École ségrégative, école reproductive », n° 180, décembre 2009.

15 Nathalie Mons, *Les Nouvelles Politiques éducatives*, PUF, Paris, 2007.

pas pour conquérir des « parts de marché ». En d'autres termes, ce sont davantage eux qui choisissent leurs élèves que le contraire. L'effet conjugué de la pression démographique (particulièrement nette, en France, avec l'arrivée au collège de générations nées en 2000 et après) et de la stagnation des moyens enseignants ne fera que renforcer cette tendance, démultipliant les recrutements sur dossier et les listes d'attente dans les « bons » établissements.

Sur le plan des résultats, les pays qui pratiquent le libre choix total — comme le Royaume-Uni, la Belgique, la Hongrie et la République tchèque — concentrent les très bons élèves des quartiers favorisés tout en recrutant sur dossier les meilleurs élèves des quartiers défavorisés. Cette désertion organisée des meilleurs élèves des quartiers populaires détériore la situation, les résultats, et l'image de leurs établissements d'origine desquels l'émulation et l'espoir scolaires se sont enfuis. C'est pourquoi les résultats nationaux ne sont pas meilleurs. En revanche, les pays qui pratiquent un libre choix régulé par les autorités publiques — les pays scandinaves — comme ceux qui appliquent sans dérogation la carte scolaire — Corée du Sud, Hong Kong et Japon — semblent les meilleurs pour réduire la dispersion des résultats des élèves et les inégalités scolaires d'origine sociale. *A contrario*, les pays adeptes du libre choix total et ceux qui pratiquent une carte scolaire avec dérogation — notamment la France, les États-Unis et l'Allemagne — réussissent moins bien dans ces deux domaines. Ces enseignements des travaux académiques ne plaident guère pour un « laissez faire, laissez aller » et un libéralisme flamboyant. Mais que peut-on dire, en 2010, des choix opérés en 2007 ?

Dans la suppression progressive de la carte scolaire, la priorité devait être donnée à l'examen des demandes de dérogation des élèves handicapés, de ceux bénéficiant d'une prise en charge médicale importante et des boursiers. En juin 2008, l'Inspection générale de l'Éducation nationale (IGEN) et l'Inspection générale de l'administration de l'Éducation nationale et de la recherche (IGAENR) ont procédé à une première analyse après quelques mois (le ministère a refusé de rendre public leur rapport, mais il a filtré dans la presse) et, en octobre 2009, le directeur général de l'Enseignement scolaire, Jean-Louis Nembrini, a présenté un bilan d'étape.

Deux remarques peuvent être tirées de ces documents. D'abord, comme le soulignent les Inspections générales, « l'exigence de donner satisfaction aux demandes des boursiers a été reléguée au second plan et l'objectif de mixité sociale peu pris en compte. [...] La mixité sociale n'a pas été améliorée, voire a continué à se dégrader ». Ensuite, on constate que, en 2009, 65 000 demandes de dérogation ont été enregistrées pour les sixièmes et 40 000 pour les secondes. C'est une augmentation de 9,4 % par rapport à 2008, plus faible qu'entre 2007 et 2008 (+ 17 %). Au total, le nombre de demandes de dérogation n'explose donc pas. La contrainte de la carte scolaire ne semble pas vécue comme un carcan liberticide par la grande majorité des familles. Il faut bien sûr ajouter que les stratégies individuelles d'évitement sont plus fréquentes dans les catégories favorisées et qu'elles sont sous-tendues par une recherche marquée de l'« entre-soi ». La légère augmentation du nombre de dérogations a contribué à « ghettoïser » certains établissements, et il est piquant de voir le sénateur UMP du Vaucluse Alain Dufaut s'élever contre la suppression de la carte scolaire, « remède [qui] s'est parfois avéré pire que le mal, aggravant la ségrégation au détriment des collèges situés en zone d'éducation prioritaire [16] ». La cause ? La marginalisation jusqu'à la fermeture programmée d'un collège « ambition réussite » à Avignon...

La reprise en main idéologique de l'Éducation nationale entre en résonance et renforce le mépris social du monde enseignant que manifestent nombre d'élites politiques et administratives. Quand Xavier Darcos, alors ministre de l'Éducation nationale, demande au sujet de la première section de maternelle : « Est-ce qu'il est vraiment logique, alors que nous sommes si soucieux de la bonne utilisation des crédits délégués par l'État, que nous fassions passer des concours bac +5 à des personnes dont la fonction va être essentiellement de faire faire des siestes à des enfants ou de leur changer les couches [17] ? », on mesure l'opinion qu'il se fait de la complexité de ces apprentissages, et l'incompétence coupable dont il fait preuve, puisqu'il semble ignorer que ces tâches indispensables sont effectuées par des assistant(e) s scolaires. L'anecdote de *La Princesse de Clèves* va dans le même sens.

Mais ce mépris est aussi révélateur d'un mouvement plus général, dont atteste le recentrage des matières enseignées sur des aptitudes directement opérationnelles : lire, écrire, compter, maîtriser la base de l'informatique, communiquer dans un anglais véhiculaire [18]. Tout se passe comme si certains dirigeants politiques — de droite, mais aussi de gauche —, leurs membres de cabinet et une part de la haute fonction publique assumaient

---

16 *Proposition de loi tendant à assurer une mixité sociale dans les collèges situés en zone d'éducation prioritaire ou dans le réseau « ambition réussite »*, n° 606, Sénat, 1er septembre 2009.

17 Xavier Darcos, Audition devant la commission des Finances du Sénat, le 3 juillet 2008.

18 Qui s'accompagne de la rétraction de l'offre des enseignements en langues étrangères dans le secondaire « dont la richesse était une singularité française » et de la réduction de moitié du nombre des postes ouverts au concours entre 2002 et 2009.

de plus en plus ouvertement qu'un savoir de qualité doit rester le monopole d'une élite, et que pour les autres un enseignement *a minima* suffirait, dès lors qu'il est fonctionnel pour la position sociale à laquelle on les assigne.

L'univers scolaire tire en partie sa légitimité de ses promesses d'ascension sociale. Or l'élévation générale des titres et diplômes n'a pas tellement bouleversé les hiérarchies antérieures. Les compétitions se sont durcies et, en l'état, la généralisation scolaire n'est pas forcément une démocratisation. Mais faut-il pour autant abandonner ce projet émancipateur ? Faut-il assumer un système qui sélectionne et répartit les élèves en fonction de leur milieu social ? C'est en tout cas ce que peuvent laisser penser les réformes actuelles, auxquelles nombre d'enseignants semblent ne pas se résigner.

14

L'« efficacité » de l'École comme enjeu politique et pédagogique

Sandrine Garcia*

Depuis 2002, l'Éducation nationale est soumise à une intense activité législative : suppression des instituts de formation des maîtres (IUFM), des réseaux d'aides spécialisées aux élèves en difficulté (RASED), du samedi matin à l'école primaire, assouplissement de la carte scolaire, projets de jardins d'enfants, organisation du soutien dès l'école maternelle, réforme des méthodes d'initiation à la lecture, recentrage sur les apprentissages à l'école primaire, renforcement des dispositifs d'accompagnement à la scolarité et impulsion de nouvelles formules dans le cadre de la loi Borloo contre l'exclusion, suppression des aides éducateurs, réforme des lycées, loi sur la responsabilité des universités, mise en place de dispositifs pour élargir l'accès à des grandes écoles, etc. Mais quelles lignes de force peut-on identifier dans cet activisme gouvernemental ?

Une partie de ces réformes ont suscité une forte mobilisation de la part du corps enseignant et ont été perçues comme une charge contre les acquis obtenus de plus ou moins longue date. D'autres, comme l'élargissement de l'accès aux filières les plus valorisées de l'enseignement supérieur, sont raillées pour leur insuffisance ou critiquées parce qu'elles renforcent la hiérarchie entre différents établissements. Plus localement, certaines mesures ont été perçues comme des avancées, comme la reconnaissance du

* Maître de conférences en sociologie, université de Paris-Dauphine.

handicap de catégories (les dyslexiques [1] ou les « victimes de troubles du langage »). D'autres sont passées inaperçues, par exemple celle qui prévoit que « des aménagements appropriés sont prévus au profit des élèves intellectuellement précoces ou manifestant des aptitudes particulières, afin de leur permettre de développer pleinement leurs potentialités [2] ». Par ailleurs, des associations se sont vu accorder un statut de véritable partenaire de l'Éducation nationale, comme l'Association pour favoriser une école efficace, transformée en 2007 en Association pour favoriser l'égalité des chances (APFEE), ou la Fondation des étudiants pour la ville (AFEV).

Nous ne proposerons pas ici une analyse aboutie de l'ensemble des politiques actuelles en matière d'éducation, mais plutôt une réflexion sur l'évolution globale depuis au moins une vingtaine d'années, mettant l'accent sur les continuités autant que sur les ruptures.

Dans un premier temps, nous montrerons que le culte de l'efficacité — affiché par les ministres successifs et légitimé par des évaluations nationales et internationales sur la maîtrise des acquis des élèves — est traversé par un certain nombre de contradictions. Nous nous attacherons ensuite à dégager la ligne de pente des transformations que la politique actuelle parachève, et notamment la logique d'externalisation des missions de l'École. Enfin, nous suggérerons qu'une partie des critiques faites aux réformes récentes sont elles-mêmes très ambiguës et, si l'on se fixe pour objectif une démocratisation du système scolaire, tout à fait discutables.

Le culte de l'efficacité : un trompe-l'œil

Les taux d'échec à l'université, comme le rang médiocre obtenu dans les évaluations des compétences des élèves pour l'école primaire [3], ne manquent pas d'être bruyamment mis en avant pour justifier des réformes destinées à améliorer l'efficacité de l'école. L'extension des dispositifs visant à permettre l'accès aux grandes écoles à des lycéens défavorisés et, avant cela, en 2007, le plan de réussite en licence impulsé par la ministre de l'Enseignement supérieur et de la Recherche, Valérie Pécresse, en

1 Loi n° 2005-380 d'orientation et de programme pour l'avenir de l'École du 23 avril 2005.

2 *Ibid.*

3 Par exemple l'évaluation internationale PISA (Program for International Student Assessment) 2003 ou la note d'information de la Direction de l'évaluation, de la prospective et de la performance du ministère de l'Éducation nationale (DEPP), *Lire, écrire, compter : les performances des élèves de CM2 à vingt ans d'intervalle 1987-2007*, n° 08.38, décembre 2008.

constituent les politiques publiques les plus médiatisées. Ces dernières sont aussi caractérisées par l'importance accordée à la prévention de l'échec, et ce dès l'école maternelle où deux heures de soutien par semaine ont été instituées. À l'école primaire, on généralise les dispositifs dits d'« accompagnement scolaire » auxquels se sont ajoutés les programmes de « réussite éducative » [4].

Si elle ne recelait pas des contradictions importantes, on ne pourrait qu'approuver une telle préoccupation. On sait, en effet, que les pratiques pédagogiques à l'école maternelle ont des effets considérables sur les différences d'acquis, et que déjà au cours préparatoire (CP), avant même tout apprentissage officiel de la lecture, les inégalités sont marquées. L'organisation du temps et des différentes activités scolaires reste donc primordiale pour réduire ces inégalités qui, sinon, tendent à s'accroître par la suite [5]. Le fait que certains élèves arrivent au collège avec de fortes lacunes en lecture et en orthographe ne fait qu'obérer leur scolarité, notamment lorsque leurs parents n'ont pas les ressources suffisantes pour chercher ailleurs les moyens de remédier à ce type de difficultés.

Or, au fur et à mesure que les enjeux scolaires se précisent, les parents de « bons » élèves (à savoir ceux qui maîtrisent les acquis élémentaires de la lecture, de l'écriture et des mathématiques) se « débrouillent » pour que leurs enfants côtoient des élèves qui leur ressemblent. L'entrée au collège constitue en effet un moment dans lequel les stratégies de placement et d'évitement sont beaucoup plus offensives [6]. Ce qui est à peu près maîtrisable à un niveau élémentaire ne l'est plus du tout ensuite : les élèves font l'apprentissage de savoirs, mais aussi d'approches pédagogiques différentes. Toutes les conditions sont donc réunies pour que la situation de ceux qui connaissent des insuffisances scolaires s'aggrave.

Même si une bonne scolarité primaire ne garantit pas la réussite ultérieure, on ne peut occulter qu'il s'agit là d'une étape essentielle. Le débat sur les méthodes, sur le temps consacré par les enseignants aux différentes activités, sur le type d'approche pédagogique, apparaît en ce sens parfaitement légitime ; mais l'« efficacité », telle qu'elle est posée par les textes gouvernementaux, reste le plus souvent un trompe-l'œil.

---

4 Les dispositifs de réussite éducative sont inscrits dans les programmes 15 et 16 du Plan de cohésion sociale, rendu public le 30 juin 2004. Voir à ce propos la note de cadrage d'avril 2005.

5 Voir par exemple Bruno SUCHAUT, « La gestion du temps à l'école maternelle et primaire : diversité des pratiques et effets sur les acquisitions des élèves », *L'Année de la recherche en éducation*, 1996, p. 123-153.

6 Voir à ce propos le numéro d'*Actes de la recherche en sciences sociales* consacré à la ségrégation (n° 180, décembre 2009).

Ainsi, l'école maternelle, critiquée au nom de la nécessité d'évaluer ses apports scolaires, n'en a pas moins perdu deux heures pour tous les enfants avec la suppression du samedi matin, sans véritable justification pédagogique — l'enseignement est passé de 936 à 864 heures annuelles. Les heures supprimées sont certes remplacées par des « heures de soutien » pour certains ; mais quel est le sens de ce soutien alors même que les heures d'enseignement sont réduites [7] ?

La même logique est observable dans les réformes successives du lycée et notamment dans les plus récentes : la suppression des heures d'enseignement pour tous et la généralisation du soutien scolaire et hors scolaire pour des élèves ciblés.

Ce double mouvement révèle une tendance lourde : un véritable quadrillage du temps non scolaire de l'enfant et de l'adolescent est en train de se mettre en place à travers un certain nombre de dispositifs dont le caractère pédagogique est pour le moins incertain. Entre 1990 et 2007, six circulaires y ont été consacrées, auxquelles s'ajoutent les mesures instaurées par la loi du 18 janvier 2006 sur la cohésion sociale. Officiellement, c'est bien la réussite scolaire que visent ces dispositifs d'« accompagnement à la scolarité », définis comme l'« ensemble des actions visant à offrir aux côtés de l'École l'appui et les ressources dont les enfants ont besoin pour leur réussite scolaire, appui qu'ils ne trouvent pas dans leur environnement familial et social [8] ». Comme pour l'assouplissement de la carte scolaire, le gouvernement ne fait que poursuivre et renforcer une politique déjà impulsée depuis longtemps, dont le cadrage théorique s'appuie davantage sur des bonnes intentions (susciter l'« envie d'apprendre », le « plaisir de découvrir ») que sur une réflexion pédagogique sur l'efficacité des apprentissages.

Les dispositifs d'accompagnement scolaire ont pourtant fait l'objet d'évaluations ne permettant pas de les créditer d'effets qui justifieraient l'importance croissante qui leur est accordée dans les politiques publiques. Comme l'observe Dominique Glasman, « il ne semble pas que l'on puisse attendre de l'accompagnement scolaire davantage que ce qu'a produit en son temps la pédagogie de compensation aux États-Unis, c'est-à-dire peu de choses et pas de réduction des écarts de réussite ». Il considère même

---

7 Voir sur cette question Denis Meuret, « L'efficacité de la politique des zones d'éducation prioritaire », *Revue française de pédagogie*, n° 109, 1994, p. 41-64. Dans cet article, Denis Meuret montre que les « heures d'exposition à l'apprentissage » sont déterminantes dans la réussite scolaire. Or, cette exposition suppose par définition… que du temps soit consacré aux apprentissages.

8 Charte nationale de l'accompagnement à la scolarité, mai 2001.

que ces dispositifs peuvent, « par des processus non voulus, aboutir à aggraver une stigmatisation, parfois à organiser une ségrégation entre élèves, surtout s'ils sont peu efficaces en termes d'appui au travail [9] ».

Pourtant, l'Association pour favoriser une école efficace (APFEE), créée en 1984 et à l'origine des « Coups de pouce CLE » (Clubs de lecture/écriture), a été récemment sollicitée par le Haut Conseil à la solidarité pour étendre à tous les niveaux du primaire un dispositif qu'elle garantit d'une « efficacité garantie ». Il s'agit de consacrer une demi-heure à un goûter, un quart d'heure à la lecture, une demi-heure à des activités dites « brèves et ludiques », et enfin un autre quart d'heure à la lecture d'une histoire dite la « belle histoire ». Si enseignants et parents paraissent en partie satisfaits, un rapport de l'inspection de l'Éducation nationale est bien plus critique, notamment lorsqu'il pointe que le souci « de ne pas bloquer un enfant sur une erreur, le souci de ne pas enseigner sont à l'origine d'attitudes de nature à conforter des enfants dans les représentations erronées de l'acte de lire et préjudiciables à la réussite scolaire [10] » ; des réserves qui pourraient tout au moins soulever la prudence à l'heure de la généralisation de ce dispositif...

L'externalisation de la lutte contre l'échec scolaire et la médicalisation des troubles d'apprentissage

Derrière ces contradictions entre des préoccupations affichées d'efficacité et l'extension de mesures dont l'apport reste discutable, se profilent des logiques sociales. Ces dispositifs proposent en effet de remplacer et de compenser par l'accompagnement scolaire ce qui fait la réussite de certains enfants dans leur milieu familial. Ils abandonnent l'idée selon laquelle l'essentiel de ce qui constitue ce succès doit se jouer dans la classe, ce qui nécessite que la priorité soit clairement organisée autour des apprentissages. Le diagnostic de l'APFEE, comme celui que sous-tend la charte de l'accompagnement scolaire, se fonde sur les pratiques familiales, cherchant à reproduire et à imiter ce qui constituerait l'avantage éducatif des catégories sociales favorisées. Ce faisant, on accorde à des acteurs formés sur des bases très aléatoires les missions d'égalisation et de

9 Dominique Glasman, *Le Travail des élèves pour l'école en dehors de l'école*, rapport établi à la demande du Haut Conseil à l'évaluation de l'École, décembre 2004, p. 130.

10 *Évaluation de l'action menée par l'Association pour favoriser une école efficace (APFEE)*, IGEN/EGAENR, juillet 2006.

démocratisation qui ont été celles de l'École pendant longtemps, et on reporte sur les familles la responsabilité de l'échec scolaire. On pourrait tout aussi bien se dire que les parents sont en droit d'attendre de l'École qu'elle soit efficace pour tous les élèves, et qu'elle fasse ce qu'ils n'ont pas toujours les moyens ni le temps de faire. Cette externalisation est peut-être économique, puisqu'elle minimise les coûts publics de l'accompagnement, mais elle n'est pas la plus rationnelle : c'est encore à l'école que les enfants passent le plus clair de leur temps et c'est l'utilisation scolaire de ce temps qui leur est la plus utile.

Concernant la volonté de compenser le handicap des familles, là encore, le manque de rigueur domine : sont-ce les histoires que les parents racontent à leurs enfants tous les soirs qui produisent la réussite scolaire, et corrélativement leur absence qui constitue réellement le « handicap » que l'on cherche à compenser ? Les enfants qui sont « aidés » par leurs parents ne disposent-ils que d'une « mise en contact » avec des objets culturels tels que le livre ? On est spontanément porté à le penser, mais il ne s'agit que d'une croyance dans les vertus de la « pédagogie invisible ». Les enquêtes sur les pratiques parentales montrent aussi que les classes moyennes et supérieures n'hésitent pas à agir de manière offensive sur la scolarité de leurs enfants et à faire pression sur les enseignants pour qu'ils se chargent d'apprentissage efficaces. Par quelles vertus magiques le fait d'apprécier la lecture d'un livre favoriserait-il l'apprentissage ?

Le même principe d'« éducation des parents » et de milieux culturellement défaillants prévaut d'ailleurs dans un autre dispositif expérimenté dans trente-sept collèges. L'équipe de l'École d'économie de Paris, dirigée par Éric Maurin, qui l'a évalué conclut à l'efficacité d'une démarche visant à impliquer les parents et à leur faire comprendre le rôle positif qu'ils peuvent jouer dans la scolarité de leurs enfants. Mais, là encore, sur quoi repose l'évaluation ? Pour l'essentiel sur le fait que l'expérience améliore les relations entre les familles et le collège, qu'elle arrive à impliquer les parents et que cette implication améliore les comportements des collégiens. Cela étant, à part de bonnes performances dans un domaine qui concerne la vie scolaire, l'impact sur les apprentissages est jugé « ténu [11] ». On ne peut que se réjouir que le comportement des collégiens soit amélioré, mais la fin principale du système scolaire est-elle vraiment d'éduquer les parents et de discipliner des collégiens « difficiles », pendant que d'autres apprennent ?

Sous couvert de reconnaissance des parents et de leur rôle éducatif, se profile une double logique d'externalisation des missions de l'École et de

---

11 *Le Monde*, 12 janvier 2010.

renvoi vers les familles — et donc vers les inégalités d'héritage culturel — les causes de l'échec. Ce renoncement à faire de l'École l'acteur essentiel de la réussite scolaire est une mutation d'importance, et ce, à plus forte raison que la délégation qu'elle implique ne concerne pas uniquement les acteurs qui animent les divers dispositifs d'accompagnement scolaire. Les troubles de l'apprentissage, comme la dyslexie, sont également massivement sous-traités, en particulier aux orthophonistes dont le nombre a littéralement explosé. Même si les recherches sur l'imagerie cérébrale démontrent l'existence d'une composante neuronale dans les troubles constatés, elles ne montrent pas que l'apprentissage n'est pas à l'origine d'au moins une bonne partie d'entre eux. Une bonne partie des symptômes décrits comme relevant de cette pathologie ne présentent ainsi aucune différence significative avec un apprentissage mal maîtrisé.

Cependant, mettre en place des dispositifs peu efficaces scolairement, ne revient pas à ne rien faire. C'est avoir donné leur chance à « ceux qui n'ont pas l'occasion de partager, le soir après l'école, des expériences agréables et stimulantes de lecture ou d'écriture avec un adulte [12] ». S'ils n'ont pas su saisir cette chance, qui peut-on blâmer à part eux-mêmes ?

Enfin, la promotion des dispositifs d'accompagnement scolaire participe d'une sorte de compromis avec les enseignants, qui vise à sous-traiter la difficulté scolaire à des acteurs extérieurs à la classe : les orthophonistes, les RASED, les centres médico-psycho-pédagogiques (CMPP), etc. Ce compromis évite les tensions avec les enseignants, mais est-il vraiment de nature pédagogique ? Quel est le sens d'une action qui se veut « quand même » en lien avec le scolaire, mais qui repose sur le principe de la séparation entre le scolaire et le non-scolaire ?

Des critiques ambiguës de l'action gouvernementale

Bien que cette logique d'externalisation des missions de l'École soit un tournant décisif, on peut déplorer la teneur de certaines critiques adressées à ces politiques, en particulier pour l'école primaire. Il existe des convictions qui fonctionnent comme des réflexes conditionnés de la pensée progressiste, ou se croyant telle. Parmi celles-ci, tout ce qui s'articule autour du respect du rythme de l'enfant, de la nécessité d'attendre qu'une maturité soit atteinte pour entreprendre des apprentissages, ou du

12 Documents promotionnels de l'association, cités dans le rapport de l'IGEN/EGAENR de juillet 2006, p. 4.

rejet de l'entraînement et de l'apprentissage par cœur, systématiquement décriés au nom de l'intelligence, de la compréhension et de la réflexion.

La proscription de la « méthode globale » d'apprentissage de la lecture a fait l'objet d'un rejet massif aussi bien de la part des organisations syndicales que des mouvements pédagogiques. Ces derniers n'ont pas hésité à utiliser des arguments directement politiques. Dire par exemple que la méthode syllabique « vise l'assujettissement de la jeunesse » et qu'elle constitue « une propagation d'une idéologie politique écrasant tout espoir d'émancipation », opposer « des méthodes d'apprentissage où l'enfant est chercheur à celles où l'enfant est dressé » ou encore « une jeunesse qui déchiffre et une jeunesse qui lit [13] », c'est refuser de se poser des questions salutaires sur les conceptions mêmes qui les sous-tendent. Pourquoi le « sens » se révélerait-il d'emblée, de manière naturelle et aisée, avant tout travail d'entraînement, si ce n'est parce qu'on lui prête un caractère inné ou qu'on le regarde à partir d'une maîtrise déjà acquise, perçue comme « naturelle » ? Le sportif, qui apprend un nouveau geste et qui doit bel et bien mobiliser son intelligence pour essayer de mettre en œuvre ce qu'on lui explique, a-t-il tout de suite l'air décontracté et serein qu'il aura lorsqu'il maîtrisera son geste ?

Qu'est-ce qui nous permet de dire qu'on ne gagnerait pas à mettre en œuvre un apprentissage beaucoup plus systématique de la méthode syllabique, ce que tendent à montrer les recherches qui s'intéressent à la compréhension et à la lecture fluide [14] ? Le lyrisme de l'« enfant chercheur » imaginaire issu des spéculations politiques masque les difficultés auxquelles sont confrontés des enfants réels en matière de lecture, et qui se sont plutôt aggravées. Certes, les méthodes pédagogiques ne font pas tout et ne peuvent être séparées des usages qui en sont faits (entraînement, temps, étayage, etc.), mais on ne peut pas refuser à ce point toute interrogation sur leur efficacité.

Lorsque la Fédération des conseils de parents d'élèves (FCPE), dans une note d'information [15], en appelle à l'« observation réfléchie de la langue » et à l'« apprentissage du français dans sa transversalité » contre un apprentissage systématique et explicite de la grammaire, elle oublie que, pour

---

13 Appel conjoint de l'AFL (Association française pour la lecture) des CEMEA (Centres d'entraînement aux méthodes d'éducation actives), du GFEN (Groupe français d'éducation nouvelle) et de l'ICEM/Pédagogie Freinet (Institut coopératif de l'École moderne) contre la circulaire sur la lecture. Accessible notamment sur <www.dossiersdunet.com>.

14 Voir à ce propos Liliane Sprenger-Charolles et Pascale Colé, « Pratiques pédagogiques et apprentissage de la lecture », *Cahiers du CRAP*, 2 mars 2006 ; ou l'article de Jean-Pierre Terrail, « La syllabique est-elle réactionnaire ? », *Revue du Mauss*, n° 28, 2006-2, p. 128-143.

15 <www.fcpe.asso.fr>.

être « intelligentes » (ou pensées comme telles), les méthodes les moins explicites demeurent aussi les plus inégalitaires. L'observation réfléchie de la langue est, autant que les méthodes d'apprentissage de la lecture où « l'enfant est chercheur », une pédagogie invisible, c'est-à-dire celle qui est, comme l'a montré depuis longtemps le sociolinguiste Basil Bernstein, la plus discriminante socialement parce que ajustée aux pratiques des classes moyennes et supérieures.

À travers toutes ces critiques, on retrouve un autre dogme, la célébration du respect du rythme des enfants, qui repose sur un impensé biologisant. Le psychologue Jean-Yves Rochex, s'appuyant sur les travaux de son homologue russe Lev Vygostki, observe que, « si les différences de développement et d'acquisitions entre élèves sont une réalité évidente et indéniable, elles ne sauraient être mises au compte des seuls processus maturatifs de développement que l'École ne pourrait que constater et accompagner. Elle doit aussi s'efforcer de les combattre et de les transformer et, parce que l'apprentissage est un moment constitutif essentiel du développement, une telle transformation, loin de les respecter, doit au contraire viser à bousculer et modifier ce qu'on s'obstine à nommer les rythmes des élèves [16] ».

Mais le substrat biologisant peut tout aussi bien être remplacé par un substrat psychologisant. On peut ainsi s'étonner de voir la célèbre psychothérapeute Catherine Dolto-Tolitch récuser la réforme de la lecture non pas au nom de querelles de méthodes (syllabique, globale ou semi-globale), car ces questions ne se posent tout simplement pas pour elle. Elle la rejette, au nom de la maturité psychoaffective de l'enfant qui risquerait « de savoir lire, mais pas de savoir diriger sa vie [17] ». Qu'elle puisse parfois parler de si haut qu'elle perde tout contact avec le réel (comment peut-on diriger sa vie sans savoir lire et quel sens y a-t-il à opposer les deux ?), c'est une chose, mais est-il vraiment sérieux de s'opposer à une politique que l'on juge réactionnaire avec des arguments aussi douteux que le culte du rythme de l'enfant, qui ne constitue qu'une version à peine améliorée de l'idéologie du don ? La politique gouvernementale n'est d'ailleurs pas réellement en opposition avec cette idéologie, qui accorde aux dyslexiques le statut d'« handicapés » et prévoit des structures adaptées aux enfants précoces.

Des travaux récents comme ceux du sociologue Wilfried Lignier montrent que la précocité intellectuelle est étroitement corrélée à l'origine sociale, et ensuite « catégorisée » par les psychologues [18]. Respecter le

---

16 Jean-Yves ROCHEX, « Des rythmes scolaires ou la mystification du sujet », *L'École et la nation*, n° 9, septembre 1990.

17 *Télérama*, 25 mai 2008.

18 Wilfried LIGNIER, « L'intelligence investie par les familles. Le diagnostic de "pré-

rythme de l'enfant, c'est, dans la pratique, s'incliner devant des inégalités d'acquisition plutôt que de tenter de résoudre les obstacles cognitifs, réels, auxquels les enfants sont confrontés dans l'apprentissage lorsqu'ils n'apparaissent pas « prêts ». Cela permet d'éviter de s'interroger sur l'efficacité de l'enseignement. Pourtant, en termes d'efficacité justement, les représentations que se font les enseignants de leur métier ne peuvent pas rester en dehors du débat sur l'École, car elles ont des effets sur les pratiques qui conditionnent les apprentissages. Or, s'il faut saluer la volonté de limiter le redoublement pour les élèves à travers l'instauration des cycles [19], surtout à des niveaux de scolarité comme le CP (dans lesquels l'inefficacité du redoublement est avérée), cette politique, associée aux représentations biologisantes ou psychologisantes d'une maturité qui évoluerait selon ses propres lois, ouvre largement la porte à la facilité : attendre un éventuel « déclic » plus que le provoquer par une action pédagogique offensive. Si le temps a été donné aux enfants d'apprendre, si ceux-ci ont bien été au centre du système scolaire, comment ne pas en conclure que certains « résistent » parce qu'ils sont handicapés par leur milieu (pauvre intellectuellement) ou leurs capacités (faibles) ?

On peut très clairement identifier, dans les politiques à l'œuvre, un processus d'externalisation des missions de l'École et le retour des idéologies misérabilistes des milieux populaires qui fondent des pédagogies compensatrices dont l'inefficacité a été attestée depuis longtemps. Reste que les oppositions ne sont pas toujours crédibles, et que l'École est encore sous le joug de la fascination exercée par les pédagogies invisibles qui trouvent une expression politique aboutie dans les pédagogies que l'on appelle encore « nouvelles ». En la matière, le mort a saisi le vif : des idées, des expériences, des voies qui, à un moment donné, ont eu intérêt à poser certaines questions nécessaires sur la légitimité du fonctionnement de l'École et le tri social qu'elle effectue se sont fossilisées et sont devenues de véritables dogmes, qui font, à leur tour, obstacle à l'interrogation. Ce qui a été abandonné en chemin, c'est la question de l'efficacité des pratiques pédagogiques, pourtant inséparables des enjeux de démocratisation.

---

cocité intellectuelle" entre dispositions éducatives et perspectives scolaires », *Sociétés contemporaines*, à paraître, 2010.

19 La mise en place des cycles à l'école primaire consiste à organiser sur plusieurs années des apprentissages au lieu d'en sanctionner l'acquisition sur une seule année, ce qui permet de les « étaler » et aussi de tenir compte des différences de développement liées au mois de naissance des enfants qui, selon qu'ils sont nés en janvier ou en décembre, peuvent avoir une année de différence, ce qui compte évidemment beaucoup à ces âges-là.

15

La réforme des services déconcentrés de l'État. L'exemple de l'Inspection du travail

Jean-Christian Billard*

Si vous étiez des familiers de vos directions départementales, vous n'allez bientôt plus les reconnaître : dans le courant de l'année 2010, celles de l'Équipement (DDE), de l'Agriculture et de la Forêt (DDAF), du Travail, de l'Emploi et de la Formation professionnelle (DDTEFP) ou des Affaires sanitaires et sociales (DDASS) laisseront la place à deux grandes directions départementales interministérielles (DDI), l'une des Populations, l'autre des Territoires. Les départements de plus de 200 000 habitants en auront une troisième : celle de la Cohésion sociale (intégrée ailleurs à celle des Populations).

Parallèlement, les préfectures verront leurs prérogatives étendues. Finie la déclinaison des structures des ministères, de haut en bas, généralement avec l'échelon départemental comme niveau opérationnel et l'échelon régional comme coordonnateur. Le point nodal de la réforme est bien la région, consacrée comme « niveau de droit commun du pilotage des politiques publiques de l'État dans les territoires [1] ». Les huit grandes directions régionales et le préfet seront clairement en position hiérarchique par rapport aux départements, le niveau central étant dévolu à la définition des axes stratégiques (voir encadré ci-dessous). Désormais, les grandes missions de l'État se verront rassemblées, dans une vision

---

* Inspecteur du travail.

1 « L'avancement de la réforme de l'administration territoriale de l'État », 12 mai 2009, <www.rgpp.modernisation.gouv.fr>.

Les huit structures régionales autour du préfet

— direction régionale des Finances publiques, regroupant la Trésorerie générale et les services fiscaux (DRFIP)
— direction régionale de l'Alimentation, de l'Agriculture et de la Forêt (DRAAF)
— direction régionale des Affaires culturelles (DRAC)
— direction régionale de l'Environnement, de l'Aménagement et du Logement (DREAL), qui remplace les anciennes DRE, DRIREN, DRIRE
— direction régionale des Entreprises, de la Concurrence et de la Consommation, du Travail et de l'Emploi (DIRECCTE), qui est une fusion des DRTEFP, DRCCRF avec d'autres échelons régionaux : commerce extérieur, artisanat, tourisme, intelligence économique et la partie mutations économiques des DRIRE
— direction régionale de la Jeunesse, des Sports et de la Cohésion sociale (DRJSCS)
— Rectorat(s)
— Agence régionale de Santé (ARS). Intégration de 7 organismes régionaux axés sur la santé et les hôpitaux, avec une partie des DRASS

transversale qui n'élude pas ses motivations prosaïques : réduire les coûts et le nombre de fonctionnaires [2].

Dans ce mouvement général de restructurations des services déconcentrés de l'État et de reflux des effectifs de la fonction publique, l'Inspection du travail pourrait sembler aller à contre-courant. Son statut autonome la préservera relativement dans sa structure de base, puisque les directions régionales des Entreprises, de la Concurrence, de la Consommation, du Travail et de l'Emploi (DIRECCTE) auront des « unités territoriales » départementales dédiées au travail et à l'emploi. Quant aux moyens humains, un « Plan de modernisation et de développement de l'Inspection du travail » a été initié pour les années 2007-2010, promettant 700 créations de postes sur trois ans. Il est vrai que les effectifs de contrôle étaient et restent à un niveau très modeste au regard du champ couvert : environ 2 000 inspecteurs et contrôleurs du travail sur le terrain, pour plus de 3 millions d'établissements occupant 16,5 millions de salariés du secteur privé. Un ratio inférieur de 30 % à la moyenne européenne…

2 L'objectif comptable de non-remplacement d'un fonctionnaire sur deux : 30 000 équivalents temps plein en moins attendus par an en moyenne.

Des services en pleine restructuration

Depuis le 1er janvier 2009, les trois branches du corps interministériel de l'Inspection du travail (transports, agriculture et travail) ont été unifiées au sein du ministère chargé du Travail. Il s'agit d'une évolution en soi positive, réclamée de longue date par la majorité des organisations syndicales. Elle permet de limiter la confusion antérieure entre production de la réglementation du travail et contrôle de celle-ci par les mêmes ministères qui exercent aussi la tutelle économique des secteurs, donc ici en lien direct avec les lobbies des transports et de l'agriculture.

L'unification demeure cependant inachevée — la rédaction des réglementations « sociales » demeurant dans des directions centrales des ministères de l'Agriculture et des Transports, au lieu d'avoir aussi été transférée à la direction juridique du ministère du Travail — et des particularismes subsistent [3]. Néanmoins, cette réforme devrait apporter lisibilité et simplifications, après toutefois une période d'adaptation plus conséquente qu'annoncée, notamment en termes de redécoupages des secteurs, de clarifications des compétences juridiques et surtout de formations des agents aux réglementations spécifiques. Cette opération serait apparue en temps normal comme un grand événement. Elle se retrouve désormais noyée dans le grand tourbillon de la réforme de l'État, que la révision générale des politiques publiques (RGPP) entend incarner. Au point d'ailleurs que les syndicats évoquent aujourd'hui un « jeu de bonneteau », dans lequel on ne sait plus dissocier les créations de postes véritables des emplois qui relèvent des transferts d'effectifs consécutifs à la fusion…

Le plan de modernisation fut annoncé après l'assassinat de deux agents de contrôle par un agriculteur en Dordogne, en septembre 2004, le plus tragique incident dans l'histoire de l'Inspection du travail depuis sa création en 1892. Mais sa motivation principale paraît être ailleurs : il vise surtout à prévenir des mises en cause possibles de la haute administration et des politiques, à partir d'enjeux relevant de la santé publique au travail. L'exemple de l'amiante le montre, puisque des instructions judiciaires sont toujours en cours, impliquant toute la chaîne du ministère du Travail, des agents de contrôle sur le terrain jusqu'à la direction générale du Travail. Il pourra s'agir demain de risques émergents tels que les troubles musculo-squelettiques — liés aux gestes pénibles et répétitifs ; les produits chimiques cancérogènes, mutagènes ou toxiques pour la

---

3 Mines et carrières, installations électriques à haute tension, armées, etc. La fonction publique reste également dépourvue d'Inspection du travail, si ce n'est pour ce qui concerne la santé et la sécurité.

reproduction (CMR) ; ou des risques psychosociaux — autre conséquence de l'intensification du travail, de sa charge mentale et des pratiques de harcèlement. La question sera alors : qu'ont donc fait, ou non, les responsables publics en charge de la réglementation et de son contrôle, alors même que le phénomène était connu et identifié ? On pourrait assister à des scénarios semblables à celui de l'amiante. De la même manière qu'un employeur a une obligation de moyens et de résultats quant à la prévention des risques professionnels, désormais la puissance publique doit pouvoir démontrer qu'elle s'est donné les moyens de faire appliquer ce qu'elle édicte.

Mais la « modernisation » de l'Inspection du travail ne doit pas faire illusion. Elle partage nombre de recettes éprouvées ailleurs dans le service public. Au premier rang d'entre elles, l'externalisation de ce qui n'est pas considéré comme le « cœur de métier ». Ainsi, l'enregistrement pour les élections professionnelles (délégués du personnel, comité d'entreprise, délégation unique du personnel), réalisé jusque-là dans les secrétariats des sections d'Inspection du travail, se trouve désormais sous-traité à un prestataire privé. Cela dans la perspective du grand décompte de redéfinition de la représentativité des organisations syndicales, à l'horizon 2013.

On observe également, ici comme ailleurs, une baisse continue des personnels de secrétariat (de catégorie C) qui engendre une déperdition de l'accueil du public, physique ou téléphonique, et une remontée des tâches d'exécution vers les agents de contrôle et l'encadrement, en particulier les saisies de textes et de données toujours plus nombreuses. Les nouvelles techniques d'information et de communication, en dépit de leurs progrès réels, ne suffisent pas à justifier cette disparition planifiée de débouchés d'emplois moins qualifiés dans le secteur public, alors que l'on dépense parallèlement de lourdes sommes en aides diverses, allégements sociaux et fiscaux, pour faire embaucher des publics similaires dans les entreprises. L'élévation moyenne du niveau d'instruction et la surqualification relative constatée dans les concours sur les emplois disponibles ne peuvent non plus le justifier.

S'agissant des outils informatiques, l'histoire se révèle toujours à peu près identique [4]. En l'occurrence, l'administration a commandé à un concepteur une application *tout intégrée*, censée garantir une vision totale

4 Les grands systèmes informatiques tardent souvent à tenir leurs promesses et coûtent toujours plus cher que prévu. À ce titre, la sociologie des organisations révèle que l'administration n'a pas le monopole du « bureaucratisme » et que l'embolie commerciale et technique produit des effets similaires. Pour s'en convaincre, il suffit de voir les relations clients avec les fournisseurs d'accès Internet et autres opérateurs de téléphonie mobile.

et en temps réel, à la fois des entreprises et de l'activité des sections d'inspection. En contrepartie de son utilisation, les agents n'effectueraient plus de recherches ponctuelles *a posteriori* dans les dossiers papier, car la saisie « au fil de l'eau » devrait permettre en quelques clics de tout faire ressortir et synthétiser. Las, le mégasystème créé — CAP SITERE (Contrôle, Action, Pilotage — Système d'information travail en réseau) — conjugue une ergonomie d'utilisation médiocre, avec des écrans très denses, chargés en nombre de rubriques avec des aléas techniques récurrents, la capacité des flux étant régulièrement saturée. La pluralité des finalités du système, à la fois base de données et réceptacle d'activité, devient alors douteuse dans le contexte de rationalisations multiformes en cours. Ce n'est peut-être pas tant le principe d'un tel outil qui est en cause, pour peu que l'on ne soit pas « technopathe », que la perception de remises en cause des missions et de l'indépendance des agents de contrôle.

Enfin, la vaste redistribution des cartes de la RGPP crée un brouillard sur les perspectives des environnements de travail et d'évolutions de carrières des personnels. Les secrétariats (catégorie C) dépérissent en même temps que l'on a créé un corps de secrétaires administratifs (catégorie B), chichement pourvu. Les contrôleurs du travail, catégorie B, ont vu leur recrutement passer à bac +2, sans revalorisation adéquate. Pour les catégories A, d'inspecteur à directeur, les débouchés se transforment en goulet d'étranglement, puisque les postes de direction seront plus rares et concentrés. La création des DIRECCTE et le déclassement des directions départementales du Travail en « unités territoriales » vont entraîner nécessairement des frustrations.

La mobilité professionnelle et interministérielle se trouve facilitée et encouragée [5], voire imposée, avec la réorientation professionnelle prévue dans l'hypothèse de restructuration d'une administration. On ne se contente donc plus d'inciter et de gérer les priorités par redéploiement des effectifs, selon les mouvements naturels ; on prépare là des plans sociaux qui ne disent pas leur nom — plutôt individuels que collectifs (voir chapitre 16).

Faut-il une « politique du travail » ?

L'ensemble de ces réorganisations n'est pas séparable du débat récurrent ces dernières années au sein de l'Inspection du travail, et sur

---

5 Loi du 3 août 2009 relative à la mobilité et aux parcours professionnels dans la fonction publique.

elle [6], au sujet de la nécessité d'une « politique du travail ». On entend par là une politique publique ciblée en la matière et dont les thèmes prioritaires seraient déterminés à l'avance et affichés comme tels. Bien conçue, elle pourrait émaner de consultations des partenaires sociaux (par exemple le Conseil d'orientation sur les conditions de travail — COCT, national — et les Comités régionaux de prévention des risques professionnels — CRPRP — ou le Conseil économique et social), de spécialistes (médecine du travail, ergonomes, universitaires) et de l'Inspection elle-même, dont le signalement des insuffisances de la réglementation et des abus fait partie des missions, y compris dans le rapport annuel d'activité remis au Bureau international du travail.

Une telle politique est-elle justifiée par l'évolution de l'intervention des politiques publiques, ou sert-elle simplement d'alibi au resserrement hiérarchique et politique, mais au sens plus commun du terme ? D'un côté, on prône une recherche d'égalité de traitement des employeurs et des salariés devant le service public, par une harmonisation des modalités de contrôle et des positions juridiques. De l'autre, on estime que la prédétermination des axes d'interventions et leur chiffrage collectif préparent un encadrement plus strict, avec des quotas et plans de contrôle détaillés, comme c'est déjà le cas dans d'autres services et administrations. Si la suspicion peut se comprendre par les temps qui courent, l'idée d'une politique du travail paraît pourtant justifiée. Il appartient aux services déconcentrés de l'Inspection du travail de se l'approprier collectivement, afin de rebondir positivement sur le principe, plutôt que de prêter le flanc au soupçon du refus sur tous les sujets en cours. Un service public organisé doit pouvoir rendre compte de son activité, quantitativement aussi bien que qualitativement.

En effet, parallèlement, la complexification du droit suscite une aspiration interne à la mutualisation des expériences et des pratiques, avec un appui méthodologique, afin d'être plus cohérent et efficace mais aussi pour se sécuriser. Les fonctions dites « appui ressources méthodes » se sont développées et la tentation apparaît de dégager des spécialistes afin de mieux maîtriser certains domaines pointus et exigeants (travail illégal, bâtiment et travaux publics, sièges sociaux, secteur des spectacles, etc.). La tradition généraliste de l'Inspection du travail française penche pourtant vers une très large autonomie. Celle-ci porte non seulement sur les suites à donner aux contrôles, telles que prévues dans la convention n° 81 de

6 En particulier depuis les états généraux de l'Inspection du travail, organisés par les organisations syndicales à Paris en mars 2006.

l'Organisation internationale du travail [7], mais également sur les choix des thèmes et entreprises contrôlés. Il y a toujours eu des « actions prioritaires » et concertées, mais elles étaient conçues comme temporaires et le plus souvent localisées.

Désormais, en application de la Loi organique des lois de finances (LOLF), le programme d'action prioritaire de la politique du travail assigne un « budget opérationnel de programme » ayant pour premier objectif de constituer 50 % de l'activité globale des agents de l'Inspection, répartis sur quatre thématiques globales : santé et sécurité au travail, qualité et effectivité du droit, démocratie sociale et dialogue social, puis enfin lutte contre le travail illégal. Les services régionaux et départementaux peuvent décliner ces thèmes et cibler les contrôles concertés qui en découlent. L'autre moitié de l'activité demeure à l'initiative des agents de contrôle, selon des particularités géographiques et/ou professionnelles et surtout les sollicitations reçues. Parallèlement, l'actualité aidant, les « plans d'urgence » successifs [8] annoncés par le ministère le conduisent à lancer des campagnes nationales ponctuelles de contrôles thématiques (par exemple, la manutention manuelle, les troubles musculo-squelettiques, l'élagage, etc.). On affirme aux personnels, pour les rassurer, que ces répartitions n'ont rien de mathématique ni d'individuel, qu'elles s'inscrivent dans un cadre global et concernent l'ensemble des sections.

Encore faut-il préciser la logique d'intervention professionnelle réelle de l'Inspection du travail, éloignée en pratique de la vision de « police du travail » couramment diffusée. Elle revient bien à vérifier l'application de la réglementation et des conventions collectives, mais dans le but de rétablir les salariés dans leurs droits. Il s'ensuit la plupart du temps une combinaison de pressions et de négociations avec les employeurs, afin de régulariser les écarts constatés et les infractions potentielles. L'arsenal des moyens juridiques à disposition agit souvent comme une force de dissuasion, plus ou moins efficiente : mises en demeure (en santé et sécurité), arrêts de chantiers, procès-verbaux, sanctions administratives. Concrètement, les salariés préféreront se voir payer les heures supplémentaires dues plutôt que savoir que leur employeur sera hypothétiquement sanctionné dans un an ou deux, devant le tribunal de police, par une amende très inférieure au paiement effectif de ces heures. Mais, assez souvent, il faudra préalablement menacer d'aller au procès-verbal pour obtenir les régularisations.

7 Convention sur l'Inspection du travail dans l'industrie et le commerce, 1947.

8 Pour l'activité des seniors, pour l'emploi des jeunes, contre le stress au travail…

Cette adaptation professionnelle traduit aussi une forme d'autocensure des personnels de contrôle, par anticipation négative du sort qui sera souvent réservé à leurs procédures dans les juridictions. La première cause résulte de l'encombrement des tribunaux, auquel s'ajoute un intérêt souvent relatif de la justice pour ce domaine. Une évidence s'impose, après trente années de chômage de masse, de délitement de l'action collective et de faiblesse syndicale : l'individualisation gagne dans les rapports de travail. Elle pousse les salariés à saisir isolément l'Inspection du travail, sans la médiation préalable de représentants du personnel, fréquemment absents, y compris dans les établissements de plus de dix salariés où ils sont normalement obligatoires. De ce fait, l'Inspection du travail réagit davantage à l'afflux des demandes qu'elle n'agit de sa propre initiative. Elle pare au plus pressé. Un vieux dilemme surgit alors à propos du niveau de traitement de la demande individuelle, souvent de nature prud'homale, c'est-à-dire découlant de litiges portant sur le contrat de travail. Jusqu'où aller dans l'aide aux salariés, au-delà des renseignements juridiques ? Ne doit-on pas donner la priorité au contrôle de la réglementation collective, fonction initiale de l'Inspection ? Cela nous ramène à la « politique de travail » évoquée plus haut.

Un droit du travail en dilution accélérée

Dans tous les cas, à la tension ancienne entre les multiples sollicitations et la capacité à y répondre, s'ajoute la multiplication des changements de la matière première juridique, qui se désagrège.

Enjeu permanent au cœur des rapports sociaux, réels et symboliques, le droit du travail vise à introduire des garanties contrebalançant le pouvoir économique des employeurs, à travers la notion de « lien de subordination ». Cette réglementation, plus encore que les autres, souffre d'une stratification due aux réformes incessantes, sans mise en cohérence[9]. En particulier, le flot de modifications « simplificatrices », accéléré depuis 2007, n'aboutit, contrairement aux buts affichés, qu'à complexifier encore l'ensemble, en rajoutant des exceptions et particularismes. Il en est ainsi de l'exonération des heures supplémentaires, de la rupture conventionnelle ou du travail dominical.

---

9 La recodification du code du travail, effective depuis mai 2008, s'est voulue à droit constant, donc sans modification du contenu des textes, néanmoins redécoupés et regroupés par grandes thématiques.

Les modifications du droit du travail procèdent principalement de la logique ambiante de dérégulation, consistant à assouplir un code du travail censé décourager l'embauche par ses « rigidités ». Cette doxa perdure en dépit de l'évidence selon laquelle le niveau d'activité économique surdétermine celui du travail, à la hausse comme à la baisse. D'ailleurs, cela n'empêche pas un recours généralisé à la précarité : les contrats à durée déterminée et de travail temporaire représentent 80 % des embauches de salariés. De plus, la sous-traitance massive et en cascade, avec les détournements de statuts [10], répand la précarité parmi les non-salariés.

Après les épisodes du contrat première embauche (CPE) et du contrat nouvelles embauches (CNE) en 2006, l'un repoussé par la mobilisation, l'autre rendu caduc par la jurisprudence et finalement supprimé en 2008, une accélération s'est produite depuis 2007, appuyée sur plusieurs grands textes :

— La loi TEPA, dite « en faveur du travail, de l'emploi et du pouvoir d'achat » du 21 août 2007, avec son fameux « paquet fiscal » comprenant le bouclier à 50 % des (hauts) revenus et les exonérations sociales et fiscales sur les heures supplémentaires ;

— la loi de modernisation du marché du travail du 25 juin 2008 ; avec le CDD « à objet défini » (de 18 à 36 mois, si accord collectif préalable) ; la rupture conventionnelle (qui a rencontré un grand succès) et un cadre légal pour le « portage salarial » (relation inversée du travail temporaire, où un indépendant passe par une structure pour se salarier) ;

— la Loi de modernisation de l'économie du 4 août 2008, visant à favoriser le développement des petites et moyennes entreprises (PME), notamment par une atténuation des effets de seuil pour différentes contributions sociales et aménageant le régime d'auto-entrepreneur ;

— la loi du 20 août 2008, réformant la durée du travail et « portant rénovation de la démocratie sociale », soit la négociation collective et les paramètres de la représentativité syndicale à travers les élections professionnelles.

Avec ce dernier texte, un basculement de taille a été opéré et un objectif déterminant des organisations patronales atteint. La négociation collective d'entreprise prime désormais sur la hiérarchie des normes en droit du travail [11]. Depuis lors, la règle du plus favorable, ou « principe de faveur », qui faisait figure de principe général du droit du travail, a été inversée. En

10 Faux statuts : fausse sous-traitance, faux travail indépendant, faux bénévoles, faux stagiaires et faux détachement transnational.

11 Article L 2253-3 du code du travail (2e alinéa). Hormis en matière de salaires minima, classifications et garanties collectives complémentaires (1er alinéa).

effet, jusqu'ici, le code agissait comme un minimum commun, un « SMIC juridique » en quelque sorte, chaque règle de rang inférieur ne pouvant contenir que des améliorations. Ainsi, une convention collective de branche ne pouvait être que plus favorable au salarié que le code du travail et un accord d'entreprise davantage que celui de branche. C'est désormais terminé.

Des contradictions surgissent pourtant. La juxtaposition des mesures de réorganisations de l'État et les nombreuses réformes de la réglementation ne favorisent pas la cohérence et la sécurité juridiques. Ainsi, des mesures de « simplifications administratives » en rafales créent... des complexités, car on crée des interstices et chevauchements juridiques. L'administration centrale n'arrive plus à sortir, dans des délais adaptés, les textes d'application indispensables à la mise en œuvre des lois votées. Certaines mesures se révèlent contradictoires avec d'autres priorités. Ainsi, le régime d'auto-entrepreneur, conçu comme facilitateur d'activités économiques, sert de couverture juridique pour diverses fraudes et contournements du statut salarial ou entrepreneurial (artisanat, SARL, etc.) et facilite la fausse sous-traitance. D'expérience, on sait qu'une réforme importante met plusieurs années à entrer dans les mœurs. Or, ici, à peine la loi du 4 mai 2004 sur le dialogue social commençait-elle à se diffuser que les règles viennent à nouveau de changer, de sorte que les employeurs eux-mêmes restent dubitatifs.

Pourtant, la question de la régulation du travail demeure tout à fait centrale. L'intensification des rythmes d'activité et l'extension du mal-être professionnel sont identifiées par les spécialistes depuis une bonne vingtaine d'années (ergonomes, psychologues ou médecins du travail). Avec ce paradoxe : ceux qui ont du travail en ont de plus en plus, pendant que beaucoup d'autres en cherchent ou naviguent dans les différentes formes de précarité professionnelle. Une étape supplémentaire a été franchie avec l'extension des méthodes de management individualisées pour l'atteinte de résultats toujours croissants, afin de satisfaire les actionnaires. L'augmentation des suicides liés au contexte d'entreprise et leur médiatisation à compter de 2009 ont permis une prise de conscience collective du vécu au travail de beaucoup de salariés. À ce titre, si les 35 heures peuvent être critiquées, ce peut être pour des raisons inverses à celles généralement mises en avant. Ce n'est pas tant le partage du travail qui a porté préjudice à nombre de salariés, mais plutôt une prédominance de l'aménagement sur la réduction, où les modulations annuelles des durées et la flexibilité des périodes de travail ont condensé le travail tout en éliminant les heures supplémentaires, sur fond de modération salariale. Certaines entreprises sont néanmoins parvenues à de véritables équilibres partagés, allant parfois au-delà du cadre légal, comme les 32 heures, qui permettent une transition qualitative avec un rythme à quatre jours de labeur par semaine.

À l'instar du secteur privé, ces maux gagnent l'administration. Les personnels ont l'impression de voir émerger en leur sein des travers qu'ils étaient censés aider à endiguer dans les entreprises. La réforme de la notation des fonctionnaires accroît ce sentiment, avec l'arrivée d'un entretien professionnel [12], transfuge du « management par la performance » avec un reste de la bonne vieille notation. Côté rémunérations, les primes au mérite existaient déjà, correspondant à 20 % environ de la rémunération globale des inspecteurs et contrôleurs du travail. En prolongement, un quota prédéterminé de 25 % de ces agents sera à gratifier par rapport aux autres. Les critères combinent valeur professionnelle et « manière de servir », mais combinées au respect des objectifs redéfinis. Comme souvent elles sont davantage révélatrices des relations avec la hiérarchie que de qualités intrinsèques.

L'Inspection du travail a toujours eu des difficultés à assumer la contradiction entre un droit protecteur peu appliqué et une réalité des rapports de forces économiques et sociaux défavorables aux salariés. Par juridisme, certains en ont d'autant plus souffert. Mais aujourd'hui la difficulté vire au grand écart, en rapport avec la schizophrénie gouvernementale. Mis à part l'augmentation conjoncturelle du nombre d'agents de contrôle, pour des motifs étrangers à ses missions et au respect des droits des salariés, tout son environnement se retrouve bouleversé au même titre que le reste de la fonction publique : extinction progressive des personnels d'appui administratifs, restructurations des services déconcentrés en régions et départements, enfin, un droit du travail en déliquescence continue. Le tourbillon permanent des « réformes », où l'on ne peut jamais examiner les effets et interférences de la précédente sans qu'une autre ne survienne, converge néanmoins vers cette dérégulation du droit social, combinée à une reprise en main hiérarchique et centralisatrice, derrière un discours néolibéral et managérial. Là comme ailleurs, ce ne sont plus les missions et leurs finalités véritables qui importent, mais les apparences, par l'alignement permanent de « tableaux de bord » chiffrés en guise d'action publique.

---

12 Arrêté du 7 mai 2009 relatif à l'entretien professionnel.

16

Comment l'État se débarrasse en secret de ses fonctionnaires. Le cas du ministère de l'Agriculture, de l'Alimentation et de la Pêche

Ogun Ar Goff*

Le traditionnel ministère de l'Agriculture a été rebaptisé en juin 2009 ministère de l'Alimentation, de l'Agriculture et de la Pêche (MAAP). Outre les missions que laisse deviner son intitulé, il exerce sa tutelle sur l'enseignement agricole, qui regroupe près de 1 400 établissements de formation initiale ou continue et occupe plus de la moitié de ses effectifs : 21 000 sur 40 000. Les autres agents exercent en administration centrale ou dans des services déconcentrés au niveau régional ou départemental [1]. Cinq mille relèvent des services vétérinaires, en particulier pour l'Inspection de la sécurité sanitaire des aliments, et près de 4 000 s'occupent de la gestion des 10 milliards d'euros annuels attribués à la France dans le cadre de la Politique agricole commune européenne (PAC). Comme tous les ministères, il est soumis à la révision générale des politiques publiques (RGPP) mais, de source syndicale, il serait, du fait de la diversité des métiers exercés et de sa taille modeste, une sorte de laboratoire permettant de tester jusqu'à quel point celle-ci peut s'appliquer sans rupture « létale ».

---

* Ingénieur au ministère de l'Agriculture.

1 Dans les Directions régionales de l'alimentation, de l'agriculture et de la forêt (DRAAF) et au sein des nouvelles Directions départementales des territoires, après la fusion avec les services du ministère de l'Équipement et les services « environnement » des préfectures.

Pour le MAAP, le projet de loi de finances de 2010 prévoit la suppression de 349 postes de non-enseignants (non-remplacement de deux départs à la retraite sur trois) et 231 postes d'enseignants (non-remplacement d'un poste sur deux) [2]. Le total représente une réduction de 580 postes des « effectifs réels ». En tout, le projet envisage une diminution de 829 équivalents temps pleins annuels travaillés [3] (ETPT) pour atteindre un plafond budgétaire de 33 795. Le chiffre était de 39 919 ETPT en 2006, ce qui permet de mesurer l'ampleur des pertes d'emploi sur la durée. Ce mouvement cumule suppressions sèches de postes et transfert à la fonction publique territoriale, par exemple dans le cas des personnels techniques de l'enseignement.

L'économie générale du projet du MAAP repose d'abord sur l'éviction massive de fonctionnaires en activité. Non pas d'immatériels et fictifs « équivalents temps pleins », mais de personnes en chair et en os dont l'expulsion est structurellement organisée, et qui en souffrent.

Comment se débarrasser des indésirables ?

Contrairement aux apparences et aux proclamations sur l'emploi à vie des fonctionnaires, il existe de nombreuses solutions pour se débarrasser d'« effectifs réels » désormais indésirables. Certaines sont classiques et encadrées par la législation. D'autres, qui montent en puissance, s'inspirent des techniques du management privé pour « pousser les gens vers la porte ». Elles allient les techniques managériales « modernes » et une législation si foisonnante que nul ne peut plus en suivre les implications ultimes. La faiblesse globale des syndicats, voire la passive complicité de certains d'entre eux, facilitent cette mise au pas.

La réduction du nombre de postes se développe en plusieurs strates, qui articulent pagaille et pressions, sources de souffrance. Chacune de ces strates est porteuse de contradictions internes qui les rendent d'autant plus efficaces qu'elles font régner un climat d'incertitude et d'illisibilité généralisée. À travers l'exemple du MAAP, nous allons examiner les ressorts qui les enchaînent : la création d'un réservoir d'agents fragilisés par une obligation de mobilité ; les impasses de la mobilité interne par

---

2 Source : Ministère de l'Agriculture, de l'Alimentation et de la Pêche, *Projet de loi de finances 2010. Moyens en personnel, crédits de fonctionnement et d'investissement. Présentation aux organisations syndicales le 1er octobre 2009.*

3 Cet indicateur permet de prendre en considération les emplois à temps partiel ou ceux qui se déroulent sur seulement une partie d'année.

insuffisance du nombre de postes ouverts ; les injonctions à partir en détachement, accompagnées d'obstacles à cette solution ; enfin, des pressions poussant à la démission, en usant de la loi et de techniques de harcèlement institutionnel.

Premier étage : la création d'un réservoir d'agents fragilisés

L'abandon de missions, et donc la suppression directe de postes, représente un versant radical, et peu visible, de la RGPP. Au MAAP, il se traduit par exemple par la réduction drastique des missions d'ingénierie publique. Les concours prêtés aux collectivités pour mener à bien les projets d'adduction d'eau potable, d'assainissement sont progressivement abandonnés, comme ils le sont au ministère de l'Équipement. Des « plans de redéploiement de l'ingénierie » (PRI) définiront l'évolution des prestations d'ingénierie aux niveaux régional et départemental. Pour le plus grand plaisir des cabinets d'étude et des entreprises privées, qui seront désormais l'unique recours pour les collectivités qui peuvent se le permettre.

Concrètement, l'application sur le terrain montre que la vérité officielle du projet de loi de finances, où les diminutions d'effectifs reposent uniquement sur le non-remplacement des retraités et des mesures techniques, n'est qu'une illusion. Une réunion institutionnelle a examiné la situation des personnels d'ingénierie et assistance technique en activité dans les Directions départementales et régionales du sud-est de la France [4]. Dans cet espace, 1 080 personnes exerçaient des missions d'ingénierie et assistance technique. Seules 250 continueront à le faire. Il est prévu que 120 partent à la retraite, et que 310 soient « redéployées » dans d'autres fonctions (140 sur l'agriculture, 120 sur l'énergie, 30 sur l'alimentation et 20 dans les statistiques). Restent 400 personnes dont on ne sait visiblement pas quoi faire. Il leur est proposé, sans autre précision (et sans rire), de partir entretenir… les bases militaires. La fusion des Directions départementales de l'équipement et de l'agriculture provoque, elle aussi, l'apparition d'agents, pourtant de niveau élevé, en perte de repères en raison de la suppression de nombreux postes de chefs de service. Pour tous, le chemin à suivre est annoncé : la mutation ou le « départ », plus ou moins forcé. Et une pression psychologique intense fondée sur l'incertitude et l'illisibilité, ou plus clairement la pagaille, mais aussi sur la mise en cause implicite des compétences professionnelles.

---

4 Régions Provence-Alpes-Côte d'Azur, Languedoc-Roussillon, Corse, Rhône-Alpes et Auvergne.

Deuxième étage : une mobilité interne obligée mais entravée

Que faire de ces fonctionnaires qui se retrouvent sans poste ? Surtout quand, dans la vie normale d'un ministère, ils se retrouvent, pour accéder à un emploi, en concurrence avec tous ceux qui sont dans la même obligation : réintégration après détachement, disponibilité ou mise à disposition, jeunes formés sortant des écoles, promus soumis par obligation à mutation, ou simplement personnes désirant changer de lieu ou de fonction. Pour ces dernières, la réponse est simple : « compte tenu de la conjoncture », elles attendront. Mais les autres ?

Le document de base pour trouver un emploi, à l'intérieur du MAAP, est la « circulaire mobilité » qui recense les postes ouverts. Celle publiée le 22 juillet 2009 signalait l'ouverture à candidatures pour 376 postes dans les services extérieurs (Directions départementales et régionales) et 152 en administration centrale [5], soit 528 au total. Les autres relèvent de fonctions très spécialisées (haras, forêts). En tout état de cause, ce total est nettement inférieur à celui de tous ceux qui, par obligation et du fait de l'administration elle-même, doivent trouver un poste. Rappelons que pour le seul quart sud-est de la France, et pour les seuls personnels dont les postes sont supprimés pour cause d'abandon des missions d'ingénierie, 400 personnes sont concernées. Or, elles ne sont pas les seules à voir leurs postes supprimés. Il y a donc déficit structurel et assumé du nombre de postes ouverts, lié au non-renouvellement lors de deux départs à la retraite sur trois.

C'est la « réforme de l'administration territoriale de l'État » (RéATE) qui doit encadrer à l'échelon régional ces suppressions de poste et la pagaille ambiante. Le pouvoir coercitif des préfets est renforcé alors qu'ils sont encore plus éloignés que les directeurs sectoriels des préoccupations quotidiennes des agents. Et dès lors « les cas d'instauration forcée de direction, de mouvements autoritaires de personnels se multiplient [6] ».

Même le droit élémentaire des fonctionnaires à connaître une situation actualisée des postes ouverts est bafoué. Les aléas de la vie font qu'une liste de postes est par nature mouvante. Il existait auparavant pour certaines catégories des procédures d'information en continu — c'était par exemple le cas des ingénieurs au ministère de l'Agriculture. Mais les stratèges de la RGPP ont inventé une « bourse interministérielle de l'emploi public », dont le

---

5 Comptage à partir de la note de service SG/SRH/N 2009-1183 du 22 juillet 2009. Ces chiffres cumulent emplois ouverts et « susceptibles d'être ouverts », donc incertains.

6 Lettre de l'union syndicale Solidaires fonctions publiques et assimilés, 9 septembre 2009.

nom est déjà tout un programme, et qui supprime les autres sources d'information. Résultat : on y trouvait en octobre 2009, dans une région de 3 millions d'habitants comme la Bretagne, une vingtaine de propositions en tout et pour tout. La plupart viennent du ministère de la Défense, et il semble assez peu probable que des postes de spécialistes en optronique, chargement de missiles ou radionavigation soient susceptibles d'être satisfaits par des ingénieurs du ministère de l'Agriculture. Le désordre qui règne va donc jusqu'à priver les fonctionnaires de l'information de base qui leur permettrait de construire des choix en toute connaissance de cause.

Troisième étage : le détachement, conseillé instamment mais rendu plus difficile

Si aucun poste n'est disponible au MAAP, il existe une première solution : les procédures de détachement. D'abord vers d'autres ministères, en s'appuyant sur la « bourse interministérielle de l'emploi public » déjà citée. Avec une efficacité qui, même en théorie, relève d'un raisonnement dont la logique se révèle obscure : si l'objectif est la réduction globale du nombre de fonctionnaires, en quoi le passage à un autre ministère a-t-il un effet ? Hors la satisfaction pour un ministre de se débarrasser lui-même en embarrassant un possible concurrent politique, il s'agit soit d'un jeu à somme nulle, soit d'un transfert qui annule les possibilités d'intégration de jeunes dans la fonction publique.

Beaucoup plus efficace en théorie est le détachement vers la fonction publique territoriale. Les pressions sur les agents se multiplient donc pour qu'ils cherchent eux-mêmes des emplois dans les collectivités. Ils se heurtent pourtant dans leurs recherches à une subtile disposition datant de 2008. En plus du salaire du fonctionnaire en détachement, l'État impose une « participation » supplémentaire à la collectivité, sous forme de cotisation pour la retraite. En clair, une collectivité qui reçoit un fonctionnaire d'État doit payer deux fois pour la retraite : une fois à la Caisse de retraite des agents des collectivités locales (CNRACL), ce qui est logique, et une autre fois à l'État qui couvre ses propres retraites, ce qui l'est beaucoup moins. Si la collectivité accepte, c'est tout bénéfice pour l'État. Si elle refuse, le candidat est incité à passer au plus vite dans la fonction publique territoriale, et une loi devrait être applicable sous peu pour permettre l'intégration directe. Ce passage permet d'arriver au résultat voulu : compter un fonctionnaire d'État de moins. Si l'on y ajoute la situation financière difficile des collectivités, dont l'État porte une part importante de responsabilité par les transferts de compétence non compensés (voir chapitre 17), on imagine que cette voie est désormais étroite.

Pour les agents en recherche de poste, il s'agit d'une injonction paradoxale. L'État incite, avec insistance, ses agents à partir en détachement. Et, dans le même temps, il prend des dispositions financières qui rendent les détachements plus difficiles. L'injonction paradoxale ou contradictoire fait partie de la panoplie reconnue du harcèlement. Car c'est bien de cela qu'il s'agit, encore plus pour ceux qui ne veulent ou ne peuvent trouver un détachement. Que reste-t-il à appliquer à ceux-là ?

Quatrième étage : les pressions à la démission

Restent des mesures d'« éloignement » ou de « reconduite aux frontières de la fonction publique » si l'on veut s'inspirer de la novlangue en usage pour ceux qui viennent chercher un peu d'humanité chez nous. Avec des similitudes troublantes entre les deux démarches.

D'un côté, la carotte. Des facilités pour la création d'entreprise et des primes pour la démission de la fonction publique, pouvant aller jusqu'à deux années de salaire. Avec d'insistants encouragements de la hiérarchie, notamment des inspecteurs généraux en charge de l'appui aux personnes et aux structures, pour suggérer à chaque agent comment ses multiples talents lui promettent un avenir radieux dans le privé, alors que pèsent tant de lourdes incertitudes sur la fonction publique.

De l'autre, le bâton. La loi de 2009 relative à la mobilité et aux parcours professionnels dans la fonction publique prévoit que pour « offrir aux fonctionnaires des perspectives de carrière plus riches et plus diversifiées » l'administration peut généreusement proposer à tout fonctionnaire (article 7) d'être « placé en disponibilité d'office ou, le cas échéant, admis à la retraite » s'il « a refusé successivement trois offres d'emploi public fermes et précises correspondant à son grade et à son projet personnalisé d'évolution professionnelle, et tenant compte de sa situation de famille et de son lieu de résidence habituel ».

En fait, le « projet personnalisé d'évolution professionnelle » n'existe que dans la propagande des législateurs. La pratique montre que les capacités spécifiques ou compétences professionnelles ne constituent pas la principale préoccupation de la hiérarchie chargée de l'orientation, dont le cap est avant tout de diminuer le nombre de fonctionnaires. Le ministère de l'Agriculture vient d'instaurer un « dispositif de découverte des activités professionnelles dans les domaines prioritaires émergents ou en croissance aux niveaux départemental et régional du MAAP [7] », qui

---

7 Note de service SG/SRH/SDDPRS/N 2009-1220 SG/SM/SDPS/N 2009-1410, du 1er octobre 2009.

illustre ce mépris. Permettre à des agents de s'adapter pour faciliter l'essor de métiers répondant à de nouveaux besoins pourrait être en soi vertueux. Mais, derrière l'affichage, la pratique révèle la vacuité du discours. Imaginons un agent dont le poste vient d'être supprimé, ce qu'il peut légitimement ressentir comme une affirmation de l'inutilité de sa fonction et de ses savoir-faire. On lui propose de découvrir d'autres champs professionnels, majoritairement très éloignés de son profil, en affirmant que la démarche vise aussi à déboucher sur une formation pour la « professionnalisation effective dans les métiers émergents ». C'est le cas par exemple d'un spécialiste de l'assainissement qui sait son poste menacé et que ceux qui s'ouvriront relèveront du champ de la gestion des subventions à l'agriculture. Mais le projet de loi de finances 2010 prévoit que les crédits de paiement pour la formation continue stagnent à 7 877 351 euros en 2010, une enveloppe de 1 400 000 euros spécifique à l'enseignement agricole n'ayant pas été reconduite. Les agents sont donc dans le même temps invités à se former et confrontés aux restrictions de formation faute de crédits disponibles. Comment imaginer qu'ils puissent accorder la moindre confiance aux promesses qui leur sont faites ?

Quant au compte à tenir des « situation de famille et lieu de résidence habituel », il reste imaginaire, ce qui conduit à des propositions de postes éloignées de plusieurs centaines de kilomètres, sans même une simple demande d'information sur la situation professionnelle du conjoint.

Injonctions paradoxales et atteintes à l'estime de soi

Les obstacles qui parsèment les voies pourtant conseillées de la mutation interne, du détachement ou de la formation conduisent à un malaise généralisé. Tout le monde va, à plus ou moins brève échéance, être soumis à l'injonction contradictoire de trouver un poste, mais avec un nombre de possibilités qui ne permet pas à tout le monde de le faire. D'où l'obligation structurelle d'organiser harcèlement et maltraitance pour qu'il y ait suffisamment de démissions ou « départs » afin que ceux qu'on n'arrivera pas à éloigner trouvent à « se caser ». Les pressions relèvent d'une volonté institutionnelle et non de dérapages individuels. Les dégâts psychologiques d'une inhibition de l'action par les injonctions contradictoires et arbitraires ont été illustrés par Alain Resnais dans son film *Mon oncle d'Amérique* (1980), à partir des travaux menés par l'éthologue Henri Laborit sur les rats. Il s'implante au MAAP une configuration particulière et délibérée de l'organisation qui fait du travail une souffrance. Elle relève des facteurs structurels révélés par Marie Pezé ou Christophe Dejours dans leurs ouvrages [8].

La gestion des ressources humaines comprend un second élément constitutif du harcèlement, les atteintes répétées à l'estime de soi. Les discours, sans doute parfois proférés de bonne foi, sur la valorisation des compétences se confrontent à la réalité que connaissent ceux qui cherchent à la mettre en application. En particulier, quand il s'agit de trouver un poste, de nombreux candidats sont confrontés au constat qu'il n'en existe aucun touchant à leur domaine de compétence, par exemple dans l'ingénierie publique. Ils sont donc amenés à douter de leurs capacités, pourtant réelles et affirmées. Les anciens chefs de service dans les Directions départementales et qui ne le seront plus dans les Directions fusionnées avec l'Équipement se voient renvoyés à des insuffisances personnelles. La menace de rétrogradation crée une malsaine concurrence où la compétence n'est pas l'élément déterminant. Les affectations se font sur la base de facteurs qui restent opaques, à la discrétion des responsables hiérarchiques. Ainsi, un candidat expérimenté doit se soumettre à un examen serré et approfondi, en se voyant réclamer des compétences pointues sur le sujet à traiter, et apprendre que le poste a été pourvu par quelqu'un tout frais sorti de formation.

La Loi organique relative aux lois de finances (LOLF) plafonne les crédits pour chaque programme de l'État. Elle y institue la fongibilité entre types de dépenses, c'est-à-dire qu'il est possible de choisir de limiter les dépenses en fonctionnement pour avoir les moyens de payer plus d'investissement, par exemple. Mais cette fongibilité est dite « asymétrique » pour le poste « salaires » (article 7, paragraphe 2). Ce qui veut dire qu'on ne peut économiser sur un autre titre pour payer plus de salaires. Par effet de cascade, chaque échelon géographique, au motif de « responsabilisation des gestionnaires et contrôle de la performance », est incité à réduire sa masse salariale. En pratique cela veut dire que les agents expérimentés, qui ont atteint un niveau de rémunération supérieur à la moyenne, ne sont pas les bienvenus. On leur fait donc sentir combien il y a décalage entre leur paye « trop élevée » et leurs compétences ou les services qu'ils peuvent rendre. Ce discours, attentatoire à l'estime de soi, est malheureusement classique et caractéristique des obstacles auxquels se heurtent les chômeurs d'une cinquantaine d'années dans le privé.

8 Marie Pezé, *Ils ne mouraient pas tous, mais tous étaient frappés. Journal de la consultation Souffrance et Travail*, Pearson, Paris, 2008 ; et Christophe Dejours, *Souffrance en France, la banalisation de l'injustice sociale*, Seuil, Paris, 1998.

Il envahit aujourd'hui la sphère de l'administration publique (voir chapitre 23).

Il en résulte un climat qui provoque inéluctablement des drames humains. Ceux qui organisent ce système d'expulsion suivent les traces de R. Reagan et M. Thatcher, dont le mot d'ordre était « *starve the beast* » (« affamez la bête », entendez l'État). En organisant l'oppression des fonctionnaires on leur apprend aussi à perdre confiance dans l'action publique, à s'engager dans la désaffiliation vis-à-vis d'une mission que beaucoup ont choisie par conviction, voire à détester un État à qui l'on attribuera pagaille et harcèlement. La confusion est entretenue entre l'État en tant qu'institution républicaine, garante de l'intérêt public, et le gouvernement, dont la mission est provisoire, et dont l'actuel titulaire s'est donné comme feuille de route de le discréditer. Gérard Aschieri, ancien secrétaire général de la Fédération syndicale unitaire (FSU), le résumait ainsi : « Tous les services publics vivent aujourd'hui sous tension à cause de ces suppressions de postes, d'une part à cause des conditions de travail, d'autre part des missions moins bien rendues aux usagers [9]. » Des fonctionnaires dégoûtés de leur métier et ayant perdu confiance dans le service public, quelle aubaine pour les idéologues, qui ne manqueront pas de pointer leur manque de motivation…

9 Associated Press, 29 septembre 2009.

17

Les collectivités locales et la réforme de l'État : le point de vue des élus territoriaux

Entretiens avec **Gilles Garnier et Francine Bavay**

Il est difficile de parler de réforme de l'État sans s'intéresser aux collectivités territoriales. Les différentes vagues de décentralisation leur ont conféré des pouvoirs non négligeables. Pour toute une série de domaines de la vie quotidienne (transports, aides sociales, formation professionnelle, enseignement), les citoyens dépendent désormais des services communaux, ou de ceux des conseils généraux et régionaux. Conséquence de ce mouvement, c'est la fonction publique territoriale (FPT) qui a connu la croissance la plus importante de ses effectifs. La Cour des comptes s'alarmait ainsi de son passage d'un peu plus de 1 million d'équivalents temps plein en 1986 à près de 1,6 million en 2007, soit une augmentation de 54,7 %, contre 7,4 % pour la fonction publique d'État (FPE) [1]. Les cris d'orfraie sur l'essor incontrôlé de la FPT méritent toutefois d'être nuancés : la FPT ne représente que 6,8 % de l'emploi total en 2007, contre 4,7 % en 1980 [2]...

La décentralisation avait à l'origine des enjeux démocratiques. Le 16 juillet 1981, Gaston Defferre, alors ministre de l'Intérieur, déclarait ainsi à l'Assemblée nationale : « Le gouvernement entend rompre avec cette situation [le centralisme] et reconnaître aux communes, départements et régions une réelle liberté ainsi que la maîtrise de leur devenir. Il veut mettre fin à un mode d'organisation et de gestion fondé sur la méfiance du pouvoir central à l'égard des citoyens et de leurs élus. » Or,

1 Cour des comptes, *Les Effectifs de l'État 1980-2008. Un état des lieux*, La Documentation française, Paris, 2009, p. 11.

2 *Ibid.*, p. 12.

quand on observe les débats contemporains sur la réforme de la taxe professionnelle ou de l'organisation territoriale, il semble désormais que de tout autres logiques soient à l'œuvre. C'est pourquoi il nous a semblé nécessaire d'interroger des représentants des collectivités territoriales et de recueillir leur analyse des transformations en cours. C'est l'objet des deux entretiens présentés ci-après [3].

Déconcentration des compétences et centralisation de l'autorité

Entretien avec **Gilles Garnier***

Quelles sont les grandes lignes des réformes successives de décentralisation ?

Les deux grands moments de la décentralisation en France se sont concrétisés par l'adoption de deux lois importantes : les lois Defferre de 1982-1983, puis la réforme constitutionnelle de 2003. Ces lois ont marqué une volonté politique d'opérer une redistribution des pouvoirs entre l'État et les collectivités territoriales dans le but de rendre plus efficace l'action publique et de développer une démocratie de proximité. La loi d'août 2004 relative aux libertés et responsabilités locales, la « mère de toutes les réformes », selon son promoteur, Jean-Pierre Raffarin, marquera l'achèvement de ce qu'on a appelé l'acte II de la décentralisation.

L'ensemble de ces lois ont donné aux régions des compétences spécifiques : le développement économique, l'aménagement du territoire, l'éducation et la formation professionnelle, la culture et la santé. Quant aux départements, ils ont théoriquement en charge l'action sociale et sanitaire, l'aménagement de l'espace et du territoire, l'éducation, la culture et le patrimoine, le développement économique. Les communes, plus petit échelon administratif, ont également reçu des attributions dans ces mêmes domaines, mais à un autre niveau, concernant l'urbanisme et la maîtrise des sols (plan local urbain par exemple) ou l'enseignement (les écoles maternelles et élémentaires, et leur sectorisation).

---

* Président du Groupe communiste et citoyen pour une alternative à gauche du conseil général de Seine-Saint-Denis.

3 Nous remercions Nathalie Robatel pour son travail de synthèse et de mise en forme.

Une nouvelle réforme des collectivités territoriales doit avoir lieu en 2010. Que prévoit-elle ?

Elle a été exposée par Nicolas Sarkozy le mardi 20 octobre 2009, à Saint-Dizier en Haute-Marne. Sous couvert d'une réduction des dépenses de l'État et d'une simplification du fonctionnement de nos institutions, la réforme entend en réalité bouleverser en profondeur l'organisation administrative du pays. Elle prévoit plusieurs mesures importantes qui, en supprimant la clause de compétence générale aux départements et aux régions, en regroupant les collectivités et en réduisant de moitié le nombre des élus locaux, vont entamer gravement les marges de manœuvre des collectivités.

Qu'est-ce que la clause de compétence générale et quelles seront à votre avis les conséquences de sa suppression ?

La clause générale de compétence permet aux collectivités locales d'administrer librement leurs territoires, c'est-à-dire qu'elles peuvent intervenir dans tout domaine qui fait partie de leurs compétences, sur la base de l'intérêt public local. Sa suppression, actuellement étudiée, aurait pour conséquence de spécialiser régions et départements en leur attribuant des domaines réservés de compétences.

Il faut avoir à l'esprit que les territoires présentent de grandes disparités. Le département dans lequel je vis et remplis ma fonction d'élu — la Seine-Saint-Denis — est un département qui connaît de grandes difficultés sociales. Jusqu'ici, la clause de compétence générale nous permettait d'agir au-delà du champ de nos compétences obligatoires. Les choix politiques faits par l'exécutif de notre département permettaient de pouvoir répondre, du mieux que nous pouvions, aux besoins des habitants, à cette urgence sociale. Ils nous permettaient également de pallier les graves conséquences économiques et sociales des politiques impulsées depuis 2002 par les gouvernements successifs.

Les conseils régionaux et généraux jouent également un rôle essentiel auprès des petites communes, par exemple dans le financement de leurs équipements. Si la réforme territoriale prévoit effectivement que les départements pourront continuer à cofinancer leurs projets, elles devront néanmoins apporter 50 % au pot commun. Il y a malheureusement fort à parier que de telles contraintes seront difficilement supportables pour beaucoup d'entre elles. La technique du gouvernement est simple : affamer pour mieux réformer.

Vous parliez de la réduction du nombre d'élus locaux. Comment cela va-t-il se faire et quels seront les effets d'une telle mesure ?

Le projet de Nicolas Sarkozy indique qu'à compter de mars 2014, les mêmes élus siégeront à la fois au sein de l'Assemblée régionale et de l'Assemblée départementale. Cette fusion des fonctions de conseiller régional et de conseiller général entraînera la création d'un nouveau type d'élu : le conseiller territorial. Cette modification du mode de scrutin région/département va favoriser le bipartisme en affaiblissant les « petits » partis. En effet, l'élection fera l'objet d'un scrutin uninominal à un tour, 20 % des sièges de l'Assemblée territoriale étant répartis à la proportionnelle au plus fort reste. Autrement dit, les partis les plus forts pourront prétendre à 80 % des sièges, alors que les autres verront leur représentativité, leurs possibilités de peser dans les décisions et le débat local largement réduites.

Cette mesure, dont les arrière-pensées sont manifestes compte tenu des rapports de force politiques actuels, permettra de réduire de moitié le nombre des élus locaux, de 6 000 actuellement à 3 000.

On a aussi avancé les arguments économiques pour expliquer cette réforme qui permettrait de rationaliser les interventions des collectivités territoriales et de diminuer les dépenses. Est-ce aussi un moyen d'engager la réduction des échelons de l'organisation territoriale dont il est question depuis si longtemps ?

Au-delà de la réduction du nombre d'élus, jugés « trop coûteux », Nicolas Sarkozy justifie cette fusion amorcée de la région et du département par la volonté d'éviter les actions concurrentes ou redondantes sur un même territoire. Or, les financements croisés entre départements et régions, ici montrés du doigt, ne représentent que 10 % des financements globaux. Cet argument économique ne tient donc pas, il masque surtout le désir d'un rééquilibrage politique.

Par ailleurs, le nombre de fonctionnaires, jugé trop important par l'actuel gouvernement, est une excuse supplémentaire pour mieux réduire les moyens des collectivités et marteler la nécessité d'une grande réforme du système administratif français, favorisant notamment le recours au privé pour mener à bien les missions de service public.

Plus de 30 000 postes ont été supprimés en 2009 dans la fonction publique de l'État, pour la plupart par le biais d'un non-remplacement des agents partant à la retraite. En 2010, ce seront encore presque 34 000 postes qui disparaîtront. À la suite du transfert croissant des compétences de l'État aux collectivités, seuls les effectifs de la fonction publique territoriale sont en augmentation constante. Ces derniers ont connu une forte croissance, notamment en 2007 (+ 86 000 salariés, soit 4,6 %), due au mouvement d'intégration des personnels titulaires de l'État dans la fonction publique territoriale, prévu par la loi du 13 août 2004 relative aux libertés et aux responsabilités locales.

L'argument économique reste globalement irrecevable. Le budget des collectivités locales ne représente que 10 % du déficit de l'État et celles-ci font preuve d'une grande rigueur de gestion, pour une raison assez simple : elles sont contraintes par la loi de voter un budget en équilibre, ce qui n'est le cas ni de l'État, ni de la Sécurité sociale... En réalité, si l'on doit chercher des « coupables » au déficit de la France, la première piste à explorer n'est sans doute pas celle des collectivités territoriales.

Une des véritables ambitions de la réforme de ces dernières est d'uniformiser l'organisation administrative des différents pays de l'Union européenne. Il s'agit ici de s'aligner sur ce modèle européen dominant qui, à l'image de l'Allemagne ou de l'Espagne, comporte trois échelons politiques et administratifs : national, régional et local. Avec 36 600 communes, 26 régions et 100 départements, la France fait figure d'exception. Cette particularité est depuis longtemps critiquée, notamment en ce qui concerne l'échelon communal. Déjà en 1971, la loi Marcellin visait la fusion et le regroupement des communes. Elle échoua complètement, les Français restant attachés à l'échelon communal. Si Nicolas Sarkozy a décidé d'abroger la loi Marcellin prochainement, il entend par ailleurs mettre en place une « commune nouvelle ». Cette création demeure en théorie optionnelle, seulement les dotations financières que ces communes nouvelles permettent d'obtenir sont autant d'attraits puissants. Lorsqu'on sait les difficultés budgétaires des collectivités aujourd'hui, on comprend qu'à terme bien des communes n'auront effectivement pas d'autres possibilités, si elles veulent remplir leurs missions auprès des habitants, que d'opérer ce type de fusion. Il est vrai que les communes, telles que nous les connaissons depuis la Révolution française, ne disparaîtront pas sur le papier : elles deviendront des « communes déléguées » au sein de cette commune nouvelle. Elles ne pourraient conserver comme seule attribution que la tenue des registres de l'état civil — les pouvoirs du maire délégué et de ses conseillers communaux seront ainsi réduits à peau de chagrin. La commune nouvelle signe donc bel et bien la mort effective des communes actuelles.

Si tel est le cas, de nombreux élus locaux devraient s'opposer à la réforme. Comment réagissent-ils à ces projets ?

L'UMP soutient la réforme, qu'elle voit comme un nouveau souffle pour la décentralisation et comme l'occasion de moderniser, simplifier et optimiser le coût de la démocratie locale. Le parti prétend ainsi sonner le glas de tous les saupoudrages, les gaspillages, les corporatismes, les clientélismes et de tous les conservatismes. Le conseiller territorial devient le nouveau héros de cette cause, synchronisant l'action du département et de la région, baissant les dépenses des collectivités, et formant des intercommunalités ou des métropoles compétitives dans la grande bataille de la globalisation…

On comprend que l'UMP soutienne la réforme de Nicolas Sarkozy, mais qu'en disent les autres courants politiques ?

Le Parti socialiste considère au contraire l'ensemble comme une recentralisation qui va étouffer financièrement les collectivités, aggraver l'injustice sociale et les inégalités territoriales. Il dénonce en plus une manipulation électorale, une idée partagée par les Verts qui analysent la réforme comme une régression dans la recherche de territoires plus démocratiques, plus efficaces et plus représentatifs. Ils pointent de surcroît l'opacité du scrutin des conseillers territoriaux, qu'ils accusent de renforcer la bipolarisation de la vie politique française et de favoriser l'UMP, souvent incapable de rassembler lors de seconds tours d'élections. Les Verts jugent que la suppression de la compétence générale des régions est un énorme gâchis. Selon eux, ces collectivités sont à même de penser les politiques publiques adaptées aux besoins spécifiques de chaque espace. Les priver de leur capacité d'intervention est une atteinte au principe de subsidiarité. Enfin, le « mille-feuille » administratif français n'est en rien simplifié. On lui rajoute une couche avec les métropoles sans supprimer les départements. On peut craindre que le déséquilibre entre les territoires ne fasse que s'accroître.

En ce qui concerne ces nouvelles « métropoles » et le projet du « Grand Paris », quelles sont les perspectives ?

En juillet 2006, Bertrand Delanoë, le maire de Paris, et la majorité de gauche du conseil municipal avaient mis en place une Conférence métropolitaine de l'agglomération parisienne. Il s'agissait d'un lieu de concertation entre la capitale et son agglomération, qui regroupait alors soixante-trois communes d'Île-de-France. Il s'est réuni à cinq reprises, notamment sur la question des transports et de l'habitat.

Dès juin 2007, Nicolas Sarkozy a annoncé son intention de faire de Paris une place financière de premier rang, pour ne pas la laisser distancer par des métropoles telles que Shanghai, Londres ou Dubaï. Il comptait travailler sur quatre grandes orientations : les transports, l'urbanisme, la recherche et l'enseignement supérieur, la création d'une communauté urbaine parisienne. En mars 2008, il a même nommé un secrétaire d'État au Développement de la région capitale : Christian Blanc, député et haut fonctionnaire, ancien dirigeant d'Air France, qui dut démissionner en juillet 2010, accusé d'avoir imputé des milliers d'euros de dépenses personnelles (en cigares) au budget de son institution.

Une véritable bataille politique s'est engagée sur le Grand Paris. La capitale et les départements qui l'entourent demandent une restructuration forte. Élus de gauche et de droite sont d'accord sur ce sujet. De 2004 à 2008, la région Île-de-France a mené, avec les collectivités, une grande concertation sur la révision du schéma directeur régional. Ce schéma est un document phare pour la région en matière d'urbanisme, de logement, de transports, d'emploi, de développement durable. Mais il n'a absolument pas été pris en compte par le gouvernement lors de la réflexion et l'élaboration du projet du Grand Paris.

La métropole parisienne, telle que l'envisage Nicolas Sarkozy, a pour objectif premier la compétitivité économique, à l'image du Grand Londres. Son ambition est de la faire entrer « dans l'ère de l'économie libéralisée », selon ses propres termes, le 20 octobre 2009. Le président juge indispensable et prioritaire que notre pays réponde aux exigences imposées par la compétition entre grandes agglomérations européennes ou internationales. L'élément illustrant sans doute le mieux cette ambition est le chapitre consacré au développement des transports en Île-de-France. L'hypothèse retenue ne vise pas à répondre aux graves inégalités en la matière, mais propose un maillage essentiellement voué à la desserte des grandes plates-formes économiques, existantes ou en projet. Le Grand Paris, en polarisant les activités économiques, en créant un archipel de grands pôles reliés les uns aux autres, laissera à l'abandon d'autres territoires jugés moins compétitifs. La concentration des emplois, des services et des richesses dans quelques pôles urbains fera sans nul doute exploser les inégalités territoriales.

Plutôt que la mise en concurrence des territoires, il serait plus judicieux de renforcer la coopération et de la solidarité entre collectivités, en mettant en œuvre au plus vite une véritable péréquation financière. Or, avant de répondre à des enjeux humains et écologiques, ce projet répond essentiellement à des enjeux économiques. Nous ne partageons pas cette vision du développement et du progrès et nous dénonçons, sur ce dossier encore, une atteinte à la démocratie et à la légitimité des élus locaux. En refusant de valider le Schéma directeur de la région Île-de-France (SDRIF), que j'évoquais plus haut, le gouvernement impose donc sa vision libérale de la future métropole parisienne.

Vous nous avez présenté les projets de Nicolas Sarkozy pour le Grand Paris et les critiques qui lui sont faites. Pouvez-vous nous expliquer maintenant ce que seront les « métropoles » annoncées dans la nouvelle réforme ?

Dans les bassins comptant au moins 450 000 habitants, la métropole prendrait la place des collectivités préexistantes (communes, communautés urbaines et conseil général). À ce jour, la seule qui soit concrètement en passe d'être créée est celle du Grand Paris. Néanmoins, Nicolas Sarkozy ne cache pas son intention de voir se multiplier ce type d'entité. Huit autres métropoles sont potentiellement envisageables : Marseille, Lyon, Lille, Toulouse, Bordeaux, Strasbourg, Nice et Nantes. Dans son discours du 29 avril 2009, le président de la République expliquait qu'elles pourront « exercer sur leur territoire une grande partie des compétences du département et de la région sur la base d'une convention de transfert avec ces deux collectivités ». L'exemple parisien — et le mépris porté au SDRIF — montre qu'avec cette solution l'État aura la possibilité de supplanter les collectivités territoriales dans de nombreux secteurs et qu'il nourrit l'ambition de déposséder les élus locaux de leurs pouvoirs de réflexion, de création et de gestion actuels.

En effet, si la métropole ne dispose pas de la clause de compétence générale, les textes montrent que ce nouvel échelon pourra « aspirer » de nombreuses attributions communales : le développement économique bien sûr mais également l'urbanisme, l'habitat, les transports, l'éducation, les infrastructures, la sécurité, l'eau et l'assainissement ou la culture. Là encore, il s'agit d'une attaque en règle contre les communes, possiblement vouées à devenir de véritables coquilles vides. En clair, l'objectif du gouvernement, en dépossédant communes, départements et régions de leurs attributions et de leurs pouvoirs, est donc bien de recentraliser la décision politique et économique au seul échelon de l'État. Plutôt que de décider directement de la suppression des départements et de la fusion des communes, ce qui chez les élus de droite comme de gauche pourrait soulever une véritable fronde, Nicolas Sarkozy choisit de les vider de leur contenu pour mieux les faire disparaître à terme.

Pouvez-vous nous parler des projets concernant la fiscalité locale ?

À cette inquiétante réforme des institutions vient se greffer une importante réforme fiscale. Depuis 2004 déjà, les départements connaissent une situation financière particulièrement tendue, due à un certain nombre de transferts de compétences d'État. Des secteurs importants comme les collèges ou la gestion des minima sociaux ont été remis entre les mains des conseils généraux mais les compensations financières demeurent insuffisantes. En Seine-Saint-Denis, nous gérons depuis six ans des secteurs très importants pour notre population sur nos propres deniers. Il s'agit déjà d'une grave atteinte à l'égalité républicaine, car les ressources fiscales restent très inégales entre départements. Nous nous sommes battus — et continuons à le faire — pour obtenir de l'État ce qui nous est dû. Mais le combat est difficile. L'intervention de Nicolas Sarkozy, le 20 octobre 2009, est claire : aucune compensation et aucun budget supplémentaire ne nous seront accordés alors que, dans le même temps, la crise et la croissance du chômage dans notre pays nous demandent un travail et une créativité constants. Tout cela a un coût.

Or, la fiscalité a perdu beaucoup de sa capacité redistributive. Depuis le milieu des années 1990, les avantages se sont multipliés en faveur des ménages aisés et des entreprises, au nom d'une économie compétitive qui devait favoriser la création d'emplois, l'investissement et la lutte contre les délocalisations. Grâce à l'instauration d'un bouclier fiscal, aux allégements de charges sociales ou aux aides à la relance, près de 70 milliards d'euros ont été exonérés par l'État de toute imposition. La diminution de l'impôt direct s'est donc accompagnée d'une explosion de la fiscalité indirecte. Les montants de prélèvement relatifs à la taxe d'habitation et à la taxe sur le foncier bâti et non bâti n'ont cessé de grimper, un prélèvement auquel s'ajoute, par ailleurs, la taxe sur les ordures ménagères par exemple. Ce positionnement libéral a de réelles conséquences sur le financement des collectivités territoriales.

Un grand débat anime la France en ce moment. Il s'agit de la suppression de la taxe professionnelle et son remplacement partiel par un nouveau type d'imposition : la contribution économique territoriale, à laquelle viendrait s'ajouter une compensation de l'État correspondant au montant du manque à gagner pour les collectivités. Dès 2008, M. Sarkozy a présenté la taxe professionnelle comme un impôt injuste, un frein à la compétitivité de l'économie et des entreprises françaises. S'appuyant sur des contrevérités, il avançait l'argument suivant : le maintien en l'état de la taxe professionnelle encourage les entreprises à partir hors du pays, à ne pas y créer d'emploi, à ne pas y investir. Et s'il n'y a plus d'entreprises pour la payer, alors à quoi bon la maintenir ?

Pourtant, depuis le milieu des années 1990, la taxe professionnelle a déjà été considérablement réduite. Elle a perdu, année après année, son caractère solidaire de redistribution des richesses. À partir de 1998, à l'initiative du ministre des Finances Dominique Strauss-Kahn, elle n'a plus été indexée sur les salaires, c'est-à-dire sur le nombre de salariés que compte une entreprise. En 2005, son montant a été plafonné à 3,5 % de la valeur ajoutée de l'entreprise. Cette dernière mesure a permis la création du ticket modérateur, payé par les collectivités au titre de la participation à ce nouveau dégrèvement, et dont le montant est fixé par le taux d'imposition voté par ces mêmes collectivités.

Dans la même période, avec la chute des prix de l'immobilier, ces collectivités n'ont plus été capables de s'appuyer aussi confortablement qu'elles le faisaient sur les moyens issus des droits de mutation, une ressource propre aux départements basée sur les transactions immobilières. La péréquation du niveau des droits de mutation semblait alors indispensable pour éviter de nouveaux déséquilibres, inévitables face à l'inégale attractivité des zones géographiques. Cette péréquation n'a jamais été mise en place.

La taxe professionnelle sera donc supprimée pour les entreprises qui investissent alors que justement l'investissement restait son unique base de prélèvement puisque la part des salaires a été retirée de son assiette de calcul. Désormais, son montant prendra uniquement en compte la valeur foncière de l'entreprise. Quelle sera la compensation proposée par l'État aux collectivités face à ce manque à gagner ? Le budget 2010 garantit un transfert de 8 milliards d'euros. Cependant, aucune pérennité de cette compensation n'a été assurée pour les années suivantes, même si le gouvernement s'est engagé à ce qu'aucune collectivité locale ne voie ses ressources diminuer du fait de cette suppression.

Ainsi, cette réforme fiscale devient un moyen de contrôle important pour le gouvernement sur les finances des collectivités. Le but invoqué reste le même : la réduction de la dette publique, même si ces collectivités doivent y perdre leur autonomie fiscale.

Devant la réduction de leurs ressources propres, celles-ci devront alourdir la pression fiscale sur les habitants, par le biais de la taxe d'habitation, les taxes sur le foncier bâti et non bâti. Ou bien encore elles devront abandonner certaines missions de service public ou les privatiser.

Cette mise à mal des règles républicaines d'égalité et de solidarité permet la régulation de la fiscalité au sein des services publics par le biais des collectivités. C'est une stratégie très préjudiciable pour une grande partie de la population, mais qui restera, hélas, présentée comme la solution à l'accroissement constant des dépenses des communes, départements et régions. Pourtant cet accroissement des dépenses est le fruit d'une politique menée par l'actuel gouvernement et celui qui l'a précédé. La décentralisation de pans entiers de l'action publique, notamment dans les domaines du social, de l'éducation, des transports ou de l'aménagement du territoire, en est principalement la cause car celle-ci n'a jamais été accompagnée des moyens correspondants à ces transferts de charges. Quand les ressources fiscales des collectivités s'avéreront insuffisantes, la pression fiscale sera alors exercée sur le contribuable. Cette méthode libérale est contre-productive puisqu'elle consiste d'abord à désigner des coupables plutôt qu'à trouver des solutions. Il est regrettable que le président Sarkozy entende la fiscalité comme une arme pour revoir à la baisse les ambitions des territoires. La fiscalité locale avait davantage besoin d'une réforme en faveur des ménages. Ce n'était pas impossible.

Pour redonner du sens social notamment à la taxe professionnelle, on pourrait faire entrer dans son assiette de calcul un prélèvement sur les actifs financiers des entreprises, sur leurs valeurs boursières et surtout sur leur niveau de profits financiers. Imposer seulement sur le foncier ou sur les biens corporels exonère les entreprises de redistribution des richesses produites. Cela reste difficilement acceptable au regard des efforts déployés par les collectivités pour attirer de l'activité sur leur territoire : infrastructures routières et de transports, mises à disposition de terrain pour un euro symbolique, salariés et main-d'œuvre locaux, etc.

Ainsi, nous aurions pu mettre en place un impôt juste et mettre à contribution, à hauteur des richesses produites, les grandes entreprises ou les banques. Le gouvernement n'a donné aucune chance à cette orientation solidaire, préférant privilégier une vision libérale visant à soulager les acteurs des marchés financiers de toute contrainte et de toute contribution au bien commun.

Une décentralisation en trompe l'œil

Entretien avec **Francine Bavay***

Quel jugement portez-vous sur la seconde vague de décentralisation de 2003-2004 ?

La première vague de décentralisation de 1982 et 1983 avait entraîné d'importantes transformations du territoire français. Cette

* Conseillère régionale, ancienne vice-présidente verte du conseil régional d'Île-de-France.

nouvelle proximité du niveau de décision a suscité une dynamique de responsabilisation des élus et de la société civile. L'acte II de la décentralisation en 2004 a consacré l'organisation décentralisée du territoire français dans la Constitution, a assoupli l'organisation des collectivités locales en reconnaissant leur diversité, a consacré leur autonomie financière. Elle a également transféré de nouvelles compétences aux collectivités régionales. Depuis 2004, leurs principales compétences sont les transports, le développement économique, l'aménagement du territoire, les lycées et la formation professionnelle, les formations sanitaires et sociales. Mais quand, avec le recul, on analyse comment cette réforme a été élaborée, on voit apparaître les limites de la logique à l'œuvre. L'exemple de la décentralisation des formations sanitaires et sociales est particulièrement illustratif à cet égard.

Comment cela s'est-il passé ?

À l'été 2004, la décentralisation dite Raffarin a été décidée sans réelle maîtrise de la réforme. Il avait été promis une réelle décentralisation et, *in fine*, ce n'est pas ce qui a eu lieu. Ce que j'appelle véritable décentralisation, c'est un processus qui donne aux élus locaux la capacité de décider et les moyens de mettre en œuvre les décisions. Or la seconde vague a ceci de particulier qu'elle organise des transferts de compétences sans donner d'autonomie financière supplémentaire aux régions. Par exemple, pour les formations sanitaire et sociale, elle fait l'objet d'une compensation, d'un transfert par l'État et pas d'une véritable autonomie de financement. L'État a continué à notifier aux structures décentralisées le niveau de financement qu'il allait leur accorder.

Les régions ont commencé à négocier avec l'État le montant du transfert accordé et la discussion a été rude car ces notifications avaient été calculées sur des coûts constatés trois années auparavant, c'est-à-dire sur l'année 2003. Après négociation, le montant du transfert a finalement été basé sur l'année 2005. Mais ce transfert réévalué n'était pas suffisant pour faire fonctionner les institutions de formation. En effet, l'État avait pris des décisions, avant la décentralisation, qui ont changé la donne après celle-ci. Et le montant du transfert n'a pas été évalué en due proportion des conséquences de ces décisions. Par exemple, c'est le cas pour les bourses. Dans l'enseignement supérieur, l'État les revalorise annuellement, mais, pour les formations sanitaires et sociales, leur montant est gelé depuis 2005. Cela créait une vraie différence de traitement entre les étudiants qui sont en université ou dans un cursus qui relève des formations décentralisées.

Autre exemple, plus inquiétant, c'est l'État qui établit le nombre maximal de personnels infirmiers à former. Ce quota en région Île-de-France est atteint à 80 %. Si la région est performante et réussit à financer les 20 % restants, les personnes formées ne seront pas couvertes par les sommes transférées. C'est donc la région qui doit trouver le financement. Et les régions n'ont pas d'autonomie suffisante pour décider de nouvelles ressources. Pour autant, aujourd'hui les infirmiers sont les professionnels les plus difficiles à recruter (source : Enquête BMO 2009, Pôle Emploi-CREDOC).

Avant la décentralisation, en 2000 par exemple, les régions pouvaient avoir à peu près 50 % de ressources propres provenant majoritairement des taxes locales, des taxes sur les cartes grises, sur les bureaux et une part de la taxe intérieure sur les produits pétroliers, la TIPP. Les 50 % restants venaient des transferts de l'État. Aujourd'hui on est plutôt à un tiers de ressources propres. La décentralisation a entraîné la baisse des ressources autonomes des régions qui sont ainsi plus dépendantes de l'État...

C'est en ce sens qu'on peut parler d'un démantèlement des politiques publiques car, si les acteurs publics n'ont pas les moyens d'agir, ils sont condamnés soit à ne pas faire, soit à faire faire par le privé. Mais, quand pour une mission d'intérêt général on se voit dans l'obligation de recourir au secteur privé, le risque devient la recherche du profit, qui peut avoir pour conséquence la suppression des missions les moins rentables. Le cas de l'hôpital est flagrant en la matière.

Est-ce que vous pouvez nous expliquer le processus général du transfert des compétences en matière de formation sanitaire et sociale ?

La loi du 13 août 2004 a donc transféré ces compétences aux régions. Elles couvrent plusieurs domaines d'action :

— l'élaboration et la mise en œuvre du schéma des formations sanitaires et sociales au sein du Programme régional de développement de la formation professionnelle ;

— la répartition régionale des quotas fixés à l'échelon national pour les professions paramédicales réglementées : infirmiers, ergothérapeutes, masseurs-kinésithérapeutes, sages-femmes et psychomotriciens ;

— les autorisations de création, d'ouverture et d'extension des sections de formation paramédicales après avis du représentant de l'État ;

— les agréments des directeurs des centres de formation paramédicaux ;

— l'attribution et le versement des aides aux étudiants et notamment des bourses ;

— les subventions de fonctionnement et d'équipement aux organismes de formation paramédicaux ;

— le financement du fonctionnement des centres de formation en travail social dispensant des formations initiales et la participation aux projets d'investissement en vertu d'une délibération.

Mais une ambiguïté juridique s'est installée durablement, puisqu'en 2010 elle n'est toujours pas levée. Le patrimoine des écoles d'infirmières reste aux hôpitaux par exemple.

Le droit à compensation garanti par l'État, dans l'attente des ultimes négociations dans le cadre de la commission consultative d'évaluation des charges et sous réserve des conclusions de la mission d'inspection conjointe diligentée par l'État, s'élève à 151,27 millions d'euros pour un budget de 160,763 millions d'euros en 2008.

Concernant la fixation du montant de subvention des établissements, l'État procède à une négociation annuelle bilatérale établissement par établissement. Cette méthode de financement n'apparaît pas satisfaisante : elle est peu transparente car les centres de formation ne bénéficiaient pas de règles harmonisées de financement ; et elle est également inéquitable et peu incitative car aucune incitation financière n'est donnée aux centres pour l'augmentation des effectifs formés.

Pour les centres de formation adossés aux établissements publics de santé, l'article R 6145-57 du Code de la santé publique prévoit que la subvention de fonctionnement régionale soit égale à la différence entre les charges et les recettes d'exploitation (subvention d'équilibre de l'établissement). Cette exigence peut également être comprise de façon comptable : les centres de formation adossés à des établissements publics de santé ont un budget individualisé *via* un budget annexe qui ne saurait être adopté en déséquilibre.

La procédure budgétaire annuelle permet d'ajuster les charges ou les ressources propres des établissements et de moduler ainsi la participation régionale. En cas de déséquilibre d'exécution, des reports annuels doivent être effectués par les centres de formation et indiqués dans les budgets prévisionnels des années suivantes.

Pour les centres de formation en travail social, les normes législatives ou réglementaires sont plus souples : il n'y a pas de calendrier budgétaire contraint, ni d'obligation d'équilibre budgétaire. Les articles L 451-2 et L 451-2-1 du Code de l'action sociale et des familles prévoient que la région verse une subvention annuelle pour assurer le financement des dépenses pédagogiques et administratives des formations initiales agréées. La procédure permet d'ajuster à la hausse ou à la baisse le montant de la subvention régionale.

Vous avez évoqué plusieurs fois le fait que les négociations concernant la compensation des transferts par l'État avaient été difficiles. Pouvez-vous nous en dire un peu plus ?

Afin de définir une méthodologie pour réévaluer les transferts de chaque région, une mission interministérielle a été effectuée par les Inspections générales des Affaires sociales (IGAS), de l'Administration (IGA) et des Finances (IGF). Les conclusions du rapport publié en 2008 ont servi de base dans la poursuite des négociations avec l'État [4].

Depuis la décentralisation, sur la période 2005-2009, la sous-compensation s'élève à 16 millions d'euros. De plus, certaines réformes non compensées par l'État n'ont pas ou partiellement été financées par la région.

La région Île-de-France a engagé quatre recours devant le Conseil d'État.

Pour les formations paramédicales, les arrêtés du 24 mars 2009 révisent le droit à compensation. Pour la région, celui-ci diminue de plus de 2 millions (à 106,6 millions) alors que les modalités de calcul de ce nouveau montant n'ont pas été communiquées par l'État. La région conteste le montant de cet arrêté et engage un recours devant le Conseil d'État.

Pour les formations paramédicales et sociales, en novembre 2008, deux recours préalables ont été introduits pour tendre à la révision de la compensation déterminée pour les dépenses de fonctionnement des centres de formation paramédicaux et sociaux.

Pour les formations paramédicales, les demandes supplémentaires s'élèvent à 16,5 millions et concernent :

— la prise en compte de mesures nouvelles,

— la progression des effectifs possibles suite à l'augmentation des quotas infirmiers,

— l'absence de compensation des mesures prises après la décentralisation,

— la mise en place de l'attestation de formation aux gestes de soins d'urgence,

— les indemnités de stage et de transport pour les masseurs-kinésithérapeutes et les ergothérapeutes.

Pour les formations en travail social, les demandes supplémentaires s'élèvent à 3,8 millions et concernent :

---

4 Inspection générale des Finances, Inspection générale de l'Administration, Inspection générale des Affaires sociales, *Évaluation des transferts de charges liés à la décentralisation aux régions du financement des écoles paramédicales et de sages-femmes et des aides aux étudiants*, La Documentation française, Paris, janvier 2008.

— les réformes des diplômes et l'augmentation de la durée obligatoire de formation, prises après la décentralisation,

— les augmentations d'effectifs dans les formations d'assistant service social et éducateur spécialisé.

Pour le personnel, la région a engagé un recours gracieux auprès de l'État pour obtenir une plus juste compensation des besoins en personnel. En effet, pour l'exercice de cette compétence, la région mobilise d'ores et déjà 17 équivalents temps plein alors que l'État prévoit une compensation à hauteur de 6,82 équivalent temps plein. Faute de réponse, la région engage un recours devant le Conseil d'État.

Les compétences des régions en matière de formation sanitaire et sociale s'étendent-elles au contenu des formations ?

Non, les régions sont en charge de la gestion des centres de formation, mais elles n'ont aucun pouvoir sur le contenu obligatoire enseigné. Autant il est normal que les contenus d'enseignement soient décidés à un niveau national, autant il serait bénéfique de pouvoir rapprocher les formations dispensées des problèmes spécifiques de chaque région. Car, l'intérêt de la décentralisation, c'est bien de se rapprocher des besoins réels du territoire concerné.

Par exemple, il y a un problème important dans la région au sujet des violences faites aux femmes. Grâce à la clause de compétence générale, les régions peuvent créer, sur leur budget, des actions spécifiques supplémentaires. Aussi, la région Île-de-France a décidé d'un programme de sensibilisation sur cette question. Mais avec la nouvelle réforme prévue en 2010, qui projette de supprimer la clause de compétence générale, de telles actions sont menacées.

Justement, quelle analyse faites-vous des nouveaux projets de réforme concernant les collectivités territoriales ?

La réforme territoriale envisagée par le président Sarkozy, simultanément à celle de la taxe professionnelle, constitue un véritable danger de régression démocratique. La suppression de la clause de compétence générale limiterait le champ d'intervention des collectivités et mettrait à mal de nombreuses actions publiques. Au niveau régional, que deviendraient les politiques environnementales, sociales, culturelles, le soutien à la recherche, à l'égalité femmes-hommes, etc. ?

Il y a aussi l'invention d'un mode de scrutin qui semble contraire à la Constitution, et notamment au principe de parité hommes-femmes dans les institutions. Mais surtout il s'agit de priver les collectivités territoriales de toute autonomie fiscale et d'asphyxier ainsi les politiques publiques qu'elles mènent.

Le remplacement de la fiscalité directe régionale par une cotisation sur la valeur ajoutée dont le taux sera fixé nationalement est en réalité la substitution d'un transfert à une ressource fiscale autonome. À l'exception de la taxe sur les cartes grises et de la modulation de la TIPP, les régions n'auront plus aucune possibilité d'agir sur leurs recettes et se trouveront devant un cruel dilemme : respirer ou conduire, c'est à choisir.

Pourtant, la Constitution garantit l'autonomie fiscale des collectivités. Les conseils régionaux risquent néanmoins de devenir les simples gestionnaires des dotations allouées par l'État qui se réduiront de surcroît comme peau de chagrin. Faire face aux compétences transférées sans moyens, voilà l'avenir qui se prépare !

IV

Paupérisation de l'État et privatisations : des usagers aux clients

« Combien de fois on nous a dit, sur le terrain : "Comment se fait-il que ce monsieur, là, qui n'a jamais travaillé de sa vie, qui est toujours au chômage ou qui a le RMI, peut se payer une voiture que son voisin qui, lui, se lève tôt le matin pour travailler ne peut pas se payer ?" »

Nicolas Sarkozy, « 100 minutes pour convaincre », France 2, 9 décembre 2002.

« L'évaluation est inacceptable dans de nombreuses institutions, parce qu'elle est susceptible de mettre en danger les acquis. Or, la démocratie et la modernité imposent les principes [...] de l'évaluation objective des compétences et des résultats. On dénonce tant et plus les pouvoirs tentaculaires de l'État — et son inefficacité. Mais personne ne songe à lui reprocher d'avoir conservé et même encouragé des mœurs et des comportements aujourd'hui totalement inadaptés à une société démocratique. C'est là, bel et bien, une "exception française", dont la France a impérativement besoin de se débarrasser... »

Ezra Suleiman, professeur de science politique à l'université de Princeton, *Schizophrénies françaises*, Grasset, Paris, 2008.

« Que de braves gens aillent dans la rue pour défendre le droit des cheminots roulants de partir à la retraite à 50 ans et pas à 53 ans, c'est inexplicable. [...] Cela traduit le désarroi d'une population à qui l'on a toujours dit et répété qu'on pouvait s'en sortir sans faire d'effort. »

François de Closets, *Le Point*, 16 mai 1998.

18

La privatisation des chemins de fer sur les rails de l'exemple allemand

Olivier Cyran*

Privatiser le chemin de fer ? Allons bon, quelle idée ! « En France, il y a zéro force politique, aucun mouvement d'idées, qui réclame la privatisation », assurait en juillet 2008 Guillaume Pépy, le président de la SNCF [1]. À défaut de rassurer les cheminots et les usagers, l'affirmation témoigne en tout cas d'une stratégie de communication à toute épreuve. « La privatisation de la SNCF n'est envisagée par personne », proclamait-il déjà en novembre 2007 [2]. Les syndicats qui prétendent le contraire doivent « arrêter de se faire peur avec des épouvantails à moineaux », grondait deux ans plus tôt son prédécesseur, Louis Gallois [3].

« Aucun mouvement d'idées ne réclame la privatisation »

En matière de libéralisation des services publics en Europe, l'expérience montre que les dénégations officielles les plus véhémentes ne sont pas toujours les plus dignes de foi. En 1994, la transformation de la compagnie de chemins de fer allemande, la Deutsche Bahn (DB), en

* Journaliste.

1 Dans un entretien sur le site du magazine *Capital*, 11 juillet 2008. Guillaume Pépy y confiait également : « Mon rêve serait de vendre des places de TGV dans les hypermarchés. »

2 Dans un « chat » avec les internautes de *20 Minutes*, 11 novembre 2007.

3 Cité par le magazine *Challenges*, janvier 2006.

société de droit privée donna lieu à une profusion de démentis du même calibre. « Les dirigeants de la DB mais aussi les responsables politiques ont mis leur main au feu qu'il n'était pas question de privatiser la compagnie, mais seulement de la rendre plus performante », se souvient Carl Wassmuth, le porte-parole berlinois de la coordination « Un rail pour tous ». Les « performances » une fois engrangées, les autorités allemandes n'eurent que quelques années à attendre avant d'annoncer en fanfare la privatisation de la DB...

C'est aussi pour rendre le rail « plus performant » qu'une pluie de « réformes » se déverse depuis quelques années sur le chemin de fer français. Privatisation partielle du fret ; mise en concurrence du trafic voyageurs sous la houlette de la Commission européenne ; abandon ou délégation aux collectivités locales des secteurs non rentables (réseau TER, trains Corail) ; découpe de la SNCF en une myriade de filiales de droit privé, qui parfois se concurrencent entre elles. Les étapes parcourues dessinent un chemin en forme d'entonnoir qui file droit dans le bec du marché. VFLI s'y trouve déjà : cette filiale de la SNCF, spécialisée dans la logistique ferroviaire et l'entretien des locomotives, taille des croupières à la branche fret de la même SNCF, grâce à un personnel sous-payé qui subit les mêmes entorses au droit du travail que les salariés de Veolia Cargo ou d'Euro Cargo Rail (filiale de la DB) [4].

Une autre filiale de la SNCF, Effia Services, a pour mission de recruter des « agents d'accueil » coûtant 2,5 fois moins cher à l'entreprise que leurs collègues statutaires. « Chaque jour, dans les gares, ils côtoient des cheminots qui font le même métier mais pas aux mêmes conditions, parfois avec le même uniforme et "vendus" comme des cheminots aux usagers », protestaient les syndicats CFDT et Sud-Rail lors d'une grève du personnel d'Effia en novembre 2004. La SNCF compte environ 650 filiales, qui lui ont permis de supprimer 21 500 emplois « protégés » entre 2002 et 2009, soit l'« équivalent de trente usines Molex et de huit usines Continental », ont calculé les syndicats. Dans le même temps, elle a massivement accru l'embauche de contractuels non protégés. En 2008, les CDD et CDI représentaient 18,9 % des effectifs de la SNCF, contre 11,3 % deux ans plus tôt. Un cheminot sur cinq appartient déjà au privé. À ce rythme, le « service public » ne sera bientôt plus qu'un croupion dans le plumage de la concurrence.

Si « aucun mouvement d'idées ne réclame la privatisation », comme le jure Guillaume Pépy, c'est donc peut-être parce qu'il n'est pas utile de

---

4 Sur les conditions de travail régnant dans ces filiales, voir « La révolte des forçats du rail », *L'Humanité*, 5 octobre 2009.

réclamer une chose déjà acquise — ou dont les préalables, en tout cas, ont été scrupuleusement établis. Et qui, pour aller jusqu'à leur terme, requièrent tout de même un minimum de discrétion.

La S-Bahn en panne

Qu'en est-il des « performances » ainsi obtenues ? On cite souvent l'exemple de la Grande-Bretagne, où la privatisation du rail en 1996 a créé une situation si chaotique — accidents en chaîne, horaires farfelus, retards invraisemblables — que les voyageurs sont partis en courant et que Railtrack, la société privée chargée de l'infrastructure ferroviaire, a dû être placée sous tutelle administrative. On est moins familiarisé avec le cas de l'Allemagne qui, pour avoir pris de l'avance sur son voisin français, reste néanmoins en deçà du « modèle » britannique. Les effets de la libéralisation du rail y sont pourtant spectaculaires. À preuve, les mésaventures récentes de la S-Bahn — métro à grande vitesse, équivalent allemand du RER — de la ville de Berlin.

Étrangement, le miracle est passé inaperçu de la foule des visiteurs et journalistes qui se pressaient dans la capitale allemande pour le vingtième anniversaire de la chute du Mur : la S-Bahn n'est pas tombée en panne durant le mois de novembre 2009. Nombre de Berlinois s'attendaient pourtant — non sans un brin de mauvais esprit pour certains — à ce que la série noire des quatre mois précédents se poursuive ou reprenne de plus belle à l'occasion des cérémonies. « On a eu chaud, soupire une serveuse du Café Liebling, dans le quartier branché de Prenzlauer Berg. Vous vous rendez compte ? À quelques semaines près, les réjouissances se déroulaient dans une ville au bord de la crise de nerfs, avec des quais de S-Bahn noirs de monde et des touristes bloqués à l'aéroport. Les Alliés peuvent remercier les Berlinois de l'Est d'avoir abattu le Mur un 9 novembre et non un 9 septembre... »

Il s'en est fallu de peu en effet que le jubilée de l'effondrement du communisme ne coïncide avec une édifiante leçon de choses sur le triomphe du capitalisme. De mi-juin à début octobre 2009, la S-Bahn a été partiellement ou totalement bloquée par des pannes à rebondissements, déclenchant la pire crise des transports publics jamais connue à Berlin depuis la guerre. En cause : la compression des coûts de maintenance destinée à embellir le compte de résultats que la DB, propriétaire de la S-Bahn, devait présenter à ses futurs actionnaires.

Le 1er mai 2009, c'est d'abord une roue qui lâche et provoque un déraillement à l'entrée de la gare berlinoise de Kaulsdorf. L'accident ne fait aucun blessé, mais il aurait pu causer une catastrophe si la défaillance s'était située en tête du train et si celui-ci n'avait pas roulé à faible allure. La direction de la S-Bahn se défausse en invoquant une malfaçon du fabricant. Mais l'agence fédérale de contrôle du rail (EBA) n'est pas convaincue. Début juin, elle ordonne l'immobilisation de la plupart des trains et leur envoi au garage pour vérification. Apparaissent alors des violations flagrantes des règles de contrôle et de sécurité. « Il n'y avait pas d'instructions écrites, mais les agents de maintenance ont été clairement contraints de bâcler leur travail, explique Hans-Joachim Kernchen, le responsable du Syndicat des conducteurs de trains (GDL) pour le secteur Berlin-Saxe-Brandebourg. Un nouveau directeur de la production a même été spécialement recruté dans ce but. Sous sa houlette, la direction de la S-Bahn a supprimé un quart des effectifs en quatre ans, fermé un atelier à Lichtenberg, réduit le parc des trains, jeté à la ferraille les rames de réserve, limité le matériel et le personnel au strict minimum. En quelques années, ils ont réussi à bousiller notre outil. »

D'abord à l'arrêt, le trafic reste fortement perturbé durant tout l'été. Le 7 septembre, alors que la situation paraît enfin s'améliorer, c'est la rechute : une inspection de routine sur un wagon révèle que quatre cylindres de freins sur huit sont défectueux. À nouveau les trains partent au garage, le temps pour les techniciens surmenés d'ausculter les freins et de remplacer les cylindres abîmés. Le trafic reprend au compte-gouttes durant un mois et demi. Seul un train sur quatre circule.

Si les Berlinois du centre-ville peuvent toujours se reporter sur les transports municipaux (tram, métro, bus), la pagaille est rude pour les habitants de banlieue, qui n'ont souvent que la S-Bahn comme seul moyen de transport. « Pendant deux mois, il fallait que je parte au travail une heure et demie plus tôt et que je m'organise pour faire garder les enfants en fin de journée, témoigne une vendeuse au grand magasin KaDeWe. Ça m'a coûté un paquet d'argent, sans compter le stress, la fatigue et les récriminations de mon employeur. » Pour calmer les usagers exaspérés, la direction de la S-Bahn envoie alors dans les gares bondées les conducteurs de trains au chômage technique, priés de s'improviser en communicants de crise. « Il y a eu des insultes, des "pétages de plombs". C'était vraiment honteux, se souvient Hans-Joachim Kernchen. Si on m'avait dit qu'un tel ratage surviendrait un jour, j'aurais éclaté de rire. Depuis les années 1920, la S-Bahn de Berlin était le moyen de transport le plus sûr de la ville et peut-être du pays. Alors, quand du jour au lendemain les trois-quarts des trains se retrouvent à l'arrêt, ça fait un choc. »

Le fiasco est si dévastateur que les dirigeants politiques en perdent leur contenance. Le ministre fédéral des Transports, Achim Grossmann, hanté par la vision d'une capitale allemande métamorphosée en radeau de la Méduse, s'affole : « Quand Berlin va-t-il enfin renouer avec des conditions de transport dignes d'une civilisation occidentale [5] ? » « On va voir si la direction de la DB se montre capable de nettoyer cette porcherie », s'exclame pour sa part le porte-parole de la mairie de Berlin, Richard Meng [6].

La « porcherie » découle pourtant d'un processus politique mûrement prémédité. En 1994, le gouvernement transforme la DB en société de droit privé. À l'exception du FDP, le parti libéral, qui appelle de ses vœux une privatisation rapide, les formations gouvernementales — CDU/CSU (démocratie chrétienne), SPD (parti social-démocrate) et Grünen (Verts) — jurent la main sur le cœur qu'il ne saurait être question de livrer le rail au secteur marchand. Le changement de statut de la DB aurait pour seule finalité d'assurer une meilleure intégration du réseau hérité de l'Allemagne de l'Est.

Connivences et récompenses

Cinq ans plus tard, changement de cap. Le chancelier Gerhard Schröder confie la direction de la DB à son ami Hartmut Mehdorn, à charge pour cet ancien ingénieur d'Airbus de redéfinir le concept de « performance ». En quelques années, Mehdorn va supprimer la moitié des effectifs, qui passent de 380 000 à 180 000 salariés, et encadre ceux qui restent par un management furieusement moderne.

Dans un chapitre de son livre publié en Allemagne en 2009, le journaliste allemand Günter Wallraff livre un aperçu de cette « rationalisation » [7]. Il y rapporte plusieurs témoignages de cadres harcelés, mis au placard ou poussés à la démission en raison de leur manque d'enthousiasme pour les projets de leur patron. Une filiale aurait spécialement servi à éjecter les récalcitrants : DB JobService GmbH, appelée en interne le « bureau des apatrides et des sans-droits ».

Un cadre congédié raconte à Günter Wallraff : « Très peu de temps après son intronisation, Mehdorn a remplacé des gens importants des premier et second cercles de la direction par ses propres hommes, ce qui n'a rien d'inhabituel dans les grandes entreprises lors de l'arrivée d'un

5 Propos rapportés par l'édition allemande du *Financial Times*, 9 septembre 2009.

6 Propos recueillis par le site Internet du *Spiegel*, 10 septembre 2009.

7 Günter Wallraff, *Parmi les perdants du meilleur des mondes*, La Découverte, Paris, 2010.

nouveau directeur. Mais Mehdorn est allé plus loin. Le nombre des cadres de direction a été multiplié, et leurs salaires ont été pour certains augmentés de manière extravagante. En quelques années, il a multiplié jusqu'à dix fois le salaire de nombreux membres de la direction et de quelques fonctionnaires importants du comité d'entreprise, élevé également le sien de 750 000 euros à 1,8 million d'euros par an. » Le même témoin se souvient que, à l'issue de chaque réunion avec sa garde prétorienne de cols blancs, le patron leur faisait signer au feutre une grande affiche portant cette inscription : « Nous approuvons les objectifs de l'entreprise. » Et le témoin d'ajouter : « C'était comme dans une secte. »

Ainsi recalibrée, l'entreprise se met en ordre de marche pour son introduction en Bourse. En 2005, la CDU et le SPD formalisent le projet de privatisation du rail dans leur accord de coalition gouvernementale. C'est Otto Wiesheu, le ministre bavarois de l'Économie et des Transports, qui a négocié l'affaire pour le compte de Mehdorn. Son dévouement lui vaudra d'ailleurs une juste récompense. À peine l'encre servant à conclure l'union sacrée est-elle sèche qu'Otto Wiesheu quitte son fauteuil de ministre pour rallier la direction de la Deutsche Bahn, au poste stratégique de directeur des « relations politiques ». « Obtenir un contrat de cinq ans dans l'entreprise la plus excitante d'Allemagne est une grande satisfaction. En politique, actuellement, il n'existe pas de contrats qui durent cinq ans », déclare la nouvelle recrue avec bonhomie [8].

De fait, la direction de la DB ne se montre jamais ingrate avec les avocats de la bonne cause, y compris à la direction des deux principaux syndicats de cheminots, Transnet et DGBA. Le secrétaire général de Transnet, Norbert Jansen, répétait à l'envi que l'« opposition entre gentil État et méchant capital n'a pas lieu d'être [9] ». En mai 2008, il quitte la tête de son syndicat pour intégrer l'état-major de la DB, au poste de... directeur du personnel. « Diriger un grand syndicat ou participer à la gestion d'une grande entreprise, c'est à peu près le même travail », confie l'heureux promu à la *Bild Zeitung* (16 mai 2008). La tâche en question, rémunérée 1,4 million d'euros par an, consiste par exemple à persuader le conducteur de train qu'il ne doit pas « seulement conduire des trains, mais faire aussi un peu de rangement dans les wagons et mettre la main à la pâte dans les petites gares. C'est ce à quoi nous sommes en train de réfléchir ».

Les usagers, en revanche, n'ont pas eu leur mot à dire. « Jusqu'en 2005, seuls les politiques professionnels étaient au courant de ce qui se tramait, observe Carl Wassmuth. Même en 2006, quand les plans du gouvernement

---

8 *Der Spiegel*, 13 novembre 2005.

9 *Die Zeit*, 18 septembre 2008.

fédéral ne pouvaient plus être ignorés, aucun débat n'a eu lieu, ni dans les médias ni ailleurs. » Au sein même du SPD, ce n'est qu'en octobre 2007, à l'occasion du congrès du parti, que les militants obtiennent voix au chapitre. Au cours d'un scrutin houleux, 70 % d'entre eux rejettent la privatisation. Mais la direction du parti s'en soucie peu. Le 30 mai 2008, les députés SPD du Bundestag votent comme un seul homme la transformation de la Deutsche Bahn en holding. Le transport des voyageurs est confié à une nouvelle structure, DB Mobility Logistics, une appellation anglophone censée appâter les investisseurs. Rendez-vous est pris pour l'introduction en Bourse, fixée au 27 octobre 2008.

Las ! Le champagne est déjà au frais quand la faillite de Lehman Brothers vient gâcher la fête. Deux semaines avant le jour J, alors que les marchés hurlent à la mort et que la crise financière se propage, le gouvernement décide en catastrophe d'ajourner l'opération. Dans une déclaration commune, le ministre SPD des Finances, Peer Steinbrück, et le patron de la DB, Hartmut Mehdorn, s'en remettent à des jours meilleurs : « Dès que la conjoncture permettra une introduction en Bourse réussie, nous passerons à l'acte. Les voies sont posées. »

En attendant, les voies se révèlent de moins en moins sûres pour les voyageurs. En juillet 2008, un train Inter-City Express (ICE, l'équivalent allemand du TGV) déraille en gare de Cologne. L'accident, dû à la cassure d'un essieu mal entretenu, provoque la mise à l'arrêt de tous les ICE. Très irrité, le Bureau fédéral du rail (EBA) ordonne à la Deutsche Bahn de prendre des mesures pour éviter les négligences. H. Mehdorn se vexe et contre-attaque : les fonctionnaires trop tatillons de l'EBA ne chercheraient qu'à « faire les gros titres dans la presse [10] ». Le conflit s'envenime et aboutit devant les tribunaux, qui donnent raison à l'organisme de contrôle et contraignent la DB à raccourcir les délais entre chaque inspection des ICE.

Mais l'EBA, qui dépend du ministère fédéral des Transports, n'a pas les moyens de stopper le train d'enfer de la DB. Ni la dégradation rapide de ses filiales, dont témoigne le délabrement de la S-Bahn berlinoise. « Depuis déjà deux ou trois ans, on constatait une nette baisse de la qualité du service », remarque Hanz-Werner Franz, le directeur général du Réseau des transports urbains de Berlin-Brandebourg (VBB). Cet organisme municipal, chargé d'organiser le transport public et de veiller à la ponctualité des trains et à la sécurité des voyageurs, mesure à cette occasion l'ampleur de son impuissance. « On a vu les retards s'accumuler, des trains supprimés

10 *Die Süddeutsche Zeitung*, 15 août 2008.

sans raison alors qu'ils étaient programmés, des rames longues auxquelles on avait discrètement enlevé un ou deux wagons. Au printemps 2007, un incident de freinage a failli faire dérailler un train à la gare d'Anhalten : le distributeur de sable de freinage n'avait pas fonctionné. Du coup, la S-Bahn a réduit la vitesse des trains de 100 à 80 km/h. Mais elle a systématiquement refusé de nous communiquer ses problèmes techniques, alors qu'elle en avait l'obligation. »

Il est vrai que, dans le même temps, les profits de la S-Bahn sont passés de 9 millions d'euros en 2004 à 56 millions en 2008. Hanz-Werner Franz hausse les yeux au ciel, désemparé. « Cet argent, dit-il, la S-Bahn ne l'a évidemment pas investi pour améliorer la qualité du service, ou à tout le moins pour en atténuer la dégradation : elle a fait remonter chaque centime dans les caisses de la maison mère, qui en voulait toujours plus. Pour 2010, la direction de la DB prévoyait de rançonner la S-Bahn à hauteur de 126 millions ! » On s'étonne : la ville de Berlin ne verse-t-elle pas chaque année 250 millions d'euros à la S-Bahn au titre de l'aide au transport régional ? « En effet. Cela mérite d'être souligné : d'une certaine manière, les Berlinois se sont retrouvés malgré eux à subventionner l'introduction en Bourse de la Deutsche Bahn… »

Et maintenant ? « On va renégocier le contrat qui nous lie à la S-Bahn, veut croire le chef de la VBB. Bien sûr, elle nous jure qu'elle va régler tous les problèmes et qu'il n'y a pas lieu de changer une virgule à notre contrat, qui ne tombe malheureusement à échéance qu'en décembre 2017. Affaire à suivre… » Pour l'instant, le gouvernement fédéral s'est bien gardé de fixer une nouvelle échéance à la privatisation de la DB, que le chaos berlinois n'a pas contribué à rendre populaire. Hartmut Mehdorn n'en a cure : remercié en mars 2009 avec un parachute doré de 4,9 millions d'euros, le modernisateur de la DB travaille désormais pour la banque Morgan Stanley. Son successeur, Rüdiger Grube, a signé en juillet 2009 un accord avec la compagnie russe de chemin de fer, portant sur un échange de participations croisées qui préfigure peut-être des lendemains qui chantent.

Quant à la direction de la S-Bahn, elle n'a pas souhaité commenter ses exploits. « Nous sommes trop occupés en ce moment à vérifier l'état des trains », s'excuse un responsable du service de communication. Un attaché de presse qui répare les trains ? Décidément, les Berlinois ne sont pas au bout de leurs soucis…

19

Les privatisations de France Telecom

Entretien avec **Willy Pelletier**

Le passage de France Telecom du statut de service public à celui de multinationale privée s'explique-t-il par la mise en conformité avec les directives européennes sur l'« ouverture à la concurrence » ?

Les directives européennes ont servi. Mais elles ont servi comme outils. Elles ont été pratiquées plus qu'appliquées. En firent usage (et parfois pas) les ministères (de droite et de gauche) qui, sur la longue durée, ont « découplé » La Poste et France Telecom, avant de la privatiser. Sans qu'il faille voir là l'accomplissement d'un programme commun de « modernisation » — ou comme une « trajectoire » de privatisation. Ce serait abusivement emboîter et mettre en cohérence des réformes différentes. La mise en œuvre nationale des injonctions européennes est inséparable des enjeux propres à ceux qui (nationalement) s'en sont servis — dans des ministères divers, composés de personnels politiques différents.

Les séquences de « modernisation » puis l'inscription de France Telecom dans le marché ont été plusieurs fois rejouées. Il y eut, ainsi, « des » privatisations de France Telecom. En chaque séquence, la précédente se trouve investie mais reformulée par des cabinets ministériels nouveaux. Il n'y a pas eu, menant par gradation à « la » privatisation de France Telecom, un mouvement continu, rectiligne, d'une pièce, orienté par un seul et même projet, vers cette issue. L'appréhender ainsi serait inverser les choses : prendre le résultat (France Telecom est une multinationale privée) pour principe d'organisation, cause et origine des processus passés et hétérogènes (les diverses réformes de France Telecom) qui s'empilant (plus ou moins) eurent pour conséquence d'aboutir à la situation présente [1]. Les événements du passé ne s'expliquent que par le passé où ils furent produits. Chacune des séquences de « modernisation » et de privatisation tient à ce qu'ont pu en faire les ministères en train de les produire, en fonction des personnels particuliers à l'œuvre et des enjeux conjoncturels liés aux concurrences qu'ils devaient affronter, dans un état du possible chaque fois spécifique.

Dans ce cadre, les directives européennes ont parfois été utilisées, c'est-à-dire « pratiquées », comme ressources ou « facilitateur d'action ». Ou retraduites suivant des temporalités stratégiques, ajustées au *timing* des équipes ministérielles. Ce sont alors les relations des ministères aux textes européens, et les manières dont ils s'en servent (plus ou moins), qui doivent être analysées [2]. Au lieu d'imaginer que la seule énonciation du droit, par sa force intrinsèque, agit d'elle-même et engendre d'elle-même et par elle-même son application — idéologie juridique paresseuse [3]. Il vaut mieux, même de façon lacunaire ici, revenir aux pratiques de ceux qui se sont servis du droit pour que le droit, d'une certaine façon, les serve ; retourner aux problèmes pratiques qu'ils avaient ponctuellement à affronter ; retourner au sens pratique des professionnels de la politique, occupés à « faire tourner » le droit à leur avantage.

Sous ce rapport, cette pratique des textes européens (parfois prétextes, parfois pas) commence il y a longtemps. En 1985, l'arrêt « British Telecom » de la Cour de justice des Communautés européennes remet en cause l'organisation du service téléphonique comme monopole public national. En juin 1987, la Commission européenne publie un *Livre Vert* sur le « rôle des télécommunications dans la construction européenne ». Il fixe pour objectif de « créer les conditions d'un marché offrant aux utilisateurs européens une plus grande variété de services de télécommunication ».

Mais, en France, l'ouverture au marché procède d'un autre calendrier, lié à d'autres jeux, d'autres enjeux. Car auparavant — dès février-mars 1987 — le ministère Longuet (sous l'intitulé « Chantiers de liberté ») avait introduit par décrets la concurrence dans le domaine des cabines téléphoniques, de la télévision par câble, des services téléinformatiques et du radiotéléphone. Il

---

1 Sur l'impossibilité de ce « raisonnement focalisé sur l'issue », voir Michel Dobry, « Février 34 et la découverte de l'allergie de la société française à la révolution fasciste », *Revue française de sociologie*, n° 30, 1989.

2 Et opter donc pour l'« abandon du texte au profit de l'examen de ses usages », tel qu'y invite Bernard Lacroix, « Le politiste et l'analyse des institutions », *in* Bernard Lacroix et Jacques Lagroye (dir.), *Le Président de la République*, *op. cit.*, p. 18.

3 Voir Pierre Bourdieu, « La force du droit », *Actes de la recherche en sciences sociales*, n° 64, septembre 1986.

envisageait de changer les statuts des PTT mais, à un an de l'élection présidentielle et suite à la mobilisation « Devaquet », l'anticipation de grèves longues le conduit à différer. Prudence électorale élémentaire — Alain Devaquet avait dû démissionner. Cette première conversion au marché prend place dans une conjoncture nationale particulière. Une conjoncture où les partis de droite se trouvent cimentés idéologiquement par un libéralisme libéré [4], qui vaut idée-force et principe de distinction par rapport aux ministères socialistes, eux-mêmes convertis au marché depuis 1982. Dans le gouvernement Chirac, qui enchaîne les privatisations (mais « à noyaux durs »), Gérard Longuet fait figure de « benjamin » (c'était, à quarante ans, son premier ministère). Il ne peut rester « à la traîne » s'il veut s'accréditer comme ministre efficace. Et s'il veut grimper dans une hiérarchie gouvernementale où il est ministre de rang second, entré par la « petite porte » (d'abord secrétaire d'État puis ministre délégué).

N'oublions pas également la proximité de la « bande à Léo » (François Léotard) avec le CNPF, au service duquel nombre d'entre eux (et leurs conseillers) avaient travaillé, lorsque, sortant des engagements d'extrême droite et vieillissant, ils se sont reconvertis. Gérard Longuet, après Sciences-Po, préparant l'ENA, travaille de la sorte au service de presse du CNPF, où il rédige des études économiques ou politiques. La loi Longuet permit l'entrée de la Compagnie générale des Eaux, de la Lyonnaise des Eaux et de Bouygues sur le marché des réseaux câblés, des « téléports » et de la téléphonie mobile [5]. Mais les ministères (Longuet et Léotard) inscrivaient cette concurrence faite à France Telecom dans le cadre d'une « concurrence administrée, sur le marché national, avec des opérateurs à base nationale », pour créer des groupes « champions nationaux », qualifiés pour affronter la « guerre de la communication » mondiale [6].

La seconde séquence de modernisation a peu en commun avec la précédente. Elle se déroule, après 1988, sous le gouvernement Rocard, dans une phase où peuplent les cabinets ministériels des administrateurs civils qui ne sont pas issus des grands corps et qui s'appuient sur les fractions modernisatrices du patronat, pour s'imposer dans l'État contre les grands

4 Voir UDF, *Propositions pour le redressement économique et social*, Paris, 1985 ; RPR-UDF, *Plate-forme pour gouverner ensemble*, 1986.

5 Voir Pierre Musso, « Une nouvelle législation pour les télécommunications françaises », *Quaderni*, vol. 28, n° 1, 1996, p. 30-31.

6 « Chaque nation de la CEE ayant, durant la décennie 1980, constitué ses groupes champions (Berlusconi en Italie, Bertelsmann, Deutsche Telekom ou Kirch en Allemagne, Bouygues-TF1, Générale des Eaux-Canal Plus-Havas en France, British Telecom en Grande-Bretagne) » (*ibid.*, p. 32-33).

corps [7]. Autour de Michel Rocard, nombre d'entre eux avaient depuis longtemps problématisé le « repli de l'État », sous la forme de l'État régulateur et de l'État vigie [8], alors que les grands corps (sortis de l'ENA gaullienne) l'envisageaient encore comme « État directeur ». On retrouve cette optique « modernisatrice » dans la longue circulaire du Premier ministre, datée du 23 février 1989, qui lance la politique de réforme de l'administration, avec pour mot d'ordre : « Renouveau du service public ».

Hubert Prévot, chargé du rapport sur l'évolution des PTT dont les conclusions serviront à « découpler » La Poste et France Telecom, constitue l'incarnation même de ces administrateurs civils rocardiens. Énarque de la même promotion que Michel Rocard, administrateur civil au ministère de l'Économie et des Finances, il n'a pas fait dans l'État une carrière à la hauteur des promesses que lui permettait de former son accès initial aux meilleures écoles du pouvoir. Il n'arrive au « sommet de l'État » qu'en 1981, quand Michel Rocard, dans ce ministère périphérique qu'est le ministère de la Planification, le nomme commissaire général au Plan (1981-1984). Jusqu'alors, Hubert Prévot était membre (de 1974 à 1981) du secrétariat confédéral d'une CFDT en train de passer des « luttes pour l'autogestion » au « dialogue social ». Son savoir-faire de syndicaliste l'aidera, de façon déterminante, dans l'entreprise de réforme des PTT qu'il conduit. Et sans que l'on sache vraiment s'il fut nommé à cette mission directement par Michel Rocard, ou par un compromis entre Rocard et Quilès, à l'époque ministre des Postes et Télécommunications mais hier « jeune garde » et « avant-garde » de Mitterrand contre Rocard au Parti socialiste — et enclin à donner au Premier ministre un minimum de gages vu leurs hostilités passées.

Prévot participe donc de ces modernisateurs d'État, promoteurs de la culture d'entreprise dans l'État pour se hausser dans l'État. En septembre 1988, il avait vice-présidé la commission « Efficacité de l'État » du Xe Plan, présidée par François de Closets. La « modernisation des services publics » y était aperçue comme réponse obligée à l'« impatience des citoyens-usagers » conjuguée à la concurrence accrue des services privés [9]. En avril 1989, dans le droit fil, et dans la première version de son rapport « La place du service public de la Poste et des télécommunications »,

7 Voir Pierre Mathiot et Frédéric Sawicki, « Les membres des cabinets ministériels socialistes en France (1981-1993). Recrutement et reconversion », *Revue française de science politique*, vol. 49, n° 1, 1999.

8 Voir Philippe Bezes, *Réinventer l'État*, *op. cit.*

9 Voir François de Closets, *Le Pari de la responsabilité. Commission « Efficacité de l'État » du Xe Plan*, Payot, Paris, 1989, p. 262-263.

Hubert Prévot engage à créer « un service public à vocation industrielle et commerciale, qui ne peut ignorer les lois du marché [10] », avant de préconiser, en août, la création de « deux personnes morales de droit public », l'une pour La Poste et l'autre pour France Telecom. Suivant ces recommandations, l'Assemblée nationale adopte en mai 1990 la réforme des PTT, qui dispose qu'au 1er janvier 1991 La Poste et France Telecom perdent leur statut d'administration et deviennent deux établissements autonomes de droit public.

Mais absolument rien n'indique que les modernisateurs d'État rocardiens voulaient aller plus loin, ni qu'ils souhaitaient transformer France Telecom en multinationale privée. Seule une reconstitution téléologique mettrait en continuité leur projet avec ceux qui suivent (plutôt qu'ils ne le poursuivent). On manquerait le sens que les modernisateurs rocardiens se formaient subjectivement des réformes qu'ils lançaient, mais, surtout, toute l'histoire sociale de ce groupe particulier de « modernisateurs d'État » qu'expriment leurs programmes d'activation du secteur public — qui ne passent pas par la disparition des services publics. Même si, plus tard, ce découplage constituera un point d'appui pour les équipes ministérielles, qui inscriront diversement France Telecom dans le marché.

La déréglementation européenne n'entre pas ici en jeu. Elle est produite parallèlement, suivant une autre temporalité et par de tout autres groupes de modernisateurs, qui n'ont rien en commun avec les modernisateurs rocardiens. La seconde « modernisation française » de France Telecom n'est donc pas l'application des injonctions de Bruxelles. Ce n'est qu'en juin 1990 qu'une directive européenne dite ONP (*Open Network Provision*) invite à l'ouverture des réseaux publics de télécommunications et affirme le principe de la « liberté d'accès » à des opérateurs privés. Ensuite, en juin 1993, la Commission européenne fixe au 1er janvier 1998 l'ouverture totale à la concurrence du secteur des télécommunications. Or en 1988, la Direction générale des Télécommunications (DGT) était déjà devenue France Télécom. Trois ans plus tard, donc avant la déréglementation européenne, avait été créé un établissement public à caractère industriel et commercial (EPIC), comme nouveau statut de France Telecom.

Le second ministère Longuet (1993-1994) puis le ministère Fillon étaient composés, eux, d'hommes d'entreprise, convertis de longue date aux vertus d'une réduction du périmètre de l'État (par transfert de ses branches au privé) : Jean-Bernard Lévy (X-Telecom), directeur du cabinet Longuet, avait été directeur des satellites de télécommunications à Matra

10 Sur cette séquence, voir Jocelyne BARREAU, *La Réforme des PTT*, La Découverte, Paris, 1995.

Espace de 1988 à 1993 [11]. Ils prendront appui — suivant leurs enjeux propres — sur le travail des modernisateurs rocardiens et sur les décisions européennes pour « ouvrir » les télécommunications au marché. Car, à l'échelon européen, l'« ouverture » du secteur à la concurrence est alors progressivement actée.

Le Conseil européen décide, dans une résolution de juillet 1993, que la téléphonie vocale sera libéralisée à partir du 1er janvier 1998. Les infrastructures alternatives (au réseau de France Telecom) ainsi que les réseaux de télévision câblés sont libéralisés le 1er janvier 1996. C'est l'époque où élites économiques et politiques s'enchantent (suivant leurs critères d'appréciation spécifiques, c'est-à-dire différents), sur la foi des rapports commandés par les ministères [12], des perspectives de croissance élevées du secteur. Anticipation de profits financiers massifs pour les entrepreneurs, anticipation de retombées considérables en termes de croissance et d'augmentation des emplois offerts, pour les professionnels de la politique préoccupés d'un bilan politiquement porteur. Les rapports commandés envisagent une croissance de 6 % par an pour le secteur des télécommunications en Europe. On parle alors d'un chiffre d'affaires de 1 000 milliards de francs pour 1998, année de la « démonopolisation » programmée totale du téléphone. En France, l'effet pronostiqué consiste en une création d'emploi (par tous les opérateurs) d'environ 70 000 postes entre 1994 et 2000, avec d'autres embauches induites par le boom attendu des téléservices (télé-enseignement, télésecrétariat, télécomptabilité, etc.).

Portés (et emportés) par ces prévisions optimistes qui rencontrent leurs croyances premières aux vertus du marché, les membres du cabinet Fillon, ministre des Télécommunications, préparent et font voter en juin 1996 une loi abolissant le monopole de France Telecom, avant de transformer l'entreprise en société anonyme le 1er janvier 1997. La mission a été confiée à Raymond Soubie, P-DG d'Altedia et ex-directeur général du groupe Liaisons sociales (dès 1974, conseiller social du Premier ministre Jacques Chirac, poste qu'il conserve sous Raymond Barre en 1976), mais fort surtout de relations privilégiées avec la CFDT (ancien collaborateur de Jacques Delors, Soubie est l'un de ceux qui négocient le recentrage de la

11 Une fois sorti du cabinet, il devient P-DG de Matra Communication, de 1995 à 1998, avant de devenir directeur général de Vivendi, en 2002.

12 Notamment deux études menées en 1993 pour le ministère des Postes et Télécommunications par l'IDATE et BIPE Conseil, respectivement titrées : « Le marché des services de la voix à l'horizon 2000 » et « Étude prospective des télécommunications à l'horizon 2000 ».

CFDT en 1977-1978 [13]). Ses relations fonctionneront : en octobre 1993, le projet de changement de statut s'était heurté à une grève de 75 % du personnel ; en 1996, la mobilisation n'atteint que 40 %. En retour, dès janvier 1997, le cabinet Fillon confie à Altedia la communication sur l'offre d'achat d'actions France Telecom aux personnels. Contrairement aux usages établis de longue date, le directeur de cabinet de François Fillon n'était pas un X-Telecom, mais un X-Mines.

La transformation de France Telecom en entreprise privée commerciale n'est d'ailleurs probablement pas sans liens avec la marginalisation des X-Telecom à la direction de l'entreprise. L'éviction de Marcel Roulet l'amorce en 1995. Ce polytechnicien, diplômé de l'École nationale supérieure des télécommunications, est écarté de la direction d'une structure qu'il gouverne depuis dix ans [14]. Michel Bon le remplace, venu de l'ENA mais passé par l'ESSEC et la Stanford Business School, banquier pendant dix ans (de 1975 à 1978 au Crédit National, la principale banque de crédit à long terme aux entreprises, puis de 1978 à 1985 au Crédit Agricole), avant de devenir P-DG de Carrefour. En 2002, lui succède Thierry Breton, ingénieur Supélec, directeur général de Bull, ensuite nommé à la tête de Thomson. Alors que Jacques Dondoux, le prédécesseur de Marcel Roulet (de 1981 à 1986) était, comme lui, polytechnicien et ingénieur de l'École nationale supérieure des télécommunications. De même que Gérard Théry (DG de 1974 à 1981), dont il avait pris la suite.

Le changement de majorité en 2007 aurait pu interrompre ces séquences de « modernisation libérale » ?

Il est vrai qu'en août 1989 Lionel Jospin, ministre de l'Éducation nationale, s'était dit hostile aux propositions du rapport Prévot. En mai 1995, premier secrétaire du PS, il avait signé une pétition de SUD contre la privatisation de France Telecom. En mai 1997, Dominique Strauss-Kahn, s'accordant avec le programme électoral du PS, affirmait pour sa part : « Parce qu'il y a mission de service public, les socialistes souhaitent que France Telecom reste avec un capital 100 % public. » On sait qu'en octobre 1997 le gouvernement Jospin fera entrer France Telecom en Bourse, avant d'opérer une ouverture importante du capital en 2000. C'est

---

13 Voir Hervé HAMON et Patrick ROTMAN, *La Deuxième Gauche. Histoire intellectuelle et politique de la CFDT*, Seuil, Paris, 2002, p. 305-306.

14 François Fillon envisagea d'abord de confier la présidence du groupe à Noël Forgeard, P-DG de Matra Défense Espace. Matra était à l'époque, derrière Alcatel, le deuxième fournisseur de matériel de France Telecom.

ainsi que France Telecom, dirigée par des managers d'entreprise, eux-mêmes liés à des conseils d'administration recomposés par l'augmentation des fonds privés dans le capital, a été (pleinement) transformée en entreprise privée.

Les prises de position anciennes de Lionel Jospin et Dominique Strauss-Kahn tenaient à leurs fonctions en ce début d'année 1997 : l'un était redevenu premier secrétaire, et à l'époque engagé à cimenter la « gauche plurielle » ; le second avait été l'inspirateur du programme économique du PS, où il s'agissait justement de montrer (notamment au PCF, mais aussi en direction des syndicats) qu'une alliance pour gouverner était possible. Ces prises de position tinrent tant qu'ils étaient dans ces fonctions et tant que la conquête des suffrages militants et la carrière au PS orientaient « ce qu'il y avait alors à dire ».

Arrivés au gouvernement, pris dans d'autres équilibres de tensions, leurs positions n'avaient rien de commun. Leurs prises de position liées à ces positions neuves furent ainsi, très rapidement, l'inversion exacte des premières, issues, elles, d'un état passé de leur activité et des concurrences qui l'organisaient.

Pour saisir le changement d'optique de Strauss-Kahn, il ne suffit pas d'évoquer l'inscription du nouveau ministre de l'Économie, ex-HEC, parmi les grands patrons du Cercle de l'industrie qu'il anime avec Raymond Lévy (P-DG de Renault) — au principe de quelques solidarités. Pas plus qu'il ne suffit d'indiquer qu'après son échec aux législatives de 1993 il s'était fait auto-entrepreneur en montant « DSK Consultants », avant que, devenu avocat d'affaires, il ne collectionne les missions de conseils auprès des entreprises (pour 300 000 euros d'honoraires annuels [15]). Il faut aussi saisir comment, pour le ministre de l'Économie, pris dans des critères de résultats propres à sa fonction, France Telecom pouvait, à l'époque, être appréhendée comme « une grosse cagnotte ». Et la « vente d'une petite partie du capital détenue par l'État [...] être très utile pour rapiécer le bilan d'autres entreprises publiques en difficulté » : « l'ouverture du capital d'octobre 1997 et l'augmentation du capital de novembre 1998 ont rapporté au total 12 milliards d'euros à l'État [16] ».

La composition des cabinets Jospin et Strauss-Kahn accéléra en même temps leur conversion aux règles concurrentielles promues par les institutions européennes. Conseiller de Jospin sur les questions communautaires

---

15 Voir Vincent GIRET et Véronique LE BILLON, *Les Vies cachées de DSK*, Seuil, Paris, 2000.

16 Voir Jean-Jérôme BERTOLUS, Jean-Michel CEDRO et Thierry DEL JESUS, *Qui a ruiné France Telecom ?*, Hachette, Paris, 2003.

et son camarade de promotion à l'ENA, Jean Vidal était le patron de la représentation française à Bruxelles de 1989 à 1992. Jean-Pierre Jouyet, directeur adjoint du cabinet du Premier ministre, inspecteur des finances, dirigeait le cabinet de Jacques Delors à la présidence de la Commission européenne. L'économiste Pierre-Alain Muet, chargé d'animer la cellule de réflexion économique de Matignon, était l'un des principaux inspirateurs du codicille sur l'emploi du Pacte de stabilité. À Bercy, François Villeroy de Galhau (X-ENA), patron du cabinet DSK, avait contribué à élaborer le Traité de Maastricht.

À cette époque, l'État détient encore 50 % du capital ?

Certes, mais à France Telecom l'ex-P-DG de Carrefour réalise déjà le travail de manager appris dans la grande distribution [17] et fondé sur la « décentralisation » des services [18]. Le capital du groupe est fortement ouvert aux financeurs privés. France Telecom est gérée comme une multinationale privée. Dans une conjoncture où, sur un marché mondialisé, les fusions-acquisitions règlent l'existence, la croissance ou les disparitions d'entreprise.

C'est ainsi que, de 1998 à 2001, France Telecom rachète NTL, TPSA, MOBIL COM... au prix du marché. Alors que les cours en Bourse sont au sommet. Le groupe (semblable à nombre d'autres firmes) finance ses opérations à crédit. Sa dette croît de 427 % de 1999 à 2002. À la fin des années 1990 [19], la spéculation sur toutes les valeurs liées à Internet et aux mobiles va bon train. Et, dans cette euphorie boursière, France Telecom

17 « Avec lui, les circuits de décision ont été raccourcis. L'état-major et les services centraux ont été dégonflés et renvoyés sur le terrain. Les directions régionales, naguère toutes-puissantes, ont été dégarnies au profit des six cents agences commerciales, désormais ouvertes jusqu'à 19 heures et disposant de leurs propres équipes techniques et commerciales. Les postes de directeur général et de directeur de cabinet ont été supprimés, parce qu'ils évoquaient trop l'administration. Le comité de direction de vingt-cinq membres a cédé la place à un comité exécutif d'une dizaine de personnes », comme l'observent, relevant la « culture Carrefour greffée chez France Telecom », Jean-Jérôme Bertolus, Jean-Michel Cedro, Thierry Del Jesus, *Qui a ruiné France Telecom ?*, *op. cit.*, p. 74-75.

18 Voir Gilles Jeannot, Antoine Valeyre et Philippe Zarifian, « Une transformation organisationnelle à France Telecom », *Flux*, vol. XV, n° 36, 1999.

19 Certaines analyses prévoyaient un doublement du trafic Internet tous les quatre-vingt-dix jours et une croissance à deux chiffres des recettes dans les services et équipements. Les analystes financiers des grandes banques d'investissement encourageaient les investisseurs à acheter les actions et obligations émises par les entreprises de télécommunications, dont les perspectives leur semblaient prometteuses (*Perspectives économiques de l'OCDE*, n° 73, OCDE, 2003).

semble à sa direction euphorique une entreprise conquérante : d'octobre 1997 à mai 1999, le cours de l'action a progressé de 174 %. Mais la bulle spéculative éclate, ce qui conduit le groupe — endetté à hauteur de 78 milliards d'euros, plus de deux fois son chiffre d'affaires annuel — au bord de la faillite. Le cours de l'action s'élevait à 219 euros le 2 mars 2000. Il s'effondre à 6,94 euros le 30 septembre 2002. L'entreprise est, à ce moment-là, la deuxième entreprise la plus endettée du monde (en termes de dette à court terme).

Le management « façon multinationale privée » développé par la direction (à son propre étage) conduira finalement (à un autre étage) les personnels d'État soucieux des finances publiques à désengager l'État. Nommé le 2 octobre 2002, Thierry Breton obtient 15 milliards de réaménagement de la dette à prendre en charge par les banques et les investisseurs, 15 milliards d'augmentation de capital réclamés à l'État alors actionnaire majoritaire, et 15 milliards de trésorerie à dégager grâce à des économies en interne (compressions du coût du travail). L'État passe sous la barre des 50 % du capital en septembre 2004, puis sous la barre du tiers (la fameuse « minorité de blocage »). L'entreprise devient entreprise privée. L'État ne détient plus que 27 % de France Télécom. Le groupe fonctionne en multinationale.

Si bien que deux autres niveaux de privatisation entrent dans les faits. Premier niveau : les personnels qui font fonctionner l'entreprise privée sont soumis aux recettes du management privé. Second niveau : les clients qui utilisent ses services sont ciblés suivant des critères de rentabilité privés.

La réduction du volume du personnel s'est en effet doublée d'une intensification forte du travail. De 165 000 agents fonctionnaires en 1997, les effectifs de l'entreprise ont chuté à 95 000 actuellement, dont 25 000 salariés de droit privé (presque uniquement des cadres). Pour comprimer le volume d'emplois, la direction a d'abord mis en place une préretraite maison, le « congé fin de carrière », ouverte aux fonctionnaires dès 55 ans, avec des conditions financières quasi équivalentes au salaire. En dix ans, portés par une forte inquiétude concernant leur avenir, 40 000 agents ont opté (de gré ou de force) pour cette forme d'*exit*. Mais, fin 2006, cette préretraite a été supprimée pour des raisons financières. Sans pour autant que la nouvelle direction (conduite par Didier Lombard, X-Telecom mais administrateur de Bull puis de Thomson) ne renonce à réduire les effectifs : elle annonce l'objectif de 22 000 suppressions de postes sur 2006-2008. En conséquence, les méthodes d'incitation au départ ont été drastiquement « durcies ». Les pressions sur les agents se multiplient pour les pousser à trouver un emploi dans la fonction publique ou à créer leur propre entreprise. Cependant que France Telecom sous-traite environ 25 000 emplois à des petites entreprises de service, d'informatique ou du bâtiment, où les salaires et les conditions de travail sont peu enviables.

Les anciens agents de France Telecom ont conservé leur « statut » de fonctionnaires, mais vidé de ses garanties initiales. Mutations volontaires et carrières à l'ancienneté ont été supprimées. Les rémunérations se font « au bonus ». Les évaluations sont individualisées. Sur la même période, la professionnalité des salariés a été transformée, leur métier réorganisé autour du « commercial » (boutiques et centres d'appels), au détriment des savoir-faire d'hier, ceux des services techniques, massivement sous-traités [20].

Mobilités géographiques et professionnelles forcées sont, on le sait, devenues des formes normales du management. En dix ans, 100 000 agents, soit presque tous, ont connu au moins un changement de métier. Des techniciens de 50 ans sont réaffectés en centres d'appels. Et soumis à des objectifs de vente qui n'ont rien à voir avec leur professionnalité de base. Leur hiérarchie met d'ailleurs tout en œuvre pour qu'ils libèrent la place.

Les « usagers » des Telecom sont, parallèlement, devenus des « clients ». Des services hier gratuits sont maintenant payants. Notamment le « 12 » depuis une cabine et les interventions de dépannage à domicile. En théorie, celles-ci sont facturées si la panne vient de l'installation domestique, mais nombre d'agents évoquent les pressions de la hiérarchie pour facturer aussi souvent que possible. Le prix d'ouverture d'une ligne, autrefois fixé à 40 euros, peut à présent s'élever à 2 000 euros, selon le lieu de résidence ou la difficulté des travaux. Pour toutes ces interventions, les clients doivent parfois patienter jusqu'à quinze jours, à cause du sous-effectif.

France Telecom devenue multinationale privée, l'égalité d'accès à un service identique de télécommunications pour tous, sur tout le territoire national, n'est plus l'objectif. Seules les grandes villes, rentables pour les opérateurs, bénéficient par exemple du haut débit et bientôt de la fibre optique. Or, l'aménagement du territoire et l'accès au téléphone pour tous constituaient historiquement la mission première du service public des PTT. Qui s'en souvient ? Les livres d'histoire ? Même pas. Seuls les livres d'histoire spécialisés. Et encore, les premiers chapitres.

---

20 Voir, entre autres, l'excellente enquête d'Ivan Du Roy, *Orange stressé. Le management par le stress à France Telecom*, La Découverte, Paris, 2009.

20

Privatisation réalisée et privatisation en cours : des télécommunications à La Poste

Hélène Adam*

Poste et télécommunications n'ont pas été traitées de la même manière par les dérégulateurs prétendant « libéraliser », pour une raison simple : le secteur postal à forte main-d'œuvre n'intéressait pas les investisseurs privés tant qu'il n'était pas fortement restructuré aux frais de l'État. Le secteur des télécommunications, qui a connu un développement important suite aux investissements considérables consentis par les États dans les années 1980, semblait pouvoir créer beaucoup de profits, et ce dans un délai rapide. La séparation entre la Poste et France Telecom en France en 1990 accéléra néanmoins la privatisation de l'un et l'autre secteurs. Tous les gouvernements d'Europe ont démantelé les postes et télécommunications, gauche et droite confondus. En 1990, sous le gouvernement Rocard et la seconde présidence de François Mitterrand, l'acteur central de la séparation s'appelle Paul Quilès, ministre socialiste des PTT. Et c'est le gouvernement Jospin (qui s'était engagé à ne pas le faire) qui ouvre le capital de France Telecom en septembre 1997, puis une seconde fois en 2000, en plein essor de la Bourse.

Redressée financièrement à coups de réduction de coûts sur le dos du personnel, qui a subi les restructurations, les mobilités forcées, les suppressions massives d'emploi, d'incessantes réorganisations à marche forcée, l'entreprise a progressivement été totalement privatisée : l'État passe sous la barre des 50 % en septembre 2004, puis sous la barre du tiers, la fameuse « minorité de blocage », en septembre 2005. L'amertume est grande parmi ceux qui n'ont pas la mémoire courte et se rappellent tous les

* Syndicaliste, Sud Télécom.

engagements mensongers de L. Jospin, J.-C. Gayssot et consorts quand ils ont ouvert le capital de France Telecom.

La concurrence détruit des emplois

L'un des arguments (hypocrite) en faveur de la déréglementation était la possibilité de démultiplier les emplois dans le secteur des télécommunications jusque-là « bridé » par le monopole. Les choses furent différentes. Deux orientations dominantes ont au contraire détruit des centaines de milliers d'emplois : la remise en cause des statuts protégés dont bénéficiaient les employés des PTT dans la plupart des pays d'Europe et les licenciements massifs de la « vieille génération » très qualifiée et très « service public » pour restaurer les taux de profit après l'éclatement de la bulle spéculative. France Telecom a perdu en France 70 000 emplois entre 1990 et aujourd'hui. Les grandes grèves contre la privatisation de 1994 (75 % de grévistes), 1995 (participation massive aux grèves de l'hiver) ont permis le maintien du statut de fonctionnaire qui a empêché tout plan social en France. Mais France Telecom a bénéficié de la possibilité d'organiser des départs massifs en préretraite et des exils vers la fonction publique. Elle a supprimé 22 000 emplois entre 2005 et 2008. Les autres entreprises de télécommunications créées du fait de l'ouverture à la concurrence, comme Bouygues Télécom, SFR, Neuf Cegetel, Free et bien d'autres, recrutèrent peu, sous-traitèrent beaucoup à des centres d'appels souvent installés dans les pays à bas coût de main-d'œuvre (dits *low cost*), et recrutèrent un personnel précaire.

Le développement en « multinationale » des opérateurs historiques qui ont pu rester « dominants » eut pour conséquence la suppression d'emplois dans les sociétés achetées à l'étranger, en profitant du fait que les droits sociaux y étaient limités et que tout conflit social se déroulait hors du territoire du siège social. Pour les pays qui se sont trouvés dans la situation inverse, la situation a parfois tourné à la catastrophe sur le plan de l'emploi. Ainsi le gouvernement polonais a-t-il décidé en 2000 de vendre une partie du capital de son opérateur télécoms à... France Telecom, qui a immédiatement négocié un plan social de 36 000 licenciements en trois ans, divisant par deux l'effectif initial de Telekomunikacja Polska.

Jouant ainsi sur les préretraites de ses fonctionnaires en France, sur les licenciements massifs de ses filiales à l'étranger, France Telecom se comporte comme toute multinationale cotée en Bourse, pour qui le profit est roi et l'emploi une variable d'ajustement.

Il faut évoquer la souffrance au travail qui a résulté de la modification fondamentale des « valeurs » de l'entreprise. Outre d'incessantes restructurations, qui conduisent à fermer des centres de petites villes de province dans un domaine technique ou commercial particulier pour envoyer des fonctionnaires de plus de cinquante ans à cent kilomètres de chez eux dans un environnement inconnu du jour au lendemain, la souffrance au travail est aussi le résultat d'une modification des finalités du métier : aujourd'hui, il faut vendre à tout prix n'importe quoi, hier il fallait d'abord rendre service à l'usager. Et, depuis plusieurs mois, nous savons que le désespoir, le fait de se sentir inutile et acculé dans son travail, peut conduire au suicide [1].

L'enterrement du service public

Les conséquences de cette privatisation et de la déréglementation généralisée des télécommunications ont été l'abandon progressif des missions de service public et de la notion même de service public.

Il n'existe plus désormais que la notion générale de « service universel » — un vrai service minimum — définie à l'échelle européenne et qui ne comprend ni les mobiles, ni l'internet rapide (à haut ou très haut débit), c'est-à-dire aucune des technologies modernes à forte valeur ajoutée. Et ce n'est pas tout : les activités qui relèvent quand même du service universel, comme la téléphonie de base, les cabines et l'annuaire, ont fait l'objet d'appels d'offre séparés. En théorie, n'importe quel opérateur pouvait donc souscrire à une telle offre, même si France Telecom a été de fait le candidat unique et l'heureux élu. Et, pour « rentabiliser » cette activité, France Telecom, comme n'importe quelle autre entreprise privée l'aurait fait, n'hésite pas à ajouter des services juteux aux offres faites dans les cabines. L'objectif est clair : faire payer le plus souvent possible le « client » qui n'a plus rien d'un usager et doit à tout prix consommer. Il est d'ailleurs d'autant mieux traité qu'il consomme beaucoup de services chers.

Même les renseignements ont été ouverts à la concurrence, avec l'attribution des numéros 118 qui ont poussé comme des champignons dans un premier temps avant de disparaître les uns derrière les autres. Il en est resté deux ou trois, capables de tenir le choc de la concurrence et qui ont

1 La rentrée 2010 a été marquée par une série de suicides à France Telecom qui ont donné un éclairage particulièrement dramatique à l'une des conséquences de la privatisation : le management par le stress pour la recherche effrénée du maximum de profits.

définitivement (ou presque) enterré le service des renseignements théoriquement resté « service universel », ce 118711 pour lequel il était interdit de faire de la publicité.

Le service public des télécommunications a ainsi été démantelé depuis quelques années à tel point que l'idée même de l'utilité d'un service public des télécommunications a reculé : dans la « défense des services publics » ou même dans la notion de « biens publics mondiaux », la poste, l'électricité, le gaz, les transports sont souvent cités, outre l'école et la santé. Pas les télécommunications.

Les opérateurs des pays riches (qui parfois étaient encore publics...) se sont comportés comme des prédateurs de la pire espèce à l'égard des firmes privatisées dans les États du Sud ou de l'Est quand, sous la pression du Fonds monétaire international et de la Banque mondiale, les plans d'ajustements structurels ont imposé aux pays du tiers monde étranglés par leur dette, comme aux pays de l'Est candidats à l'entrée dans l'Union européenne, de privatiser leurs services publics pour faire baisser les budgets de l'État. Résultat, les services publics des télécommunications ont été vendus au plus offrant et ont souvent été rachetés par les ex-opérateurs publics des pays riches. France Telecom a acquis Telecom Argentina (revendu lors de la crise argentine), la Sonatel au Sénégal, Telecom au Mali, ou encore sa plus grosse filiale encore aujourd'hui, TP (Telecom Pologne). Les anciens opérateurs publics, l'espagnol Téléfonica, l'italien Telecom Italia ou l'allemand Deutsche Telekom, se sont partagé les parts du gâteau de la même manière.

Devenues multinationales, ces entreprises ont imposé leur politique à leurs nouvelles filiales sans considération pour toute notion de « service public » dans le pays d'origine. La multinationale n'a qu'un seul critère : il faut que cette « nouvelle acquisition » rapporte le plus d'argent possible. Les choix de développement furent alors plus volontiers ceux du mobile ou de l'internet rapide dans les métropoles hypertrophiées des pays du tiers monde, pour favoriser le business qui rapporte à son tour de l'argent aux entreprises des télécom, que la construction d'un réseau de base pour relier tous les villages éloignés, permettre un développement plus harmonieux et une péréquation des tarifs. Dans le cadre de cet objectif, il faut développer immédiatement les produits et services les plus rentables : pas question de d'améliorer les télécommunications de base si elles sont insuffisantes, d'équiper le territoire, de moderniser les infrastructures de communication, bref de développer un service public.

Mécanismes de la privatisation de La Poste

L'objectif des investisseurs privés est ici identique : réaliser des taux de profit sur les activités postales. Et le schéma est similaire à celui des télécoms : mise en concurrence au nom du credo néolibéral, privatisation au nom de la concurrence. Mais La Poste, avec ses 300 000 agents (quasiment tous fonctionnaires en 1991), ses 13 722 bureaux, ses facteurs qui portent le courrier à domicile, n'était pas une entreprise « rentable ». Les entreprises privées ne pouvaient à court terme espérer y faire d'importants taux de profit. Les directions successives ont donc organisé son démantèlement.

L'ouverture à la concurrence fut alors fonction du poids des objets à distribuer. Le colis fut ainsi le premier concerné ; des multinationales comme FeDex (Federal Express) ou DHL pénétrèrent immédiatement les marchés domestiques en imprimant leur style purement commercial. La garantie, la vitesse, tout se paye comptant.

La Poste créa ensuite sa filiale Geopost pour s'aligner sur la concurrence. La forme juridique choisie fut celle d'une holding dirigée par l'un des directeurs de La Poste (le directeur de la branche colis et logistique). La holding « chapeaute » plusieurs filiales, dont Chronopost en France. L'opacité entre ces différentes structures est importante, privant la représentation du personnel de la possibilité de connaître les évolutions et empêchant de fait toute consultation du personnel : 19 000 agents sont employés dans les filiales de la holding Geopost, tandis qu'un peu plus de 7 000 sont restés à la maison mère dans la branche correspondante.

Le deuxième secteur « rentable », les services financiers, fut lui aussi filialisé par l'intermédiaire de la création d'une holding : La Banque postale. Là, la caricature atteint son comble puisque la « banque postale » à proprement parler ne dispose que d'un personnel très réduit d'environ 1 500 agents, tandis que la « branche » correspondante restée dans la maison mère emploie 19 196 agents, auxquels il faudrait, pour rendre réellement compte du temps travaillé sur cette activité, ajouter une bonne partie des guichetiers des bureaux de poste.

La Banque postale s'est depuis largement alignée sur les activités de n'importe quelle banque, laissant à sa base arrière, la maison mère et ses guichets, le soin d'assurer tant bien que mal les services à la population défavorisée (sa clientèle première), bientôt rejetée de partout.

Pour finir, le service qu'il faut à tout prix dégraisser, le courrier, connut à son tour sa holding (Sofipost) et surtout les projets de restructuration de son activité distribution : l'objectif était de réduire drastiquement les tournées des facteurs comme le nombre de bureaux de poste. La Poste disposait de 13 722 bureaux de poste en 2005. Fin 2009, il n'en restait que 11 000. Les suppressions sont programmées à un rythme important (près de 900 par an). Le modèle britannique s'impose, où les bureaux de poste sont désormais quasi inexistants, l'essentiel des services de la poste étant assuré par d'autres enseignes commerciales : l'épicerie du coin, le bureau de tabac ou n'importe quel magasin peuvent devenir le point de vente des timbres.

Quant au personnel il est de plus en plus précarisé et volontairement divisé entre plusieurs statuts : employés de la maison mère ou des multiples filiales très cloisonnées par l'intermédiaire des holdings. Dans la maison mère, le recrutement de fonctionnaires a cessé en 2002. Le recrutement de salariés de droit privé (CDI ou CDD) s'est poursuivi. L'effet ciseau, avec le vieillissement des fonctionnaires et leur départ à la retraite, joue à plein. En 2003, la poste comptait 315 364 agents, dont 200 852 fonctionnaires et 114 512 agents de droit privé. En 2008, sur 295 742 employés, la Poste compte 152 287 fonctionnaires et 143 455 salariés privés. En 2009, les deux statuts font jeu égal.

Une fois le terrain préparé, la loi de transformation de La Poste en société anonyme (SA) pouvait être votée au Parlement. Mais de nombreux obstacles imprévus se sont dressés sur la route du gouvernement : le premier projet devait ouvrir le capital au « grand public » immédiatement, dès la transformation de La Poste en SA. La crise boursière de 2008-2009 a rendu le projet dangereux, avec une possibilité très vraisemblable de voir la société La Poste perdre de la valeur alors qu'était mise en avant la nécessité d'augmenter son capital. Ce paradoxe du capitalisme, capable de détruire des millions d'euros en valeur par un simple jeu spéculatif et sans aucun rapport avec la valeur industrielle, a conduit — provisoirement nous en sommes sûrs — le gouvernement à reculer précipitamment.

Le second obstacle est lui aussi de taille : contrairement à EDF, GDF ou France Telecom, La Poste est vécue par le grand public comme le dernier service public de proximité, un bien commun auquel il est interdit de toucher. Les mobilisations locales, régionales, voire rurales, de la population en défense de La Poste sont significatives. La population a vu le service de La Poste se dégrader, des tournées de facteur disparaître, des bureaux de poste fermer, tout cela alors que les autres services publics ont déserté depuis longtemps les petites bourgades rurales. Les résultats de la votation citoyenne d'octobre 2009, à l'occasion de laquelle plus de deux millions de personnes se sont prononcées contre l'ouverture du capital de La Poste, attestent de cet attachement.

21

Les externalisations du ministère de la Défense

Édouard Sill*

Il n'est pas fréquent de juxtaposer les transformations du ministère de la Défense, de France Telecom et de l'Inspection du travail. Héritières des traditions antimilitaristes et pacifistes du mouvement ouvrier, les organisations de gauche ne s'intéressent guère à l'institution militaire. Elles considèrent pour l'essentiel que la suppression du service militaire et l'arrêt des essais nucléaires à la fin des années 1990 ont effacé la Défense du débat politique. Or, si l'on peut questionner la pertinence de la notion de « service public de la Défense [1] », l'armée n'en constitue pas moins une part considérable du secteur public, employant environ 320 000 fonctionnaires civils comme militaires, et dotée d'un budget de près de 32 milliards d'euros. À ce titre, elle n'échappe pas au mouvement général de réforme de l'État, qui vient redéfinir ses missions et la manière dont elle les remplit.

Des conséquences « inattendues » de la professionnalisation ?

En 1996, lors de la suppression du service militaire national et obligatoire, nombreux sont ceux qui ont salué la disparition d'une

* Doctorant en histoire à l'École pratique des hautes études (EPHE).

1 Voir la contribution de Louis Gautier, « Service public : le service minimum de la défense » au colloque *Démocraties-Sénat : Quels services publics dans l'Europe*, 1er mars 2003.

institution ancienne, jugée obsolète. À gauche, on s'est plutôt félicité de cette décision prise par la droite, et très peu se sont inquiétés de ses conséquences futures. Un peu plus de dix ans plus tard, force est de constater que la fin de la conscription n'a pas seulement enchanté les jeunes gens mais aussi les entreprises. Désormais privées de la main-d'œuvre quasi gratuite que constituaient les contingents d'appelés, les différentes composantes de la Défense nationale ont dû s'organiser différemment, ou plutôt improviser, car la décision du président de la République, Jacques Chirac, résultait davantage d'une tactique politique que d'une réflexion sérieuse sur les possibilités de transition. Les efforts de rationalisation, le recours au volontariat — qui s'est avéré particulièrement décevant — et aux civils [2] n'ont pas permis de combler les besoins en personnel.

La professionnalisation n'est pas la seule responsable des grandes mutations opérées au sein de l'armée : bien que son budget atteigne près de 2 % du Produit intérieur brut (PIB), la France ne parvient pas à mettre en adéquation ses objectifs et les fonds alloués à ses missions. En effet, trois facteurs supplémentaires affectent les nouvelles politiques de défense : l'adaptation nécessaire des armées à l'« après-guerre froide » (la dénationalisation des rapports de force et l'apparition de menaces dites « nouvelles » telles que le terrorisme), la contrainte du nouveau modèle de projection des armées (moins nombreuses, plus efficaces, hypertechniques), et enfin la diminution drastique des budgets alloués, dans le cadre de la réforme de l'État et des institutions.

L'un des objectifs de cette réforme consiste à replacer le militaire au centre de sa fonction, son « cœur de métier » en jargon entrepreneurial, et de déléguer le plus possible les autres tâches à des civils, notamment à des entreprises. Jusque-là, la Défense nationale regroupait sans distinction l'ensemble des missions et des statuts des différentes composantes de l'institution militaire. Au cours des années 1999-2001, on étudie très sérieusement d'autres possibilités de gestion de l'« entreprise Défense ». Le sénateur Serge Vinçon relevait en juin 1999 que « la professionnalisation suppose également la mise en place d'une organisation différente, plus "économe" en effectifs et passant, le cas échéant, par l'externalisation de certaines tâches [...] le déficit de personnels civils pourrait justifier un renforcement de ce mode d'organisation [...]. Selon certains observateurs, les coûts ont pu être réduits par certaines armées étrangères de 30 à 40 %,

2 Caroline Verstappen, « La civilianisation de l'institution militaire », *Les Thématiques du C2SD*, n° 14, mai 2008.

grâce au recours à cette formule. [...] Pour autant, l'externalisation ne doit en aucun cas être abordée de manière systématique [3] ».

Mot nouveau, solution apparemment efficace à l'étranger, présentée en outre comme un facteur important de l'élaboration d'une Défense européenne — la mutualisation des moyens en passant par des tiers commerciaux non étatiques « jugés plus aptes à s'entendre que les États [4] » — mais surtout terriblement bien vendue par certains consultants et groupes d'intérêts, l'externalisation paraissait être la panacée qu'attendaient les militaires et les parlementaires pour avoir plus, mieux et moins cher.

Management financier en treillis

Selon la directive du ministère de la Défense du 26 mai 2003, l'externalisation est « un mode de gestion qui consiste, pour l'administration, à confier à un ou des partenaires externes spécialisés une fonction, une activité ou un service assurés jusqu'alors en régie ». Elle se distingue de la sous-traitance par l'établissement d'une relation de partenariat avec le contractant, qui bénéficie alors du transfert de tout un pan d'activités et parfois même d'actifs permettant l'exécution de sa prestation. La Loi de programmation militaire pour la période 2003-2008 précisait alors : « Afin de ne pas immobiliser indûment une partie de leurs effectifs, les forces armées peuvent alléger le poids des tâches ne revêtant pas un caractère opérationnel ou non essentielles en temps de crise, en contractant avec des personnes publiques ou privées. »

Sous l'influence de la Loi d'orientation des lois de finances (LOLF) de 2001, et dans le cadre de la Révision générale des politiques publiques (RGPP) de 2006, les externalisations sont désormais présentées comme des vecteurs de la modernisation de la gestion publique et de la construction d'un État dit « rentable ». Elles s'inscrivent essentiellement dans le cadre des nouveaux outils de financements introduits par le ministère de l'Économie et des Finances en 2004 : les partenariats public-privé (PPP), qui donnent à une entreprise la « mission globale de financer, concevoir,

---

3 Sénat, session ordinaire de 1998-1999, « Rapport d'information fait au nom de la commission des Affaires étrangères, de la Défense et des Forces armées sur les personnels de l'armée de terre face à la professionnalisation : bilan d'étape », par le sénateur Serge Vinçon, annexe au procès-verbal de la séance du 23 juin 1999.

4 « Externalisation : défis et enjeux », intervention du député des Yvelines Yves Vandewalle à l'université d'été de la Défense, atelier sur l'externalisation, 9 septembre 2008, Saint-Malo.

maintenir et gérer des ouvrages et équipements et des services concourant aux missions de l'administration, sur une durée longue, et sont fondés sur le partage des risques entre la personne publique cocontractante et les opérateurs privés auxquels échoit la maîtrise d'ouvrage [5] ».

Il n'existe pas de liste des externalisations liées à la Défense, mais on distingue trois grandes catégories : les activités ancillaires (logistique, gestion du personnel, entretien, transports), les capacitaires (liées aux équipements, à leur maintien en condition opérationnelle) et celles dites « opérationnelles » (qui vont jusqu'au soutien en opération). Les qualifications requises sont peu courantes et nécessitent un savoir-faire reconnu, ce qui contraint le ministère à travailler avec de grosses entreprises qui ont l'expérience des marchés publics. Le bilan financier de ces externalisations reste difficile à mesurer. Comme le soulignait la Commission des finances du Sénat du 23 novembre 2006, le ministère se livre parfois à de véritables tours de passe-passe financiers en anticipant les économies espérées sans attendre leur concrétisation.

Au Royaume-Uni, le Minister of Defense imaginait réaliser, en 1999, des économies de 5 % à 40 % en mettant en place les *Private Finance Initiative* (PFI), un système de financement des PPP. En fait, les économies réelles se sont révélées plutôt de l'ordre de 4 et 6 % [6]. L'Allemagne, elle aussi, a reconnu que les gains obtenus étaient sans commune mesure avec ceux espérés, et a observé une augmentation des tarifs sur le long terme. En effet, comme on peut l'observer de manière particulièrement nette aux États-Unis, les secteurs concernés par les équipements les plus sophistiqués sont généralement oligopolistiques, voire monopolistiques.

Par conséquent, il est difficile pour les militaires d'obtenir des prix avantageux en l'absence de réelle compétition entre les opérateurs. Au moment de renouveler les contrats, les titulaires apparaissent de surcroît avantagés par rapport aux autres soumissionnaires : une trop longue période contractuelle risque d'aboutir à une « capture de la réglementation » qui revient à substituer au monopole public un monopole privé ; et les moyens ne manquent pas pour les entreprises : rétention d'information ou de savoir-faire, accumulation d'une rente suffisante pour amortir les coûts de recherche et écarter les rivaux potentiels, etc. En cas de situation dominante, elles peuvent aussi tout simplement accroître leurs propres prix, comme cela fut souligné par la Cour des comptes

5 Assemblée nationale, *Rapport d'information déposé par la Commission de la Défense nationale et des Forces armées sur les perspectives d'externalisation pour le ministère de la Défense*, Marc Francina, député, 17 janvier 2007.

6 <www.defense.gouv.fr.>

britannique en 2000. Enfin, après une longue période d'externalisation, la réversibilité s'avère délicate. Former de nouveau des personnels spécialisés demeure en effet extrêmement coûteux.

Si les gains financiers restent incertains, quels sont les avantages du recours au secteur privé ? C'est essentiellement la réduction du personnel. En France, la Défense n'hésite pas à affirmer qu'il constitue une alternative au recrutement de personnels qualifiés, sans oublier bien sûr qu'il permettra de diminuer drastiquement le nombre des pensions de retraite militaires.

Des bénéfices, mais pour qui ?

La Loi de programmation militaire 2009-2014 prévoit 54 000 suppressions d'emploi dont 46 000 avant 2014. Il s'agit du plus grand plan social prévu par l'État et, selon les syndicats, c'est probablement le double, voire le triple d'emplois qui sont concernés sur la prochaine décennie, comme ce fut le cas dans les pays anglo-saxons. Il faut préciser en effet que les externalisations ne sont pas prises en compte dans la loi, car le ministère présuppose que les employés conserveront leur emploi même après l'opération d'externalisation. Or « il apparaît très difficile, pour ne pas dire impossible, de transférer le personnel au même titre que les activités externalisées comme cela se pratique couramment entre deux entités privées [7] ». Le député Michel Dasseux observait le cas suivant : dans un bâtiment du ministère de la Défense, l'externalisation du nettoyage semble effectivement rentable : les sociétés sous contrat se succèdent régulièrement, sans qu'aucune n'accapare définitivement le marché, et les employés sont repris par la nouvelle société. Mais la réalité est moins idyllique : la nouvelle société retenue appartient généralement au même groupe — ou holding — que la précédente et, à l'occasion du changement, les employés perdent leur ancienneté et les primes associées, si bien que l'entreprise tire ainsi les salaires à la baisse [8].

Mais les externalisations recèlent d'autres aubaines pour les entreprises, comme en témoignent des exemples à l'étranger. Les suppressions de postes qu'elles engendrent rendent disponible un personnel encore

---

7 Michel Scialom, « Les financements innovants dans la Défense (l'expérience de la marine) », *Défense nationale*, n° 8-9, 2005.

8 Assemblée nationale, *Rapport d'information déposé par la Commission de la Défense nationale et des forces armées sur l'externalisation de certaines tâches relevant du ministère de la Défense*, présenté par M. Michel Dasseux, 12 février 2002.

jeune, formé et expérimenté aux frais de l'État, qui trouve dans les prestataires de services à la Défense ou les sociétés militaires privées une seconde carrière particulièrement lucrative, la retraite militaire étant cumulable avec une activité civile. La collectivité paye donc deux fois, par la formation puis le complément de salaire de ces jeunes retraités de l'armée. De plus, ces entreprises possèdent des capacités de rémunérations bien supérieures à celles de l'institution et offrent ainsi des perspectives intéressantes pour certains spécialistes militaires. Les exemples abondent, mais le cas du contrat passé entre l'armée canadienne et la société Med-Emerg est éclairant. En 2001, le Canada signe un contrat de 92 millions de dollars avec cette société pour le recrutement de médecins militaires supplémentaires destinés à combler son sous-effectif. Med-Emerg a tout simplement démarché des médecins en poste de l'armée canadienne elle-même, ou de jeunes retraités, qui ont été repris aux mêmes postes, pour un meilleur salaire [9].

L'autre grand secteur concerné par les externalisations est celui du maintien en condition opérationnelle du matériel (MCO), qui constitue de loin le marché le plus lucratif et le plus prometteur pour les prestataires de services. Le système est simple et s'applique aussi bien pour un véhicule ou un aéronef que pour une imprimante. Une société propose un produit à un prix attractif, mais le client (ici l'État) devient tributaire de celle-ci par le biais de la maintenance et des « consommables » corrélatifs. Le général Jean-Pierre Bansard, qui fut chargé de la mise en œuvre de la réforme de la logistique et des soutiens des armées, déclarait en décembre 2009 : « Même si cela peut aujourd'hui paraître cocasse, la réduction des coûts du maintien en condition opérationnelle était mis en exergue dans les analyses du coût global de possession comme un argument majeur pour accélérer le renouvellement du parc. Au bilan, on assiste à une explosion des coûts du MCO [...] ce qui conduit tout de même à s'interroger sur les analyses du soutien logistique qui ont été conduites à l'époque [10]. »

L'externalisation de la Défense dispose de relais zélés depuis la professionnalisation des armées. Le Mouvement des entreprises de France (Medef) a, par exemple, pris l'initiative de créer en 2002 l'Institut Esprit Service, une association qui fédère un puissant réseau de décideurs privés militant pour l'externalisation. En 2003, cet organisme a signé avec le ministère de la Défense une « Charte de l'externalisation » et produit

9 MDN/FC, Communiqué NR-01.016 du 14 mars 2001 ; Xavier Renou et *alii*, *La Privatisation de la violence. Mercenaires et sociétés militaires privées au service du marché*, Agone, Marseille, 2005, p. 221.

10 *Soutien Logistique Défense*, n° 1, octobre 2009.

plusieurs opus, dont un guide pratique : *Externalisation, principes et méthodes* (novembre 2007) ou *Facilities Management au sein de la Défense* (janvier 2009) [11]. Il dispose de nombreux relais au Conseil économique de la Défense, un organisme consultatif placé auprès du ministre — où siègent notamment le président du groupe Vinci et le conseiller de celui d'Inéo-Suez — chargé entre autres choses de promouvoir « une culture économique [12] » dans la « Grande Muette ». Par ailleurs l'ensemble de la documentation publique du ministère fait l'objet du patronage d'entreprises d'armement ou de prestataires de services à vocation militaire, comme Thalès, dont les recommandations demeurent très écoutées [13]. En 2008, plus de 9 milliards d'euros ont été payés à l'industrie de défense pour l'ensemble des opérations d'armement. En 2009, la Direction générale de l'armement (DGA) a notifié plus de 20 milliards d'euros de commandes [14].

Les frontières floues de la « civilianisation » des armées

Au Royaume-Uni, le ministère de la Défense a mis en place un dispositif spécifique dénommé « réserve parrainée » (*Sponsored Reserve*) : il s'agit de la possibilité d'employer des personnels civils avec un statut de réservistes pour des fonctions de soutien opérationnel. Ils peuvent ainsi passer sous statut militaire lorsque leur entreprise intervient en opération extérieure. Ils doivent suivre un entraînement militaire et sont soumis à la réglementation des armées. Certains d'entre eux ont d'ailleurs été déployés en Irak en 2003.

En France, la loi sur la réserve d'avril 2006 introduit le principe de réserve rénovée, qui va dans le sens du système anglais [15]. Outre les questions de droit du travail ou de retrait de ces employés-réservistes, se pose le problème de la loyauté de leurs employeurs. Servent-ils leurs propres intérêts commerciaux ou ceux des armées qui les emploient ? L'exemple étatsunien illustre à satiété les risques de cette confusion civilo-militaire des statuts du personnel en opérations extérieures. Comme l'expliquait il y a peu un *contractor* britannique en Afghanistan : « Les armées

11 <www.institut-esprit-services.medef.fr>.

12 Arrêté portant création d'un Conseil économique de la Défense, NOR : DEFD0766958A, 1er octobre 2007.

13 Thalès a par exemple vu ses propositions retenues par la Commission européenne dans le Livre vert *Vers une politique maritime de l'Union : une vision européenne des océans et des mers* (COM (2006) 275 final, non publié au *Journal officiel*).

14 <www.defense.gouv.fr>.

15 Loi n° 2006-449 du 18 avril 2006 modifiant la loi n° 99-884 du 22 octobre 1999.

américaine, britannique et les autres sont ici pour gagner une guerre. Pour nous, plus la situation sécuritaire se détériore, mieux c'est [16]... » Une divergence de point de vue qui n'est pas négligeable quand on sait que les employés de ces entreprises représentent les deux tiers des effectifs déployés sur le terrain par le Pentagone, et qu'en 2007, en Irak, ils étaient 185 000 pour 160 000 soldats.

Les prestations offertes en France se limitent davantage au soutien logistique et à la formation qu'à la projection. Il s'agit, par exemple, de confier à la Sodexho la gestion des bases de l'armée française au Kosovo Mais cela introduit de façon irréversible l'acceptation de la privatisation de fonctions, directement ou indirectement, militaires. Et la porte s'ouvre lentement pour des sociétés militaires privées offrant des prestations civilo-militaires aux contours flous, comme Military Professional Ressources Inc. ou Xe (anciennement Blackwater). Si le cadre législatif français leur interdit pour le moment d'agir plus directement, ou de façon plus coercitive, il s'élargit au rythme des besoins du ministère de la Défense, besoins que ses prestataires privés savent susciter ou entretenir.

Conçue comme une commodité budgétaire, l'externalisation a des conséquences préoccupantes, de la sous-traitance en cascade à l'origine des fonds de certaines entreprises, à la dépendance des contractuels privés pour certaines missions militaires. Si elle représente une formidable aubaine pour des entreprises qui voient se créer quasiment *ex nihilo* un marché extrêmement lucratif, elle participe à brouiller la distinction entre le soldat et le civil. D'une solution avant tout économique, dépendent donc des choix éthiques. L'exemple nord-américain montre la nécessité du débat sur les limites de l'externalisation des missions de défense, car celle-ci tend à se confondre, en l'absence de cadres solides, avec une privatisation pure et simple. Il n'est d'ailleurs plus explicitement question dans les dernières lois de programmation militaire de la « mission de service public des armées [17] ». Il faut donc joindre à la critique, toujours nécessaire, de l'institution militaire et de ses objectifs la vigilance et la dénonciation des conditions dans lesquelles s'effectue le recours au tout-privé. En effet, la privatisation des activités militaires n'est en aucun cas un gage de paix, bien au contraire.

16 Cité dans *Le Monde*, 12 juin 2009.

17 Louis GAUTIER, « Service public : le service minimum de la défense », *loc. cit*

22

La culture à l'encan. Politique culturelle et culture du résultat

Sabine Rozier*

« Contractualisation », « gestion par la performance », « réduction des effectifs » : l'administration publique de la culture est, depuis la fin des années 2000, sommée de se mettre au diapason des exigences d'un État placé au service du marché et d'un nouvel art de gouverner par la concurrence [1]. L'ambition des dirigeants politiques est simple : il s'agit de favoriser la conquête, par les détenteurs de capitaux, des nouveaux gisements de profits que constituent les services publics, afin de promouvoir des investissements générateurs d'emplois et d'enclencher une dynamique vertueuse contribuant à l'essor de la croissance économique. Il s'agit aussi d'instiller dans les services publics une « culture du résultat », afin de réduire les dépenses publiques, de diminuer les impôts et de favoriser, par là même, la réorientation de l'épargne vers l'investissement productif.

L'actualité, on le sait, oppose régulièrement des démentis à ces scénarios optimistes. Mais la croyance dans les bienfaits du libre-échange et de l'esprit de compétition est tenace [2]. Ce qui passait autrefois pour un chapelet de poncifs (« le privé fait mieux que le public », « dépenses

---

* Maître de conférences en science politique, université de Picardie Jules-Verne/CURAPP-CNRS.

1 Michel Foucault, *Naissance de la biopolitique*, Gallimard/Seuil, Paris, 2004 ; Pierre Dardot et Christian Laval, *La Nouvelle Raison du monde. Essai sur la société néolibérale*, La Découverte, Paris, 2009 ; Philippe Bezes, *Réinventer l'État*, *op. cit.*

2 Frédéric Pierru, « Jeter le bébé pour garder l'eau du bain ? Petit bréviaire du croyant néolibéral par temps d'apocalypse capitaliste », *Savoir/Agir*, n° 8, juin 2009, p. 13-24.

publiques improductives », « ayants droit fainéants », « impôts prédateurs ») sonne désormais comme un discours d'évidence et de raison, et ce qui était hier inconcevable — la généralisation de la concurrence à la plupart des sphères d'activités — apparaît aujourd'hui, aux sommets de l'État, comme la garantie du renouveau économique et social.

Dans un tel contexte, les secteurs d'activités qui, au nom de la couverture des besoins sociaux essentiels ou de l'épanouissement de la citoyenneté, ont été socialisés au lendemain de la Seconde Guerre mondiale, constituent des cibles de choix pour les investisseurs financiers et les grandes entreprises. Un des cercles de réflexion patronale les plus écoutés du pouvoir, l'Institut Montaigne, affirmait ainsi en 2006 : « La sphère politique doit prendre conscience que la compétitivité est une victoire de l'ensemble des forces d'un pays, pas seulement des entreprises : la compétitivité des services non marchands est, elle aussi, essentielle [3]. » Le secteur de l'art et de la culture est, parmi bien d'autres, visé par cet appel au ralliement des « services non marchands » à la logique de la compétition. Or cette volonté ne peut qu'entrer en tension avec les idéaux au nom desquels les pouvoirs publics, en France, ont été conduits à intervenir dans le domaine culturel.

La culture, vecteur d'émancipation

En effet, la culture [4] a été progressivement appréhendée, à partir du premier tiers du XXe siècle en France, comme une catégorie d'intervention publique [5], et placée au service d'un projet de société porté par l'État. Dans d'autres configurations nationales, pour des raisons très diverses (structuration institutionnelle, histoire du pays, degré de politisation des usages de la culture, etc.), l'État s'est vu assigner un rôle plus modeste, plus restreint ou plus distant, soit parce qu'il était concurrencé par d'autres opérateurs (communautés locales, institutions philanthropiques, etc.),

---

3 Institut Montaigne, *Mondialisation : réconcilier la France avec la compétitivité*, juin 2006. Le groupe de travail auteur de cette contribution est présidé par Claude Vimont, un consultant ancien professeur à l'Institut d'études politiques de Paris (où il était notamment responsable du DESS de gestion de l'emploi). Son rapporteur, Francis Malige, est responsable des fusions-acquisitions de BNP-Paribas, banque promotrice du développement des fonds de pension en France.

4 Entendue comme un ensemble de traits distinctifs d'une identité collective et de formes d'expression contribuant à l'accomplissement individuel.

5 Vincent Dubois, *La Politique culturelle*, Belin, Paris, 1999.

soit parce qu'il s'est volontairement autolimité, souvent au nom de l'indépendance et de la liberté des artistes.

Or c'est justement au nom de cette même liberté, mais aussi d'un idéal d'égalité, que la France a fait un choix contraire en considérant que l'accès à l'art, auquel est reconnu un pouvoir émancipateur, est un droit dont tout citoyen peut se prévaloir. Surmontant la défiance originelle des artistes et des intellectuels à son égard, l'État français s'est ainsi vu confier, à partir des années 1960, le soin de promouvoir l'accès « au plus grand nombre des œuvres capitales de l'humanité » — sans avoir toutefois les moyens de ses ambitions. Puis, rompant avec la mystique du « choc esthétique » chère à André Malraux, les pouvoirs publics, dotés de ressources plus conséquentes, se sont attachés à promouvoir les initiatives locales, à valoriser des formes d'expression minorées et à soutenir plus activement la création. Cette dernière a fait l'objet d'un traitement protecteur (statut et droits des artistes, traitement économique dérogatoire des biens culturels [6], etc.) et a été soutenue par des dispositifs redistributifs. La suspicion des artistes s'est émoussée, et l'État, autrefois dénoncé pour son philistinisme, son incompétence ou ses tentations liberticides, en est venu à être considéré comme le meilleur allié de la liberté d'expression.

La culture, instrument de la compétitivité nationale

On aurait pu penser, à la fin des années 1990, que la culture, à l'instar de ces autres droits fondamentaux que sont la santé et l'éducation, serait sanctuarisée et mise à l'abri des appétits des acteurs économiques privés. Il n'en fut rien. Le rôle que jouent les diverses formes d'expression artistique dans la formation du jugement, dans le développement des échanges sociaux ou dans l'élaboration des identités collectives est, depuis les années 2000, de plus en plus mis de côté au profit d'une attention soutenue à la dimension économique des biens culturels. Le dynamisme du marché de l'art, la « location » des œuvres des musées français à l'étranger, l'optimisation de l'ingénierie culturelle, la préservation des intérêts des producteurs et des distributeurs de contenus (musique, livres, cinéma, multimédia, jeux vidéo) semblent bien plus préoccuper les dirigeants politiques que l'enrichissement des collections nationales, l'éducation artistique à l'école ou l'animation culturelle des zones rurales.

---

6 Tel que la loi Lang sur le prix unique du livre (10 août 1981).

La culture, en effet, est de plus en plus considérée comme un aiguillon de la croissance économique [7], au point que certains observateurs imaginent la possible transformation du ministère de la Culture en un « haut commissariat aux Industries culturelles » [8]. Il n'est pas étonnant, dans ces conditions, que l'État s'assigne désormais une fonction de régulation de l'économie artistique et culturelle [9].

Le changement de cap imposé à la politique culturelle n'est pas venu en un jour. Il a été soigneusement préparé par la diffusion, dans l'espace public, d'un discours accréditant l'idée de l'impuissance de l'État à honorer ses ambitions, en faisant passer la rhétorique mobilisatrice des pouvoirs publics autour de la question de la « démocratisation » (faite de formules vagues et consensuelles) pour un véritable objectif à atteindre. Dans sa lettre de mission à la ministre de la Culture, en 2007, le président de la République Nicolas Sarkozy insiste ainsi sur l'« échec de l'objectif de démocratisation culturelle » et sur le fait que « notre politique culturelle est l'une des moins redistributives de notre pays : financée par l'argent de tous, elle ne bénéficie qu'à un tout petit nombre » [10]. Ce double procès de l'inefficacité et de l'élitisme de l'action culturelle publique ne cesse depuis d'être repris et mobilisé [11], et transforme insensiblement le regard porté sur les politiques culturelles. On voit ainsi, aux sommets de l'État, s'affirmer trois mouvements convergents : premièrement, une valorisation de la « culture » comme outil de développement de la compétitivité des territoires (métropolitains, régionaux, nationaux) ; deuxièmement, une réduction de la figure de l'artiste à celle d'un producteur et diffuseur de biens destinés à rencontrer les attentes d'un public ; troisièmement, un effacement de la figure du citoyen au profit de celle d'un consommateur de contenus. Les termes de la lettre de mission adressée par le président de la République à la ministre de la Culture en 2007 sont un indice d'un tel

---

7 Voir à ce propos le discours du président de la République lors de l'installation du Conseil pour la création artistique (2 février 2009) : « Je veux que la culture soit notre réponse à la crise économique mondiale que nous connaissons. Je veux que la réponse de la France à cette crise économique soit une réponse culturelle. Nous allons faire de la culture un des éléments majeurs pour surmonter la crise. »

8 Daniel Conrod, « Y a-t-il encore un ministre à la Culture ? », *Télérama*, 23 janvier 2008.

9 Philippe Urfalino, « Le soutien public à l'économie de la vie artistique », *Le Débat*, nov.-déc. 2006, p. 158-162 ; Françoise Benhamou, *Les Dérèglements de l'exception culturelle*, Seuil, Paris, 2006.

10 Lettre de mission de Nicolas Sarkozy, président de la République, à Christine Albanel, ministre de la Culture et de la Communication, 1er août 2007.

11 Par exemple : Ghislain de Montalembert, « Faut-il encore subventionner le théâtre public ? », *Le Figaro*, 14 décembre 2007.

déplacement du regard : « Chaque structure subventionnée, peut-on y lire, [doit rendre] compte de son action et de la popularité de ses interventions, et [se voir fixer] des obligations de résultats [12]. »

Un populisme de marché

Cette injonction à rendre des comptes pourrait sembler aller de soi dans une société où la transparence en matière d'usage de l'argent public est de plus en plus requise. Les élus locaux, notamment, sont toujours soucieux de savoir ce qui a été fait des subventions qu'ils ont distribuées et soupçonnent souvent les associations de gabegie. Mais, avec l'appel au financement d'actions « populaires », c'est la logique même de la politique culturelle publique qui se trouve remise en cause. Car le propre de cette politique, c'est d'être une politique de l'offre et non de la demande.

En effet, les pouvoirs publics français ont depuis longtemps fait le pari de soutenir des formes d'expression avant-gardistes, au risque de susciter l'incompréhension ou le rejet du grand public. Ce pari a été fait au nom du nécessaire soutien de l'État à la création du temps présent et pour éviter que ne soient négligées des œuvres qui pourraient ultérieurement être jugées dignes de figurer dans le patrimoine national [13]. Les pouvoirs publics ont également parié sur le pouvoir émancipateur de la culture, en finançant des actions mêlant expérimentations sensibles et réflexions critiques, qui valorisent les potentialités et l'autonomie de chacun. Là encore, ont été aidés des projets collectifs qui n'auraient pu survivre sans subventions publiques. Enjoindre les actions artistiques et culturelles d'être « populaires », écarter celles qui ne satisferont pas les objectifs réducteurs qui leur sont imposés par voie contractuelle, c'est assurément les condamner. En effet, que deviendront celles qui, en raison de leur exigence (comme le cinéma d'auteur), du caractère difficilement mesurable de leurs « effets » (comme celles menées auprès de personnes handicapées ou de détenus), ne parviendront pas à honorer les objectifs quantifiés qui leur sont fixés [14] ? La réponse réside probablement dans la capacité des

12 Lettre de mission de Nicolas Sarkozy, *loc. cit.*

13 Comme ce fut le cas lors du legs Caillebotte. Un grand nombre d'œuvres impressionnistes du legs furent refusées par la France et achetées par un collectionneur américain, Albert C. Barnes.

14 Comme le montrent les critères de « notation » du cabinet de stratégie privé Mars & Co, chargé d'évaluer l'action de la ministre de la Culture (voir Nathaniel HERZ-

acteurs concernés à résister à une logique qui les mine, ou à la subvertir de l'intérieur.

Un nouveau partage des rôles

La réforme de la politique culturelle ne consiste pas simplement à instiller dans l'administration un nouvel esprit managérial. Elle consiste en une restructuration en profondeur du système de financement public de la culture. Un nouveau partage des rôles se dessine depuis la fin des années 2000 : à l'État le soin de défendre la place de la France et de ses industries dans une économie « mondialisée » ; aux collectivités locales (qui assument déjà plus de la moitié des dépenses publiques dans ce domaine) celui d'assurer le fonctionnement de la vie artistique et culturelle locale ; au secteur privé à but non lucratif (fondations, entreprises mécènes, donateurs fortunés) le soin de prendre en charge les activités non rentables que les bailleurs de fonds publics ne voudront ou ne pourront plus assumer. Mais les dés du nouveau jeu culturel sont pipés : l'État, invoquant l'ardente obligation de réduction de la dette publique, en profite pour se débarrasser d'activités dont il ne veut plus. Il les transfère aux collectivités locales sans les assortir des ressources correspondantes.

Or l'attachement des collectivités à l'animation de la vie artistique et culturelle locale risque de peser d'un faible poids face à la réduction de leurs ressources propres : poursuite des transferts de compétences étatiques (aujourd'hui les monuments historiques, demain les scènes nationales ?), obligation de résultats (appréhendés au travers d'indicateurs grossiers [15]) sous peine de diminution des dotations étatiques, minoration des dispositifs de péréquation (permettant de transférer une partie des ressources des collectivités les plus riches vers celles des plus pauvres), remise en cause de la clause de compétence générale pour les départements et les régions (qui a très largement profité au secteur culturel depuis les années 1980), renforcement des grandes métropoles régionales (dont les avantages fiscaux risquent de « siphonner » les ressources des zones rurales). L'« élitisme pour tous » cher au metteur en scène Antoine Vitez

---

BERG, « Comment la "culture du résultat" s'appliquera à Christine Albanel », *Le Monde*, 12 janvier 2008).

15 Comme les taux de fréquentation, qui ne disent rien de la réalité des effets (complexes et difficilement quantifiables) de l'exposition des publics aux formes d'expression concernées (voir Jean-Michel LUCAS, « La production d'indicateurs : source de sens pour les politiques culturelles territoriales ? », colloque « Quelle évaluation dans les politiques culturelles ? », Annecy, 24 septembre 2009).

(1930-1990) risque d'en pâtir. Les exécutifs locaux, confrontés à un cruel dilemme (augmenter les impôts et les taxes *versus* réduire les investissements et les dépenses publics locaux) vont très certainement, après avoir imposé une cure d'austérité à leurs services, tailler dans les postes de dépenses réputés les moins essentiels, comme l'art et la culture. Comme l'explique la présidente de la Fédération nationale des collectivités territoriales pour la culture (FNCC) : « En 2009, on ne constate pas encore de répercussions évidentes, mais j'ai bien peur que certaines collectivités ne soient tentées de faire des coupes claires dans le secteur associatif et culturel [16]. »

Conséquences probables ? Une réduction des subventions aux associations, bras armé des pouvoirs publics au niveau local, de fortes pressions exercées sur les gestionnaires d'équipements culturels publics (conservatoires, bibliothèques, salles de spectacle, théâtres, musées, etc.) pour qu'ils soient moins gourmands en deniers publics, moins de ressources pour l'action culturelle et l'expression artistique (qui constituent près de 50 % des dépenses de fonctionnement des communes et des départements dans le domaine culturel en 2008), moins d'aide au spectacle vivant (30 % du budget de fonctionnement « culture » des communes), moins d'argent pour les fédérations d'éducation populaire (qui ont déjà vu en 2008 les subventions étatiques réduites d'un quart), moins de moyens pour les bibliothèques et médiathèques (20 % du budget de fonctionnement « culture » des communes).

Les « pugilats public/privé »

Une autre conséquence de ce remodelage de la politique culturelle est le recours plus systématique aux opérateurs privés pour assurer la conception, la construction, l'exploitation et la maintenance d'équipements publics artistiques et culturels. Les défenseurs des partenariats public/privé (PPP), qui ont transposé aux services publics le système du crédit-bail, promettent aux élus des investissements sans douleur, des risques partagés et des équipements de meilleure qualité. Après avoir investi le secteur des services aux collectivités (éclairage public, eau, déchets, restauration scolaire), ils tournent à présent leurs regards vers les équipements artistiques et culturels et imaginent déjà créer des boutiques

16 Propos de Karine Gloanec-Maurin recueillis par Olivier Milot (avec Emmanuelle Bouchez, Sophie Cachon et Luc Desbenoit), « La culture ne connaît pas (encore) la crise », *Télérama*, 24 mars 2009.

dans les musées, des points d'accueil numériques, des complexes culturels ou des conservatoires. La ville de Perpignan a ainsi confié en juillet 2008 la création et l'exploitation d'un nouveau théâtre à Crédit agricole Leasing/Auxifip, pour une durée contractuelle de 32 ans.

L'émulation par la comparaison, chère aux promoteurs de la gestion par la « performance », devrait inciter les élus français à la prudence. En effet, les arguments des promoteurs des PPP, qui mettent constamment en avant l'impact positif de la concurrence, la réduction des coûts et l'amélioration des infrastructures, ne résistent pas à une analyse approfondie, comme le montre l'expérience canadienne [17]. Comment pourrait-il en être autrement ? Non seulement les entreprises concernées (dans le capital desquelles investissent de puissants gestionnaires de fonds d'épargne) et les collectivités publiques ne poursuivent pas les mêmes finalités, mais en outre les exécutifs locaux, pris dans l'étau d'une relation contractuelle très asymétrique, ne sont plus maîtres d'un jeu qui leur échappe à cause du report des risques sur la collectivité en cas de difficulté majeure, du coût d'entretien prohibitif des infrastructures, du renchérissement des tarifs consentis aux usagers/clients, de la réduction des services offerts, de l'imposition de frais nouveaux, et d'une inégalité d'accès aux services accrue.

La transposition des méthodes du « *reingeneering* » (consistant en une profonde restructuration des processus organisationnels) dans un secteur où les espoirs de gains sont minces ne promet rien de bon. Le Château de Versailles en sait quelque chose : peu de temps après avoir signé un PPP avec la société Unilog (aujourd'hui Logica) à laquelle il avait confié pour dix ans un système informatique assurant notamment la gestion des publics, la billetterie et les réservations, il a vite déchanté devant la cascade de défaillances (réservations retardées, standard téléphonique surtaxé, distributeurs de billets invisibles) et le mécontentement grandissant des professionnels du tourisme [18]. « Pugilat public/privé ! » a ironisé la presse [19]. Mais, en haut lieu, on continue d'assurer que les PPP sont un gage de rigueur budgétaire, d'excellence technicienne et de qualité de service. L'expérience montre qu'il n'en est rien. On peut craindre que la

---

17 Louis Roy (vice-président de la Confédération des syndicats nationaux du Québec), « Renforcer les capacités d'action de l'État. Le paradoxe des PPP », séminaire de l'OCDE sur les partenariats public-privé, 21-22 février 2008, <www.pp.gouv.qc.ca>.

18 Il a été mis fin au PPP plus d'un an après sa signature, en mai 2008. Sur ce point : <www.cgt-culture.fr>.

19 Reynald Fleychaux, « Logica chassé de la cour de Versailles », *L'Usine nouvelle*, 24 novembre 2008.

généralisation de ce type de contrat ne grève encore plus les finances publiques locales et ne pousse au développement d'activités à forte valeur ajoutée dans lesquelles se diluera encore un peu plus l'esprit du service public.

Des mécènes peu prodigues

Quant aux associations et aux structures culturelles qui se retrouveront dépourvues de subventions ou avec des budgets fortement réduits, que feront-elles ? Elles seront encouragées à gérer plus « efficacement » leurs activités — afin de satisfaire aux critères de « performance » imposés contractuellement par leurs bailleurs, sous peine de non-reconduction des subventions. Comment ? En augmentant leur taux de recettes propres (accroissement des tarifs d'entrée, vente de produits dérivés, etc.), et en redoublant d'efforts pour lever des fonds auprès des donateurs privés. Le problème, c'est que toutes ne sont pas égales devant le mécénat [20]. Les structures les plus réputées et drainant un large public attirent les mécènes. En revanche, les équipements ou les événements moins connus, ou les formes d'expression jugées trop subversives (comme le théâtre contemporain), peinent à le séduire.

D'aucuns se réjouissent que le mécénat privé, en introduisant une certaine diversité dans les critères de financement, contribue au pluralisme des formes d'expression et constitue un heureux contrepoids à l'académisme étatique, mais c'est oublier que l'agrégation des milliers de choix effectués par des donateurs fortunés (hommes d'affaires, entreprises transnationales, fondations) ne « fait » pas une politique culturelle — sauf à considérer, dans une perspective libérale, qu'une certaine forme de bien commun peut naître de l'agrégation d'une multitude d'initiatives individuelles : indexée sur les goûts de l'élite sociale ou sur des critères exogènes au monde de l'art (« retour d'image », prestige), l'offre artistique et culturelle risque, à terme, d'être sensiblement transformée, si le mécénat ne conserve pas la place marginale qui est la sienne. Le directeur du festival de musique d'Ambronay Alain Brunet est, à cet égard, plutôt pessimiste : « Si vous avez une structure plus modeste, même si elle est de grande qualité, ça devient très difficile. Si vous avez une structure avec une aura très locale, très régionale, pour [obtenir du] mécénat, ce n'est presque plus possible [...]. C'est vrai que si vous n'avez pas le concours des

20 Sabine Rozier, « L'action publique en faveur du mécénat », *Les Cahiers français*, n° 348, janvier-février 2009, p. 15-19.

collectivités locales, ça va être très difficile [21]. » Gageons que les pouvoirs publics sauront alors soutenir les structures qui, faute d'un nom suffisamment connu, d'une jauge trop petite ou d'une durée de prestation trop courte, n'attireront pas les mécènes.

Au terme de ce bref passage en revue des transformations imprimées à l'action culturelle publique, les changements qui s'annoncent semblent profonds. Certes, il ne faudrait pas se laisser prendre au jeu de la rhétorique des « réformes » et croire que l'ensemble des évolutions préconisées — mues par un objectif de réduction des dépenses publiques — va s'appliquer de manière automatique. L'inertie des institutions, le poids de l'histoire, les arrangements locaux ou les processus de réinvention locale des directives reçues peuvent, plus sûrement que les oppositions frontales, faire contrepoids aux transformations attendues.

Toutefois, nous ne nous trouvons pas en face de mesures incrémentales qui ne changeraient rien à la logique du système ou tenteraient de la préserver. Nous nous trouvons en face, et le mot n'est pas trop fort, d'une logique de démantèlement du système. Les réformes entreprises depuis 2007 (RGPP, réforme territoriale) affectent la structure même de la politique culturelle publique : réduction de l'autonomie financière des bailleurs de fonds ; limitation de l'action de l'État à une fonction de régulation des marchés ; substitution progressive d'une action étatique par l'impôt (avec le développement de la fiscalité dérogatoire) à une action étatique par la dépense ; transfert du processus de décision d'allocation de ressources aux donateurs privés (via l'accroissement des « créances » fiscales de l'État à leur égard). Plus généralement, il s'agit de la renonciation à l'objectif, historiquement porté par l'État-providence, d'égalisation et de redistribution des richesses au profit du renforcement des capacités d'action des acteurs économiques privés. Et ce sont les hauts fonctionnaires, autrefois animés d'un esprit d'évangélisation culturelle de la France, qui sont devenus les plus sûrs promoteurs de la subordination de l'administration culturelle publique à ce nouvel esprit entrepreneurial.

21 Alain BRUNET, propos recueillis par Alexandra PHAM, <Classiquenews.com>, 20 juillet 2008.

23

Modernisation, organisations du travail et souffrances dans la fonction publique

Entretien avec **Nathalie Robatel***

On a beaucoup parlé de souffrance au travail en 2009. Est-ce qu'on souffre aujourd'hui dans la fonction publique ?

Oui, même si cela n'est pas aussi médiatisé, soit parce qu'on n'y atteint pas des niveaux tels que les situations tournent au drame comme dans le secteur privé, soit que la souffrance et le mal-être soient produits ou se manifestent autrement, avec des modalités particulières qu'il faudrait justement analyser. Ou même encore, on peut faire l'hypothèse qu'il existe des raisons propres à la fonction publique — je fais en général référence à la fonction publique de l'État mais on pourrait en dire autant à propos des deux autres fonctions publiques — pour que cette souffrance n'émerge pas de la même façon, voire soit occultée. Là, je pense à plusieurs choses, par exemple un certain type de fonctionnement de l'administration avec ses spécificités : un statut et des règles, son organisation structurelle, peut-être la nature même de l'intervention syndicale dans la fonction publique, etc. Mais je reviendrai sur certains de ces points, notamment au sujet du système de suivi des maladies professionnelles et des accidents du travail des fonctionnaires.

En réalité, le mal-être existait déjà chez certaines catégories de fonctionnaires. Cela fait longtemps par exemple qu'on parle du malaise des enseignants. Une étude de l'Institut national d'études démographiques (INED), qui croise les taux de suicide avec les caractéristiques socioprofessionnelles (activité professionnelle, niveaux de diplômes, de revenus, etc.), montre

* Sociologue, membre de la Fondation Henri Pézerat Santé-Travail-Environnement.

que, parmi les milieux professionnels qui dérogent aux grandes tendances, on trouve en premier lieu les salariés agricoles mais aussi, quoique moins touchés, les employés civils et les cadres de la fonction publique ainsi que les cadres du secteur privé [1]. Pour les premiers le phénomène n'est pas nouveau, mais il est sans doute beaucoup plus récent pour les trois autres groupes, à propos desquels le stress et les mauvaises conditions de travail sont mis en cause. Les enseignants, notamment les professeurs des écoles, sont particulièrement fragilisés par « la dévalorisation de [leur] image professionnelle, le conflit entre les objectifs de l'école et les attentes de la hiérarchie, la dégradation des conditions de travail, la solitude affective face à la classe, aux parents et à la hiérarchie [2] ».

Certains des troubles psychologiques observés concernaient des activités spécifiques, avec des symptômes particuliers : on parle, par exemple, de *burn out*, qui est à l'origine typique des infirmières et des professionnels du « *care* » — les risques du métier en quelque sorte. D'autres étaient le fait de professions confrontées à des évolutions plus générales soit de la société, soit des secteurs particuliers dans lesquels les conditions de travail se détérioraient : les quartiers dits « sensibles », les établissements scolaires « à problèmes », les prisons surchargées et vétustes ou les hôpitaux. Enfin, on imputait souvent l'altération des situations professionnelles à l'insuffisance des effectifs.

Ce qui est nouveau aujourd'hui, c'est la multiplication des administrations concernées et les raisons invoquées pour expliquer l'accroissement des « risques psychosociaux », selon le nouveau terme consacré : il ne s'agit pas uniquement de la surcharge de travail mais de la lassitude, du découragement, du désinvestissement, du stress voire du désespoir, face à une évolution du fonctionnement des administrations dans lesquelles les fonctionnaires ne se reconnaissent plus, se sentent niés ou dévalorisés, et voient remettre en cause les fondements mêmes du service public.

Mais il n'y a pas eu de vagues de suicides dans la fonction publique comme on l'a vu dans le secteur privé et à France Telecom ?

Ce n'est pas si évident que cela. D'abord, vous vous rappelez sans doute la série de suicides qui avait été signalée dans la police, et à la suite de laquelle on avait d'ailleurs créé en 1996 un service de soutien

1 Nicolas Bourgoin, « Suicide et activité professionnelle », *Population*, n° 1, 1999.

2 Denis Roume, « Le suicide chez les professionnels de l'enseignement », *in* Jean-Jacques Chavagnat et René Franc (dir.), *Suicide et vie professionnelle. Les risques du métier*, Starsup, Toulouse, 1997.

psychologique opérationnel. Il a été également question des suicides chez les surveillants de prison (plus d'une dizaine en 2009), à propos desquels on fait état de « sur-suicidité ».

Comme je l'ai déjà évoqué, on peut arguer de conditions très particulières dans l'exercice de ces métiers, et c'est vrai qu'il y a toute une série de facteurs explicatifs, un métier émotionnellement dur, des difficultés à concilier vie professionnelle et vie personnelle, la présence d'armes… Il n'empêche, de plus en plus, on met en avant l'organisation du travail comme cause de perturbations psychiques, et, par exemple, pour les policiers, les effets dévastateurs de la « politique du chiffre » ou « culture du résultat ». Ils imputent à leurs conditions actuelles de travail les nombreux troubles psychologiques auxquels certains d'entre eux sont sujets.

Il y a eu également, en septembre 2009, le cas particulier de cette directrice départementale de la Protection judiciaire de la jeunesse (PJJ) de Paris qui a tenté de mettre fin à ses jours en se jetant de la fenêtre de son bureau. Une tentative de suicide sur son lieu de travail, cela signifie quelque chose symboliquement : cela veut bien dire qu'on meurt du travail.

À ce propos, il faut être clair : pour comprendre les gestes suicidaires sur le lieu de travail, il n'est pas besoin de les rapporter à des statistiques générales concernant les taux de suicide dans la population, par PCS ou selon la saison, etc. ; on n'a pas non plus à les considérer uniquement, et on le fait trop souvent, comme des symptômes de fragilités personnelles préexistantes. La seule chose pertinente à faire, au contraire, c'est d'analyser le geste suicidaire au sein de l'entreprise comme le symptôme d'une fragilité préexistante du fonctionnement de l'entreprise, et savoir qu'il renforce en retour la fragilité de l'organisme.

Cette directrice de la PJJ a, par la suite, dénoncé l'organisation du travail qui se met en place depuis le lancement de la Révision générale des politiques publiques (RGPP) en 2007 — à laquelle elle adhérait pourtant au départ —, l'accélération des transformations, la remise en cause des missions et la production de « maltraitance institutionnelle ». Ce terme est particulièrement adéquat parce qu'il décrit très bien les causes d'une grande part des états pathogènes observés dans la fonction publique : des contraintes de plus en plus fortes et douloureuses, dues au processus de « modernisation » de l'État, et des exigences contradictoires, notamment celles du rendement et de la rentabilité d'un côté et les missions du service public de l'autre. C'est d'ailleurs une expression qui fait écho à celle du sociologue Pierre Bourdieu quand il parle de « mauvaise foi institutionnelle » à propos des intentions contradictoires des institutions de l'État et de leur propension constante à refuser, par une sorte de double jeu, des mesures conformes à leur vocation [3].

Je voudrais revenir sur la question de France Telecom, car on y trouve plusieurs éléments particulièrement éclairants par rapport à notre propos. D'une part, vous avez remarqué que la situation a été tardivement dénoncée officiellement et qu'elle n'a fait l'objet d'une médiatisation importante qu'au cours des derniers mois de 2009. Qu'observe-t-on en faisant un rapide retour en arrière ? Le 24 septembre 2009, c'est le 24e suicide en dix-huit mois. Cela nous ramène donc plus ou moins à avril 2008. 2007, c'est la création par le syndicat Sud et la CFE-CGC, syndicat de cadres — ce qui assez significatif —, de l'Observatoire du stress et des mobilités forcées à France Telecom (les autres syndicats n'y étant pas représentés). Cela veut donc dire que la situation est déjà assez dégradée. En fait, le mal-être à France Telecom a été repéré depuis longtemps [4] au cours du processus de privatisation durant la fin des années 1990, et signalé par les médecins du travail de façon réitérée tout au long des années 2000.

En 2002, le sénateur UMP Gérard Larcher a même présenté un rapport sur le bilan de la transformation de France Telecom en société anonyme [5] où il fait état du bouleversement de l'univers professionnel des agents qui « n'est jamais aisé à vivre ni à surmonter [6] » et de l'« inquiétude des personnels face aux facteurs anxiogènes [7] ». Dans la partie consacrée à l'évolution sociale de l'entreprise, il cite la réponse du syndicat FO-communication au questionnaire qui a été adressé à diverses instances : « [...] une dégradation des conditions de vie et de travail [...] une déshumanisation de la gestion des ressources humaines et des relations sociales, une pression du management », et, plus loin, « le développement du stress chez les salariés, une augmentation de l'absentéisme et du nombre d'accidents » [8]. Et le sénateur Larcher juge probablement la situation suffisamment alarmante pour conclure ainsi le chapitre d'un rapport parlementaire.

3 Pierre Bourdieu (dir.), *La Misère du monde*, Seuil, Paris, 1993, p. 247.

4 Notamment par Jacques Duraffourg, professeur d'ergonomie à l'université d'Aix-Marseille (cité par Ivan du Roy, *Orange stressé*, *op. cit.*)

5 *Rapport d'information n° 274 fait au nom de la commission des Affaires économiques et du Plan et du groupe d'étude « Poste et télécommunications » sur le bilan de la loi n° 96-660, relative à l'entreprise nationale France Telecom, par M. Gérard Larcher,* Paris, Sénat, session ordinaire de 2001-2002.

6 *Ibid.*, p. 55.

7 *Ibid.*, p. 76.

8 *Ibid.*, p. 77.

Quel parallèle faites-vous entre la situation à France Telecom et celle que connaissent les administrations actuellement ?

Tout d'abord, il ne faut pas oublier que l'État est le principal actionnaire de France Telecom. Et c'est seulement à la mi-septembre 2009 que le gouvernement intervient officiellement par la voix du ministre du Travail, Xavier Darcos. Celui-ci demande à Didier Lombard, le P-DG, d'accélérer les négociations sur la prévention des risques psychosociaux. Il était temps, on en est déjà au 24e suicide !

C'est un premier aspect, essentiel, qui caractérise fréquemment le fonctionnement de la sphère publique : la lenteur avec laquelle les problèmes se dessinent, sont pris en compte, trouvent des solutions. Pour France Telecom, on a d'ailleurs pu lire l'article d'un chercheur dans la presse en septembre 2009 [9], qui rappelle avoir participé à une recherche sur l'avenir des cadres de l'entreprise commandée en 1982 par les Télécoms au CNRS. À l'époque, il s'agissait de transformer l'ancienne Direction générale des télécommunications (DGT) en France Telecom. L'étude menée pointait déjà les difficultés d'aujourd'hui : une gestion du changement inadéquate, des tensions sur la question des statuts et des mobilités...

Autre élément d'interrogation : ce qui se passe dans le secteur public est-il aussi médiatisé que d'autres événements ? Je parlais auparavant des différents secteurs où la situation de mal-être est grande. Il y a aussi apparemment le ministère de l'Équipement, qu'on cite beaucoup moins. Des problèmes tels y sont apparus qu'ils ont obligé la direction à réagir [10] et ont donné lieu à un rapport intitulé « Éléments de connaissance et d'approfondissement pour la prévention des crises suicidaires » [11]. Pourtant celui-ci n'a pas eu beaucoup de publicité [12].

Ensuite, on remarque que les syndicats ont peiné à se mobiliser rapidement face à une situation inédite qu'ils ont du mal à analyser, voire même à accepter. Toujours les mêmes réticences — des deux côtés d'ailleurs,

---

9 Marco Diani, *Libération*, 22 septembre 2009.

10 Notamment par une circulaire du secrétaire général du ministère du 10 novembre 2009 annonçant un document de repérage et d'actions visant à apporter un appui aux services concernés par de telles situations.

11 Document adopté à l'unanimité le 1er octobre 2008 par le Comité central d'hygiène et sécurité (CCHS) du ministère de l'Écologie, de l'Énergie, du Développement durable et de la Mer.

12 Un article sur le cas du ministère de l'Équipement est paru dans *L'Humanité* du 21 septembre 2009 ; il a été repris et commenté sur le site d'*Arrêt sur images* et le blog d'un journaliste du *Monde*.

celui des syndicats et celui de la direction — à surmonter la dichotomie entre l'espace public et la vie privée, la sphère du travail et celle de l'intime. Tendance qui pousse à mettre sur le compte de problèmes personnels le geste de révolte ultime que représente en l'occurrence le suicide. Cela vaut d'ailleurs pour tous les acteurs, des secteurs privé ou public.

Enfin, que se passe-t-il à France Telecom ? Un processus de privatisation qui modifie radicalement les organisations du travail, qui se fait avec une grande brutalité et peu d'échappatoires pour les salariés (voir les mobilités forcées ou les changements de métiers), insuffisamment de concertation et d'information sur le devenir de l'entreprise et le propre avenir des personnels (voir la question des « reclassés ») et également une confrontation entre deux cultures, celles du privé et du public, celles des nouveaux contractuels et des fonctionnaires, à laquelle vous ajoutez la rupture générationnelle. Et vous avez là une situation explosive que l'on risque fort de voir s'étendre dans la fonction publique, au gré des transformations de statut, des fusions ou des suppressions d'organismes.

Quels sont les changements qu'on a déjà pu observer ?

Il y a eu plusieurs phases dans le processus. On connaît déjà depuis au moins une vingtaine d'années un développement important de l'externalisation des missions de l'État et, dans certains cas, des personnels.

Sans parler de la privatisation des grands réseaux de service public (télécommunications, électricité, gaz, aéroports de Paris...) ouverts à la concurrence, d'autres structures ont été transformées en sociétés de droit privé, des régies directes ont été remplacées par des délégations de service public à un gestionnaire public ou privé, les contrats de partenariat public-privé ont été introduits dans le droit français en 2004. Dans le même mouvement, des EPIC (établissements publics industriels et commerciaux) à vocation nationale disparaissent les uns après les autres, souvent transformés dans un premier temps en entreprise publique (dans laquelle plus de la moitié du capital est détenue par l'État), puis en entreprise privée, l'État se retirant. Ainsi la Seita, EPIC depuis 1959, devient une société nationale en 1980 (l'État demeurant l'actionnaire unique), puis est privatisée en 1995 (l'État abandonnant toute participation au capital de la société en 2000).

En ce qui concerne les effectifs, on remarque que leur volume chez les opérateurs de l'État (selon l'acception de la Cour des comptes, les acteurs extérieurs auxquels on a recours pour mettre en œuvre des actions publiques [13]) était marginal au début des années 1990, mais qu'il représente aujourd'hui plus de 20 % du total des agents des ministères, avec une augmentation de 17 à 21 % de 2006 à 2009 [14]. Certes, parmi ces personnels, certains sont fonctionnaires mais, en tout cas, trois types de statuts sont amenés de plus en plus à cohabiter au sein de ces structures : agents de l'État fonctionnaires, contractuels de droit public et contractuels de droit privé. Cette tendance est particulièrement forte, par exemple, dans le secteur de la culture (tous types de structures confondus), où plus de la moitié des agents sont contractuels [15].

Enfin, depuis 2007, avec la RGPP, les suppressions d'organismes et les fusions structurelles se multiplient. L'idée maîtresse de cette réforme « sans précédent [16] » est de « changer en profondeur l'organisation administrative française et le contenu de l'action publique, en répondant à une triple exigence : offrir un meilleur service public aux usagers, faire bénéficier les agents de meilleures conditions de travail et de carrière, diminuer le niveau des dépenses publiques [17] ».

Économies, certes, notamment grâce à l'objectif affiché de réduire les effectifs en ne remplaçant qu'une personne sur deux partant à la retraite. Mais quelles économies, quelle efficacité espérer au-delà du court terme quand des services sont complètement décimés, ou en passe de l'être, par les fins de carrière, alors qu'ils ont déjà mis en œuvre autant que possible les synergies et la « mutualisation » des activités et des compétences ?

Imaginez la conjoncture actuelle dans une administration dont on diminue les effectifs, dans laquelle les mesures de fusion de directions d'administration centrale vont en se multipliant. Ainsi, au ministère de la Culture, depuis janvier 2010, les dix directions d'administration ne sont plus que trois. Si les activités spécifiques sont susceptibles d'être maintenues dans cette opération — pour autant qu'elles soient jugées nécessaires —, qu'en sera-t-il pour toutes les fonctions transversales, activités de soutien pour lesquelles plusieurs personnes seront susceptibles de prétendre au même poste et des agents seront mis en compétition du bas au sommet de l'échelle hiérarchique ? Comment les fonctionnaires pourront-ils tous retrouver leur emploi ? Et les autres ?

---

13 Cour des comptes, *Les Effectifs de l'État 1980-2008. Un état des lieux*, La Documentation française, Paris, 2009, p. 4.

14 *Ibid.*, p. 62.

15 *Ibid.*, p. 64.

16 Site de la Révision générale des politiques publiques, « Édito », janvier 2010, <www.rgpp.modernisation.gouv.fr>.

17 *Ibid.*

Depuis ces dernières années, on a vu croître le nombre de fonctionnaires à la recherche d'un poste et arriver, ce qui était tout à fait inhabituel, des candidatures spontanées de fonctionnaires dans les services de ressources humaines. Cette déferlante de fusions va évidemment accélérer le mouvement.

Aujourd'hui, déjà, les organisations du travail sont profondément transformées. Mais les effets ne correspondent pas vraiment aux objectifs affichés : gains de productivité, économies, efficacité, rationalisation, amélioration du service rendu et de la situation des personnels...

Par rapport à l'amélioration annoncée des conditions de travail des agents, on constate surtout un « grignotage » du statut de la fonction publique et des règles qui régissent le fonctionnement de l'administration, lesquelles en même temps que ses rigidités avaient aussi un rôle protecteur : recul de l'usage des fiches de poste ; procédures de candidature sur son propre poste dans les cas de fusions d'organismes ou de directions d'administration centrale ; transformation de CDI en CDD dans les cas de modification de l'emploi ou du poste, y compris dans le même secteur d'activité ; des agents « faisant fonction » de sous-directeurs (c'est-à-dire sans nomination réglementaire, donc sans effet sur le salaire de base et sans réelle garantie sur la durée) ; en bref toute une série de contournements du mode traditionnel de promotion et de fonctionnement hiérarchique, dont on peut encore voir un indice dans la multiplication des groupes-projet.

Les effets se mesurent aussi à la montée des troubles d'ordre psychologique, à l'usage de médicaments, au nombre d'arrêts de travail, et parfois, tragiquement, au nombre de suicides.

L'incertitude des agents quant à leur avenir proche, les injonctions contradictoires liées au manque de moyens, à la réduction des effectifs ou à la faisabilité d'un projet remis en cause, l'affaiblissement des règles traditionnelles de la fonction publique sont bel et bien des « indicateurs d'anomie » tels que les analysait Durkheim [18].

On dirait que vous n'êtes guère optimiste quant à l'avenir de la fonction publique ?

Je pense surtout que nous sommes en train d'assister à la naissance d'une fonction publique radicalement différente, qui ne s'inscrit plus dans la tradition de celle que nous avons connue. Certes, elle est d'inspiration néolibérale, mais il est important d'analyser également sur

18 Émile DURKHEIM, *Le Suicide. Étude de sociologie*, PUF, Paris, 1990 (1897).

quoi s'appuie cette transformation et jusqu'où elle peut aller, de réfléchir aux raisons pour lesquelles ce qui semble inacceptable ou scandaleux à certains peut être recevable ou même emporter l'adhésion des autres.

En étudiant plus finement certains de ces mécanismes dont j'ai déjà parlé, on entrevoit que la logique de la RGPP est confortée par la transition générationnelle. Puisque, par ailleurs, on constate depuis longtemps l'intrusion de la logique de marché dans la plupart des sphères qui lui étaient étrangères (école, familles, loisirs, etc.), la montée de l'individualisme, un déclassement intergénérationnel, une incertitude économique grandissante, on ne devrait pas s'étonner que pour les plus jeunes générations — mais pas exclusivement bien sûr — les innovations puissent représenter des opportunités : de nouveaux corps fusionnés plus généralistes, un « salaire au mérite », une augmentation des primes, une mobilité élargie, même imposée, voire un accompagnement vers un emploi dans le secteur privé ou vers la création de sa propre entreprise.

En effet, une nouvelle pierre a été apportée à cet édifice avec la loi de mobilité [19]. Celle-ci introduit de nombreuses possibilités en matière de détachement ou d'intégration, ou de recours à des contractuels et des intérimaires. Elle ouvre par ailleurs de nouvelles pistes en termes de réorientation professionnelle « non choisie » puisqu'il s'agit de projets à mettre en œuvre en cas de suppression d'emploi : accompagnement de l'agent vers un nouvel emploi dans la fonction publique, dans le secteur privé ou aide à la création d'entreprise. Piste qui peut même ouvrir sur le placement en disponibilité d'office ou la mise à la retraite, dans le cas de trois refus d'offre d'emploi public par l'agent [20] !

Autre innovation de la RGPP, la LEAN administration (Leviers d'Efficacité pour une Administration Nouvelle). Selon le chargé de mission LEAN à la Direction générale de la modernisation de l'État, « cette approche [...] vise à l'amélioration des processus et un ensemble de méthodes qui cherchent à éliminer les activités n'ajoutant pas de valeurs, une chasse aux gaspillages. Cette démarche a été imaginée au Japon, dans les années 1950-1960, par Toyota, alors en pleine expansion, pour améliorer sa productivité. Mais le "LEAN" ne s'applique pas qu'au secteur industriel. Il peut être utilisé dans tous les domaines [21] »... Parmi les pays cités comme

19 Loi du 3 août 2009 relative à la mobilité et aux parcours professionnels dans la fonction publique. Voir chapitre 16.

20 Article 7, sous-section 3 de la loi précitée.

21 Interview de Philippe Vrignaud, « La LEAN administration », 12 mars 2008, <http://test.annonceur.net>.

précurseurs de la méthode dans les services publics, le Royaume-Uni et les États-Unis [22]. Rappelons au passage que le « toyotisme » et le modèle d'organisation de la production des entreprises japonaises ont également engendré et « exporté » une autre expression, le « karoshi » ou mort subite au travail. Phénomène qui devrait plutôt conduire à la prudence quant à l'application d'un tel modèle.

Malheureusement, le développement des études psychologiques ou du suivi des risques psychosociaux, proposés avec bonne grâce par les directions ou même demandés par les syndicats, ressemble plus à une mesure dilatoire ou conjuratoire qu'à une prise en compte réelle et une volonté de faire face aux problèmes.

Vous avez fait allusion tout à l'heure à la gestion des accidents du travail et des maladies professionnelles des agents du service public ?

Oui, il faut savoir que cette gestion diffère de celle du privé en de nombreux points : les droits, la réparation, la prévention, etc. Et que ces différences ne sont souvent pas favorables aux fonctionnaires. Et ce n'est pas moi qui le dis mais le rapport annuel de la Cour des comptes de 2005 [23]. On me rétorquera que des progrès ont été faits. C'est d'ailleurs ce que répond le ministre de la Santé de l'époque. Il admet cependant des lenteurs et des imperfections. De toute façon, ce qui est intéressant, c'est de constater les défaillances qui existaient encore à cette époque.

Il faut se rappeler que, pour le régime général, le corps des inspecteurs du travail, fonctionnaires de l'État, a été créé en 1892 et qu'un cadre législatif existe depuis 1898. Rien de tel pour l'État employeur (voir chapitre 15). C'est d'abord la jurisprudence du Conseil d'État qui a déterminé les règles du régime spécial, lesquelles n'ont été inscrites dans les textes qu'après l'institution du statut général de la fonction publique de 1946.

Les Inspections d'hygiène et de sécurité (IHS) ont été créées en 1982 pour la fonction publique de l'État (40 inspecteurs en 1996 et 169 en 2003 contre environ 2 000 inspecteurs du travail pour le secteur privé) et en 1985 pour la fonction publique territoriale. Et c'est la même chose pour la médecine du travail [24]. Alors qu'on connaît par ailleurs les insuffisances du système pour le secteur privé, et notamment le déficit notoire en postes

---

22 *Ibid.*

23 Cour des comptes, « Les accidents du travail et les maladies professionnelles des fonctionnaires », *in Rapport annuel 2005*, La Documentation française, Paris, 2006.

24 En fait, c'est la médecine de prévention qui joue dans la fonction publique le rôle

d'inspecteurs du travail, on mesure celles du public qui, avec 1 600 000 titulaires (fonction publique de l'État : ministères sans les établissements publics à caractère administratif — EPA) [25] — les contractuels relevant du régime général —, représente cependant 10 % des salariés français.

Parmi les principaux points cités par la Cour des comptes, on relève particulièrement des procédures de reconnaissance et d'indemnisation longues et complexes, une connaissance très partielle des risques, l'absence de synthèses nationales pertinentes, des politiques de prévention particulièrement défaillantes. Enfin, l'origine professionnelle des nouvelles maladies liées au mal-être et aux tensions est, toujours selon le rapport, « encore peu reconnue ». On peut ajouter aussi que les recours sont plus difficiles à mettre en œuvre devant les tribunaux étant donné la spécificité de la réglementation propre au secteur public et la difficulté à s'appuyer sur une jurisprudence moins établie.

Étant donné les caractéristiques de ce système, qui est pour le moins déficient, il y a fort à craindre que la prise en compte de ces « nouveaux risques » ne soit pas adaptée. Ce qu'on peut déjà en dire, c'est qu'ils surgissent dans des administrations où les compétences en gestion des ressources humaines, gestion prévisionnelle des emplois et des compétences (GPEC) et management ne sont pas toujours suffisamment développées, même si on met de plus en plus l'accent sur ces aspects ; que les cadres intermédiaires, en plus d'être démunis en termes d'outils et d'expérience, ne sont pas non plus épargnés par tous ces nouveaux processus qui transforment l'administration, étant souvent eux-mêmes peu ou mal associés au changement, incertains de leur propre avenir et donc susceptibles d'être victimes de la « maltraitance institutionnelle ».

Vous avez mentionné la nature de l'intervention syndicale dans les administrations ?

Oui, je pense qu'il y a une certaine spécificité de l'action syndicale dans la fonction publique. Les représentants syndicaux ont des compétences particulières et des savoirs importants étant donné le champ

---

de la médecine du travail qui existe dans le secteur privé et les hôpitaux. Elle n'a été introduite qu'en 1982 pour l'État et en 1985 pour les collectivités territoriales et « n'a réellement été imposée que dans les dix dernières années », selon la Cour des comptes (p. 602).

25 DGAFP, ministère du Budget, des Comptes publics, de la Fonction publique et de la Réforme de l'État, *Rapport annuel sur l'état de la fonction publique*, volume 1, Faits et chiffres 2008-2009, La Documentation française, Paris, 2009, p. 30.

dans lequel ils interviennent : un environnement professionnel large, notamment composé d'instances paritaires diverses et hétérogènes (CAP, CCP, CTP, CHS, etc.), dont ils doivent connaître les fonctionnements ; des structures administratives et des réglementations complexes (un régime statutaire avec ses corps et ses grades, ses modalités d'avancement diversifiées, etc.) ; des évolutions législatives ; des données budgétaires... Une fois décomptées la préparation et la participation aux réunions et aux instances réglementaires, ainsi qu'aux formes diverses de toute action syndicale, quel temps leur reste-t-il pour percevoir les « nouveaux risques psychosociaux », les analyser et se mobiliser ? Surtout quand il s'agit d'aborder des problèmes sur lesquels les intéressés eux-mêmes ont du mal à mettre des mots et dont ils hésitent à parler.

En conclusion, je dirais que, compte tenu de tous ces éléments, les perspectives qui se dessinent pour la fonction publique et les missions qu'elle devrait assurer sont loin d'être rassurantes. Quant à l'avenir des agents, il pourrait s'avérer à bien des égards aussi sombre que celui des salariés du secteur privé.

Conclusion

Le nouveau désordre collectif : marché, liberté, autorité

Bernard Lacroix*

Mais que se passe-t-il donc ? L'État, entend-on répéter, se transforme. Il abandonne ses tâches inutiles, comme la gestion des chemins de fer, pour mieux se concentrer sur ses missions essentielles, par exemple garantir la sécurité. Il agit moins pour agir mieux. Cette évolution est d'ailleurs inéluctable. L'État de demain doit faire admettre le bien-fondé de ces changements et accompagner leur mise en œuvre... La « politique » cependant, si l'on admet qu'il existe un savoir en la matière, ne se confond nullement avec cette conception. Les uns la voient principalement comme la conquête et l'occupation des positions de pouvoir. D'autres la considèrent avant tout comme un espace d'activités autonomes. Et ses orientations, si l'on en croit la plupart des spécialistes, prennent corps dans la relation entre professionnels et profanes. Tous ces éléments concrets, comme beaucoup d'autres d'ailleurs, ont disparu d'un propos qui a la curieuse propriété de se présenter comme de l'analyse — alors qu'il propose une perspective. Le propos fait curieusement passer une directive d'action pour une donnée de fait. Et l'invocation, dorénavant routinière, de la « rénovation de l'État » laisse ignorer qu'il s'agit intrinsèquement de paroles de professionnels — que cautionnent un grand nombre d'expertises. Les mêmes schèmes simplificateurs, caractéristiques d'une doxa, s'observent dans la chronique de cette saga.

Tout aurait commencé avec les élections présidentielles de mars 2007 : désaveu de l'immobilisme de l'action gouvernementale ; mandat de

* Professeur de science politique, université de Paris-Ouest-Nanterre (GAP), membre de l'Institut universitaire de France.

réforme ; et promotion d'une rénovation placée sous le drapeau de la modernisation. La référence à l'élection dispense d'investigations relatives aux rapports à l'expression électorale. En l'absence d'examen ou de réexamen des trajectoires des acteurs, la vision rétrospective ratifie une vision de vainqueurs. « Les généraux victorieux ont toujours raison. » La fable modernisatrice fait ainsi disparaître l'utilité de l'enquête sur la modernisation. Il ne reste plus que le sentiment — auquel beaucoup semblent être confrontés, dans une sorte d'isolement paradoxal — qu'une vague (de transformation de l'État) nous surplombe, qu'elle est en train de déferler et que nous n'avons rien pour l'arrêter.

La première idée qui vient à l'esprit, à partir de l'activité qui est celle de chacun et en prenant appui sur la position qui est la sienne, est de revenir sur l'orientation et la perspective proposées. C'est déjà découvrir, conformément à l'un des principes les mieux établis et les plus libérateurs des sciences sociales, que l'action est rarement conforme aux raisons dont elle s'entoure. L'universitaire, par exemple — puisque c'est un universitaire qui signe ces lignes —, est encore sous le coup de la découverte stupéfaite, il y a peu inimaginable dans ses attendus et dans sa forme, de la Loi relative aux libertés et responsabilités des universités (LRU) de 2007. Il est comme tétanisé sous le choc du plus long mouvement de protestation universitaire que l'Enseignement supérieur ait connu depuis la Libération. Les objectifs de la « réforme » tels qu'ils se sont cristallisés étaient la publication du décret relatif au statut des enseignants de l'Enseignement supérieur — publication obstinément poursuivie par la ministre Valérie Pécresse — et la modification des conditions du recrutement des enseignants du second degré — conduite par le ministre de l'Enseignement de l'époque, Xavier Darcos, celui-ci étant paradoxalement — mais peut-être significativement — devenu entre-temps, et jusqu'au remaniement de mars 2010, ministre du Travail. Le premier texte accordait, entre autres, aux présidents des universités la possibilité de recruter les enseignants sans considération pour la voix collective des « disciplines », ainsi que de faire enseigner davantage ceux qui étaient réputés chercher le moins. Cela s'appelait, en langue indigène, la « modulation ». Et le second organisait l'échange de l'abandon de l'année (rémunérée) de formation dirigée contre l'octroi d'un master par l'université ; avant que d'imposer bientôt ce troc pour le moins discutable. Peut-on imaginer, comme l'ont prétendu les promoteurs de ces réalisations, que les opérations académiques de recrutement ont gagné en efficacité et en célérité ?

Pour ce qui est des professeurs du second degré, on chercherait vainement l'une ou l'autre dans l'effort pour présenter sous cet angle la suppression (au moins juridique) d'un établissement dédié (l'Institut universitaires de formation des maîtres, IUFM) et la réduction d'une formation spécialisée. La définition collective des « profils », l'organisation d'un calendrier, fût-elle informatique, par le ministère, les conditions de travail et de transmission ordinaires d'une administration universitaire le plus souvent dépassée font que la rapidité n'est pas, non plus, au rendez-vous à l'université. Sauf cas très particuliers de postes très particuliers appelant des recrutements présidentiellement protégés. Changer le nom, en appelant ces sélections périodiques des recrutements « au fil de l'eau », n'est pas changer le fond.

La démultiplication des procédures pour rendre aux acteurs de la formation une partie du pouvoir que la loi leur a ôté, la réintégration dans le jeu universitaire d'un personnel proprement CNRS — rarement sensible aux exigences et aux charges de l'enseignement — n'ont pas changé l'expression structurante de rapports de force semblables à eux-mêmes. Elles l'ont plutôt compliquée. Des esprits chagrins ont ainsi calculé que, pour recruter trois candidats dans une même discipline et dans un même établissement, il fallait, en respectant la proportion entre professeurs et maîtres de conférences et entre titulaires locaux et titulaires extérieurs à l'établissement, au moins dix-huit personnes par jury ; ils ont également calculé que, à raison de trente candidats par poste (dans les disciplines juridiques, cela peut aller jusqu'au triple), il y aurait quatre-vingt-dix rapports à collecter et à remettre par les trois présidents ! Et le pire est peut-être encore à venir. La recherche du plus grand nombre de « compétences » au sein des jurys, le respect des règles de quorum et de parité entre corps rendent impossible le déroulement simultané des « sélections » dans un laps de temps réduit... sauf si le jeu spontané de règles — jamais pensées pour être applicables — rend la main à quelques *happy few* complices, libres de retenir le candidat qui les agrée et d'en faire endosser la nomination par un président habilement et préalablement circonvenu.

Chacun pourra poursuivre l'épreuve à loisir, devant chacune des entreprises gouvernementales dont cet ouvrage est la chronique, la célébration dont ces entreprises sont l'objet, l'orchestration dont elles sont l'écho. L'école, mais aussi la santé. La police, mais aussi l'organisation du travail. La distribution du courrier, mais aussi la promotion des activités culturelles. Les plus établies : l'agriculture, mais aussi les plus récentes : la culture. Les activités réputées régaliennes, mais aussi les activités qui permettent à l'individu d'exister dans nos sociétés ; l'enseignement qui développe et atteste ses compétences, l'emploi qui aide et garantit ses performances. Toutes les activités, en somme, qui s'honorent, à un titre ou à un autre, du nom et des devoirs de « service public ».

L'intervention médicale ciblée, qui exige désormais de puissants appuis techniques, apparaît, cela va de soi, à ceux qui en sont les spécialistes comme de plus en plus coûteuse. Admettons que des préoccupations collectives jamais soumises à examen politique électoral relèvent évidemment de « préfets sanitaires » à la disposition du gouvernement. Est-ce, au nom d'une efficacité toujours présentée comme caution, le responsable administratif qui doit en décider ? Et comment faire passer la fermeture d'hôpitaux pour une amélioration des soins ?

Le travail juridictionnel et sa charge dépendent, selon une logique analogue, de la gravité des infractions mais aussi bien évidemment des garanties offertes aux prévenus. La défense des droits de l'homme s'accommode mal, cependant, de la recherche obstinée d'économies budgétaires. Qui pourra maintenant se convaincre de l'idée que la réduction du nombre des tribunaux, la diminution corrélative de l'étendue et de la dispersion des moyens d'accueil du justiciable sont une amélioration de la qualité du service rendu ? Ou, de façon plus immédiatement microscopique, et pour souligner l'ampleur d'un mouvement brutalement accéléré de façon récente, le passage au juge unique dans un nombre accru de formations, la « simplification » des procédures (par exemple en matière d'obligation de quitter le territoire français), ou l'augmentation du nombre d'affaires par le biais du suivi statistique. Les « indicateurs », il faut en convenir, n'ont pas uniformément les résultats recherchés ; ils peuvent même conduire au contraire du but poursuivi.

La première difficulté à se situer naît ainsi de la « philosophie », ou même de la « doctrine », qui inspire l'énergie dépensée au sommet de l'État. On peut s'étonner, sans pouvoir en exposer tous les tenants et les aboutissants, de l'étrange méfiance largement partagée d'élites désormais sans frontières : la « démocratie » serait responsable de tous les excès. Mais on ne peut pas ignorer la forme particulière qu'emprunte cette méfiance pour un président de la République entouré de collaborateurs et d'admirateurs dépassés par un passé qui les dépasse — jusqu'à faire d'eux des otages. Le président s'était, en effet, signalé par l'inflation des mesures de surveillance des populations vulnérables dès son installation au ministère de l'Intérieur. Mais il s'était aussi familiarisé avec l'État lors de son passage au Budget. C'en est assez pour consolider un sens très particulier de l'État : croire en l'autorité avant d'en revendiquer sans mesure l'exercice et voir, dans tous les ressortissants d'importance et d'influence, des gens qu'on peut acheter — à condition d'y mettre le prix. L'hostilité envers les fauteurs de « crises » de tout poil — tels les contestataires de 1968 — comme, inversement, la révérence envers tous ceux qui n'ont rien à redire au monde tel qu'il va, spécifient d'ailleurs, en première approximation, autant de variantes d'une posture et d'une conviction.

L'« action politique » devient l'expression de cette conception jusqu'à donner aux « réformes » l'image explicite du règlement de comptes, au profit de quelques conjurés : par l'adoption du « service minimum » en cas de grève dans les transports publics, ou par le biais du vote de la loi LRU, réputée délivrer la « compétence » de ses carcans administratifs. Tout le monde, disaient-ils, attendait ces lois, aucun gouvernement, ajoutaient-ils, n'avait eu le courage de les faire voter. La forfanterie, déplacée dans le style de la fonction, cache alors bien mal le ressentiment rentré contre une catégorie désignée à la vindicte. L'effort de limiter l'efficacité de la grève et la tentation d'encadrer l'indépendance académique laissent transparaître l'obsession de museler deux groupes dont le statut protégeait l'expression, les porte-parole du monde ouvrier et les enseignants. L'imputation de propriétés fantasmatiques que la passivité des destinataires laisse espérer partagée, doit limiter dans des conditions recevables la liberté d'expression. Le ressentiment dissimulé — mais malheureusement subtilement distillé — encourage, annonce et prépare la résurgence de l'anti-intellectualisme ordinaire. L'exercice de l'autorité se fait ainsi fonctionnel : multiplier, renforcer et déployer les formes d'autorité exigées par l'espoir de se maintenir dans la place.

L'avènement d'une cour renouvelée transforme sensiblement la figure de l'exercice bureaucratique. Ce sera dorénavant, avec l'approbation muette d'une majorité parlementaire tenue en lisière, toute une philosophie de l'État maigre, renchérissant dans l'affirmation de son autorité — qu'affiche officiellement la cascade des textes auxquels se résume publiquement l'activité politique : prévalence du conseil d'administration sur les autres conseils, sous l'impulsion d'un président transformé en chef d'entreprise à l'Université ; création d'agences régionales d'hospitalisation — comme organes d'intervention actifs — dans le monde médical, organisation de l'abdication de l'autorité médicale devant le directeur d'hôpital ; désignation, sans consultation, du président désormais unique des grands moyens de communication (comme France-Télévision) ; réforme de la Justice, sous le masque de la révision constitutionnelle, qui limite l'étendue des prérogatives du Conseil de la magistrature, avant de favoriser la suppression de l'autorité réputée un peu plus indépendante que les autres, le juge d'instruction. La réforme de l'« État » limite les coûts par le regroupement des « services extérieurs » sous le nom infiniment simplificateur de direction des Territoires et direction des Populations. Mais la confusion prépare, sans mot dire, toutes les fusions et redore l'autorité d'un préfet restauré. La réforme constitutionnelle doit donner, pour finir, un visage irréprochable à l'expression d'une « démocratie exemplaire » : engagée au nom de la « réforme » supposée des « droits du Parlement », elle tend à consacrer la primauté du président de la République sur les Assemblées, révélant l'horizon recherché — et pourtant déjà garanti par la libre disposition de médias amis. Garantir, si besoin est, l'« appel » au peuple.

Cette mise en place de « réformes », beaucoup moins explicites qu'un mandat accordé sur la place publique ou dans une séance parlementaire, exposées dans la plus extrême urgence ou poursuivies secrètement à « bas bruit », chemine ainsi de façon dissimulée entre leurs manifestations officielles, sans jamais cesser de faire fond sur l'État... pour s'en prendre à l'État. Argent et autoritarisme ne sont jamais bien loin : pas de comité ministériel sans la présence du haut fonctionnaire des Finances. Et le contrôleur financier reste l'œil de Bercy, attaché à ses objectifs propres beaucoup plus qu'il n'est le conseiller financier de son département. Encouragée par la mise en concurrence des services entre eux ainsi que par la concurrence des ministres entre eux, la palme de la « bonne gestion » devient le ressort d'une fuite en avant qui est à elle-même sa propre fin. Cela s'appelle, dit-on, RGPP, pour « révision générale des politiques », comme arme rhétorique pour faire tenir ensemble ce qui n'a décidément rien de commun.

La disqualification des façons établies et ordinaires de « faire de la politique » a pour effet de désarmer leur efficacité. Elle discrédite ainsi jusqu'à leur portée — en rendant possible de les ignorer. Ce serait une autre question que d'évoquer la transformation des conditions de mobilisation à moyenne échéance. Mais à quoi bon persister à interroger les actions « réformatrices » entreprises à partir des élections postérieures à la nomination du président ? 60 % d'abstentions aux élections européennes de 2009, bien vite mises au passif de la « nature » de la consultation : 40 % de votants, près de 28 % sur le nom de Nicolas Sarkozy, deux ans après son accession à l'Élysée. Ces 4,8 millions d'électeurs — sur un corps d'un peu moins de 45 millions — ne peuvent être regardés comme une approbation inconditionnelle. Comment y voir la ratification enthousiaste des réformes entreprises ? Ne parlons pas des élections régionales de 2010. Le référendum sur la Constitution européenne, ça ne vous rappelle rien ? La conversion d'élites, un temps désarçonnées par l'absence du peuple tel qu'elles le rêvaient, rend encore plus explicite le souverain mépris des procédures établies. L'art de jouer sur la décision collective, en la transformant en son contraire, met en question la croyance sans laquelle il n'est pas de représentation. Les larmes de crocodile sur la progression de l'abstention cachent mal que « la Démocratie » n'est qu'un sujet d'envolées qui n'engagent que ceux qui y croient. Et la fable de la primauté des élections présidentielles sur toute élection ultérieure au cours du quinquennat n'a, dans ces conditions, rien d'absolument indiscutable ni de totalement convaincant ; la croyance contraire — la valeur de la dernière élection serait supérieure à toutes celles qui l'ont précédée — serait tout aussi judicieuse.

De quelque manière qu'on aborde la question, l'expression d'une opposition qui ne serait pas d'une manière ou d'une autre acquise à l'air du temps et à l'air du moment s'en trouve renvoyée à son inconséquence : dans les organes officiels ou dans les organes *ad hoc*, qui permettent de récompenser quelques amis. Cela renforce au moins le cercle des notables dont l'avis fait masse, surtout s'il est public. Si cela ne conduit peut-être pas à la « modération » des syndicats, cela renforce en tout cas celle de leurs représentants. La légitimité résultant de la routinisation de l'État avantage inévitablement, sur ce terrain, le légitimisme, la révérence implicite envers ses objectifs, ses enjeux ou ses réalisations — en laissant au plus grand nombre la déplorable impression que l'option défendue est, dans tous les cas, réputée renforcer les pouvoirs en place. Pile, je gagne, face, tu perds. Prononcez-vous en faveur des réformes : vous les approuvez. Prononcez-vous contre : c'est que vous en critiquez le caractère inachevé. Soyez au moins certain que tout continuera comme avant !

La persévérance dans la disqualification de l'image publique de la politique n'en a pas moins de multiples conséquences. Encourageant et justifiant de nouvelles pratiques, la prolifération désordonnée des « entreprises de réformes » bouscule les points de repère et les façons d'agir : en excitant l'activisme de prosélytes, en démobilisant tous ceux qui ont de bonnes raisons de se sentir mis sur la touche ou laissés pour compte. Le privilège *a priori* reconnu à « la politique » ne freine donc pas, loin de là, la concurrence qui s'insinue entre bureaucrates pour défendre leurs enjeux ou « sauver leur peau ». Elle n'empêche pas, non plus, la transformation des marges de manœuvre des « fonctionnaires de guichet ». Leur conjonction redistribue largement des « pouvoirs » en dehors du contrôle étroit de leurs « supérieurs » supposés, c'est-à-dire, très souvent, le plus anarchiquement du monde, élargissant l'autorité des uns et durcissant les possibilités de refus des autres ; élargissant ici, par exemple, l'autorité des policiers dans le cas de contrôles inopinés sur la voie publique — conformément à la ligne de pente de ce métier ; augmentant ailleurs les possibilités de refus, en accroissant la possibilité de se retrancher derrière les textes — par exemple lors du renouvellement de papiers d'identité pour tous ceux qui ont la malchance d'être nés à l'étranger.

Réaction en retour : l'indignation couve dans les rangs des magistrats, attentifs de par leur profession à la situation des justiciables ; dans les services ministériels de l'Agriculture, de l'Équipement, de l'Emploi, et même dans les rangs de l'Armée, le désarroi fait place, tour à tour, à la colère et à l'abattement. Les porte-parole et les porte-drapeaux de l'insurrection professorale passée ne cessent de se faire depuis l'écho de l'ampleur des découragements, quand ce n'est pas d'une désespérance larvée qui nourrit la démobilisation. En l'absence de la réflexion indispensable et d'une mobilisation inspirée par autre chose que par la « réduction des coûts », la réforme de l'État multiplie les îlots de désorganisation dont la juxtaposition multiplie, à son tour, l'extension de la désorganisation.

Pour finir, la concurrence et la coexistence de tant de réalisations hétérogènes tous azimuts accroissent inévitablement les tensions. Entre juniors et seniors — comme cela se voit immédiatement. Entre ceux qui anticipent l'issue du débordement d'énergie gouvernementale pour préserver leur avenir — quoiqu'ils n'y acquiescent pas nécessairement — et ceux qui peuvent camper sur leurs positions — parce qu'ils ont infiniment moins à perdre, en fait. Débandades comme effets de « sauve-qui-peut » généralisés, exacerbation des conflits entre « anciens » et « modernes » sont parmi les premiers effets de la marche forcée, laissant prospérer une volonté d'en découdre qui est loin d'être pure imagination. Ces tensions laissent froid lorsqu'elles ne mettent en question que le poste du seul voisin. À moins qu'elles n'invitent à cette distance goguenarde qui les fait imputer aux rodomontades et à l'ostentation, au style et à la grossièreté du président. Sans autre conséquence que de renforcer les plus engagés dans leurs conceptions : ce seront bientôt les plus enragés. Le drame est qu'elles consolident ainsi et rendent licites des inclinations dont personne — les gouvernants moins que d'autres — ne mesurent les conséquences.

Beaucoup n'ont pas oublié — et ne sont pas près de le faire —, par exemple, un certain discours sur la Recherche prononcé le 22 janvier 2009. Car les expériences quotidiennes des plus politiques parmi les politiques, leur vision à courte vue de l'horizon électoral notamment, ne leur laissent pas soupçonner que ces effets sont appelés à durer. Il serait singulièrement superficiel de prendre la coalition des universitaires, toutes catégories confondues, autour du refus de l'expulsion d'étudiantes comoriennes, à Pau, en janvier 2010, pour un phénomène isolé. Comment ne devrait-elle rien aux circonstances — donc aussi aux « étranges courbatures » laissées par l'humiliante déception de l'année passée ? Nouvelle observation, deuxième interrogation : il faut se demander si et dans quelle mesure la désorganisation programmée et le désordre déployé ne sont pas de simples moyens de conserver le pouvoir, c'est-à-dire de garder sa place ; et il faut moins s'étonner de voir harceler, bousculer, brocarder, provoquer et mépriser, que déceler dans la répétition de cette façon de procéder l'instrument pour recréer de la distance et réintroduire le sens de la hiérarchie.

Le regard rétrospectif s'impose ainsi comme l'un des moyens les plus sûrs d'arracher l'examen concret de l'action de l'État à la définition myope des perspectives qui lui sont officiellement assignées maintenant. Pour la première fois depuis 1945, la réduction des effectifs de la « fonction publique » était dans l'agenda gouvernemental, *avant même toute apparition de crise économique courant 2008*. La formule, il est vrai, doit être nuancée : pour mentionner l'usage du procédé dès les années 1920, mais toujours dans un contexte de crises économiques aiguës ; pour rappeler que cette réduction du nombre des fonctionnaires a parfois été considérée comme un moyen de rétablir les finances publiques, *jamais comme un moyen de régulation publique* ; pour souligner que l'emploi « garanti » (ce qui excède très largement la stricte question des « fonctionnaires ») a longtemps constitué, dans nos pays développés, un instrument d'État pour amortir les dégâts d'une reproduction aveugle et ménager des perspectives d'espoir. *Tout le contraire, en somme, de la promotion et de la naturalisation de l'accroissement inévitable de la concurrence.*

Il faut se souvenir alors que la consolidation de ces manières de voir prend curieusement naissance avec les convictions d'individus ou de groupes, « intellectuels » et marginaux, bousculés par l'ampleur et par la durée de la conflagration internationale de 1929. Beaucoup sont alors tentés de trouver le salut collectif dans la conversion — qu'ils croient prometteuse — à l'organisation planificatrice, à un *New Deal* ou à quelque troisième voie. D'autres, par opposition, s'ancrent et se crispent au contraire dans la résistance à ces pionniers d'un nouveau genre, autrement dit dans une apologie aveugle des mécanismes marchands, qui n'a bientôt d'égale qu'une haine religieuse de l'État. Chacun saura reconnaître dans ces croyants et leur credo, passeurs de frontières fascinés par la proximité des dirigeants, les témoins et les protagonistes d'une nouvelle « orthodoxie économique » qui conduit, après la guerre, du Mont-Pèlerin à Davos et de rencontres Lippmann à l'Organisation de coopération et de développement économiques (OCDE). L'opposition entre adversaires et thuriféraires de l'État s'est certes naturalisée et recomposée dans des mécanismes et des institutions qui ont perdu leur sens initial de combat partisan. La naturalisation de la référence à l'État, qui le montre identique à lui-même à longue échéance, n'en est pas moins devenue le préalable et la condition paradoxale de possibilité de l'orchestration d'une hostilité de principe à l'État — ou, si l'on préfère, du meurtre du père, qui a permis à cette lubie d'exister. Les dirigeants de la Communauté européenne s'enorgueillissaient d'une « supranationalité » qui s'imposait à l'échange marchand, mais qui n'a plus lieu d'être. Le Traité de Rome, puis la relance du père de l'Europe monétaire, Jacques Delors, s'en remettent subrepticement d'abord, explicitement ensuite, aux vertus du marché. Par un brutal et surprenant renversement du pour au contre, l'échange marchand, qui inspirait une philosophie rustique et bornée du commerce, s'infiltre partout — jusqu'à faire figure, en politique, d'avancée de la civilisation.

C'est, donc, une vision très différente de sa transfiguration constitutionnelle, ou même, plus largement, une version sensiblement différente de l'histoire officielle enchantée, pacifique et pacifiée, qui appelle à prolonger l'enquête, en dissipant le brouillard trompeur d'une démocratie par principe « exemplaire » : l'histoire de configurations qui favorisent des consécrations individuelles et collectives récurrentes, et de la ratification, jamais complètement jouée, du rapport de force qui se fortifie par-devers elles. Concrètement décliné, tout cela conduit à l'avènement d'Alain Minc ou de ses semblables, à la réunion de la commission Fauroux, ou de ses multiples homologues, sur la réforme de l'État et au triomphe du financier sur l'entrepreneur. On pourrait tout aussi bien parler de l'histoire qui fait de l'État-providence l'enjeu de détestations convergentes ; qui fait de l'« équité » le nouveau nom d'une croissance des inégalités qui ne cherche même plus à se dissimuler ; qui, en s'affirmant, de ce côté de l'Atlantique et de la Manche, par l'arrivée de « la Gauche au pouvoir », a rendu, sur-le-champ et pour un temps, invisible le « tournant » et, en fait, le grand chambardement des années 1980. Cette histoire qui, entre autres, a rendu finalement et idéologiquement possible que l'entregent et le savoir-faire d'une « Fondation Saint-Simon » succèdent sans heurt — dans la position d'avant-garde et de référence intellectuelle — au « Club Jean Moulin ». Car ce récit est aussi l'histoire, trop rarement étudiée, d'un champ politique en pleine recomposition, de ses confrontations entre ses cliques et ses factions comme de la routinisation de leurs points d'accord et, finalement, de leur rencontre autour du seul horizon possible et conforme à la raison — après la chute du Mur de Berlin et la dislocation de l'Union soviétique : l'autorégulation des marchés dans un monde définitivement libéré.

On admettra vraisemblablement ainsi l'importance de phénomènes apparemment aussi mineurs que la fabrique et la disciplinarisation des cadres, des futurs fonctionnaires ou, plus largement, des élites parmi lesquels se recrutent les délégués à l'exercice du pouvoir ; des phénomènes aussi mineurs que l'importance de présupposés inaccessibles à toute forme de réflexion, caractéristiques de pensées convergentes ; l'importance des conversions confluentes aux techniques rénovées de dressage, comme le *New Public Management*, au cœur de l'encouragement de toutes les stratégies d'assujettissement — dans les « écoles du pouvoir » comme Sciences-Po ; et même la contribution qu'apportent, parfois avec la meilleure foi du monde et souvent sans le savoir, les journalistes d'un microcosme soumis comme jamais aux enjeux financiers. Il reste, de cette réflexion, la conviction que le démontage du « libéralisme » n'a rien à voir avec la revendication archaïque de rêveurs qui se trompent d'époque. Elle rend au contraire très claire l'absence d'imagination de nos gouvernants et de tous ceux qui se règlent sur leur pas : prétendre ramener leurs concitoyens à la situation de la Grande-Bretagne ou des États-Unis des années 1970, que personne, au regard des plus détestables de leurs conséquences, n'a plus l'audace ni le front de considérer comme des « modèles ». Rétrogrades dans leurs perspectives, disqualifiés par les attentes qui se donnent libre cours, les fondés de pouvoir qui nous gouvernent, nostalgiques d'un autre âge, sont facilement tentés par la menace ; c'est tout ce qui leur reste.

Ce serait, on s'en doute, une tout autre affaire que de montrer les effets civilisateurs de l'« État » qu'une vision aplatie de l'histoire du XXe siècle a uniformément réduit à ses fonctions, évidemment insupportables et injustifiables, d'oppresseur. Il faut réaffirmer, contre tous ceux qui veulent la « mort de l'État », à la suite de Weber et d'Elias notamment, mais aussi avec quelques autres, qu'il demeure, qu'on le veuille ou non, « une des plus hautes conquêtes de notre civilisation ». La contradiction, dans les termes et dans les faits, qui consiste à vouloir faire de l'« État » l'instrument de destruction de l'État devrait nous rassurer : les « réformes » qui nous sont imposées n'ont sûrement pas la portée que leurs propagandistes voudraient leur voir reconnue. Elles tirent évidemment leur force — provisoire — de ce que leur perspective, leur rythme, leur agencement et leur mise en œuvre développent, comme chacun peut s'en rendre compte tous les jours, un enchaînement qui favorise le découragement — jusqu'à instiller durablement des formes de désespoir. Elles n'en restent pas moins menacées par l'écho de la découverte qu'elles tendent, pour l'essentiel, à épouser exclusivement l'orientation, la rhétorique et le style de ceux qui sont en situation de faire entendre leurs raisons de les promouvoir.

« Réforme » est donc bien le plus inadéquat des termes, scientifiquement mais aussi politiquement. La notion mêle en effet subrepticement deux niveaux d'action : les perspectives éthérées des occupants des positions au sommet de l'État d'une part, les faits et gestes quotidiens de ceux qui doivent s'en accommoder avant de faire avec d'autre part. La notion de « réforme » confond insidieusement le regard vers l'avenir, promesse de toutes les espérances, et le coup d'œil rétrospectif qui compare les réalisations aux annonces. Elle rend structurellement possible, à partir de cette double matrice, tous les « doubles langages » en orchestrant la réorganisation permanente d'un « double discours » ; et, par exemple, l'accommodement simultané des mots d'ordre les plus contradictoires, la suspension de l'action gouvernementale et la poursuite de la remise en ordre entreprise. Elle avoue ainsi, cyniquement, l'usage dévoyé de la politique telle que la pratiquent ceux qui nous gouvernent : laisser espérer des places en politique à tous ceux qui se croient socialement en droit de les revendiquer, réclamer le monopole de la position et conserver le pouvoir ; ce qui, en « démocratie », se traduit tout simplement par « gagner la prochaine élection », passer le témoin et recommencer encore.

Cette conception de la politique, intéressée à la conservation de la politique sans avoir jamais rien d'autre à en faire que d'en perpétuer l'usage, n'est pas la nôtre.

Chronologie

Moderniser l'État (1967-2009)

Nathalie Robatel*

Une chronologie opère inévitablement un tri. Elle découpe, séquence, assemble, arrête [(1)], institue cette « merveilleuse continuité » que raillait l'historien Lucien Febvre [(2)]. Celle présentée ici manquerait son but si elle suggérait que participe d'un *identique* mouvement de « modernisation de l'État », la série longue des mobilisations (commissions officielles, groupes d'influences plus ou moins stabilisés, etc.) et des travaux (réorganisation de services d'État, privatisations, lois, décrets, etc.) développés sous cette expression.

Lister, rassembler ? Historiquement, les divers recours à ce mot d'ordre ont désigné des projets de réformes parfois convergents mais généralement différents et souvent opposés : promotion, au nom de la croyance dans les services publics, d'un service public rendu plus puissant parce que plus efficace dans certains cas ; vente à la découpe d'entreprises publiques dans d'autres cas ;

---

* Sociologue, membre de la Fondation Henri Pézerat Santé-Travail-Environnement. Le propos liminaire est de Willy Pelletier.

1 Comme l'observe Jack Goody, *La Raison graphique*, Minuit, Paris, 1979.

2 Voir Lucien Febvre, « Examen de conscience d'une histoire et d'un historien », *Combats pour l'Histoire*, Armand Colin, Paris, 1992.

plus récemment, importation dans l'État des recettes d'« activation des salariés » propres au management privé. De sorte que ce « lieu commun » de la « modernisation de l'État » ne cessa d'être différemment investi et habité par les catégories d'élites d'État qui s'en saisirent pour s'en servir, suivant leurs dispositions, leurs trajectoires et les enjeux qui leur étaient propres dans des conjonctures toujours spécifiques. Les administrateurs civils modernisateurs, promus dans l'État, par l'État, agissant durant le gouvernement Rocard (1988-1991) ne sont pas les énarques-managers revenus du privé vers l'État qui peuplent les cabinets ministériels du gouvernement Balladur (1993-1995). Leurs représentations de la nécessaire « modernisation » de l'État n'ont guère de semblable que le nom.

Dès lors, pourquoi rassembler chronologiquement ce qui, en partie, reste incomparable ? Au moins pour suggérer comment l'« impératif de modernisation de l'État » — incessamment repris, quoique à chaque fois transformé — est devenu une ressource et un point de passage obligé pour chacune des élites politico-administratives engagées à justifier — sous cet emblème et par cet emblème — leurs actions particulières. Il s'agit de montrer comment cet impératif a fini par être investi d'une légitimité, d'une force et d'une force d'évidence, lourde de tous ses emplois passés. Si bien que la catégorie aide quiconque la brandit à légitimer puissamment toutes sortes de réorganisations de l'État : de son périmètre, de son action, de ses relations aux entreprises, des modes de gouvernement imposés aux divers personnels d'État. Au fil de ses usages, la « modernisation de l'État » est ainsi devenue une de ces « bonnes causes » qui, certes, ne valent que par la qualité sociale de ceux qui les promeuvent [3], mais qui, chaque fois, permettent à leurs défenseurs les plus récents de s'autoriser du crédit (élevé) de tous ceux qui les ont auparavant « portées ». Tel est l'apport d'une chronologie des usages de la catégorie « modernisation de l'État ».

---

3 Voir Rémi Lenoir, « Groupes de pression et groupes consensuels. Contribution à une analyse de la formation du droit », *Actes de la recherche en sciences sociales*, n° 4, 1986.

1968 **13 mai**. Michel Debré, ministre de l'Économie et des Finances du gouvernement Georges Pompidou, crée par arrêté une mission visant à expérimenter la rationalisation des choix budgétaires (RCB). Sur le modèle américain du *Planning Programming Budgeting System*, la RCB est destinée à « apporter une aide efficace à la décision en faisant, grâce à une analyse rigoureuse des buts, l'inventaire des solutions que l'on peut envisager, en présentant à l'autorité de décision les éléments de son choix [1] ». Elle sera abandonnée dans les années 1980.

1969 **15 juin**. Georges Pompidou est élu président de la République.

16 septembre. Déclaration de politique générale du Premier ministre Jacques Chaban-Delmas qui analyse les facteurs de blocage de la société française et présente un projet de « Nouvelle société ». Constatant que « nous vivons dans une société bloquée », dont il retient « trois éléments essentiels, au demeurant liés les uns aux autres de la façon la plus étroite : la fragilité de notre économie, le fonctionnement souvent défectueux de l'État, enfin l'archaïsme et le conservatisme de nos structures sociales ». L'État, dit-il, est « tentaculaire, et en même temps inefficace [...] en dépit de l'existence d'un corps de fonctionnaires, très généralement compétents et parfois remarquables ». Il propose donc de cesser de « considérer comme intangibles les missions et l'organisation des administrations, telles qu'elles se perpétuent d'année en année à travers un budget qu'on ne peut plus modifier que par addition [...] [d'appliquer] systématiquement les méthodes modernes de rationalisation des choix budgétaires [...] qui feront apparaître les doubles emplois et les missions inutiles, entraîneront sans doute la suppression d'un certain nombre de services, directions ou organismes extérieurs [2] ».

1970 Parution de l'ouvrage du sociologue Michel Crozier *La Société bloquée* [3], dont la critique de l'État bureaucratique à la française va dépasser le sommet de l'État et la sphère de la haute fonction publique pour devenir peu à peu un objet de débat médiatisé.

1973 **3 janvier**. Loi instituant un médiateur de la République.

1974 **24 mai**. Valéry Giscard d'Estaing est élu président de la République. Jacques Chirac est nommé Premier ministre. Raymond Barre lui succédera jusqu'au 13 mai 1981.

---

1 Michel Debré, préface au *Bulletin interministériel de la RCB*, décembre 1970.

2 « La nouvelle société », Discours à l'Assemblée nationale, 16 septembre 1969, <www.assembleenationale.fr>.

3 Michel Crozier, *La Société bloquée*, Seuil, Paris, 1970.

1975 **Janvier**. Valéry Giscard d'Estaing déclare devant les corps constitués que « la société libérale avancée [objectif qu'il s'est fixé pour la France] implique que l'autorité publique sache à tous les niveaux se montrer simple et ouverte, capable d'entendre et de comprendre, soucieuse de justice et d'équité [4] ». En 1976, dans son ouvrage *Démocratie française* [5], il pointe les « lenteurs, paperasses, incompréhension, anonymat et bureaucratie » dont la disparition suppose « une véritable conversion interne ».

1976 Remise à Valéry Giscard d'Estaing du rapport Guichard *Vivre ensemble* [6], du nom d'Olivier Guichard, ancien ministre du Plan et de l'Aménagement du territoire, qui contient des propositions novatrices en matière de décentralisation et sera considéré comme le précurseur des lois de 1982-83.

Parution de l'ouvrage *Le Mal français* [7] d'Alain Peyrefitte, plusieurs fois ministre dans le gouvernement Pompidou et ministre des Réformes administratives et du Plan (1973-1974) dans le gouvernement Messmer, qui dénonce le fonctionnement des institutions et le poids du centralisme politique et administratif.

Aux analyses particulièrement critiques liant le « blocage » de la société française à l'interventionnisme de l'État et aux dysfonctionnements de l'administration, s'ajoutent au fil des années celles d'autres acteurs politiques (de gauche notamment) qui, sans remettre en cause le rôle de l'État, qu'ils considèrent comme fondamental, insistent cependant sur la nécessité d'une adaptation de l'État et de l'administration aux mutations de la société.

1981 **21 mai**. François Mitterrand est élu président de la République. Pierre Mauroy est nommé Premier ministre (mai 1981-juillet 1984). Il laisse la place à Laurent Fabius (juillet 1984-mars 1986).

1982 **2 mars**. Loi relative aux droits et libertés des communes, des départements et des régions, dite loi Defferre, ministre de l'Intérieur et de la Décentralisation dans le gouvernement Mauroy.

1983 **7 janvier**. Loi relative à la répartition des compétences entre les communes, les départements, les régions et l'État.

13 juillet. Loi portant droit et obligations des fonctionnaires, dite loi Le Pors, ministre de la Fonction publique et des Réformes administratives,

---

4 Allocution à la cérémonie des vœux des corps constitués, janvier 1975.

5 Valéry GISCARD D'ESTAING, *Démocratie française*, Fayard, Paris, 1976.

6 Olivier GUICHARD, *Vivre ensemble*, La Documentation française, Paris, 1977.

7 Alain PEYREFITTE, *Le Mal français*, Plon, Paris, 1976.

suivie de trois autres lois (1984 et 1986) sur les trois fonctions publiques dont les statuts sont notamment reconfigurés.

1986 **20 mars**. Avec la nomination de Jacques Chirac comme Premier ministre, débute la première « cohabitation », qui prendra fin en mai 1988.

1988 **21 mai**. Second mandat de François Mitterrand. Se succéderont au poste de Premier ministre Michel Rocard (mai 1988-mai 1991), Édith Cresson (mai 1991-avril 1992), Pierre Bérégovoy (avril 1992-mars 1993).

1989 **23 février**. Circulaire de Michel Rocard relative au « renouveau du service public », qui souligne la « nécessité d'une adaptation de l'État » tout en réaffirmant le « rôle fondamental, aux yeux de l'ensemble des Français, que doivent jouer l'État et les services publics ». Les orientations qu'il fixe reposent sur quatre axes : « une politique de relations du travail rénovée, une politique de développement des responsabilités, un devoir d'évaluation des politiques publiques, une politique d'accueil et de service à l'égard des usagers ». Insistant sur la place que les agents de la fonction publique doivent occuper dans ce processus, il ajoute que « ce n'est pas en dévalorisant les fonctionnaires dans la société que l'État et les collectivités publiques seront mieux gérés ; ce n'est pas en ignorant les compétences et les spécificités de chacun ou en rejetant les initiatives sous prétexte qu'elles n'entrent pas dans le carcan des procédures que l'on rendra le service public plus efficace ».

1990 **22 janvier**. Décret relatif à l'évaluation des politiques publiques qui met en place un dispositif d'évaluation interministériel, avec un Conseil scientifique de l'évaluation (CSE).

25 janvier. Loi relative au renouveau du service public et concernant les centres de responsabilité.

1991 **15 mai**. Jean-Pierre Soisson est nommé ministre d'État, ministre de la Fonction publique et de la Modernisation de l'administration. Louis Joxe avait également été chargé avant lui de la réforme administrative (15 janvier 1963-6 avril 1967) en tant que ministre d'État.

1992 **6 février**. Loi relative à l'administration territoriale de la République.

1er juillet. Décret portant charte de la déconcentration de l'État, qui réglemente la répartition des attributions et des moyens entre les différents échelons des administrations civiles de l'État.

18 septembre. Circulaire relative à la déconcentration et la simplification des structures administratives.

1993 **29 mars.** Avec la nomination d'Édouard Balladur au poste de Premier ministre commence la seconde cohabitation sous la présidence de François Mitterrand.

1994 **Mai.** Remise du rapport Picq [8], conseiller-maître à la Cour des comptes, au Premier ministre, Édouard Balladur, rapport qualifié par André Rossinot, ministre de la Fonction publique, de « contribution indépendante [...] au débat public sur la modernisation de l'État ». Soulignant les « déficiences » de l'État, le rapport propose notamment un recentrage de l'État, la séparation des fonctions de conception et de gestion et la réduction de la taille des cabinets ministériels.

1995 **4 février.** Loi pour l'aménagement et le développement du territoire.

17 mai. Jacques Chirac est élu président de la République. Alain Juppé, nommé Premier ministre, le restera jusqu'en juin 1997.

26 juillet. Circulaire d'Alain Juppé relative à la préparation et à la mise en œuvre de la réforme de l'État et des services publics. Alain Juppé estime que « la France dispose d'une administration et de services publics d'une qualité élevée », ce qui « ne peut cependant les dispenser d'une adaptation aux aspirations de nos concitoyens ainsi qu'aux exigences nouvelles d'une économie ouverte sur le monde et d'une société marquée par le développement des phénomènes d'exclusion ». Le Premier ministre fixe « trois chantiers » : « mieux préciser, domaine par domaine, la frontière entre les missions qui incombent aux personnes publiques et celles qui peuvent relever des acteurs privés (marchés, entreprises ou acteurs sociaux) ; [...] définir les modifications qui pourraient être apportées à l'actuel partage des compétences entre l'État et les différentes collectivités territoriales , [...] donner une véritable consistance au principe de subsidiarité reconnu par le traité de l'Union européenne ».

13 septembre. Décret instituant un Comité interministériel à la réforme de l'État et un Commissariat à la réforme de l'État.

7 novembre. Dominique Perben est nommé ministre de la Fonction publique, de la Réforme de l'État et de la Décentralisation.

1996 **8 juillet.** Circulaire relative à la réorganisation et la réduction des effectifs des administrations centrales.

1997 **2 juin.** Lionel Jospin est nommé Premier ministre. Débute une nouvelle cohabitation qui s'achèvera en mai 2002.

1998 **3 juin.** Circulaire relative à la préparation des programmes pluriannuels de modernisation des administrations.

---

8 Jean Picq, *L'État en France. Servir une nation ouverte sur le monde*, La Documentation française, collection des Rapports officiels, Paris, 1995.

8 juillet. Décret relatif au Comité interministériel à la réforme de l'État et au Commissariat à la réforme de l'État, lequel est remplacé par la Délégation interministérielle à la réforme de l'État (DIRE) placée auprès du Premier ministre.

18 novembre. Décret relatif à l'évaluation des politiques publiques qui crée le Conseil national de l'évaluation (remplaçant le CSE).

28 décembre. Circulaire de Lionel Jospin relative à l'évaluation des politiques publiques, qui redéfinit le champ de l'évaluation publique.

2001 **1er août**. Loi organique relative aux lois de finances (LOLF) du 1er août 2001 qui réforme très profondément le dispositif établi en matière budgétaire : elle introduit la performance dans la gestion de l'État, développe les outils d'information et d'évaluation, notamment en octroyant au Parlement un droit d'audition et de contrôle sur les finances publiques aux commissions des Finances des deux Assemblées.

2002 **17 mai**. Jacques Chirac est réélu président de la République.

2003 **21 février**. Décret portant création de services interministériels pour la réforme de l'État. Il réorganise les services de l'État chargés de ce chantier en créant une Délégation à la modernisation de la gestion publique et des structures de l'État (DMGPSE), une Délégation aux usagers et aux simplifications administratives (DUSA) et une Agence pour le développement de l'administration électronique (ADAE).

28 mars. Promulgation de la loi relative à l'organisation décentralisée de la République.

25 juin. Circulaire relative aux stratégies ministérielles de réforme (SMR) qui, au-delà des chantiers interministériels de réforme de l'État (comme la LOLF), doivent préciser les réformes nécessaires pour chaque département ministériel.

2004 **29 avril**. Décret relatif aux pouvoirs des préfets, à l'organisation et à l'action des services de l'État dans les régions et départements destiné à adapter le rôle et l'organisation des services territoriaux de l'État aux évolutions issues, notamment, du mouvement de décentralisation engagé en 2003.

2005 **29 septembre**. Circulaire relative à la mise en place du programme d'audits de modernisation.

30 décembre. Décret portant création d'une Direction générale de la modernisation de l'État (DGME) au ministère de l'Économie, des Finances et de l'Industrie, qui regroupe sous l'autorité du ministre chargé du Budget et de la Réforme de l'État les structures auparavant chargées de la réforme : la Délégation à la modernisation de la gestion publique et des structures de l'État (DMGPSE), la Délégation aux usagers et aux simplifications administratives (DUSA), l'Agence pour le développement de l'administration électronique (ADAE), auparavant rattachée au Premier ministre, et la Direction de la réforme budgétaire (DRB).

2006 **13 juillet**. Circulaire relative à la conduite des audits de modernisation.

2007 **2 février**. Loi de modernisation de la fonction publique visant à améliorer les déroulements de carrière des fonctionnaires.

18 mai. Éric Woerth est nommé ministre du Budget, des Comptes publics et de la Fonction publique. Pour la première fois, le portefeuille de la Fonction publique est rattaché à celui du Budget. André Santini est nommé secrétaire d'État chargé de la Fonction publique le 19 juin 2007.

10 juillet. Lancement de la Révision générale des politiques publiques (RGPP) par François Fillon, qui la qualifie de « véritable révolution dans la réforme de l'État » [9]. Reprenant le constat des maux de l'administration (« insuffisance de l'évaluation, complexité des procédures, inflation normative, manque de souplesse de la gestion des carrières, quasi-absence de rémunération au mérite, approche trop mécanique des statuts, mal-être de certains de nos fonctionnaires, manque de mobilité professionnelle, inquiétudes de l'encadrement supérieur, faiblesse du dialogue social »), il présente ce diagnostic comme « un tremplin pour passer ensemble à l'action et construire l'État du XXIe siècle dont la France a besoin ». À cet effet, la RGPP a donc notamment pour objectif de « se poser la question de la légitimité de toutes nos dépenses publiques ».

19 septembre. Déclaration de Nicolas Sarkozy sur le projet de modernisation de la fonction publique devant les élèves de l'Institut régional d'administration (IRA) de Nantes. Faisant part de la nécessité de « refonder une fonction publique où les fonctionnaires n'auront pas le sentiment d'être réduits à l'impuissance, parce qu'ils ne savent pas toujours ce que l'on attend d'eux, parce qu'ils ont trop souvent le sentiment d'être mal aimés, mal considérés, parce qu'ils servent un État qui fonctionne mal [...] », il constate que « le malaise est partout [...] dans l'État qui est devenu impécunieux et impuissant en même temps qu'il ne cessait de s'étendre pour devenir tentaculaire [...], dans les hôpitaux totalement désorganisés par les 35 heures [...], dans la fonction publique territoriale » [...]. Il précise que « le service public ne peut pas

---

9 Discours du Premier ministre, réunion de lancement de la révision générale des politiques publiques, Paris.

obéir au critère de la rentabilité financière » mais qu'il « a un devoir d'efficacité [...], devoir de rendre le meilleur service possible sans gaspiller l'argent public qui est l'argent des Français ». [...] « Je souhaite, dit-il, une fonction publique moins nombreuse, mieux payée, avec de meilleures perspectives de carrière. Chacun peut comprendre que, dès lors que nul ne peut indéfiniment dépenser plus qu'il ne produit, la hausse non maîtrisée des effectifs de la fonction publique a fatalement pour corollaires la baisse du pouvoir d'achat et le rétrécissement des perspectives de carrière. [...] Mais, dans mon esprit, la réduction des emplois publics est une conséquence et un moyen de la réforme, non une fin en soi. Je me suis engagé à ne pas remplacer un fonctionnaire sur deux partant à la retraite. Cet engagement, je le tiendrai parce qu'il n'y a aucun autre moyen pour améliorer le pouvoir d'achat des fonctionnaires et retrouver les marges financières qui permettront à l'État de ne plus vivre à crédit en finançant par le déficit, non l'investissement mais le fonctionnement. »

Concernant le déroulement de carrière des fonctionnaires, il ajoute : « Il faut faire circuler les hommes, les idées, les compétences [...]. Le corps doit devenir progressivement l'exception [...]. Je suis favorable à ce que l'on ouvre à tous les fonctionnaires la possibilité de quitter la fonction publique contre un pécule, comme on l'a fait dans le passé dans certains secteurs de l'État pour en accélérer la transformation et permettre la promotion de ceux qui sont en dessous, et qui vont passer leur carrière à attendre si l'on ne fait rien. »

12 décembre. Premier Conseil de modernisation des politiques publiques : rapport d'Éric Woerth, rapporteur général de la RGPP, qui fait état des réformes déjà adoptées et des premières décisions ainsi que du calendrier à venir, fixant comme objectif « un État réorganisé et allégé » en rappelant que Nicolas Sarkozy « a décidé que le nombre de structures administratives sera divisé par deux ».

2008 **17 avril**. Remise par Jean-Ludovic Silicani du *Livre blanc sur l'avenir de la fonction publique*, qui propose six grandes orientations : préciser, diffuser et faire vivre les valeurs du service public et de la fonction publique ; clarifier les objectifs et les missions du service public ; refonder et simplifier l'organisation statutaire générale ; redéfinir la place et la nature du contrat pour en faire un meilleur usage ; rendre plus attractive et plus mobile la carrière des agents des trois fonctions publiques et permettre une véritable gestion des ressources humaines des collectivités publiques ; renforcer le pilotage général de la fonction publique.

3 décembre. Présentation en Conseil des ministres par Éric Woerth du premier point d'étape de la mise en œuvre des 374 décisions prises dans le cadre de la RGPP et publication du rapport reprenant l'ensemble des mesures.

2009 **3 août**. Loi relative à la mobilité et aux parcours professionnels dans la fonction publique, qui affiche pour objectifs « le développement des mobilités » (chapitre I), « le recrutement dans la fonction publique » (chapitre II), « diverses dispositions de simplification » (chapitre III). En termes de mobilité, le texte prévoit de nouvelles pistes de réorientation professionnelle puisqu'il propose, en cas de suppression d'emploi, un accompagnement de l'agent vers un nouvel emploi dans la fonction publique, vers le secteur privé ou une aide à la création d'entreprise, en prévoyant le départ de la fonction publique après trois refus d'un nouveau poste.

Décembre. Parution du rapport de la Cour des comptes *Les Effectifs de l'État 1980-2008. Un état des lieux*, qui estime que « l'État a été très loin d'être exemplaire », critique, « à l'inverse des objectifs poursuivis », « un recours fortement accru à des opérateurs extérieurs à l'administration » [10] entre 1996 et 2006, et s'inquiète de l'effet de la RGPP si « l'exercice [ne] sert [pas] seulement à justifier ou à confirmer des économies résultant d'une norme [11] ».

10 Communiqué de la Cour des comptes, 16 décembre 2009.

11 Synthèse de la Cour des comptes, décembre 2009.

Table

Avant-propos, par Serge Halimi 7

Introduction. Les « mille » démantèlements de l'État,
par Laurent Bonelli et Willy Pelletier 13

Compressions du périmètre de l'État 16

Caporalisations de l'action publique 18

La fin d'un modèle ? 21

Défendre la civilisation 23

I Promoteurs et promotions de l'État modeste

1. **Les rénovateurs du libéralisme,** par François Denord 31

Les origines du néolibéralisme 32

Un mouvement international 35

À la conquête de l'État en France 37

La dynamique européenne 39

2. **La formation des élites d'État et l'avènement d'une nouvelle « classe rapace »,** par Alain Garrigou 42

Les quatre âges de la noblesse d'État 42

Le modèle des business schools *46*

L'ethos managérial 49

3. La réussite du thème de la « crise de l'État » ou l'impérialisme de la compétence, par Blaise Magnin **54**

Construire l'État avant de le mettre en problème 55

Le retournement du « sens de l'État » : logiques sociales d'une restauration conservatrice 58

La force sociale d'un groupe ubiquitaire 62

4. L'expansion du journalisme économique et la critique de l'État, par Philippe Riutort **65**

Se défaire d'une mauvaise réputation 65

Renouer avec le marché 68

5. Comment l'Union européenne ruine le contrôle public de l'économie, par Antoine Schwartz **74**

La construction d'une Europe néolibérale 75

Un basculement progressif 77

Une reconfiguration des modes d'action publique 78

La concurrence comme vertu cardinale 79

II Le nouveau management public

6. La naissance du *New Public Management* en Grande-Bretagne et sa reformulation par les néotravaillistes, par Jérôme Tournadre-Plancq **87**

7. *Workfare* et culture gestionnaire : la refonte du service public de l'emploi en Grande-Bretagne, par Corinne Nativel **92**

Workfare*, clientélisation des chômeurs et nouvelles contraintes 93*

Les « rationalisations modernisatrices » du service public de l'emploi 95

Une refonte managériale 97

Les résultats de la « culture du résultat » 100

8. Les modernisations contradictoires de la police nationale, par Laurent Bonelli **102**

Les quatre configurations de réforme 104

La police à l'épreuve du nouveau management public 112

9. **L'hôpital malade de la rentabilité,** par André Grimaldi 118

Les deux maladies de l'hôpital public 119

La fabrique du consensus 120

L'enjeu de la réforme néolibérale 127

10. **Vers une justice managériale ?,** par Gilles Sainati 129

Une désorganisation de la justice et de ses principes fondamentaux 130

Une justice exécutive 135

11. **L'enseignement supérieur autonomisé ou atomisé ?** par Frédéric Neyrat 139

L'autonomie, maître mot des réformateurs 139

L'autonomie, piètre mot pour les « autonomisés » 142

L'autonomie, traître mot des libéraux 146

III Réorganisations de l'État

12. **L'invention de Pôle Emploi,** par Willy Pelletier 155

Anciens équilibres et formation de l'Unedic 156

Élites d'hier et reproductions du paritarisme 159

Nouvelles élites, réorganisations de leurs relations, Pôle Emploi 165

Pôle Emploi, hold-up d'État, entretien avec Noël Daucé 175

13. **L'Éducation nationale dans la tourmente des réformes politiques,** par Axel Trani 179

Quelles appréciations du système éducatif français ? 180

Dégraisser le mammouth 183

Revoir les contenus 183

Réformer la carte scolaire 185

14. **L'« efficacité » de l'École comme enjeu politique et pédagogique,** par Sandrine Garcia 190

Le culte de l'efficacité : un trompe-l'œil 191

L'externalisation de la lutte contre l'échec scolaire et la médicalisation des troubles d'apprentissage 194

Des critiques ambiguës de l'action gouvernementale 196

15. La réforme des services déconcentrés de l'État. L'exemple de l'Inspection du travail, par Jean-Christian Billard 200

Des services en pleine restructuration 202

Faut-il une « politique du travail » ? 204

Un droit du travail en dilution accélérée 207

16. Comment l'État se débarrasse en secret de ses fonctionnaires. Le cas du ministère de l'Agriculture, de l'Alimentation et de la Pêche, par Ogun Ar Goff 211

Comment se débarrasser des indésirables ? 212

Injonctions paradoxales et atteintes à l'estime de soi 217

17. Les collectivités locales et la réforme de l'État : le point de vue des élus territoriaux, Entretiens avec Gilles Garnier et Francine Bavay 220

Gilles Garnier *: déconcentration des compétences et centralisation de l'autorité 221*

Francine Bavay *: une décentralisation en trompe l'œil 230*

IV Paupérisation de l'État et privatisations : des usagers aux clients

18. La privatisation des chemins de fer sur les rails de l'exemple allemand, par Olivier Cyran 241

« Aucun mouvement d'idées ne réclame la privatisation » 241

La S-Bahn en panne 243

Connivences et récompenses 245

19. Les privatisations de France Telecom, entretien avec Willy Pelletier 249

20. Privatisation réalisée et privatisation en cours : des télécommunications à La Poste, par Hélène Adam 260

La concurrence détruit des emplois 261

L'enterrement du service public 262

Mécanismes de la privatisation de La Poste 264

21. Les externalisations du ministère de la Défense,
par Édouard Sill 266

Des conséquences « inattendues » de la professionnalisation ? 266

Management financier en treillis 267

Des bénéfices, mais pour qui ? 270

Les frontières floues de la « civilianisation » des armées 272

22. La culture à l'encan. Politique culturelle et culture du résultat, par Sabine Rozier 274

La culture, vecteur d'émancipation 275

La culture, instrument de la compétitivité nationale 276

Un populisme de marché 278

Un nouveau partage des rôles 279

Les « pugilats public/privé » 280

Des mécènes peu prodigues 282

23. Modernisation, organisations du travail et souffrances dans la fonction publique, entretien avec Nathalie Robatel 284

Conclusion

Le nouveau désordre collectif : marché, liberté, autorité, par Bernard Lacroix 297

Chronologie

Moderniser l'État (1967-2009),
par Nathalie Robatel 309

CPi
BUSSIÈRE

Composition Facompo, Lisieux.
Impression réalisée par CPI Bussière
à Saint-Amand-Montrond (Cher).
Dépôt légal du 1er tirage : septembre 2010.
Suite du 1er tirage (2) : septembre 2010.
N° d'impression : 102694/1.
Imprimé en France